한국일본학회
기획총서 3
일본학편

한일 관계의 긴장과 화해

한림대 일본학연구소·한국일본학회 편

김영근 김숭배 송석원 김남은 김준섭
윤석정 엄태봉 이기태 박창건 김웅기
박선영 임현정 김혜숙 최은미

보고사
BOGOSA

한일 관계 '화해학'을 위한 단서

　본서『한일 관계의 긴장과 화해』는 한일 관계를 되짚어 보고 갈등이나 긴장 상황에서 평화와 화해의 단계로 전환하기 위해 한일 간 발생하고 있는 일련의 현상을 이해하고 선험적 대안을 제시하려는 문제의식에서 출발하였다. 한국일본학회 편(2016)『경쟁과 협력의 한일 관계』(논형) 후속편으로 한국일본정경사회학회 소속 학자들이 참여하여 책으로나마 한일 관계에 대해 목소리를 내고자 하는 의도이다.『경쟁과 협력의 한일 관계』는 현재 변모하는 일본사회뿐만이 아니라 한일양국의 여러 현안 주제들에 대해서 학제적 분석시각을 바탕으로 문제점을 해부하고 대안을 제시하고 있다. 본서 또한 제목에서 보듯이 '경쟁과 협력'이라는 키워드를 '긴장과 화해'로 대체하고 세 분을 제외한 새로운 집필진의 논증을 더하고 있다.

　주지하다시피, 최근 한일 간에는 '위안부, 욱일기, 강제징용(공)' 문제에 관한 대법원 배상판결이나 '초계기 갈등'으로 인해 그 어느 때보다도 냉각기에 접어들었다고 대부분의 시민들이 인식하고 있다고 해도 과언이 아니다. 과거사에 대한 한일 간 역사인식의 차이에서 기인한 것으로, 그 해결책은 간단하지 않아 보인다. 다만 한일 관계가 대립-긴장-갈등-경쟁이라는 '제로섬' 게임 하에서 전개되는 리스크 매니지먼트도 관건이지만, 오히려 남남갈등 즉 한국 내 의견의 대립구조가 폭주하는 상황은 더더욱 관리를 어렵게 할 수 있다. 예를 들어, 일본 관계가 악화되는 주된 요인에 대해 일본 정부의 우경화 성향 및 외교적 스탠스(태도)에 있기보다는 오리려 한국 정부의 외교력 부재를 문제 삼아 국내정치적 긴장이 가속화되는 경우이다.

일본과 한국의 전후(1945년 이후) 재해 거버넌스 및 경제정책, 부흥정책에 관해서 비교만 해 보더라도 한일 간 정치경제 시스템의 차이점을 알 수 있다. 재해 이후 세계 경제의 구조 변화 속에서 전후(戰後) 한국과 일본이 계획하고 실행한 복구 및 부흥정책 및 경제정책을 비교 분석한 결과를 살펴보면 한일 간 차이가 뚜렷이 드러난다. 특히, 사례별 재해부흥 프로세스에서의 일본 시스템(거버넌스)의 변용을 요약하자면, 전쟁과 전쟁 사이를 의미하는 '전간(戰間) 체제'에서 벗어나 전후는 말 그대로 '전후(戰後) 체제'로 변화하고 있다. 이에 더하여 한국은 기존 정책의 비효율적 대응이 지속되어 체제 변화 및 거버넌스가 제대로 작동되지 못하고 전간(戰間) 체제가 지속되었다. 전후 한국의 시스템은 '전후 신탁통치 체제'로 작동의 주체가 일본에서 미국으로 변화되었으며, 정책실행에 필요한 재원을 조달하기 위한 수단(재정)으로 주로 '미국의 경제원조'에 의존했다. 이는 한국의 전후는 일제식민지 지배하의 취약성이 그대로 이어져 마치 재해 혹은 재난 거버넌스가 절실한 상황이었다. 한편, 재해 후 부흥정책을 추진한 주요 정책결정자의 역할 변화에 관해서도 한국에 비해 일본은 위기관리에 익숙해 있던 터라 민감성이나 취약성이 훨씬 적은 구조였다. 결과적으로 전후 일본은 한국에 비해 안정적인 부흥 프로세스를 운영할 수 있었고, 한일 간 긴장관계에 있어서도 나름 리스크 매니지먼트라는 관점에서 보더라도 국내정치적 관한 한 대응에 우위를 점하고 있다.

본서는 긴장된 한일 관계를 푸는 해결사 역할을 자처하려는 의도
는 없다. 일본을 향한 근거 없는 논란이나 시선에서 벗어나 제대로
한일 관계를 인식하고 그 함의를 꼼꼼하게 챙겨보고자 한다. 분석시
각-사례연구-제언이라는 3부 [제1부 한일 관계의 현황과 과제, 제2
부 한일 관계의 분쟁 이슈와 사례, 제3부 한국과 일본의 화해, 그리
고 미래] 구성이다.

우선 〈제1부 한일 관계의 현황과 과제〉에서는 화해학, 명칭정치학,
문명사상학, 인식학, 규범학 관점에서 한일 관계를 재검토하고 있다.

제1장에서 김영근(고려대) 교수는 "한일 간 리스크 관리의 정치: 화
해학을 시작하자"고 주장하여 한일 간 협력과 화해를 위한 새로운 아
젠다를 모색하고 리스크를 관리하는 방법론에 관해 논하고 있다. 기
존의 분석틀에서 벗어나 '융합인문학' 시각을 도입하여 '재난·안전
공동문화체'의 구축도 한일 협력의 방안이 될 수 있다는 제언 등은
시사하는 바가 크다.

제2장에서 김숭배(충남대) 교수는 "명칭의 국제정치: 전쟁과 평화
그리고 한일 관계" 분석을 통해, 명칭에 내재되어 있는 권력구조를
정치학적 관점에서 접근하여, 명칭을 둘러싼 한일 관계에 관해 규명
하고 있다. 특히 샌프란시스코평화조약과 한국이 위치하는 한반도를
둘러싼 명칭 이슈의 배경을 해부함으로써 복합적 한일 관계를 이해
하는 데 일조할 것으로 기대되는 논문이다.

제3장에서 송석원(경희대) 교수는 "문명의 외연(外延)화와 지배의
정당성"을 후쿠자와 유키치를 중심으로 고찰하고 일본 제국주의의
본질을 규명하고자 하고 있다. 아울러 한국(조선)의 '타자에 의한 자
아상'의 정치적 함의를 제시하고 있다. 제국일본이 '제국의 눈'으로
한국을 바라본 후쿠자와 유키치 당시의 시점을 현재적 한일 관계에

비유하거나, 아울러 문명 아시아 침략주의사상가로 규정하는 후쿠
자와와 아베 신조 수상을 비교하며 일독하기를 권한다.

　제4장에서 김남은(고려대) 연구교수는 "일본의 대미협조외교와 자
주외교의 단면"을 요시다 노선을 중심으로 분석하고, 일본 외교에서
가장 중요한 과제는 미국의 압력이며, 이때 문제의 본질은 일본의 선
택이 '협조적 입장을 취할 것인가' 아니면 '자주적 입장을 취할 것인
가'라는 대일압력에 대한 대응방식에 있다고 피력한다. 전후 역사 가
운데 미국과의 관계를 가장 중시했던 정치인 요시다 시게루(吉田茂)
에 주목하는 저자의 주장에 빠져들다 보면, 제3장에서와 마찬가지로
현재 아베의 대미외교에 있어서 '이중적 아이덴티티'가 표상된 메커
니즘을 발견할 수도 있을 것이다.

　제5장에서 김준섭(국방대) 교수는 "일본의 안보정책에 관한 규범의
변화: 신안보법제 성립을 중심으로" 분석을 통해 '제한적' 집단적 자
위권 행사가 법적으로 가능하도록 한 2015년 신안보법제의 성립 프
로세스를 주목한다. 결과적으로 집단적 자위권의 행사 용인이라는
안보정책에 관한 새로운 법규범과 사회규범이 탄생(변화)한 것으로
결론짓고 있다. 아베 내각이 본격적으로 집단적 자위권 행사 용인을
추진하기 이전인 2011년경부터 집단적 자위권 행사에 찬성하는 여론
이 반대하는 여론에 비해 우세였다는 점을 감안하여 안보정책에 관
한 사회적 규범은 2015년 법규범의 변화 이전에 이미 변화해 있었다
고 인정하는 부분까지도 포함하여 사회와 규범의 정치과정에 관한
분석은 매우 흥미롭다.

　다음으로 〈제2부 한일 관계의 분쟁 이슈와 사례〉에서는 한일회담
협상 과정에서의 청구권 문제, 문화재반환 교섭, 태평양 도서국 외
교, 영토교육 등 현안 이슈를 점검하고 교훈을 얻고자 한다.

　제6장에서 윤석정(국민대 일본학연구소) 연구원은 "제4차 한일회담 재개과정에 대한 재검토"를 통해 청구권 문제를 중심으로 공식교섭 뿐만 아니라 유태하-야쓰기 간의 비공식 접촉도 시야에 넣어 고찰함으로써 공식교섭이 난항에 빠졌을 때 물밑접촉을 통해 입장을 조정하여 교착 국면을 타개할 수 있었다는 점을 주장한다. 일본 정상의 의중, 국내정치적 상황(정보) 등 비공식 외교라인도 포함한 통섭적 분석틀을 실제 논증한 사례로 평가된다. 또한 한일회담이 재개된 원인에 대해 불분명해진 상황하에서 단순히 '미국해석'을 둘러싼 논쟁에서 벗어나서 새로운 사실을 발견할 수도 있을 것이다.

　제7장에서 엄태봉(대진대) 강의교수는 "한일회담 중단기의 문화재 반환 교섭" 분석을 통해 구두전달사항은 회담 중단기 이후의 문화재 반환 교섭에서 결정적인 역할을 하였다고 규명하고 있다. 아울러 구두전달사항은 이후의 한일회담에 있어서 한일 양국이 각각 자국의 입장을 설명할 수 있는 해결 방식을 예상할 수 있게 하는 최초의 공식 합의였다는 점도 강조한다. 식민지 지배를 둘러싼 과거사 청산과 새로운 국교 수립을 실현하기 위해 개최된 한일회담 교섭과정에 관해서도 문화재 반환이라는 특정 이슈 분석을 통해 독자로 하여금 새로운 사실과 시각의 발견을 기대한다.

　제8장에선 이기태(통일연구원) 연구위원은 "일본의 태평양 도서국 외교" 분석을 통해 사방이 바다로 둘러싸인 '해양국가' 일본(정부)이 태평양 도서국 외교를 전개하는 데 비해 한국 내의 태평양 도서국에 대한 관심은 매우 적다고 주장한다. 제1차(1997년)부터 제8차(2018년)까지 3년마다 일본에서 개최되고 있는 '태평양·섬 정상회의(Pacific Islands Leaders Meeting: PALM)'의 사례분석을 통해 한국이 추진하고 있는 신남방정책에 주는 함의는 주의 깊게 살펴볼 만하다.

제9장에서 박창건(국민대) 교수는 "한일 관계에서 영토교육의 현재적 의미" 분석을 통해 한일 관계에서 영토교육이 어떠한 현재적 의미를 가지고 있는지를 조명하고 있다. 과거사 인식을 둘러싼 한국과 일본의 연속적 갈등과 대립에서 펼쳐지는 실증적 사실을 포함하고 나아가 불확증한 논리에 대한 주관적 인식이 차이점들이 한일 양국의 영토교육에 어떻게 투영되었는지 그 프로세스에 관해 이해할 수 있는 단서를 마련할 수 있다.

제10장에서 김웅기(홍익대) 교수는 "일본 공립학교 민족학급을 둘러싼 새로운 국면과 대응" 분석을 통해 재일코리안 민족교육을 지탱하기 위한 방안과 한국의 역할을 제시한다. 일본 공교육 안에서 추진되고 있는 재일코리안 민족교육(학급)을 둘러싼 여건의 변화를 포함한 재일코리안의 특수성을 이해하는 데 일조할 것이다. 지위향상을 위한 교섭당사자의 입장에 서서 일독하여 지속적 관심이 높아지기를 기대한다.

〈제3부 한국과 일본의 화해, 그리고 미래〉에서는 일본의 안보 법체제, 언론의 영향력(역할), 소외계층의 복지 문제, 마을만들기를 통한 지역활성화 방안, 외교정책 등 한일 간 영역별 현안 및 향후 과제(전망)에 관해서 고찰하고 있다.

제11장에서 박선영(국민대) 교수는 "'대통령 탄핵 사태'를 보는 일본 언론의 시각"을 소개하며, 특히 한국 사회가 '역사의 전진', '민중의 승리'라고 자부하는 '탄핵' 프로세스에 관해 일본의 중도파 신문은 탄핵 혁명을 초래한 원인과 탄핵 결정에 대해 한국 언론과 유사한 시각을 나타낸 반면, 우파 신문의 경우는 상반된 논조였다는 점을 인식론적 시각에서 자세히 살펴보고 있다. 한국 내에서 정권교체를 이끌어 낸 '촛불혁명'이라는 평가와는 달리 논제에서 보듯이 '탄핵 사태'

로 규정하고 있는 한일의 간극을 어떻게 메꾸어 나갈 수 있을지 여부
는 독자 여러분들의 판단에 맡기고자 한다.

제12장에서 임현정(한양대) 연구교수는 "한일 소외계층 아동복지 정
책의 현황과 과제" 분석을 통해 한국과 일본의 소외계층 아동 지원을
위한 복지정책을 상호 비교하여 향후 우리나라의 아동복지정책 방향
에 관한 시사점을 도출하고 있다. 한국은 일본과 마찬가지로 1990년
경제 위기를 배경으로 빈곤아동에 대한 관심이 높아졌으며, 정부에서
문제를 해결하기 위해 적극적으로 개입을 했다고 지적한다. 한편 행위
자 및 관련법제를 둘러싼 차이점 분석도 매우 흥미롭다. 일본은 문부
과학성과 후생노동성이 공동으로 노력하여 관련 법 제정에 힘쓰고,
지방자치단체를 중심으로 사업을 운영 관리하여 학생이 당면한 빈곤
문제에 주안을 둔다. 반면에 한국은 교육부를 중심으로 초중등교육법
을 개정하고 교육부 훈령을 제정하여 사업을 전개하고, 교육을 통한
계층이동의 가능성에 역점을 두고 있다는 분석이다.

제13장에서 김혜숙(방송대) 박사는 "혁신주체 측면에서 본 일본의
마을만들기" 분석을 통해 리더는 사회문제를 해결하기 위한 공간은
마을이라는 명확한 문제의식을 바탕으로 내발적 성장방식을 택하고
있었다고 결론짓고 있다. '마을만들기'는 주체 형성을 위한 '사람만
들기'이다. 주체형성은 마을만들기의 성공과 실패를 좌우할 만큼 매
우 중요하다는 주장을 따라 일본의 대표적 지방창생에 관한 성공사
례라 할 수 있는 오카야마현 마니와시를 투어(여행)하며 시사하는 바
는 크다 하겠다.

제14장에서 최은미(국립외교원) 연구교수는 "김대중-오부치 공동선
언 이후의 한일 관계(1998~2017)" 분석을 통해 정치적 영역에서의 협
력은 정치 · 외교 분야의 정상급 · 고위급 차원의 대화채널을 확충하

고, 유지하고자 했던 계획은 진전을 이루지 못했으며, 한일 정상 간의 신뢰구축과 소통은 줄어들었고, 정례화의 약속은 지켜지지 않았다는 점을 강조한다. "한일 관계는 지난 20년간 정치적 영역과 비정치적 영역이 다르게 변화해 왔고, 비대칭적·비상응적 불균형의 관계를 형성해 왔다. 또한, 양국 간의 갈등 사안은 비정치적 영역에서의 교류보다 정치적 영역에서의 교류에 큰 영향을 미쳤으나 한일 양국은 갈등을 지속적으로 관리할 수 있는 관계를 형성하지 못하였다." 는 분석은 주목할 만하다.

한일 양국은 인구절벽, 저성장시대의 지속가능한 경제발전 모색, 구조개혁 등 여러 현안 과제를 안고 있다. 한편, 한일 양국의 국내 정치경제와 한일 관계는 앞으로도 대립과 협력 프로세스가 지속될 것이라는 전망은 두말할 나위가 없다. 그렇다면 과연 한일 관계 개선의 저해요인을 관리하는 데 있어서 도움이 된다는 전제하에서 정할 수 있는 몇 가지 시나리오를 점검해 보기로 하자.

첫 번째 시나리오는 주로 국제환경적 요인이 작동하는 경우로 북한의 비핵화 프로세스가 진전되어 개혁·개방을 통한 북한의 개발이 진행되어, 정치경제적 협력을 통한 한일 관계가 개선되는 것이다. 특히 기로에 선 한일외교의 대립 현상을 극복하고, 한일(경제) 관계가 협력으로 가는 지름길은 미국 요인을 포함한 '다자주의'의 활용 혹은 한일 간 '이슈(아젠다)의 국제화'라 할 수 있다. 외압을 통해 일본을 미국이나 국제제도와 공조할 수 있는 '공정하고 합리적인 지평(level playing field)'으로 이끌어내야 한다는 것이다.

두 번째 시나리오는 여전히 전후처리, 역사인식, 영토분쟁, 위안부문제, 강제징용 등 정치적 요인의 향방과 관련된 것이다. 갑작스런 인식이나 사상(문화)의 변혁을 기대하기 어렵다는 점을 감안하면,

한일 관계는 개선보다는 더 좋아지지 않을 것이라는 전망이다.

세 번째 시나리오는 국내정치적 요인과 경제적 조건들이 교차하는 상황으로, 포스트 일본의 잃어버린 20년의 진로와 맞물린 구조개혁이나 경제 불평등 해소가 과연 평가가 엇갈리고 있는 아베노믹스의 진정한 실력이 관건이다. 이때, 단순히 일본경제(정책)의 침체 혹은 실패가 한일 관계의 개선보다는 악화로 이어질 가능성도 높다는 점에 유의해야 한다.

네 번째 시나리오는 제도적 요인과 관련되어 있다. 예를 들어, 일본이 주도해 온 TPP(환태평양경제연계협정) 리더십은 명칭만을 바꾸어 2018년 12월 30일에 '포괄적·점진적 환태평양경제동반자협정(CPTPP)'으로 발효되었다. 과연 동북아시아에서 CPTPP 비회원(미참여) 국가인 한국이나 중국의 팔로워십과 어떻게 조정해 나갈 것인지 무척 흥미롭다. 물론 관건은 징용공 대법원 판결 후 일본정부 및 기업의 대응 관련 미래전망도 중요하지만, 그 결과에 따라서는 한일 관계 개선(협력)도 기대해 볼 수 있다.

물론 예외적 시나리오로는 일본이 경제회복(재생)으로 국내정치적 자신감이 표출되고 이는 곧 내셔널리즘을 고양시켜 결과적으로는 한일 간 대립(충돌) 프로세스로도 연계될 수 있다. 또한, 일본의 대북경제(외교·통상)정책이 '한반도 평화체제 특히 북한의 개혁·개방 정책을 지지하는 방향으로 전개될 수 있는지는 앞에서 설명한 네 가지 시나리오와도 연동되어 있다.

본서 『한일 관계의 긴장과 화해』가 이상의 논의를 바탕으로 한일 간 긴장관계에서 벗어나 화해와 평화로 가는 길목을 제안한다는 취지에서 출발하고 있다는 점을 독자들이 전폭적으로 지지하고 응원해 주시기를 기원한다. 아울러 본서 간행(출판 작업)은 한국일본정경사회학회가 한양대 일본학국제비교연구소(이강민 소장)의 후원으로 개최하는 〈월례연구회〉 및 한림대학교 일본학연구소(서정완 소장)와 공동으로 개최한 〈동아시아의 지정학적 변동과 한일 관계〉라는 주제로 열린 학술심포지엄(2018년 10월 20일 고려대학교 글로벌일본연구원 주관)의 논의를 통해 사회적으로 확산시키는 데 일조한 바 있다. 또한 이러한 노력에 주목하여 〈동아시아의 안전과 한일 관계-3.11 대지진 이후 새로운 협력 아젠다의 모색〉이라는 한국일본정경사회학회 2019년 국제학술대회(2019년 3월 9일) 조성비 지원을 해 주신 야마사키 히로키 일본국제교류기금 서울문화센터 소장님께도 감사드린다. 이러한 결과를 고스란히 한 권의 책으로 출간하는 데 있어서 한국연구재단 선정 2017인문한국플러스지원사업 한림대학교 일본학연구소[아젠다명: 포스트제국의 문화권력과 동아시아]의 지원이 없었더라면 녹록지 않은 출판계 상황을 고려해 볼 때 어려웠을 것이다. 아울러 한국일본학회(제23대 학회장 서울시립대 이진원 교수 – 현 24대 학회장 동국대 김환기 교수)의 출판 기획 단계부터 원고수집 및 편집과정에 이르기까지 수고와 조언을 아끼지 않으신 서울신학대 오현석 교수님께도 감사의 뜻을 전한다. 다시 한번 한림대 일본학과 서정완 교수님께 감사드리며, 한국일본정경사회학회 차원에서 "동아시아의 문화적 장에서 포스트 제국시대 문화권력의 영향에 관해 비판적으로 분석하고, 국가 간 특히 한일 갈등과 대립의 원인이 국가대 국가 차원의 억압과 충돌에 있던 시대와는 달리 우리는 개인의 일상적 차원에서 안전을 위협하는 불안요소를 함께 극복하기 위해 유대함으로써 동아시아의 화해와 협력이 진전되는 기반을 마련"하고자 하는 노력에 공감하며 일조하고자 한다.

마지막으로 비록 한국일본정경사회학회의 공통된 의견은 아니지만 다양한 학계의 목소리(노력)들이 앞으로도 한일 관계의 현상 및 이슈 해결안을 제시하는 총서 형태로 지속적으로 발간되고 다각도로 활용되기를 기대한다. 한일 양국 간 정치적 긴장이나 갈등 상황이 지속될 경우, 경제는 물론 사회, 문화, 역사, 사상, 인적 교류 등 그 부정적 효과는 반드시 관리되어야 할 문제이다. 대립이나 경쟁이라는 단어가 설령 관련 전문연구자들의 분석대상으로써 사라지는 것을 걱정하기보다는 우리 후손들이 누려야 할 역사 속에서 빛바랜 용어가 되길 기원하며, 언젠가 그 자리를 '화해' 혹은 '평화'라는 용어가 대신하여 안주할 날을 고대한다.

/ 김영근(고려대학교)

차례

제2부 한일 관계의 분쟁 이슈와 사례

제4차 한일회담 재개과정에 대한 재검토 | 윤석정

제1부

한일 관계의
현황과 과제

한일 간 리스크 관리의 정치

화해학을 시작하자

1. 들어가며

이 글의 목적은 한일 간 협력과 화해를 위한 새로운 아젠다를 모색하고 리스크를 관리하는 방법론을 제시하는 데 있다. 예를 들어, 기존의 '정치·경제학'에서 벗어나 '융합인문학' 시각을 도입한 일본의 재난·안전 문화에 착목하고 동아시아 '재난·안전공동문화체'의 구축도 하나의 방안이 될 수 있다. 한·일간에 국가 수준은 물론 개인적 차원의 다양한 '분쟁'이나 '대립', '마찰'이 전개되어 왔다는 점에 주목하고 화해 및 위기관리 방안을 제시하고 있다. 특히 구체적으로는 한일 관계의 현황 및 상호 인식 분석을 통해 과연 그 요인을 어떻게 받아들였는지, 어떻게 '화해'하려고 노력해왔는지, 아울러 분쟁(갈등)에 관한 교차점과 그 원인을 규명하기 위해 화해학의 유형과 실천요소를 점검해 보기로 하자. 아울러 한일 화해를 위한 재난·안전·에너지·환경 외교 등 지금까지 비교적 관심이 저조했던 분야에 초점을 두고 사회·문화적 관점에서 새로운 아젠다를 점검하기로 한다. 결론적으로 갈등을 넘어 화해로 가는 길, 즉 한일 관계 개선을 위한 제언으로 글을 맺는다.

2. 한일 '화해학'을 시작하자

1) 우리에게 화해학이란 무엇인가?

한일 간에 국가 수준은 물론 개인적 차원의 다양한 '분쟁'이나 '대립', '마찰'이 전개되어 왔다. 특히 한일 관계의 현황 및 상호 인식 분석을 통해 과연 그 요인을 어떻게 받아들였는지, 어떻게 '화해'하려고 노력해왔는지, 아울러 분쟁(갈등)에 관한 교차점과 그 원인을 규명하기 위해 화해학의 유형과 실천요소를 점검(리뷰)할 필요가 있다. 아울러 한일 화해를 위한 재난·안전·에너지·환경 외교 등 사회·문화적 관점에서의 새로운 아젠다를 제시하고자 한다. 특히 이 글은 화해학 및 위기관리(리스크 매니지먼트) 방안을 마련하고 갈등을 넘어 화해로 가는 길 즉 한일 관계 개선을 위한 학제적 관점에서의 제언을 목표로 한다.

'화해학(和解學: Reconciliation Studies)'을 정의하기 위해서는 전쟁과 평화의 개념에 주목할 필요가 있다. 흔히들 "전쟁이야말로 인류가 저지르는 가장 큰 죄악이며, 인류가 목표로 하는 가장 이상적인 상태가 '평화'라 할 수 있다.[1]" 사실 우리가 접하는 전쟁과 평화에 관한 의미는 너무도 다양하게 받아들여지고 있다. 또한 교과서, 미디어 등을 통해 늘상 접해온 분쟁과 평화의 여러 모습들을 학문적으로 정치, 경제, 역사, 문화, 사회, 사상, 문학, 어학, 교육 등 광범위한 분야에서 논하고 있다. 굳이 일본이 왜 전쟁에 호소했는지, 과연 정당한 전쟁이 존재하는지를 판단하는 것은 용이하지 않다. 오히려 일

---

1) 예를 들어, "전쟁이란 자신의 의지를 실현하기 위해 적에게 굴복을 강요하는 폭력 행위이다." 칼 폰 클라우제비츠(Carl von Clausewitz), 김만수 옮김, 『전쟁론(Vom Kriege)』, 갈무리, 1994, 46쪽.

본의 전쟁 의욕으로 인해 식민지 시대를 경험한 한국(인)으로서는 화
해의 프로세스라 할 수 있는 '전후처리' 혹은 '전후보상' 문제에 대해
더 큰 관심을 갖는다.

'전쟁'이란 "국가와 같은 정치적 집단 간의 투쟁으로서 장기간 또는
대규모의 무력충돌을 수반하는 적대적 행위"를 의미한다. 일상에서는
"국가 상호간, 특히 주권국가 상호간에 행해지는 조직적인 무력투쟁"
이라는 협의의 개념으로 한정되어 사용되고 이해된다. 넓은 개념으로,
전쟁이란 "인종·부족·민족·국가·정치단체 등과 같은 각종 집단 상
호간에 발생하는 대항(敵對)적 행동"을 의미한다. 동아시아의 대기오
염 문제에 대한 비정부적(NGO)·비영리적(NPO) 대응이나 일본 시민사
회의 〈재일 특권을 용납하지 않는 시민 모임(재특회)〉이 벌이는 반한시
위도 여기에 해당된다. 사회학자들은 사회과학적으로 전쟁 개념을 사
용하기 위해 전쟁을 "사회적으로 용인된 일정한 형식으로 시작하여
계속되는 투쟁, 즉 관습 또는 법에 의해 인정된 형식을 갖춘 하나의
제도"로 파악한다. 그들은 전쟁을 파병·간섭·보복·반란·폭동과 구
별하지만 실제 상황에서 그것을 구분하기는 매우 어려우며, 위와 같은
무력충돌이 대형화하여 전쟁으로 발전하기도 한다.

'평화'의 사전적 정의는 "전쟁이나 갈등 혹은 적대적 행동이 없이
세상이 평온한 상태"를 가리킨다. 좁은 의미로의 평화란 '전쟁을 하
지 않는 상태'를 의미한다. 그러나 실제 '평화'의 개념은 광범위하고
포괄적이다. 위에서 설명한 '전쟁'의 상대적 개념으로 쓰이는 '전쟁'
의 목적·원인·방법 등의 변화와 더불어 평화의 개념 및 범주(아젠
다·이슈 등)도 변화해왔다. 예를 들어 '5·29 북일합의(2014)'에서 '일
본의 대북제재 완화'에 상응하는 조치로서 북한의 '일본인 납북자 재
조사'라는 정치외교적 접근 역시 동북아 평화질서 구축의 한 단계로

이해할 수 있다. 북한 문제를 둘러싼 일본의 대북 강경 외교 정책의 전개는 북일 간 적대적 역학관계로 이어져 한반도 평화체제 구축에 부정적 영향을 초래할 수 있으며, 북핵 문제 해결을 위한 6자회담(다자적 제도)의 진전에도 악영향을 미치고 있었다는 점을 감안하면, 평화로 가는 길목을 넓힌 셈이다. 6자회담 참가국 간 역학구도 변화 속에 일본의 대북정책 변화(가능성)가 전쟁과 평화 논의에 가져다 준 정책적 시사점은 매우 유용하다. 어쩌면 전쟁과 평화 논의의 긍정적인 영향력으로 평가할 수 있겠다.

평화학(平和學: Peace Studies)은 '평화' 논의와 관련한 학문으로 국가 간 분쟁이나 갈등의 원인을 규명하고, 분쟁 해결의 방안(수단 및 방법)을 모색하는 데 있어서 매우 중요하다. 평화 유지를 위한 제도화 및 국내적 수용 등에 주목하는 과정학(프로세스 및 메커니즘 분석)이라 할 수 있다. 아울러 인문사회과학적으로 시각에 그치지 않고 전쟁 방지(예방) 및 전쟁피해를 최소화하기 위해 과학기술공학까지도 융합한 학제적(inter-disciplinary) 접근방식이 도입되고 있다.

그렇다면, '화해학'이란 무엇인가? 분쟁해결제도 혹은 당사자 간의 약속(계약이나 분쟁 조정)을 통해 얻고자 하는 목표 즉 '화해'에 도달하는 일련의 과정을 연구하는 학문분야이다. 여기서 '화해'란 대립관계를 해소(혹은 최소화)하고, 유대 및 평화의 관계를 맺는 행위, 이로 인해 서로 일치를 이루는 상태를 의미한다. 예를 들어, 국가 간 갈등이나 분쟁이 발생했을 경우 상호 양보하여 협정을 체결하는 외교적 권리와 의무가 우선되는 경우도 있을 것이며, 국가 내부의 경제적·역사사상적·사회문화적·심리적 이익을 얻기 위한 과정에서, 존재했던 혹은 존재하고 있는 다툼의 원인을 해소하는 과정(프로세스)도 이에 해당된다.

2) 어떻게 화해할 것인가: 한일 관계의 현황 및 상호 인식

한 국가나 개인이 다양한 '분쟁'의 요인을 어떻게 받아들였는지, 어떻게 '화해'하려고 노력해왔는지, 아울러 분쟁(갈등)에 관한 교차점과 그 원인을 규명하기 위해 화해학의 유형과 실천요소를 점검해 보자([표 1] 참조). 우선 '분쟁'이나 '갈등'이란 정치(민주화), 경제(산업화), 사회문화(자유화·합리화), 역사인식(평화사상) 등 영역별 구성요소가 대립한다는 의미이다. 아울러 분야별 행동주체 및 대립 메커니즘의 변화가 초래하는 복잡한 화해의 프로세스도 염두에 둬야 할 것이다. 전쟁과 평화 논의가 일본이나 한국, 중국 등의 국내 문제만이 아니라 동아시아를 아우르는 초국가적 재해이며, 세계 여러 나라가 지속적으로 관심을 가지고 평화의 길로 이끌며 해결해 나가야 하는 사안이라는 점에 주목할 필요가 있다. 이는 곧 전쟁과 평화가 초래하는 정치, 경제, 사회, 문화, 사상, 언어적 측면 등 이를 교차(cross)시키는 융복합적 분석시각을 바탕으로 한 학제적(inter-disciplinary) 접근이 절실하다는 의미이다.

갈등과 협력의 굴곡이 심한 한일 간의 관계 변화를 제대로 이해하고, 위기관리의 프로세스 및 메커니즘을 명쾌히 유형화하고 이론적으로 분석하고 있는 '화해학'의 선행연구는 찾아보기 어렵다. 일본을 중심으로 동아시아에서 전개된 '전쟁'과 '평화', '화해' 담론이 단순히 한일 관계, 나아가 동아시아 국가 사이에서 전개된 대립이 아니라, 미국이 관여하는 중층적 구도로 전개되어 왔다는 점이야말로 더더욱 화해학 이론 제시가 어려웠을 것이다. 따라서 '화해학'을 시작하기 위해서는 한일 양자 간 시점에서 벗어나 다자주의적 요인을 더하여 분석할 필요가 있다. 서구 열강(미국)이라는 외부적 요인과 맞물리면

〈표 1〉 화해학의 유형과 실천요소

영역	유형	저해요인의 관리 및 실천요소
정치 (민주화)	정치적 화해 =【민주주의 이념의 공유】 ⇒지정학적 대립	정권교체의 정치: 이데올로기 전후체제, 시민혁명, 헤이트스피치
경제 (산업화)	경제적 화해 =【산업화 및 협력구도】 ⇒지경(地經)학적 대립	산업정책과 경제성장론 개발주의, 수직적 분업구조/경쟁관계, 수평적 분업구조/공생관계, 종속적 발전모델, 협력적 발전모델, 자생적(自生的) 발전모델, 산업기술
사회문화 (자유화· 합리화)	사회적·문화적 화해 =【자유평등합리주의의 실현】 ⇒지사(地社)학/지문(地文)학적 대립	근대문명론 한류(韓流), 일류(日流), 재해문명론, 사회계층, 다문화공생(이민), 재일한국인, 재한일본인, 문화충돌, 종교개혁, 계몽사상가
역사인식 (평화사상)	역사·인식적 화해 =【평화사상 및 언론의 자유 실현】 ⇒지사(地史)학/지지(地智)학적 대립	전쟁에서 평화체제로의 전환사 철학, 인식, 언론, 이데올로기, 학지(学知)
과학기술 (공학·의학)	과학기술·공학적 화해 =【인류복지 및 행복의 과학화】 ⇒지과(地科)학/지공(地工)학적 대립	인문공학 과학기술(Science Technology), 문화기술, 안전혁명
공동체 (공유)	지역협력 및 화해공동체 =【휴마트(Humanity+Smart) 구현】 ⇒지공(地公)학/지공(地共)학적 대립	공공외교(Public Diplomacy) 공유사회, 인간의 안전보장(human security), 지역질서, 열린미래, 국제협력

출처 : 필자작성, 도미나가 교수의 분석내용 [富永健一(1990), 『日本の近代化と社会変動』, 講談社]을 원용.

서, 국내(內政)의 대립구조 해결까지를 포함하는 총체적 '상황'의 문제였다는 시점을 도입해서 해석방법과 해결책을 고민해야 한다. 다만 한일 간 위기관리 및 화해(협력)을 설명하는 핵심요건과 조건 등에 관해서 '국제정의론(징벌적 정의)' 및 '용서론(회복적 정의)' 등 이론적 분석이라기보다는 화해를 위한 〈기능적 다자간 협력론〉을 제시하려 한다. 특히, 이 글에서는 우경화 혹은 내셔널리즘의 심화 등 일본의 과거회귀 현상을 올바르게 이해하고 나아가 한일 화해를 위해 몇 가지 제언하고자 한다.

아베 신조(安倍晉三) 총리의 우경화된 정치행동과 아베노믹스를 주축으로 하는 경제정책은 현재 일본을 대표(상징)하는 이미지라 할 수 있다. 아베노믹스의 성과 및 내셔널리즘의 진로가 더욱 주목되고 있는 가운데 일본의 우경화가 더욱 심화될 것이라는 우려의 목소리만 들릴 뿐 한일 관계 개선이나 화해를 위한 방안들은 거의 눈의 띄지 않고 있다. 따라서 한일 관계의 진전, 즉 '화해'를 위한 새로운 발판을 만드는 노력이 무엇보다도 필요하다. 그러나 대부분의 한국인은 안보외교·영토외교라는 문제 특히 일본과의 대외적 분쟁에 부닥치면 국제적 요인을 고려하기보다는 국내적 대응에 주안을 두어 왔다. 한국의 대일 외교정책이 영토분쟁, 역사인식, 교과서 문제, 종군위안부 문제 등 특정 이슈별로 어떻게 전개되었는가, 차별성이 있다면 왜 독특한 양상을 띠고 있을까에 주목해 보자. 최악의 외교부재(外交不在) 상황이 지속되고 있는 '진전 없는 불신의 한일 관계'를 이제는 풀어야 한다. 즉 '한일 화해학을 시작하자'라는 주제를 논의하기 위해서는, 일본의 과거회귀 노력, 우경화 혹은 내셔널리즘의 심화 등 갈등 현상(現況)의 제3자적 이해가 절실하다. 이에 한일 간 화해의 플랫폼과 시스템 구축 방안에 관해 제언하고자 한다. 기존의 이슈별 외교정책에 관해서는 선행연구를 제대로 실천해야 한다는 주장에 동감하며, 이 글에서는 화해(협력) 가능한 새로운 아젠다를 중심으로 살펴보기로 하자.

3. 한일 간 리스크 관리의 정치경제학[2])

1) 외교·역사적 갈등의 현주소

최근 한국 정부의 대일정책을 한마디로 요약하자면, '외교라인의 비정상화' 혹은 '외교정책 부재'라 할 수 있다. 한국은 '영토 주권 수호 및 일본의 과거사에 적극 대응' 입장으로 종군위안부·영토분쟁·역사인식 등 한일 간의 현안 문제와 관련하여 일본에 대해 진정한 사죄와 반성에 기초한 역사문제의 해결을 요구하는 원칙을 고수하고 있다. 2012년 8월 이명박 전 대통령의 독도방문에 이은 국제사회에 있어서 일본의 영향력 축소 및 3·11 동일본대지진 이후 일본경제의 침체, 정권교체 후 자민당 아베 정권의 내셔널리즘의 강화, 위안부 재협상 현안, 화해치유재단의 해산, 한국 대법원의 강제징용 피해자 배상 판결 등으로 인해 한일 양국 관계는 최악의 상태라는 평가가 이어지고 있다. 특히 최근 2018년 10월 30일, 신일철주금(옛 신일본제철)이 강제징용 피해자에 배상하라는 한국 대법원의 판결이 나온 다음 날 31일자 일본 언론사 대부분이 사설로 다룰 정도로, 일본 내 판결에 대한 반향은 매우 큰 것으로, 그 내용 또한 부정적인 견해가 지배적이다. 아사히신문도 판결에 대해서는 비판적인 입장을 취하고는 있지만, 애매한 태도를 보이는 일본 아베 정권의 반응에 관해서는 비판적 입장이다. 반면 요미우리신문 등에서는 아베 수상의 인터뷰 중 '최종적으로', '있을 수 없는'이라는 보도를 통해 1965년의 협정에서 이미 해결된 사안이라는 일본 정부 차원의 공식적 강경 대응이 강조되고 있다. 일본의 경제3단체는 일본 정부의 강경한 입장과 기본적

---

2) 김영근, 「한일 간 위기관리의 정치경제학」, 『일본학보』 제100집, 2015, 159-179쪽.

으로 동일한 견해로, "1965년 일·한 청구권 협정에 의해 재산 및 청구권에 관한 문제가 완전하고 최종적으로 해결됐다는 전제 아래 양국 경제 관계는 순조롭게 발전해 왔다"며 "일본 기업을 상대로 한 징용자 배상 청구권 문제는 대한(對韓) 투자나 비즈니스에 장애가 될 우려가 있고 양국 경제 관계를 훼손시킬 가능성이 있다"고 주장하고 있다. 지금까지 한일 양국 경제인들 사이에 암묵적 합의였던 정경(政經) 분리원칙이 와해되어 경제적 갈등상황도 부정하기는 어려운 상황이다. 무엇보다도 한일 간 과거청산을 위한 법적 논의에 그치지 말고 한국 정부와 정치권이 문제 해결을 위해 일본군위안부 문제 해결과 마찬가지로 인도적, 도의적, 원호적 차원에서 국제적 지원 모색 등 구체적인 해결책 마련을 위해 노력을 경주해야만 하는 중요한 시기라 할 수 있다.

한일 화해를 위한 전제조건이라 할 수 있는 대립구조는 일시적인 현상이 아니라 수많은 역사 속에서 반복되어 온 엄연히 해결되어야 할 숙연의 과제임에 틀림없다. 다만, 대일정책의 기조가 개인적인 변수 즉, 대통령의 세계관과 대외인식만으로 형성되고 추진된다면 이는 국가의 품격(國格)에 심각한 영향을 미칠 수도 있을 것이다. 한국 정부는 국내적 정책 결정과정과 미국·중국 등 국제적 변수 등을 고려하여 보다 더 전략적 차원에서 대일정책을 추진할 필요가 있을 것으로 보인다. 지나친 감정적 대응을 초래하는 행위는 자칫 대일정책 기조를 흔들리게 하며, 한일협력이라는 추동력 자체가 약화될 수 있다는 점에 유의해야 할 것이다. 한일 화해를 위해서는 글로벌라이제이션 과정에서 생겨난 **재난·안전**·에너지·환경 외교 등 일상생활의 문화적 측면을 강조한 새로운 아젠다에 주목할 필요가 있다.

2) 아베노믹스와 한일 정치·경제 협력

일본 아베노믹스가 시행된 지 6년이 지났지만 정책 실효성에 대한 논란은 끊이질 않고 있다. 아베노믹스의 경제성장 전략의 핵심은 일본의 산업개혁, 나아가 구조개혁에 중점을 두고 있다. 이에 반해 한국의 박근혜노믹스는 '새 시장, 새 수요와 새 일자리를 창출'이라는 창조경제 개념을 바탕으로 한 '가치개혁'을 추진해 왔다. 박근혜노믹스와 아베노믹스는 일면 이질적으로 보이지만 한국과 일본 서로에게 보완적 대상이 될 수 있다. 아베노믹스의 성공 여부는 한국으로서도 중요한 정책사례이다. 한국 경제 및 한일 관계에도 매우 중요한 영향을 미칠 것으로 보인다. 실제로 일본과 경합·경쟁하고 있는 한국의 자동차·철강·조선 산업들은 수출에 큰 타격을 받았다.

결국 우리에게는 한국의 외교통상정책을 어떻게 확립하며 일본이 안고 있는 부정적인 전망에 대한 정책을 세울 것인지가 급선무라 할 수 있다. 예컨대 가치개혁을 통해 일자리를 창출하고 내수진작을 위한 구조개혁과 자유무역협정(FTA), TPP(환태평양경제동반자협정) 등 경제협력체에 대한 정책수립이 필요하다. 따라서 아베노믹스에서 배운 교훈을 한국의 경제적 리스크를 관리하는 데 유용하게 쓸 필요가 있다.

아베노믹스의 부정적인 결과만을 기대할 것이 아니라 오히려 아베노믹스의 정책 효과에 대한 대책마련에 나서야 한다. 또한 창조적 한일 관계 개선에 도움이 되는 양국의 경제회복이 이뤄진다면 우리 정부도 효과적인 경제정책 관리와 대일정책을 마련할 수 있을 것으로 기대된다. 한일 간 관계가 악화될수록 정치적으로는 물론 다른 분야에도 불똥이 튄다는 점을 감안한다면 무엇보다도 정치 이슈보다는 사회·문화·경제 분야를 우선시하는 정경분리나 선경후정(先經後政) 전략을 바탕으로 일본과 대화의 길, 즉 한일정상회담 프로세스를 조속히 진행해야 한다. 한국과 일본이 적극적으로 경제협력을 모색하는 과정에서 내셔널리즘의 대립 등 한일 간 리스크 관리를 위한 히든카드가 마련될 수 있지 않을까 싶다.

3) 에너지·환경 이슈와 문화 외교

자원 및 환경 갈등해소를 통한 일본의 문화·외교적 차원의 국제협력 방안은 매우 흥미롭다. '그레이트 파워(大國)'와 '미들 파워'의 중요한 차이가 물리적인 국력의 차이보다는 힘(power)을 어떻게 영향력으로 전환시킬 수 있느냐에 있다는 점을 감안한다면, '일본의 글로벌 환경기구 참여' 프로세스에서 '미들 파워 디플로머시(외교)' 이론은 매우 의미 있다. 다만, 일본 정치지도자나 그 대항세력들이 일본 외교의 '미들 파워 전략'을 거의 자각하지 못하고 오히려 자신의 인식에 따른 고정화된 대응만 되풀이해 온 정치안보 분야와는 달리, 자원 및 환경 분야는 지방자치체의 활동이나 제도화가 중앙정부에 영향을 미친다는 '지방외교론(Local Diplomacy)' 혹은 '시민사회외교론(Civil Society Diplomacy)'에 주목해야 할 것이다.

일본 외무성(MOFA) 등이 환경 분야에 있어서 실시하고 있는 유연한 대응에 주목하고, 나아가 실제 한국과 일본이 어떻게 협력하여 무슨 정책을 실시할 것인가를 고민할 필요가 있다. 국제사회에서 바라본 일본은 경제대국이긴 하지만 에너지·환경 외교에 관해 국제적인 역할을 못하고 있다는 한계를 극복하기 위해 글로벌 리더십 발휘에 주력하고 있다. 일본이 환경문제의 해결을 위한 환경 레짐에 관한 논의 등 국제제도 및 국제기구적 차원의 노력 과정이 시사하는 바와 같이, 한국도 일본의 대응에 보조를 맞춰 지구 환경문제와 관련한 정치경제적 협력 네트워크의 구축 및 국제 레짐의 창설을 위해 주도적 정책을 전개해야 할 것이다.

4) 공공외교3)

우리 외교부는 국민들의 공공외교에 대한 이해를 높이고 외교부의 공공외교사업 홍보와 정보 공유를 위해 「공공외교」 홈페이지를 개설(2014)한 바 있다. 이후 외교부 국민참여형 공공외교 홈페이지를 개정(2015)하고 소통의 틀을 확대해 왔다4). 현재 문재인 정부가 정의하는 공공외교(Public Diplomacy)란 "외국 국민들과의 직접적인 소통을 통해 우리나라의 역사, 전통, 문화, 예술, 가치, 정책, 비전 등에 대한 공감대를 확산하고 신뢰를 확보함으로써 외교관계를 증진시키고, 우리의 국가이미지와 국가브랜드를 높여 국제사회에서 우리나라의 영향력을 높이는 외교활동5)"을 말한다. 특히, "정부 간 소통과 협상 과정을 일컫는 전통적 의미의 외교와 대비되는 개념으로, 문화·예술, 원조(ODA), 지식, 언어, 미디어, 홍보 등 다양한 '소프트 파워' 기제를 활용하여 외국 대중(Foreign Public)에게 직접 다가가 그들의 마음을

---

3) 김영근, 「휴마트 공공외교와 한일안전공동체 구상」, 『한일협력』 2018년 가을호, 2018, 83-90쪽.

4) 예를 들어, 공공외교 홈페이지(www.publicdiplomacy.go.kr/)를 통해 공공외교에 관한 소개, 활동, 소식, 소통마당 등을 제공하고 있다. 한편 한국공공외교협회(www.koreapda.org/)는 외국인을 상대로 친한파 양성 및 소프트 파워를 활용하기 위한 다양한 툴을 마련하고 있다. 또한 외교부 공공문화외교국이 운영하는 '공공외교트위터(twitter.com/pdpmofa)'를 통해서는 공공외교 관련의 글, 사진, 동영상 등을 소통할 수 있다.

5) 상동의 외교부 공공외교 홈페이지.

사고, 감동을 주어 긍정적인 이미지를 만들어 나간다는 것이 공공외교의 기본 콘셉트다. 그러므로 공공외교는 주로 외국의 대중을 그 대상으로 하지만, NGO·대학·언론 등도 여론 형성에 중요한 역할을 한다는 점에서 공공외교의 대상에 포함된다. 또한, 최근에는 외교정책에 대한 자국민의 이해와 지지가 중요해짐에 따라, 자국민과 단체·기관도 공공외교의 범주에 포함시키는 경향이 있다[6]."는 점을 강조하고 있다. 더 이상 공공외교는 정부의 전유물이 아니며, 공공외교를 성공적으로 수행하기 위해서는 다양한 주체들의 자발적 참여가 필요하다는 스탠스의 전환을 피력하고 있다.

4. 어떻게 화해 리질리언스를 구축할 것인가

1) 새로운 협력 아젠다 및 행위자: 재난·안전·공공외교·비정부

국가의 전유물로 여겨져 왔던 외교·통상정책이나 **재난·안전·**환경·에너지·자원정책들에 있어서도 다양한 행위자 및 예상밖(想定外)의 이슈·아젠다와 연계·융합되고 있는 시대이다. 한일 간 상존하는 위기와 점증하는 리스크를 효과적으로 관리하면서 미래의 성장동력을 확보해야 하는 이중 과제를 떠안고 있는 정부 및 비정부 행위자들이 무엇에 집중하여 어떻게 해결해나갈 수 있을지, 그 해답을 찾기란 쉽지 않다. 현대사회의 복잡성(complexity)이 증대되고 있기 때문이다. 이와 관련하여 "복잡성 증가에 따른 3대 위험 요인으로 '리스크 증가', '비용 증가', '새로운 기술의 필요성'"이 지적되고 있다.

---

6) 상동.

또한 위기관리 및 재해 거버넌스에 관한 국가 간 경계를 넘는 국제협력도 고려해야 한다. 예를 들어, 일본 재해연구 발전의 기점이라 할 수 있는 1995년 고베 한신아와지대지진 및 2011년 3·11 동일본대지진, 중국의 2008년 쓰촨성원촨(汶川)대지진의 현장 경험을 공유하고 향후 재난 발생시 '안전공동체' 관점하에서 협력을 모색해야 한다.

주지하다시피 3·11 동일본대지진(2011) 이후 미증유의 복합적 재해문제('대지진', '쓰나미', '원전사고')가 비단 일본만의 문제가 아니라 동아시아의 지역적 문제, 나아가 전 세계적인 이슈로 대두되고 있는 상황이다. 특히 한국은 '4·16 세월호 침몰사고(2014)' 및 9·12 경주지진(2016)이라는 대형 재난을 경험했으며, 북한의 핵실험에 따른 백두산화산 폭발 문제, 동아시아의 원자력발전소 사고, 테러, MERS(중동호흡기증후군) 및 지카바이러스 등 의료재해에 관한 탈국경적 이슈의 위기관리 및 재난(재해)학 구축을 위한 토대마련이 시급한 실정이다. 일본이 2011년 3·11 동일본대지진, 구마모토 지진(2016년 4월)에서 보여준 재난대응 시스템을 한국형으로 소화하는 과정에서 일본의 협력은 필수불가결하다. 일본의 대재해(1·17 한신아와지대지진 및 3·11 동일본대지진) 이후 현장재해에서 진행된 사회적 변동이나 리스크 대응 및 복구 노력 등 재후(災後, post-Disaster) 교훈을 트랜스내셔널(transnational) 대응과 지역부흥에 다시 투영할 필요가 있다. 현장과 정부, 그리고 국가 간 상호작용에 주목하는 이 과정이야말로 한일 간의 새로운 아젠다 협력이라 할 수 있다. '초국가적 재해 부흥론'과 '한일 간 화해학'이 맞물리는 아카데미즘의 역할(이론과 실천)이 주목받고 있는 배경이기도 하다.

2) 일본의 교훈: 안전문화, 재해부흥문화

한국이 사회안전문화를 구축하고 나아가 교육과 연계시키기 위한 체계적인 노력 및 제도적 뒷받침이 긴요하다. 그렇다면 일본 3·11 후쿠시마의 재해현장에서 얻은 안전문화와 관련된 교훈(田中真理·川住隆一·菅井裕行, 2016)은 무엇인가?

첫째, 3·11 동일본대지진의 복구·부흥·재생 과정에서 일본의 재해문화는 직업윤리 등 심리 교육적 측면이 중요하다. 둘째, 재해가 문화에 영향을 미친다는 점에 착안한다면, 〈재해문화〉 혹은 〈재해와 문화〉라는 아젠더(agenda)는 '재해인류학', '재해예방사회학', '재해경제학', '재해인지심리학', '재해사상학', '재해역사학', '의료재해학', '예방재해의학' 등 다양한 학문영역(discipline)과 연계하여 논의되고 재해부흥 과정에 도입되어야 한다. 셋째, 국가 혹은 기업, 지역 커뮤니티 등 다양한 행위자들의 사회적 책임(CSR)은 안전문화의 창출 및 실천(안전사회 구축)을 위해서는 매우 중요한 요소이다.

한편, 재해복구/부흥/재생 과정에서 재해(재난)학의 유형과 재해 거버넌스의 변화요인은 다양하다. 예를 들어, 재해로부터의 복구·부흥·재생 과정에서 일본의 재해문화는 도시부흥, 사회부흥, 산업부흥, 가족부흥이라는 융복합적 재해복구와 밀접하게 관련되어 있다. 또한 재해의 공간(피난소, 가설주택 등) 및 재해 관련 행위자(지방자치체, 시민·기업, 국가 등), 재해 이후(災後) 물적·심리적 지원 체제와 연계되어 재해문화는 변화하기도 한다.

일본의 안전문화 및 재해부흥문화를 이해하는 데 있어서 그 단서를 제공하고 있는 '일본 정권교체의 재해사회학·재해문화학'은 매우 흥미로운 주제이다. 특히, 재해다발국가인 일본으로서는 대재난에 제대로 대응하지 못한 정부로 평가될 경우 '정권교체'에 지대한 영향을 미치고 있다. "일본의 민주당 정권은 굉장히 약한 정부이다. 2011년 당시 3·11 동일본대지진 이후 재해복구 및 부흥 과정에서 강한 리더십을 요청하는 상황이었으며, 이는 민주당 정권 자체가 만들어 냈다. 말하자면 일본 내에서 불안감과 우경화를 양산하는 체제였다라고 볼 수 있다(김영근, 2012b)." 결과적으로는 3·11 대재해가 '잃어버린 20년'이라는 침체된 일본 경제를 가속화시킴으로써, '경제 불황(위기)'으로부터의 탈피하고자 하는 사회문화적 정책선호(지지기반)를 바탕으로 한 자민당 정권이 재탄생하게 되었던 것이다. "당시 3·11 발생 직후 초기대응은 신속하게 전면전에 직접 나섰으나, 민주당 실무진의 행정절차(매뉴얼)에 대한 미숙함으로 구호품이 제대로 전달되지 않아 재해지역에서의 정부불신이 고조되었다. 또한 예상치 못했던 후쿠시마 원전사고까지 발생하면서 대처가 부진하고 미숙했다고 평가됨으로써, 결국 다음해 총선에서 자민당으로 정권교체되는 과정에 영향이 있었다고 평가된다."

주지하다시피 일본의 재난대응 시스템 잘 되어있긴 하지만 2011년 3·11 동일본대지진과 구마모토 지진(2016년 4월)을 경험하는 과정에서 많은 취약성과 한계를 노정하고 있는 상태이다. 더불어 규슈(九州) 지역이 비교적 지진 발생 확률이 적었던 지역이라는 의외성이 불안을 야기하고 있다. 이번 아베 정부의 발 빠른 대처능력이 주목을 받은 바 있다. 4월 14일 1차 구마모토 지진 발생 이후, 26분 만에 언론인터뷰를 진행하며 국민 안심시키기에 나섰고, 이후 위기관리센터로 이동 후, 피해 상황 파악에 진력하여 재난대응 전면에 직접 나서 발 빠르게 행동하는 모습이 돋보인 바 있다. 향후 아베 정권의 진로는 "초기대응에 긍정적인 평가를 이끌어낸 아베 총리가 재해 이후 마무리까지 현재의 평가와 지지를 이끌고 갈 수 있다면, (이는 일본의 사회문화적 요인을 제대로 정책에 반영한 형태로서) 앞으로 남은 임기 동안 더 단단한 지지와 탄력이 될 수도 있을 것이다(김영근, 2016)."

3) 문화적 교류 협력: 한류와 일류, 그리고 환류

아울러 한일 간 화해의 정치경제학을 위해서는 '한류(韓流)와 일류(日流), 그리고 환류(還流)' 프로세스의 활용이 중요하다. 한국의 TV 드라마(K-Drama), 영화(K-Movie)를 비롯한 대중음악(K-Pop), 한식(K-Food), 오락프로그램(K-Entertainment), 뷰티(K-Beauty), 전자정부 등 행정·제도(K-Governance) 등이 해외에서 높은 인기를 누리는 한류 현상이 지속되고 있다. 또한 혁신성장기반의 과학기술(K-Innovation) 등 새로운 분야를 한일 양국이 협력하려 개척해 나갈 필요도 있다. 한류로 인한 문화 콘텐츠와 소비재 및 관광 수출액의 증대 등 경제학적 효과는 물론이거니와 한류의 영향력은 국가 이미지까지에도 미치고 있다. 결과적으로 한류의 다양한 영향 계수를 상정해 볼 수 있는 데, 그 중에서도 한일 간 화해 메커니즘에서 한류의 효과가 상호작용할 것으로 기대된다. 물론 '한류와 일류, 그리고 환류' 프로세스에서 행위주체에 따라서 그 '순(順)기능'과 '역(逆)기능'이 의도와는 다르게 작용할 가능성도 있다. 특히 역사 및 사상 등과 관련된 문화적 교류협력 과정에서 의도치 않았던 부정적 측면이 부각될 가능성도 있다는 점을 감안하여야 할 것이다.

4) 스마트 파워, 그리고 휴마트 파워

한국 정부의 공공외교에 대한 관심은 하드 파워-소프트 파워의 불

〈표 2〉 소프트 파워의 분야별 적용사례

분	사례
정치 외교	전자투표
	탈중앙·탈권력: 프라이빗(私的) 레짐, 글로벌 대통령
	바디 폴리틱스(Body Politics)
	탈지정학: 사이버테러
	화해학: 전쟁과 평화
경제 산업	인간의 안전보장
	4차 산업혁명: 무인자동차, 로봇사회, 고토즈쿠리
	회복경제(Recovery Economy) vs. 성장경제
	경제 공동화(Hollowing-Out of Economy)
	탈(脫)중앙: 암호화폐/가상화폐/가상자산/암호자산
	AI벤처(Venture): VR(가상현실)/AR(증강현실), 사물인터넷(IoT)
	공급과잉산업(Excess supply industry)
	젊은 산업(Young industry)
사회 문화 사상	탈지경학(地經學)
	휴마트(humanity smart), 인간부흥, 사전(事前)부흥
	한류(문화), 일류(日流): 쿨재팬, 환류(環流)
과학기술	파괴적 기술 (Disruptive Technology), 디지털 소사이어티, 블록체인 기술
융합	스마트 그리드, 스마트 시티, 스마트 팜, 빅데이터(기계학습분석), 사이버 물리 시스템(Cyber-physical system), 안전혁명

출처 : 필자 작성

균형 상태를 해소하기 위한 노력으로 이어졌다. 즉 '소프트 파워의
결핍' 혹은 '미흡한 활용'에 대한 반성에서 출발하여, 한국의 외교역
량을 강화하기 위해 공공외교(Soft Power Diplomacy)의 중요성에 착
안한 것이다[7]. 여기서 '소프트 파워'란 무엇인가? '소프트 파워(Soft

---

7) 이근 외, 『한·중·일 공공외교 협력 방안 연구』(외교부 공공외교정책과 정책연구
   과제 결과보고서), 싱크탱크 미래지, 2013.

Power)' 또는 '연성권력(軟性權力)'이란 군사력이나 경제제재 등의 물리적 힘으로 표현되는 '하드 파워(hard power)[8]'에 대응하는 개념이다. 하버드대학교 케네디스쿨의 조지프 나이(Joseph S. Nye) 교수의 저서 『주도국일 수밖에 없는 미국: 미국 국력의 변화하는 본질』(Bound to Lead: The Changing Nature of American Power, 1990)에서 처음으로 제시되어 정치·외교·경제·사회학 등에서 광범위하게 사용되고 있는 용어이다[9].

다만, 최근 시간적·공간적·행위자별 영역을 넘어서 전개되는 '트랜스·내셔널리즘'이나 '트랜스·로컬라이제이션' 현상 등 글로벌 환경의 변화에 제대로 대응하고 인성(humanity) 본위의 인간을 최우선한다는 의미에서의 '휴마트(humanity+smart) 파워[10]' 개념도 도입이 필요하다.

5. 동아시아 '재난·안전공동체' 구축을 통한 갈등을 넘어 화해로

현재 일본의 우경화 및 내셔널리즘이 더욱 심화되고 한일 관계가 더더욱 악화될 것이라는 우려의 목소리만이 들릴 뿐 향후 한일 관계 개선을 위한 방안들은 거의 눈의 띄지 않고 있다. 한일 관계 악화 땐 양국 경제까지 악영향을 준다는 점을 감안하면 더더욱 관계개선 노

---

8) 여기서 하드파워가 군사력이나 경제제재 등 물리적으로 표현되는 힘을 뜻한다.
9) 소프트파워 개념은 개정판에 해당하는 Joseph S. Nye, *Soft Power: The Means to Success in World Politics*, PublicAffairs, 2004에서 더욱 진화되었다.
10) 김영근, 「재난과 안전혁명 이론: '휴마트파워' 기반의 위기관리 거버넌스 모델과 일본의 교훈」, 『일본연구』 제30집, 글로벌일본연구원, 2018, 311~333쪽.; 윤석만, 『휴마트 씽킹: 4차 시대를 이끄는 리더들의 생각법』, 시공미디어, 2017.

력이 요구된다 하겠다. 이에 유연한 상호주의를 바탕으로 미래지향적인 한일 관계 구축(진전) 및 화해를 위한 몇 가지 제언하고자 한다.

첫째, 동아시아 '재난·안전공동체' 구축을 위한 한일 협력의 문화적 토대를 마련해야 한다. 3·11 동일본대지진(2011)을 계기로 한일 간의 공동위기관리체제 정비 및 재해전문가 양성 등 실천적 국제협력의 모색이 절실해졌다. 동일본대지진에 따른 쓰나미와 후쿠시마원전의 방사능 문제는 '인류애'적 연대라는 의미에서 국제협력을 다시 모색하게 했고, 자연스럽게 동아시아 국가들의 유대감을 형성하는 계기로 작용했다. 향후 한국사회에 발생할지도 모르는 재난에 대비한 대응 논리와 극복 논리를 '인문사회과학적·제도적·정책적'으로 수립하기 위해 한국과 일본이 '동아시아 공동체적 입장'에서 '실체적 대안'을 공동으로 연구하고 국제협력을 모색하는 계기가 되고 있다. 한일 국제협력의 방안 중 하나로 예를 들어, 초국가적 재해와 안전문제에 관한 글로벌 대응체제로서, 인재(人災)를 관리할 수 있는 인재(人才)가 필요하다. 3·11 대지진 이후 일본으로부터 얻은 교훈 중 급선무인 것은 한국 또한 원전사고 발생을 상정, 복합연쇄위기를 관리할 전문가 양성 혹은 공동 위기관리체제를 정비하는 일이라 할 수 있다. 그렇다면 글로벌 시각에서 재난을 통한 안전공동체를 모색하기 위한 구체적인 과제는 무엇인가? 무엇보다도 탈지정학적 스탠스, 즉 '트랜스내셔널리즘'이 고양되어야 한다. 안전혁명을 위한 관련 행위자들의 '문화적 인식'이나 '의식(思想)'에 관한 관리가 중요하다

둘째, 한일 관계 개선 즉 한일 간 화해(평화)와 관련된 '역사·문화적 교훈'을 살려야 한다. 한일 간의 역사적 경험으로 살펴보더라도 한일 교류는 고대사까지 이어진다. 백제문화의 전수, 임진왜란 후 한일 양국의 국교회복과 교류의 진전계기가 되었던 조선통신사, 대

일관계 개선과 관련된 다양한 조선과 일본과의 약조 등은 한일 관계 개선에 큰 역할을 수행했다고 평가받고 있다. 최근 자민당 아베 정권의 아베노믹스 경제정책 성과 혹은 지지여부에 대한 평가에 일본 국민의 관심이 집중되고 있다. 일본의 경제회복 및 부흥·재생을 열망하는 것을 감안해 볼 때 국민의 기대가 높은 아베노믹스의 성공 여부는 한일 관계에도 영향을 미칠 것으로 보인다. 양국 간에 산재해 있는 저해요인으로 작동하는 다양한 이슈들에 주목하기보다는 경제 이슈가 선호되고 있다는 점에서, 향후 대일관계 개선으로 이어질 수 있을 것으로 보인다. 한일 양국 경제협력을 발전시키기 위한 한일 FTA 발효, 혹은 일본이 주도하여 2018년 12월 30일 발효(11개국 서명)한 '포괄적·점진적 환태평양경제동반자협정(CPTPP: Comprehensive and Progressive Agreement for Trans-Pacific Partnership)에 관심을 표명하고 있는 한국에 협조하는 등 '제도적 틀'이 필요하다. 한일 간 교섭 (과정) 및 조약체결이 늘어나는 과정에서 TPP, 한일 FTA, 한중일 FTA의 교섭 자체로도 한일 관계 개선의 밑거름이 될 수 있다. 향후 아베 정권이 한·일, 한·중·일 FTA 타결, 동아시아지역 경제통합 구상 또는 동아시아공동체 구상 실현을 위한 구체적인 전략과 이미지 제시가 이뤄질 수 있도록 한일 간 교섭 기회를 늘려나가야 할 것이다.

셋째, 한국의 외교·안보 및 경제정책의 방향성은 상대국과의 대립과 협력의 프로세스 속에서, 어떻게 한일 관계를 '경쟁의 게임'에서 '협조의 게임'으로 진전시켜 나갈 것인가라는 '위기관리'의 문제이다. 이때 협조의 게임으로 전환하는 데 기여할 수 있을 것인가 하는 관점에서 우리가 주목해야 할 논리는 '정경분리의 원칙'이다. 이는 경제협력 문제를 우선 논의·협의한 이후 정치적 이슈의 돌파구를 마련한다는 의미에서 선경후정(先經後政) 정책이라고도 할 수 있다. 특히, 한일 양국 관계의 외교적 문제해결을 위해서도 '정경분리 원칙'이 중요하다 하겠다. 예를 들어 독도 문제를 한·일 경제협력 프로젝트로 해결하는 방안을 모색하는 등 우선 정치적 프로세스와는 별도로 경제·과학·재난·안전 분야에서 새로운 정치분리형 협력 모델을 발굴해야 할 것이다. 정경분리 정책의 추진이 긍정적 방향으로 진행된다면, 한일 대화 과정 또한 돌발적인 외교교섭이 아니라 한국의 정책의제 설정, 정책 형성, 정책 채택까지 포함한 일련의 정책 결정 과정이 일반화되고 예상 가능하여 효과적인 정책운영이 가능할 것으로 보인다. 물론 향후 한국 정부의 대일관계는 일본의 대외정책 기조 변화 및 동북아질서를 둘러싼 주도권 싸움 등 새로운 여건에 대응하기 위해 보다 유연하면서도 협력적인 전략과 정책이 요구된다.

넷째, 진정한 화해 프로세스를 위해서는 화해의 당사자라 할 수 있는 '새로운 행위자 및 협력 아젠다'에 주목해야 한다. 특히, 공공외교의 관점에서 '재난과 안전에 관한 협력 네트워크의 구축'이나 '아시아 재난·안전공동체 구상' 등 한일 교류 분야의 확대 및 진전은 매우 중요하다. 아울러 화해의 역주행(逆走行)을 예방(관리)하고, 나아가 한일 화해의 종착역(목표)에 도달하기 위한 로드맵을 만들어 양국의 화해 비전과 전략을 공유해야 할 것이다. 이를 위해서는 국회의 전권을 위임받아 외교협상을 진행하는 미국의 '무역촉진권한(TPA: Trade Promotion Authority)' 혹은 '신속처리권한(Fast Track)' 제도를 도입할 필요가 있다. 한일 간 협의(교섭결과)의 효력 발휘가 용이하며, 양국의 국내적 신뢰를 얻을 수 있으며, 신속한 협상 타결로 이어질 것이다. 예를 들어, 한일 위안부 협상 타결(2015.12.28) 이후 논란이 되고 있는 '불가역적 최종 합의문(이번 문제가 최종적이고 불가역적으로 해결

됐음을 확인한다)'이라는 사항에 관해서는 국회로부터 권한을 부여받지 못한 상황이기에 무효 혹은 재협상 등의 요구가 이어지고 있다. '불가역'이라는 외교가 제대로 효력을 발휘하기 위해서는 무엇보다도 '외교신속처리권한(가칭)'을 통해 국내적 여론을 수렴하고 갈등을 해소한 상태에서 국회의 정책지지와 연계되어 외교교섭이 진행되어야 한다.

다섯째, 한일 관계의 악화는 민간부문에 즉각적으로 영향을 주어 한일 간 화해를 위한 교류 협력이 중단되는 만큼 평소 한일 정부 간 대화와 함께 '민간 차원의 문화 교류'를 더욱 확대하는 대책을 다양하게 강구하여야 한다. 한일 간 대화채널의 부활 혹은 확대노력이 절실한 상황이다. 특히 영토분쟁, 역사인식, 종군위안부 문제 등 민감한 정치적 사안보다는 우선 용이한 한일 간의 경제협력에 관한 대화채널을 유지·확대해 나가야 할 것으로 보인다. 위에서 언급한 정경분리의 원칙에 입각하여 정치적 대화채널에 구속받지 않는 '경제이슈논의 채널'의 지속가동이 중요한 시기이다. 아울러 지금까지 한국정부가 강조해 왔던 '신뢰 프로세스' 정책을 기조로 한 외교·안보 및 경제정책에 대해 폭넓은 국내지지를 확보하는 것이 중요하다 하겠다.

결론적으로 '갈등을 넘어 화해로' 가는 화해학을 시작하기 위해서는 한일 간 전제조건을 재확인하고 실천하려는 노력이 절실하다. '화해학'의 관점에서 제시한 여러 갈등이나 분쟁의 유형을 관리하기 위해서는 한일 간 화해의 로드맵과 행동계획(Action Plan)을 만들어 첫발을 내딛는 것이 주된 과제하다. 이는 장기 고착화되고 있는 한일 간의 비정상적인 '외교 부재'의 상황에서 벗어나 정상화의 시스템이 구축되는 상황으로의 전환하는 데 있어서 중요하다. 한국은 일본과의 영토분쟁, 역사인식, 종군위안부, 교과서 왜곡, 야스쿠니 신사참배에 관한 시각 등 민감한 정치적 사안들을 안고 있다. 한국 정부는 국내적 정책결정 과정과 미국·중국 등 국제적 변수 등을 고려해서 더욱더 전략적 차원에서 대일정책을 추진할 필요가 있을 것으로 보인다.

한일국교정상화(1965) 50주년(2015)의 재평가가 진행되고 있으며 1998년 '김대중-오부치 한일파트너십 선언' 20주년을 맞이한 현재 새로운 한일 관계사 백년대계를 고려할 때, 지금까지의 축적된 협력의 결과물들이 완전히 과거사에 파묻히거나 미래와 단절된다면 이는 한일 양국으로서는 너무도 큰 손실이라 할 수 있다. 지속적인 사회문화의 공유, 경제협력 등을 통해 '제로섬 게임(Zero Sum Game)'이 아닌 '윈윈(Win-Win)' 게임으로 전향되는 한일 관계를 기대한다. 바로 지금이야말로 엄격한 상호주의 원칙을 고수하는 정책에서 벗어나 유연한 상호주의를 바탕으로 진정한 미래지향적인 한일 관계의 구축, 즉 '화해학'을 시작하는 데 힘써야 할 시점이다.

/ 김영근

명칭의 국제정치

전쟁과 평화 그리고 한일 관계

1. 들어가며

정치학은 분석 대상의 권력구조를 밝히는 것을 목적으로 한다. 또한 정치학의 응용 분야인 국제정치학은 본격적으로는 20세기에 탄생했지만, 이 학문 영역에서 큰 명제는 전쟁과 평화의 문제이다.

이 글은 어떤 정치현상에 대해 인간이 사용하는 명칭에 주목한다. 세상에 존재하는 거의 모든 추상적, 구체적 사물들에는 명칭이 있고, 어떤 정치현상의 명칭 역시 인간의 관념을 통해 만들어지고 명명된다. 따라서 명칭에 내재되어 있는 권력구조를 정치학적 관점에서 밝히며, 명칭을 둘러싼 국제관계를 역사적 고찰이 수반된 국제정치학적 관점에서 조명한다.

본고는 특히 샌프란시스코평화조약과 대한민국이 위치하는 한반도를 둘러싼 명칭 문제에 초점을 맞추고 있다. 이를 사례로서 분석하는 이유는 다음과 같다.

첫째, 1951년 아시아-태평양전쟁의 패전국이었던 일본과 48개국의 연합국이 체결한 샌프란시스코평화조약의 정식명칭은 영어로 Treaty of Peace with Japan, 일본어로 日本国との平和条約(일본국

과의 평화조약)이다. 이 평화조약은 샌프란시스코에서 체결되었기 때문에 일반적으로 샌프란시스코평화조약 또는 샌프란시스코강화조약이라고 불린다. 여기서는 '샌프란시스코(San Francisco)'라는 지역명칭에 수반된 국제정치적 구조를 고찰함으로써 샌프란시스코평화조약이 가지고 있는 함의를 밝힐 수 있다.

둘째, 대한제국은 1910년부터 일본의 강압적 병합통치를 받게 되었고, 조선이라는 지역명칭이 명명되었다. 이는 일본의 식민지 이론의 발전에 의해 식민지로서 1945년까지 지속되었다. 1950년 6·25전쟁 발발 당시 일본에서는 '조선동란(朝鮮動亂)', '조선사변(朝鮮事變)', '조선전란(朝鮮戰亂)'이라는 명칭들이 있었으나, 공통점은 '조선(朝鮮)'이었다. 현재 일본에서는 한반도를 조선반도(朝鮮半島)라고 하며, 6·25전쟁을 조선전쟁(朝鮮戰爭)이라고 한다. 상이한 언어를 가진 국가에서 어떤 특정 사물에 상이한 명칭을 가지고 있다는 것은 당연하다. 그러나 이 명칭들에 내재되어 있는 정치역학은 단순한 언어적 상이성이 아니라 복합적인 한일 관계를 상징하는 측면을 가지고 있다.

셋째, 위의 두 개별적 사례들은 결국 전쟁과 평화라는 중요한 명제와 더불어 식민지 문제에 대한 물음으로 귀결된다. 샌프란시스코평화조약 영문판에는 코리아("Korea"; 일본어판 "朝鮮")라는 명칭이 총 세번 등장한다. 이 '코리아 또는 조선'이 무엇을 의미하는지 밝힐 필요가 있다. 샌프란시스코평화조약과 한반도를 고찰하는 것은 개별적 사례로서 명칭의 의미를 확인함과 동시에 두 사례가 연계되어 있고 이것이 곧 한일 관계를 드러내는 표상이기 때문이다.

2. 샌프란시스코평화조약의 명칭

전쟁의 명칭은 다양한 명칭들 중에서 보다 많은 다수의 인간들의 인식에 의해 채택되어 보존된다.[1] 한편 인간이 기억하는 전쟁에는 명칭이나 발발 연도가 있지만, 평화에는 명칭이나 지속 기간이 없다. 그러나 평화에 명칭이 있다고 가정한다면 평화조약은 평화를 완전히 대치하지 않아도 공식적으로 전쟁을 종료시켰다는 측면에서 최소한의 평화를 초래한다.

평화조약에는 공식 조약문서에 규정된 정식명칭이 있음에도 불구하고, 대부분의 명칭은 승인된 지역 혹은 도시명이 사용될 경우가 많다. 스페인 왕위계승 전쟁을 마감한 1714년 라슈타트평화조약 이후부터 서구 평화조약 문서는 프랑스어를 공식 언어로 하는 관행이 이어졌으나, 1919년에 체결된 베르사유평화조약은 프랑스어와 영어를 공식 언어로 했다. 베르사유평화조약은 미국의 대두를 증명했다. 그러한 베르사유평화조약의 정식명칭은 프랑스어로 Traité de paix entre les Alliés et les Puissances associées et l'Allemagne, 영어 표기는 Treaty of Peace between the Allied and Associated Powers and Germany이다.[2] 베르사유평화조약의 정식명칭은 전쟁 당사국의 명칭을 병렬했지만, 다른 평화조약과 마찬가지로 도시명이 표상적으로 사용되었다. 전쟁의 명칭에 관한 정치학적 논쟁에 비하면, 평화조약의 명칭을 둘러싼 논쟁은 거의 없다. 다만 전쟁 당사자

---

1) 김명섭, 「전쟁명명의 정치학: "아시아·태평양전쟁"과 "6·25전쟁"」, 『한국정치외교사논총』 제30집 2호, 한국정치외교사학회, 2009, 71-98쪽.
2) 일본에서 1920년에 명명된 베르사유평화조약 일본어 명칭은 '동맹 및 연합국과 독일국과의 평화조약(同盟及連合國ト獨逸國トノ平和條約)'이다.

들을 규정한 정식명칭이 있음에도 불구하고, 단순한 지역 혹은 도시명의 사용에는 어떠한 전쟁을 마감한 평화조약인지, 전쟁과 평화의 관계성이 잘 부각되지 못하는 한계가 생긴다.

그런데 평화조약에 부여된 지역 혹은 도시명의 명칭 의미를 생각할 필요가 있다. 제1차 세계대전에서 연합국과 독일의 전쟁을 공식적으로 마감하기 위해 1919년 1월 18일부터 파리평화회의가 개최되었다.[3] 이 회의는 주로 프랑스 외무부에서 주관했으며, 때로는 미국 대표단의 숙소인 호텔(Hotel de Crillon)에서 토론되었으나, 베르사유평화조약은 6월 28일에 베르사유궁전(Château de Versailles)에서 체결되었다. 이는 과거의 프로이센-프랑스 전쟁(1870–71)의 결과에서 기인했다. 프랑스를 압도한 전승국 프로이센의 황제 빌헬름 1세는 베르사유궁전에서 대관식을 거행하며, 통일된 독일의 결과물로서 독일제국을 선언했다. 1871년 2월 베르사유에서의 가조약을 거쳐 5월에 프랑크푸르트평화조약이 체결되었다. 이를 통해 독일은 프랑스에 50억 프랑의 배상금을 요구했고, 알자스-로렌 지역을 획득했다. 그 지역을 상실한 프랑스에서는 독일에 대한 보복주의(Revanchism)가 고양되었다. 따라서 1919년 베르사유궁전에서의 베르사유평화조약 승인은 과거에 대한 프랑스의 기억과 경험이 크게 작용했다. 1871년 당시 프랑스 하원의원이었던 클레망소(Georges Clemenceau)는 1919년 프랑스 수상으로서 다른 국가수반들보다 제1차 세계대전 패전국 독일에 가혹한 처치를 원했다. 베르사유평화조약은 독일에 대해 가

---

3) 제2차 세계대전이 발발하기 전에 제1차 세계대전은 세계전쟁(World War), 대전쟁(Great War), 제(諸) 국민들의 전쟁(War of the Nations), 유럽전쟁(War in Europe)이라는 명칭들이 있었다. 전쟁 초기, 웰스(Herbert George Wells)가 주창한 "전쟁을 끝내기 위한 전쟁(the war to end war)"이라는 명칭이 널리 유포됐다.

혹적, 징벌적이었다는 평가가 일반적이지만, 베르사유라는 명칭 자체가 이미 보복성을 내재하고 있다. 그러한 베르사유평화조약 제1장에는 국제연맹규약이 규정되었고, 국제연맹 창립의 법적 근거가 되었다.

베르사유평화조약이 국제연맹규약을 포섭했다면, 1951년에 체결된 샌프란시스코평화조약은 1945년 6월 26일에 채택된 국제연합헌장 및 10월 24일부터 활동을 시작한 국제연합을 바탕으로 했다.4) 전체 27개조로 구성된 샌프란시스코평화조약 전문에는 "일본국으로서는 국제연합에 대한 가맹을 신청하고 또 어떤 상황이라도 국제연합헌장의 원칙을 준수"함이 선언되었다. 따라서 샌프란시스코평화조약 탄생의 결정적 시점은 1951년이었으나, 제2차 세계대전 와중에 채택된 국제연합헌장이 샌프란시스코평화조약에 투영되었고, 일본의 국제주의적 지향성을 규정했다.

국제연합헌장은 1945년 4월 25일부터 6월 26일까지 50개국의 연합국이 결집한 샌프란시스코회의에서 채택되었다. 이 회의의 정식명칭은 '국제기구에 관한 연합국회의'이다. 국제연합헌장 및 국제연합 창립 구상은 제2차 세계대전 와중에 있었던 대서양헌장(1941), 연합국공동선언(1942), 모스크바선언(1943), 테헤란회담(1943), 덤버턴오크스회의(1944), 얄타회담(1945) 등의 회담과 선언문을 통해 단계적

---

4) 일본에서 호칭되는 '국제연합(國際聯合)'이라는 명칭에도 이유가 있다. 국제연합(United Nations)이라는 명칭은 루즈벨트가 명명했다. 이 명칭은 추축국과 맞서고 있었던 연합국(United Nations)의 총칭이었다. 그러나 일본의 경우, 1920년에 정식적으로 창립된 League of Nations를 국제연맹이라고 번역했기 때문에 그 연장선에서 1945년 국제기구를 국제연합이라고 했다. 무엇보다 연합국이 United Nations를 만들었기 때문에 이들과 맞서고 있었던 일본의 입장에서는 수용하기 어려운 명칭이었다.

으로 입안되었고, 최종적으로 샌프란시스코회의(1945)에서 국제연합 헌장이 채택됨으로써 완성되었다.

이러한 일련의 흐름이 최종적으로 샌프란시스코에서 결정된 것은 당시 미국 국무장관 스테티니어스(Edward R. Stettinius Jr.)의 제안이 큰 영향을 끼친 것으로 보인다. 미국이 주도했던 국제연합헌장은 미국 국내에서 채택하는 것이 결정되어 있었으나, 후보지는 애틀랜틱 시티, 뉴욕, 필라델피아, 시카고, 마이애미 등이 거론되었다. 그는 시설, 보안 문제, 그리고 "남미 각국, 필리핀, 중국, 뉴질랜드, 호주" 등의 교통 문제를 종합적으로 고려한 결과 샌프란시스코로 결정했고, 루즈벨트(Franklin D. Roosevelt)에게 진언했다. 스테티니어스는 독일이 이제 붕괴될 것이지만, 진행 중인 일본과의 전쟁을 위해서라도 샌프란시스코에서 세계에 뚜렷한 메시지를 전파할 수 있다고 생각했다.[5] 대서양이 아니라 태평양을 지향하는 샌프란시스코는 아시아-태평양전쟁이라는 명칭 중에서 '아시아'를 구성하고 있는 나라들에게 지정학적으로 접근하기 용이했다. 그리고 스테티니어스가 독일과 일본을 거론했듯이 국제연합헌장에는 '적국 조항(Enemy Clauses)'이 규정되었다.[6] 샌프란시스코에서 채택된 국제연합헌장은 전쟁을 공식적으로 마무리하는 평화조약이 아니었으나, 제2차 세계대전 와중에 연합국과 맞선 추축국의 존재를 의식함과 동시에 전후질서를 설계한 국제조약이었다. 1945년 4월 12일 루즈벨트가 급사했지만, 미국 대통령에 취임한 해리 트루먼(Harry S. Truman)은 샌프란시스코회의가 예정대로 진행될 것이며 이에 대한 미국의 지지는 변함이

---

5) Edward R. Stettinius Jr., *Roosevelt and the Russians: The Yalta Conference*, Doubleday & Company, 1949, pp.204-207.

6) 국제연합헌장 제53조 및 제107조, 제77조의 일부.

없다는 것을 표명했다. 1945년 6월 26일 국제연합헌장은 샌프란시스코시에 위치한 전쟁기념관(War Memorial Opera House)의 허브스트 극장(The Herbst Theatre)에서 서명되었다. 6년 후 샌프란시스코평화조약도 같은 장소에서 서명되었다.

1951년 초 대일평화조약 체결 지역에 관해서는 호놀룰루, 워싱턴 그리고 한때는 필리핀의 바기오, 호주 캔버라 등이 후보지로서 거론되었으나, 도쿄가 가장 유력한 장소였다. 다만 도쿄에서의 체결은 패전 국민을 자극한다는 신중론도 있었다.[7] 최종적으로 샌프란시스코를 선택한 주요 인물은 1950년 4월 미국 국무성 고문에 취임한 존 포스터 덜레스(John F. Dulles)였다. 덜레스가 생각하기에는 점령된 국가의 수도 도쿄나 일본이 공격한 진주만을 연상시키는 하와이에서의 체결은 '화해의 조약'으로서는 적절하지 않다는 것이었다. 1919년 독일에 가혹적이었던 베르사유평화조약 작성에 관여한 바 있는 덜레스는 강력한 기독교 반공주의자였다. 샌프란시스코는 일본인 이민의 역사가 있는 장소였으며, 6년 전인 1945년 국제연합헌장이 채택된 장소였고 많은 국가를 초대하기 위해서는 교통망의 측면에서도 정비된 환경이었다. 또한 1951년 샌프란시스코평화회의는 일본의 주권회복과 전쟁 후의 평화를 위해 개최되었으나, 당시 6·25전쟁 와중이었다는 측면에서 이 시간축은 한반도에서의 전쟁과 일본의 평화라는 동시 진행적 구조에 있었다. 한반도에서의 전쟁이 제3차 세계대전으로 발전하는 것을 우려한 연합군 최고사령관 리지웨이(Matthew Bunker Ridgway)는 소련이 일본 홋카이도(北海道)를 기습할 가능성을 배제하지 않았다. 따라서 그는 6·25전쟁이 일본에 번질 위험을 염

---

7) 細谷千博, 『サンフランシスコ講和への道』, 中央公論社, 1984, 258쪽.

두에 두고, 일본 수상 요시다 시게루(吉田茂)의 평화회의 참여는 단기
간이어야 한다고 의식했다. 그는 일본에서도 전쟁이 발생할 경우에
대비해 요시다가 바로 귀국할 수 있도록 샌프란시스코에 특별기를
대기시키도록 미국 정부에 전달했다.[8]

　　대일평화조약 체결을 위해 1951년 9월 4일부터 8일까지 샌프란시
스코평화회의가 개최되었다. 이때 첫 번째 연설은 애치슨(Dean
Acheson) 국무부 장관이었다. 그는 일본과의 평화조약 체결 및 서명
을 위한 회의를 개최한다고 선언한 후, 평화 기원의 묵도를 올렸다.
애치슨에 이어서 샌프란시스코 시장(市長) 로빈슨(Elmer Robinson)의
다음과 같은 연설 내용은 국제연합헌장이 채택된 샌프란시스코회의
와의 관련성을 부각시키는 것이며, 장소적 의미를 포함한 샌프란시
스코의 지역명칭에 권위를 부여했다.

　　　6년 전, 이 도시에서, 바로 이 건물에서 국제연합은 전쟁의 공포와
　　가혹한 유혈 후에 전 세계에 미치는 평화에 대한 희망 속에서 탄생했
　　다. 오늘 국제연합의 발생지에서 각 나라들은 당시 이렇게 품격 높게
　　시작된 일을 추진하기 위해, 즉 평화가 미치는 지역을 확대하고, 전
　　인류의 공익에 공헌해 온 주권국가의 사회에 일본을 부활시키기 위해
　　회동했다. … 샌프란시스코는 각 국민, 각 민족 남녀에 의해 건설된
　　사회, 즉 우애적 이해 및 상호적 존경의 정신에 있어 오래된 나라들의
　　언어 및 전통을 명예롭게 보유하고 있는 사회이기 때문이다. 각 나라
　　들이 미국의 태평양에 대한 전통적 문호 샌프란시스코에서 일본과의
　　평화조약을 체결하기 위해서는 극히 적절하다.[9]

---

8) 三浦陽一, 『吉田茂とサンフランシスコ講和 下卷』, 大月書店, 1996, 212쪽.
 9) 外務省, 『サン・フランシスコ会議議事録』, 外務省, 1951, 1-2쪽.

베르사유평화조약은 독일에 가혹했고, 반대로 샌프란시스코평화조약은 일본에 관대했다는 주장은 타당하다. 다만 '가혹'과 '관대'라는 정반대의 관념과 별도로 1919년 베르사유의 명칭은 '보복'을 의미했고, 1951년 샌프란시스코의 명칭은 '화해'를 상징했다. 9월 5일 평화회의에서 덜레스는 샌프란시스코평화조약이 "전쟁—승리—평화—전쟁이라는 악순환을 파괴하는 첫걸음"이라고 했다. 즉, 이 평화조약은 "복수(復讐)의 강화"가 아니라 "정의의 강화"를 만들 것이며, "화해의 강화(peace of reconciliation)"로 하는 것이 가능하다는 것이었다.10) 상호 화해의 평화조약에 대해서는 전승국뿐만 아니라 패전국도 평가했다. 9월 7일 요시다 시게루는 평화조약 수락연설을 일본어로 했다.

> 여기에 제시된 평화조약은 징벌적인 조항이나 보복적인 조항을 포함하지 않고, 우리 국민에게 항구적인 제한을 부과할 일도 없고, 일본에 완전한 주권과 평등과 자유를 회복시키며, 일본을 자유 그리고 평등의 일원으로서 국제사회에 맞이하는 것입니다. 이 평화조약은 복수의 조약이 아니라 '화해와 신뢰'의 문서입니다. 일본 전권은 이 공평 관대한 평화조약을 흔연히 수락하겠습니다.11)

샌프란시스코평화조약으로 주권을 회복한 일본의 외교방침은 국제연합의 일원이 되는 것이었다. 요시다는 평화조약 수락연설에서

---

10) 김명섭·김숭배, 「20세기 '전후보상' 개념의 형성과 변용: 한국과 일본 간의 보상 문제를 중심으로」, 『한국과 국제정치』 제25권 3호, 경남대학교 극동문제연구소, 2009, 46쪽.

11) 外務省, 『日本外交文書: サンフランシスコ平和条約 調印・発行』, 外務省, 2009, 136쪽.

19세기 구(舊) 러시아제국이 남하한 것과 마찬가지로 오늘날도 "같은 방향"에서 내려오는 "공산주의의 위협", 즉 소련을 명시적으로 비판했다. 그리고 그는 통일 중국의 대표가 이 평화회의에 참석하지 못하는 것에 아쉬워했지만, "공산주의적 압제와 전제(專制)를 수반하는 음험(陰險)한 세력이 극동에서 불안과 혼란을 확대"하고 있다고 공산 중국을 암시적으로 경계했다. 그렇지만, 그의 연설에서 '조선'에 관한 언급은 없었다.

3. 대한제국, 대한민국 임시정부, 대한민국의 명칭과 일본

대한민국이라는 명칭은 일본의 존재와 무관하지 않다. 1897년 고종(高宗)은 조선 국호를 대한으로 바꾸고 몸소 황제에 오르면서 대한제국이라는 국호를 선포했다. 대한(大韓)이란 마한, 진한, 변한의 땅을 통합한 것이 삼한(三韓)이었으며, 이를 아우르는 커다란 '한'을 의미했다. 그러나 대한제국은 1904년부터 1910년까지 일본과의 수직적 양자 간 조약들로 인해 주권을 상실했다. 뿐만 아니라 대한제국은 조약 체결 당사자가 아니었음에도 불구하고 일본과 서양 국가들이 개별적으로 체결한 조약이나 협정으로 인해 주권에 대한 봉쇄적 영향을 받았다. 대한제국의 '주 권력(主權力)'은 일본이나 다른 국가들 간에 의한 '주 권력(周權力)'으로 인해 포위·축소되었다.

한국병합조약에는 대한제국이라는 명칭을 줄인 '한국'이 규정되어 있었으나, '조선'이라는 명칭은 없었다. 이 조약과 같은 날에 발효되고, 일본이 즉시 내린 '한국의 국호를 고쳐 조선이라 칭하는 건(韓國ノ國號ヲ改メ朝鮮ト稱スルノ件)'이라는 칙령은 대한제국을 조선이라고

했다. 한국병합조약에 관해서는 여전히 합법, 불법 논쟁이 지속되고 있다. 오늘날 한반도를 둘러싼 명칭에 관해서 일본 학회에서는 1910년부터 1945년 또는 1948년까지의 한반도를 조선(朝鮮)이라고 표기한다. 한편 한국 학회에서는 한국 또는 조선으로 표기하는 경우가 많고, 주체가 아닌 시기의 명칭으로서는 일제강점기를 사용한다. 물론 법적 문제와 상관없이 실체적으로 대한제국은 일본의 강압통치로 시작되어 식민지로서 귀결되었으나, 중요한 점은 조선(1392~1897)과 다른 조선(1910~1945)이 일본으로 인해 등장했다는 것이다. 일본에 의한 한국 "병합"은 한국의 "폐멸"을 의미했다.[12]

나라의 명칭이 아닌 지역명칭에 관해서도 변경이 보인다. 현재 한국에서 한반도라는 지역명칭이 사용되지만, 일본에서는 조선반도라고 한다. 근대사에서 적어도 1900년 8월 8일자 『황성신문』에는 한반도라는 명칭을 찾을 수가 있다.[13] 동시대 일본에서도 '한반도'가 사용된 경우가 있다. 1909년 고무라 주타로(小村壽太郎) 외상이 가쓰라 다로(桂太郎) 수상에게 제출한 문서는 외무성 정무국장 구라치 데쓰키치(倉知鐵吉)가 작성한 것이었는데, 그의 문서에서는 당시 일본에서 사용되지 않았던 '병합'이라는 용어가 고안되었다. 그 문서에는 다음과 같은 문구가 있다.

> 韓半島에서의 우리 세력을 확립하고 이와 더불어 한국과 각 외국과의 조약관계를 소멸시키기 위해 적당한 시기에서 한국의 병합을 단행해야 하는 것은 이전[曩]의 묘의(廟議)에서 결정된 것이다.[14]

---

12) 海野福寿, 『韓国併合史の研究』, 岩波書店, 2000, 350쪽.
13) 한국언론진흥재단, http://www.mediagaon.or.kr/
14) 外務省, 『小村外交史』, 原書房, 1966, 841쪽.

1910년 당시의 일본 외교문서를 보았을 때, 대한제국이라는 명칭보다 '한국'이 가장 많이 사용되었고, 때로는 '조선'이라는 표기도 혼용되어 있었다. 그리고 '반도', '한반도'라는 명칭은 있었지만 '조선반도'라는 명칭은 확인하기 어렵다.[15)]

대한제국은 주권을 상실했음에도 불구하고 1910년 이후에도 '한국'이라는 명칭을 사용한 광복운동가들이 있었던 한편 '조선'을 사용한 자도 있었다. 상대적으로 짧았던 대한제국의 기간과 기억에 비해 500년 이어진 조선의 명칭이 가지는 친숙성과 침투성은 인간의 인식에 축적된다. 그러나 '대한'이나 '한국'이 사라진 것은 아니었다. 1914년 제1차 세계대전 발발 직후, 신규식(申圭植)은 『한국혼(韓國魂)』을 탈고했다. 후일 대한민국 임시정부 법무총장, 국무총리 겸 외무총장을 역임하게 되는 그는 대한민국 임시정부와 중국과의 지속적 관계 기반을 마련한 인물이다. 그는 제목인 『한국혼』의 의미를 다음과 같이 설명했다.

> 가령 우리들의 마음이 아직 죽어버리지 않았다면, 비록 지도가 그 색깔을 달리 하고 역사가 그 칭호를 바꾸어 우리 대한이 망하였다 하더라도, 우리들의 마음속에는 스스로 하나의 대한이 있는 것이니, 우리들의 마음은 곧 대한의 혼인 것이다.[16)]

1918년 11월 11일 제1차 세계대전 휴전 이후, 국제질서의 변동기에 탄생한 대한민국 임시정부는 고종이 내세운 대한을 계승했다. 전제 군주제였던 대한제국에 대해 1919년 대한민국임시헌장 제1조는 "대

---

15) 外務省, 『日本外交文書: 第43卷 第1册』, 外務省, 1961, 659-728쪽.
16) 申圭植, 『韓國魂』, 博英社, 1974, 9쪽.

한민국은 민주공화제"라고 천명했듯이 군주제를 거부했다. 1919년 당시 대한민국이라는 명칭은 신석우(申錫雨)의 동의(動議)와 이영근(李潁根)의 재청으로 가결되었지만, 대한민국이라는 국호의 실제적 주창자는 조소앙(趙素昻)이었다. 그리고 대한민국임시헌장이 공표될 때, 당시 임시정부의 어떤 요원들은 대한제국의 '대한'이 "일본에게 빼앗긴 국호이니 일본으로부터 다시 찾아 독립했다는 의의를 살려야" 한다고 주장했다.17)

1948년 6월 7일 헌법기초위원회에서 국가명칭에 관한 표결이 실시된 결과, 대한민국 17표, 고려공화국 7표, 조선공화국 2표, 한국 1표로 '대한민국'이라는 국호가 결정되었다. 헌법기초위원회에서 대한민국이라는 국호를 주장한 어떤 자는 대한제국 시기에 일본에 의해 주권을 상실했기 때문에 과거와의 연속성, 즉 '대한'을 계승함으로써 "일본에 배상을 청구"하는 것이 유리하게 된다는 논리를 제기했다.18) 이후 제헌국회에서도 국호를 둘러싼 논쟁이 다소 있었지만, 조국현(曺國鉉) 의원은 '대한'을 국호에 넣어야 한다고 했다. 그는 "일본에게 침략 당했든 대한을 찾아서 광복하자는 것일 것입니다. 이 광복의 의미는 이 민족에게 뺏기였든 주권을 찾는 것을 광복"이라고 했다.19)

1948년 7월 17일 대한민국 헌법(제헌헌법)이 제정되었다. 1987년에 개정된 현행 대한민국헌법 전문(前文)에는 "대한민국임시정부의 법통"을 계승한다는 문구가 있지만, 1948년 제헌헌법 전문에는 "大韓國民은 己未 三一運動으로 大韓民國을 建立"이라는 문구가 규정되었

---

17) 여운홍, 『夢陽 呂運亨』, 靑廈閣, 1967, 41쪽.

18) 이영록, 『우리 헌법의 탄생: 헌법으로 본 대한민국 건국사』, 서해문집, 2006, 138쪽.

19) 제1회 제20차 국회본회의(1948/06/29), 국회회의록 시스템. http://likms.assembly.go.kr/record/

다. 제헌헌법 작성과정에서 유진오(兪鎭午)가 헌법기초위원회에 제출
한 시안은 회의를 거쳐 정부형태 등이 변경되었으나, 그가 작성한 전
문은 거의 제헌헌법 전문에 반영되었다. 후일 유진오는 자신의 헌법
관련 저술에서 제헌헌법 전문을 설명한 바 있다. 그에 의하면 헌법을
제정해 수립된 대한민국 정부는 "己未年에 三千萬의 民意에 依하야
樹立한 大韓民國臨時政府를 계승하여 再建하는 것"을 선언했다.[20]

1919년 대한민국 임시정부와 1948년 대한민국의 명칭에서 특히
'대한'이라는 글자에는 한일 관계의 정치역학과 더불어 명칭을 통한
한국의 주권 인식이 내재됨을 알 수 있다. 그리고 1948년 12월 12일
국제연합총회에서 채택된 결의195호(Ⅲ)를 통해 대한민국은 국제적
승인을 얻음으로써 대외적으로 주권국가로서 인정받았다.

4. 코리아, 조선, 한반도 : 명칭과 실체

전쟁을 공식적으로 마감하는 평화조약의 목적은 전쟁 원인의 해
결, 장래에 당사국이 다시 무력행위에 의존하지 않는 조건을 산출하
는 것과 더불어 전쟁의 승패를 명확하게 하고, 법제화를 규정하는 것
이다.[21]

샌프란시스코평화조약은 아시아-태평양전쟁의 공식적 종료, 평화
의 회복을 의미했지만, 일본에 있어 가장 중요했던 것은 주권 회복이
었다. 역사적으로 평화조약 제1조에는 전쟁의 종료에 따른 평화의

---

20) 유진오, 『憲法解義』, 一潮閣, 1949, 15-16쪽.
21) K. J. Holsti, *Peace and War: Armed Conflicts and International Order,
    1648~1989*, Cambridge University Press, 1990, pp.1-24.

회복 또는 평화를 선언하는 경우가 많다. 샌프란시스코평화조약 역시 제1조 (a)항에서 "일본국과 각 연합국 간의 전쟁상태"를 종료시키고, (b)항에서 연합국은 일본의 "완전한 주권(full sovereignty)"을 승인한다고 규정했다. 그러나 동시에 이 평화조약은 대한민국의 주권과의 관계성을 상기시킨다. 샌프란시스코평화조약은 영어, 프랑스어, 스페인어, 그리고 일본어를 정식 언어로 했다. 샌프란시스코평화조약 제2조 (a)에는 다음과 같이 규정되었다.

Japan recognizing the independence of Korea, renounces all right, title and claim to Korea, including the islands of Quelpart, Port Hamilton and Dagelet. [밑줄: 필자강조]

샌프란시스코평화조약 제2조에 대해 영문판에서는 "코리아(Korea)", 일본어판에는 "조선(朝鮮)"으로 규정되었다.

1948년 대한민국 탄생과 1951년에 서명된 샌프란시스코평화조약과의 관련성을 재고찰할 필요가 있는데, 일각에서는 1952년 4월 평화조약 발효까지 일본이 '코리아' 혹은 '조선'에 대해 영토적 주권 인식을 가지고 있었다는 논리가 있다. 즉, 일본은 1945년 8월 포츠담선언을 수락했지만, 이때 일본이 가지고 있었던 외지(外地)에 대한 주권이 바로 상실된다는 법적 효과가 발생하는 것이 아니라, 일본은 법적으로 어떠한 영향도 받지 않고, 1952년 평화조약 발효에 즈음해 법적인 효과가 나타난다는 해석이다. 미국 국무성도 1945년 직후 "코리아"에 대해 "일본의 기존주권(former sovereignty)"이 있다는 논리를 내세웠고, 공식적 조약에 규정되어야 이전(移轉)이 가능하다고 했다. 일본은 1952년 샌프란시스코평화조약 발효까지 '코리아'를 둘러싼 주권 변경에 대해 부정적이었다는 것, 즉 '코리아'에 대해 통치권이 아닌 영토주권으로서의 "잔여주권(residual sovereignty)"을 가지고 있었다고 한다.[22]

1951년 4월 23일 요시다 시게루는 덜레스와의 회담에서 미국 측에 '한국 정부의 평화조약 서명에 관하여(Korea and the Peace Treaty)'라는 문서를 전달했다. 이 문서는 일본 정부가 작성하여 미국에 전달한 것이며 문서에는 "화문원안(和文原案)"이라고 표시되어 있기 때문에 일본판 문서를 우선적으로 보아야 한다. 이 문서에는 다음과 같이 기록되어 있다.

> 한국(韓國)은 '해방민족'(1948년 6월 21일 SCAP각서는, Special Status Nations로 한다)이며, 일본에 대해서는, 평화조약으로 비로소 독립국가가 되는 것이다. 일본과 전쟁상태도 교전상태도 아니었고, 따라서, 연합국으로서 인정되어야 하는 것이 아니다.
>
> 일본 정부로서는, 평화조약에는 조선(朝鮮)에 대한 모든 권리, 권원 및 청구권을 포기한다는 것 외, 한국(韓國)의 독립을 승인한다는 문구를 삽입하여, 이렇게 하여 일본에 대한 관계에 있어 법적으로 독립국가가 된 것을 규정해 놓고, 그리고 나서 조선동란이 해결되고, 반도(半島)에서의 사태가 안정된 후에, 일한(日韓) 간의 관계를 평화조약의 제 원칙에 따라 해결하기 위해 따로 협정하는 것이 가장 현실적이라고 생각한다.[23] [밑줄: 필자강조]

---

22) 나가사와 유코, 「일본 패전 후의 한반도 잔여주권(殘余主權)과 한일 '분리': 신탁통 치안 및 대일강화조약의 '한국포기' 조항을 중심으로(1945~1952)」, 『아세아연구』 제55권 4호, 고려대학교 아세아문제연구소, 2012, 65-68쪽.

23) 外務省, 『日本外交文書: サンフランシスコ平和条約 対米交涉』, 外務省, 2007, 413-415쪽.

이는 한국에 대한 일본의 주권 인식을 드러내고 있다. 미국의 평화
조약 초안과 마찬가지로 일본은 '조선'에 대한 모든 권리의 포기에
동의했다. 문제는 일본의 주장은 '조선'이 아닌 '한국'의 독립에 있
다. 이는 "일본에 대한 관계"라고 한정되어 있기 때문에 '일본은 한국
의 독립을 평화조약을 통해 인정한다'고 해석할 수 있다. 일본은 평
화조약 발효로 한국이 독립국가가 되는 것을 인정한다고 규정함으로
써 한일 관계를 성립시키려고 했다. 한국의 독립과 평화조약에 대한
일본 정부의 견해는 복잡한 양상이 보인다. 1951년 10월 일본 국회에
서 평화조약에 관한 심의가 있었을 때, 요시다 내각의 외무정무차관
(外務政務次官) 구사바 류엔(草葉隆圓)은 평화조약에서의 "조선의 독립
을 승인한다"는 문구가 "남북 어느 쪽"도 명시하지 않았다고 했다.
그러나 민주적 선거를 통해 수립된 대한민국은 국제연합의 승인을
받았기 때문에 "조선의 정권"에 대한 일본의 접근은 대한민국을 상대
로 해야 한다는 논리를 제시했다.

샌프란시스코평화조약 탄생의 가장 큰 공헌자였던 덜레스 주도 하에
서도 평화조약 초안에는 '코리아'가 표시되어 있었다. 이 '코리아'는
기본적으로 국제연합총회에서 국제적으로 승인된 대한민국을 의미할
수도 있었고, 1951년 1월 당시 덜레스는 '코리아'가 공산화될 수도 있다
는 우려도 가지고 있었다.[24] 6·25전쟁의 정세가 불명확한 가운데
작성된 샌프란시스코평화조약은 결국 '코리아'가 대한민국과 북한 중
에서 어느 쪽의 독립을 의미하는지, 확정적이지 않았고 '코리아'가 국가
명칭인지, 지역명칭인지, 불명확한 상태였다는 것이다.

그렇지만, 조문의 해석은 '있는 그대로의 해석'이 가장 중요하고,

---

24) Kimie Hara, *Cold War Frontiers in the Asia-Pacific: Divided Territories in the San Francisco System*, Routledge, 2007, p.36.

이와 더불어 조약 체결 당사자가 사용하는 특정 용어의 의미를 고려
해야 한다.[25] 1951년 9월 5일 샌프란시스코평화회의에서 덜레스는
평화조약 조문의 의미를 설명했다. 그는 '코리아(Korea)'라는 명칭을
사용하면서도 국제연합 총회에서 승인받은 '대한민국(Republic of
Korea)'을 인식, 구별, 사용했다. 덜레스는 전쟁 중에 많은 코리안
(Korean)이 일본과 싸웠지만, 코리아(Korea)는 승인된 정부가 아니었
고, 현재 코리아가 "반자유(half free), 반독립(half independence)"이라
고도 했다. 이는 한반도를 가리키고 있다. 이와 더불어 "코리아에 있
는 일본 재산의 상당부분을 대한민국(Republic of Korea)에 귀속시키
는 것"이라고 했다. 덜레스는 평화조약 조문에 규정된 코리아를 언
급하면서도 별도로 대한민국을 지적했다. '코리아'란 한국이 아니라
'한반도'였다. 덜레스는 1950년 6·25전쟁 직전에 출판한 『전쟁 또는
평화(War or Peace)』를 통해 "코리아(Korea)"에서 "남한(South Korea)"
이 "합법정부이며, 유일의 정부"라고 강조한 바 있다.[26] 또는 과거에
거슬러 올라가면 덜레스는 1948년 대한민국이 국제적 승인을 얻었
을 때, 국제연합총회가 개최된 파리의 현장에 참석하여 대한민국의
주권 승인 호소와 더불어 대한민국의 승인을 막으려고 했던 공산주
의 국가들에 대해 반박한 바 있다. 그에게 '코리아'와 '대한민국'은
다른 명칭이었고, 다른 실체였다고 보아야 할 것이다. '코리아'가 지

---

25) 1969년 빈에서 채택되어, 1980년에 발효된 '조약법에 관한 비엔나협약(Vienna
Convention on the Law of Treaties)'은 국제관습법을 성문화한 조약이다. 조약의
해석에 관해 제31조 1항은 "조약은 조약문의 문맥 및 조약의 대상과 목적으로 보아
그 조약의 문맥에 부여되는 통상적 의미에 따라 성실하게 해석되어야 한다"고 명시
한다. 그리고 제31조 4항은 "당사국의 특별한 의미를 특정용어에 부여하기로 의도
하였음이 확정되는 경우에는 그러한 의미가 부여된다"고 규정한다.

26) 김숭배, 「존 포스터 덜레스(John Foster Dulles)의 신념과 한·일관계의 양가성」,
『국제정치논총』 제57집 2호, 한국국제정치학회, 2017, 226-233쪽.

역명칭, 즉 '한반도'를 의미했다면, '코리아'에서 합법정부라고 인정을 받았던 대한민국은 샌프란시스코평화조약에 규정된 '코리아=한반도'에 존재한 주권국가였다.

　이상의 논리를 정리하면 다음과 같이 지적할 수 있을 것이다. 일본은 샌프란시스코평화조약에 '코리아' 또는 '조선'이 아닌 '한국(대한민국)'의 독립을 규정하려고 했다. 그러나 샌프란시스코평화조약 제2조의 코리아가 의미하는 바는 대한민국이라는 주권국가가 아니라 한반도라는 지역명칭이었다. 그리고 연합국이 한반도 독립을 인정하는 것이 아니라 '한반도 독립을 일본이 공식적으로 승인'한다는 것이었다. 일본의 승인을 통해 '코리아'가 국제적으로 독립한다는 것이 아니라, '코리아'의 독립을 일본이 승인해야 한다는 것이다. 다시 말해, 이는 1948년에 주권국가가 된 한국이 아니라 식민지를 경험한 지역명칭인 '코리아(조선)'가 일본으로부터 분리·독립된 것을 일본이 정식적으로 승인하며, 이를 평화조약으로 일본이 정식적으로 인정해야 하는 문제였다.

　대한민국은 1948년 8월에 대내적으로 주권국가로서 그 양태를 갖추게 되었고, 동년 12월에 국제연합을 통해 대외적으로 주권국가로서 국제적 승인을 얻었다. 따라서 분명히 1951년 샌프란시스코평화조약은 주권국가로서의 대한민국을 이 시점에 처음으로 국제적으로 승인한 것이 아니었다. 다만, 대한제국이 주권을 상실했을 때, 일본이 대한제국의 명칭을 변경시킨 '조선' 또는 서양 국가들이 인식한 '코리아'라는 지역명칭은 1951년 일본으로부터 정식적으로 분리되었다는 것을 평화조약을 통해 연합국이 일본에 인정시켰고, 이를 일본이 수락한 것을 의미했다. 중요한 것은 아시아-태평양전쟁 패전국이었던 일본은 1945년부터 1952년 4월 28일 샌프란시스코평화조약 발효까지 주권이 정지된 상태였다.

따라서 1952년에 발효된 샌프란시스코평화조약과 한국-일본 간의
관계는 샌프란시스코평화조약을 통해 한국의 독립이 인정된 것이 아
니라, 오히려 평화조약으로 주권을 회복한 일본이 주권국가로서
1945~1952년 사이에 독립한 국가를 인정할 수 있는 권리를 가지게
된 것이다. 그러한 의미에서 일본은 1948년에 탄생한 대한민국을
1952년 4월의 시점에서 한국을 주권국가로서 인정할 수 있게 된 통
상적 주권국가가 되었다. 샌프란시스코평화조약 발효일, 일본 외무
성은 주일 한국 대표단에게 구상서를 보냈다. 구상서 내용은 평화조
약의 발효로 일본이 대한민국과 같은 지위와 특권을 가지게 된 것을
상호 인정한다는 것이었다. 한국 대표단도 이를 수락한 답장을 일본
에 보냈다.[27] 이미 주권국가였던 한국의 문제가 아니라 평화조약으
로 주권을 회복한 일본이 이제 한국과 같은 주권국가가 된 것을 한국
에 통달했다는 것이다.

코리아, 조선, 한반도라는 다양한 명칭들을 관통하는 실체는 결국
1948년 대한민국의 국제적 승인과 1951년 샌프란시스코평화조약을
전제로 한 한일기본조약에서 증명된다. 이 국제조약은 정문을 한국
어, 일본어, 영어로 했고, "해석에 상위가 있을 경우에는 영어본에
따른다"고 규정했다. 한일기본조약 제3조 한국어 조문은 다음과 같
이 규정되어 있다.

> 대한민국 정부가 국제연합총회의 결의 제195(III)호에 명시된 바와
> 같이, 한반도에 있어서의 유일한 합법 정부임을 확인한다. [밑줄: 필
> 자강조]

---

27) 국민대학교 일본학연구소, 동북아역사재단 편, 『한일회담 일본외교문서 12』, 선인,
    2010, 345-348쪽.

"한반도"라고 규정된 부분은 영어판에서는 "Korea", 일본어판에서는 조선반도(朝鮮半島)가 아닌 "조선(朝鮮)"으로 규정되어 있다.

5. 맺음말

세상에 있는 사물의 명칭은 결국 인간에 의해 결정되어 정립된다. 예를 들면, 일본이 일으킨 대동아전쟁(大東亞戰爭)이라는 대일본제국(大日本帝國)의 이데올로기가 내재된 전쟁 명칭은 미국에 의해 태평양전쟁(pacific war)으로 수정되었다. 그러나 이 전쟁은 일본과 태평양을 사이에 둔 미국과의 전쟁뿐만 아니라 아시아대륙에서도 전쟁이 발발했다는 점에서 일본 연구자들 스스로 1980년대 중반부터 아시아-태평양전쟁이라는 명칭을 사용하기 시작했다.[28] 이미 정착되어 있는 명칭들을 수정해야 한다는 것이 아니다. 그럼에도 불구하고 최소한의 학문적 노력은 명칭에 내재되어 있는 정치적 역학, 권력구조, 사상과 역사를 밝히는 것에 있다.

이 글은 샌프란시스코평화조약과 한반도를 둘러싼 명칭을 분석함으로써 명칭에 내재되어 있는 함의를 부각시켰다. 연구 결과는 다음

---

28) 일본이 일으킨 전쟁은 1945년 9월 2일 도쿄만(東京灣)에 정박한 미주리(Missouri)호에서 실시된 항복조인으로 종전을 맞이했다는 역사적 사실에 비해, 전쟁의 개시에 관해서는 만주사변이 일어난 1931년설, 중일전쟁 개전의 1937년설, 미일전쟁 개전의 1941년설 등이 있다. 1931년설은 쓰루미 슌스케(鶴見俊輔)가 주창한 15년전쟁이 대표적이다. 이 설은 1931년 만주사변부터 전쟁이 시작했다는 시점을 제시한 명칭이며, '천황제 파시즘'이나 '국가독점자본주의'라는 일본 국내의 정치경제적 구조를 주목했다. 또한 1945년 8월 9일에 참전한 소련과 유럽에서의 전쟁터를 연계시킴으로써 "유라시아태평양전쟁"이라는 명칭을 주장한 연구도 있다. 小代有希子, 『1945 予定された敗戦: ソ連侵攻と冷戦の到来』, 人文書院, 2015, 7-25쪽.

과 같다. 첫째, 전쟁의 명칭과 달리 거의 모든 평화조약의 명칭은 정식명칭이 있음에도 불구하고 조약이 체결된 도시명이 사용된다. 그러한 명칭 역시 인간의 의도, 정치적 역학, 국제정치의 역학 등이 작용한 결과물이었다. 1951년 샌프란시스코평화조약은 1945년 국제연합헌장과 연동된 것이었다. 1945년 샌프란시스코에서 채택된 국제연합헌장은 제2차 세계대전 이후의 전후질서 구축의 기둥이 된 국제조약이었다. 6년 후, 같은 장소에서 체결된 샌프란시스코평화조약은 제2차 세계대전의 일부를 형성한 아시아-태평양전쟁을 공식적으로 마감했던 평화조약이었고, 일본과 연합국을 화해시켰다.

둘째, 대한제국에서 파생된 명칭 중에서 특히 '대한'이란 일본과 무관하지 않았다. 1910년 이후 일본은 대한제국을 조선으로 바꿔 부름으로써 명칭에 수반된 실체를 변경했다. 그렇지만 대한민국 임시정부가 탄생할 때, 대한제국의 주권과 일본과의 상관성이 논의되었고, 대한민국이 탄생할 때 역시 대한제국의 과거가 거론되었다. 물론 나라의 명칭은 그 나라에 대한 정체성을 공유하고 있는 인간들에 의해 결정되지만, 일본의 존재 역시 제외할 수 없는 것이었다.

셋째, 결국 아시아-태평양전쟁 참전국으로서 대한민국은 인정을 받지 못했지만, 영미권에서 말하는 '코리아'와 일본이 사용한 '조선'이라는 명칭은 샌프란시스코평화조약에 규정되었다. 전쟁 당사자들 간의 화해를 연출한 샌프란시스코평화조약은 전쟁을 마감하기 위한 것이기 때문에 식민지 문제는 우선시되지 않았다. 그럼에도 불구하고 샌프란시스코평화조약 제2조에 코리아가 규정된 것은 패전국 일본의 전후처리를 위한 일환으로서 규정되었다. 이에 따라 샌프란시스코평화조약에서 언급된 '코리아'로 인해 기존 연구들은 지역명칭 혹은 국가명칭 등으로 다양한 결론을 내렸으나, 코리아, 조선이라는 명칭은 한국의 입장에서 보았을 때, 한반도를 의미했다.

　한일 관계의 국제정치학에서 한·일이란 주권국가 대한민국과 일본의 관계를 주로 의미하지만, 대한제국의 시기까지 거슬러 올라간한일 관계의 역사는 현재 한일 관계를 연구하는 데 있어 고려해야 할명칭의 문제이며, 동시에 주권의 역사사상을 드러낸다.

/ 김숭배

문명의 외연화와 지배의 정당성

후쿠자와 유키치(福沢諭吉)를 중심으로

1. 들어가며

　메이지(明治)유신 이후, 부국강병의 정책을 일관되게 추진해온 일본은 그 당연한 귀결로서 서구적 근대화를 전면적으로 수용하였다. 그리고 이러한 일련의 과정은 일본 사회를 빠르게 문명화과정에 진입하게 하였으며, 급기야 문명을 척도로 한 국가와 개인의 구분이 이루어지게 되었다. 원래 일본 사회 내부에서 일반인들을 구습에서 벗어나 새로운 서양 문명의 가치를 이해시킬 목적으로 전개된 계몽은 일본의 대외정책에서 주변국을 인식하는 렌즈로 변화해갔다.

　문명의 진척 정도에 따른 개인이나 국가의 서열 구분은 후쿠자와 유키치(福沢諭吉, 1835~1901)를 비롯하여 다수의 지식인, 정치인들의 언설에서 발견할 수 있는 인식 틀로서 곧바로 인간과 세계를 인식하는 시대적 사조가 되었다. 문명은 인간생활이 지향해야 할 목표로 여겨졌고, 이를 위해서는 구습으로 치부되는 것들과의 단절이 강조되었다. 일본 사회 전반으로의 문명의 침투는 일본 외부로의 문명의 전파로 이어졌는데, 후자의 경우 제국주의적 폭력을 바탕으로 수행되었음은 주지하는 바와 같다.

전근대 전통시대에 일본은 중국문명의 주변에 속하였지만, 메이지 이후의 일본은 동아시아 3국 가운데 가장 먼저 근대화에 성공한 것을 계기로 동아시아에 서양문명을 이식하는 사명을 스스로에게 부여하였다. 일본은 대만과 조선의 식민지화를 곧 일본이 앞장서 선취한 '문명의 외연(外延)화' 과정으로 이해하고, 그러한 한에서 스스로의 행위와 사고를 정당화시켰다. 원래 문명화 과정에서의 부국강병의 국가노선은 서양 제국주의의 위협에 대응하기 위한 것이었으나, 문명의 외연화 과정에서의 그것은 대만과 조선을 식민지화하는 제국주의 그 자체의 추진체로 기능하였다. 환언하면, 부국강병은 서양 제국주의로부터 스스로를 지키기 위한 방어적 목적 혹은 수단이었던 데에서 스스로가 제국주의의 일원이 되어 다른 아시아 국가로 국가이상을 실현시켜 가기 위한 공격적 목적 혹은 수단으로 전환되어 갔다.

따라서 문명의 외연(外延)화가 지배의 정당성으로 표상되는 배경과 과정, 및 결과를 도출하는 것은 일본 제국주의의 본질을 규명하는 것임과 동시에 한국(조선)의 '타자에 의한 자아상'의 정치적 함의를 밝혀내는 것이기도 하다. 이것은 곧 제국 일본이 '제국의 눈'으로 한국(조선)을 바라본 시점을 드러내는 것이기도 하기 때문이다. 여하튼, 이러한 문제의식에 의거하여 일본이 문명의 전파자로서의 자기 자신을 확립해가는 과정과 그 속에서의 한국(조선)에 대한 인식의 변화과정과 내용, 그리고 그 결과로서의 일본제국에 의한 조선 지배의 정치적, 문화적 정당성에 대한 언설을 분석함으로써 근대 초기 일본에서의 한국 민족성 담론의 논리구조와 내용을 명확히 하고자 한다. 다만, 본고에서는 논의의 편의를 위해 제국 일본 형성기에 일본이 문명을 수용하고 그 국제적 전파자로서의 사명을 스스로에게 부여해간 결정적인 계기가 된 청일전쟁(1894~1895)에 즈음해서의 후쿠자와 유키치의 언설을 중심으로 살펴보고자 한다. 후쿠자와는 청일전쟁을 적극적으로 지지, 후원하였을 뿐만 아니라, 무엇보다도 이 전쟁을 일본이 뒤늦게 이룩한 문명의 외연화 과정으로 파악하고 있었기 때문이다.

후쿠자와 유키치는 대표적인 근대 일본의 지성으로서 그의 언설이 갖는 계몽주의가 높이 평가되어 왔다.[1] 그의 계몽주의가 민권(民權)에 중점이 두어져 있다고 여겨졌기 때문이다. 그러나 청일전쟁 시기를 전후한 시기부터의 그의 언설은 놀라울 정도로 국권(國權)론적 입장에 경도되어 있었고, 중국이나 한국에 대한 그의 인식은 계몽사상가로서의 그의 명성과는 정반대의 것이었다. 이러한 후쿠자와의 아시아 경시 내지 멸시의 사상은 탈아론으로 결실되어 갔고, 만년까지 이러한 사고는 변함없이 유지되었다. 후쿠자와는 청일전쟁 자체가 근대 일본에서의 국민 창출이라는 국가이상[2]과 깊은 연관관계를 갖고 있을 뿐만 아니라, 문명론적인 서열 관계에 따라 일본과 주변국을 서열화하고, 상위에 위치하는 일본이 하위에 위치하는 주변국의 문명개진을 위한 '불가피한' 선택이라는 인식을 보여주고 있다.

주지하는 바와 같이, 동아시아의 전근대 전통시대의 국제관계는 중국을 중심으로 하는 이른바 '조공 시스템'을 주요 특징으로 하고 있는데, 이러한 동아시아의 전근대적 국제질서가 와해된 후의 근대

---

1) 근대 일본의 계몽주의에 대해서는, 鹿野政直, 『近代日本思想案内』, 東京: 岩波書店, 1999 참조.

2) 청일전쟁이 갖는 국민 창출의 계기 혹은 장치로서의 측면에 대해서는, 佐藤能丸, 『明治ナショナリズムの研究 : 政教社の成立とその周辺』, 東京: 芙蓉書房, 1998.; 谷藤康弘・井上芳保, 「国民創出装置としての日清戦争」, 『社会情報』(Vol.8 No.2), 1999.; 송석원, 「신문에서 보는 제국 일본의 국가이상 : 메이지 시대를 중심으로」, 現代日本學會, 『日本研究論叢』 31집, 2010 등 참조.

적 국제관계는 국제법을 중심으로 하는 '조약 시스템'을 기반으로 하고 있다. 조공 시스템이 국가 간의 문명 격차를 용인하는 계서(階序)적 질서였다면, 조약 시스템은 형식상으로나마 국가 간의 관계는 '만국은 국제법 앞에 평등'하다는 논리를 자명한 것으로 받아들이는 가운데 성립되는 것이었다. 그러나 권위주의 혹은 전체주의 지배체제에서 '만인은 법 앞에 평등하다'는 논리가 무의미·무기력했던 것처럼, 제국주의 시대에 '만국은 국제법 앞에 평등하다'는 논리 역시 형해(形骸)화되었다.

'제국의 눈'[3]은 '문명의 눈'이었으며, 특히 '계서적 눈'이었다. 그런 점에서, 전근대 조공 시스템과 근대 제국주의적 조약 시스템에서의 국제관계를 규율하는 논리는 본질적으로 다르지 않았다. 계몽주의자들도 이웃나라에 대해 '제국의 눈', '문명의 눈', '계서적 눈'으로 바라보고 있다. 물론, 이러한 현상은 계몽주의자 각자의 지성의 한계이기도 하지만, 시대의 한계이기도 할 것이다. 그런 점에서, 다수의 논설을 발표하는 등 활발한 언론, 문필활동을 통해 계몽주의의 선두에 섰던 후쿠자와의 문명론적인 타국 인식을 조망하는 것은 후쿠자와 개인의 사유의 사정(射程)이 갖는 특성을 드러내는 작업인 동시에 시대의 의미를 도출하는 작업이 될 것이다. 본고는 후쿠자와의 청일전쟁을 전후한 언설을 중심으로 이러한 문제를 다룬 것이다.

---

3) 이른바 '제국의 눈'의 시좌에 대해서는, 천꽝싱, 백지운 외 역, 『제국의 눈』, 서울: 창비, 2003 참조.

2. 국가와 문명시스템

야마노우치 야스시(山之内靖)는 전시체제(戰時體制)는 일반적으로 논의되어온 바와 같은 근대화과정의 일탈이 아니라 오히려 근대화 프로젝트의 새로운 단계이며, 그런 점에서 파시즘 국가뿐만 아니라 연합국들도 전시체제를 거쳐 현대화를 이루었다고 할 수 있다[4]고 지적한 바 있다. 이는 전시체제가 국민국가 창출을 위한 장치로서 기능했기 때문인데, 실제로, 두 차례의 세계전쟁이 국민을 총동원하는 형태로 수행되었고, 그렇게 형성된 국민국가의 강력한 이데올로기는 현대에 이르기까지 여전히 국가 그 자체를 규율하고 있음은 주지하는 바와 같다.[5] 일본에서 전시체제의 기점이 된 것은 청일전쟁이다. 청일전쟁은 이후의 러일전쟁, 대만과 한국의 강제 병합, 만주국 건설, 만주사변, 중일전쟁, 남양(南洋) 공략, 아시아태평양전쟁 등으로 이어지는 일련의 침략전쟁의 기점인 동시에 일본인으로 하여금 '국민'으로 동원하는 다양한 장치를 일상생활 속에 장착하고 또 작동하기 시작한 시기이기도 하기 때문이다.[6]

이와 같이, 근대 국가는 전쟁을 통해 스스로의 체제를 정립, 성장해갔다. 그러나 역설적으로, 국가가 전쟁을 통해 성장했다는 사실은 제국주의적 식민주의를 옹호하는 논리가 되기 쉽다. 영국과 미국을 비롯한 서구 자본주의 국가의 발전이 과거 제국주의적 식민 지배체

---

4) 이에 대한 보다 상세한 논의에 대해서는, 山之内靖・コシュマン ヴィクタ・成田龍一 編, 『総力戦と現代化』, 東京: 柏書房, 1995.

5) 송석원, 「신문에서 보는 제국 일본의 국가이상 : 메이지 시대를 중심으로」, 現代日本學會, 『日本研究論叢』 31집, 2010, 144쪽.

6) 谷藤康弘・井上芳保, 「国民創出装置としての日清戦争」, 『社会情報』 Vol.8 No.2, 1999, 41쪽.

제를 통해 해외 식민지로부터 대량의 이익을 확보한 것에서 국가 번영을 달성할 수 있었기 때문이다. 사실, 국가와 전쟁, 제국주의와 식민지를 둘러싼 논의는 결코 한물간 주제가 아니라 지금 현재도 활발한 논의가 이루어지는 테마이다. 기무라 마사아키(木村雅昭)는 '식민지와 근대화'를 논의하는 가운데, 19세기에는 제국주의적 식민지에 대해 '문명의 이식'이라는 의미에서 긍정적으로 평가되었으나, 반대로 20세기에는 이에 대해 전혀 호의적이지 않고, 오히려 매우 부정적으로 파악되고 있는 점을 검토하고 있다. 즉, 19세기에는 '식민지 변호론'이 다양한 형태로 활발히 주창되었으나, 20세기에는 예컨대 종속이론 등과 같이 '식민지 착취론'의 이론 및 주장이 광범위하게 주장되었다.

기무라에 의하면, 19세기의 식민지 변호론의 입장은 대체로 선진적인 서양문명이 미개한 아시아 아프리카, 라틴 아메리카 지역으로 전파해가는 도상에서 등장한 부산물로 여겨져, 식민지 행정관도 단지 이방의 정복자로서가 아니라 서양문명의 복음을 "미개"세계의 구석구석에까지 넓히려고 한 전도자로 받아들여졌는데, 그것은 무엇보다도 먼저 그들의 손을 매개로 수립된 근대적인 통치제도나 법제도는 선행하는 아나키에 종지부를 찍어 평화와 질서 있는 생활을 가져오는 은혜를 사람들에게 제공했기 때문이다.[7] 전근대 사회에서 자국의 전제적 지배 구조에서 착취를 당하던 사람들은 근대적인 통치제도 수립과 법제도의 정비로 법질서를 지키는 한, 착취를 당하는 일 없이 평화롭고 자유롭게 자신의 생업에 종사할 수 있었고, 이것은 일반인의 노동의욕을 고취시켜 생산성 향상을 결과했을 뿐만 아니라

---

7) 木村雅昭, 『国家と文明システム』, 京都: ミネルヴァ書店, 1993, 126쪽.

일상적인 노동성과가 위정자의 자의(恣意)적인 약탈욕으로부터 보호
됨으로써 더욱 고무되어 갔다.[8]

확실히, 근대 사회가 근거하는 통치제도의 작동원리에서 볼 때, 근대
성이란 전근대적 전제(專制)성을 초극(超克)한 뒤에 나타나는 가치체계
였다고 할 수 있을 것이다. 겔너(Ernest Gellner)나 엔더슨(Benedict
Anderson) 등은 전근대사회와 근대사회의 차이가 사회 내부에서의 타
자 규정과 사회 외부, 즉 타국에 대한 타자 규정에 가장 잘 나타나고
있다[9]고 지적한 바 있다. 이와 같이, 타자 인식이 사회 내부에서 일어
나는 전근대사회의 전제적 지배는 지배층에 의한 피지배층의 무자비한
착취가 가능하고 실제로 그러했던 통치였다고 할 수 있다. 근대사회는
국가에 다수의 문명 장치를 장착하고, 새로운 통치원리를 정립하는데,
법치는 그 가장 중요한 원리 가운데 하나이다. 법치는 '만인은 법 앞에
평등하다'는 정신을 바탕으로 하고 있다. 비록 이러한 법치의 정신이
권위주의 혹은 전체주의적 정부에 의해 왜곡되어 형식상, 명목상으로
만 존재하는 '박제된' 원리에 지나지 않는 것으로 전락할 가능성을
갖는다 하더라도, 근대사회의 통치가 기본적으로 이러한 법치의 정신
에 의거하는 한, 그러한 전체주의 내지 권위주의는 근대성의 일탈로
간주될 수 있었다. 이러한 사실은 근대사회의 일반인들이 지배층의
무자비하고 무한정한 착취로부터 원리적으로 보호되어야 한다는 점을
의미하는 것이다.

이와 같이, 근대사회가 법치의 정신을 기저로 한 통치체제를 형성

---

8) 木村雅昭, 위의 책, 126-127쪽.

9) 이에 대한 구체적인 내용에 대해서는, Benedict Anderson, *Imagined Communi-
ties*, Verso, 1983.; Ernest Gellner, *Nations and Nationalism*, Cornell University
Press, 1983 참조.

하고 있음은 분명하다. 그러나 문제는 근대사회의 모든 국가가 동일한 발전의 시간을 공유하지 않는다는 점이다. 국가 간의 발전의 속도는 크게 상이하여, 같은 시간대에 살면서도 발전의 단계는 국가마다 큰 격차가 있는 것이 사실이다. 이른바 문명국에 의한 미개국의 '문명화 과정', 즉 '문명의 외연화'가 논의되는 것은 바로 이러한 이유에 기인한다고 할 수 있다. 앞에서도 지적한 바와 같이, 선진 문명국과 후진 미개국의 편차가 존재하는 가운데, 선진 문명국은 후진 미개국을 문명으로 이끄는 데에서 스스로의 사명을 발견하기도 하였다. 이러한 점은 영국이 인도를 식민통치하는 의의에 대한 19세기 후반의 한 영국인에 의한 다음과 같은 서술에서 분명하게 드러나고 있다.

> 인도에서의 영국인은 **우연히도** 곤란하고 위험하기 짝이 없는 기획에 가담하게 되었다. 그것은—무엇보다도 그러한 곤란과 위험은 아직까지는 영국인이 거둔 놀라운 성과에 의해 감춰져 있지만—역사가 일찍이 목격한 가장 광범위하고 영향력이 심대한 혁명을 수행하고, 그러한 방향으로 이끄는 기획이었다. 거기서는 방대한 사람들의 관념이나 제도를 근저로부터 변혁하는 것이 포함되어 있으나, 더욱이 이 사람들은 자신들의 다양한 관념이나 제도를 신봉하고 있고 동시에 그러한 것들에 깊이 고집하고 있기조차 하다. 이 혁명을 성공리에 성취하는 유일한 방법은 중앙으로부터 일군의 지방행정관에게로 전달되는 **통일적인 정책과 행동**이며, 군사력에 뒷받침되어 부동의 권력으로 여겨지는 **중앙·지방의 관청**이며, 더욱이 명시적인 법에 의해 공정하게 운영된 **행정조직체계**이다. 이러한 수단에 의해 현재 진행 중인 거대한 변화는 조용히 질서 바르게 그리고 천천히이기는 하지만 한층 더 추진된 결과 그것이 정확히 어떠한 것인가는 확실하지 않지만, 유럽문명이 의거하고 있는 관념이 체질적으로 잘못된 것이 아닌 한 좋은 결과를 도출하게 될 것이다.[10]

인도에서 기획되고 있는 새로운 혁명이 사실은 유럽문명에 의거하고 있는 바, 유럽문명이 본질적으로 잘못된 것이 아니기 때문에 인도에서의 혁명은 반드시 성공하여 좋은 결과를 도출할 것이라는 점을 강조하고 있다. 영국인이 인도의 문명적 발전에 가담하고 있다는 이러한 인식은 문명적 계서 구조를 전면에 내세우고 있다는 특징이 있다. 그런데 위의 서술에서 간과해서는 안 되는 점은 영국인이 보기에 인도가 빈곤과 정체의 원인은 인도인들이 태생적인 성격에 유래하는 것이 아니라 전적으로 나쁜 정부와 사회제도에 기인하는 것이었다는 점이다. 따라서 아무리 인도가 후진적인 상태에 놓여 있다고 할지라도, 영국의 인도 지배의 진전과 함께 좋은 정부와 사회제도를 구축하게 됨으로써 인도는 새로운 국가로 다시 태어날 수 있는 것이었다.

이와 같이 인도의 문명적 뒤처짐의 원인이 민족성에 내재되어 있는 것이 아니라 제도적 미비에 기인한 것이라는 인식은 매우 중요하다. 엄연히 타국일 수밖에 없는 영국이 인도 혁명에 개입할 수 있는 계기이기 때문이다. 만약, 인도의 곤란과 정체의 원인이 그들의 민족성에 내재하는 것이라면 외부의 개입은 한정적인 성과밖에는 거둘 수 없을 것이다. 그런 점에서 인도 정체가 사회제도의 미비 때문이라는 진단은 인도에 대한 영국의 개입을 정당화시켜주는 결과가 되었다. 더욱이 19세기 후반의 영국인은 인도에 대한 영국의 개입이 아주 우연한 기회에 이루어진 것임을 은연중에 강조하고 있기조차 하다.

그러나 근대사회가 성립되는 과정에서 일어난 제국주의가 국가 내부에서의 착취구조를 타국으로까지 확대한 것에 지나지 않는 것이라

---

10) Fitzjames Stephen, "Foundations of the Government of India", *Nineteenth Century*, No. LXXX, 1883, cited in Eric Stokes, *The English Utilitarians and India*, Oxford: Clarendon Press, 1959, p.303.

는 점이 설득력 있게 주장되어 왔다. 마르크스나 그에게 영향 받은 사람들이 제기한 종속이론이 가장 대표적인 입장이다. 이러한 입장은 제국주의적 식민통치구조의 허위를 폭로하는 데에 큰 성과를 보여 왔다. 예컨대, 영국의 인도 지배는 인도의 정체를 극복하고 인도인이 좋은 정부를 향유할 수 있도록 영국이 앞장서서 유럽문명을 인도에 이식하고자 하는 것이라는 논리를 바탕으로 하고 있지만, 사실 이러한 논리 자체가 근본적으로 오리엔탈리즘, 혹은 '제국의 눈'으로만 바라본 결과 형성된 논리에 지나지 않는다는 것이다. 영국의 인도 지배가 우연히 이루어진 것이 아니라 영국 혹은 영국의 부르주아지들에 의해 기획된 것이었으며, 영국이 인도에 이식하고자 하는 영국식 통치원리와 사회제도가 만약 합리성에 기인한 것이면, 그것은 다른 한편에서의 그 이상의 교활한 수탈적 합리성을 초래할지언정 결코 인도의 재생에 기여하지는 않는다는 점[11]이 종속이론에서 본 영국의 인도 지배의 실상이다.

제국 일본의 한국, 대만 지배, 만주국 건설 역시 문명론적인 레토릭을 가지고 선전되었는데, 예컨대, 제국 일본의 한국 지배가 한국에 학교, 도로, 철도 등을 설립하고 각종 법제도를 정비하는 등 그 후의 한국 발전에 필요한 기초적인 인프라를 구축했다는 점에서 긍정적인 일도 많았다는 식민지 근대화론적인 주장이 그것이다. 오늘날까지도 일본의 한국 지배에 대한 평가를 둘러싼 역사 갈등이 존재하고 있다.[12] 국가는 문명시스템을 구축함으로써 근대적 법치의 정

---

11) 木村雅昭, 앞의 책, 131쪽.

12) 특히, 이러한 주장이 일본의 정치인, 지식인에 의해 거론될 때, 한일 양국은 심각한 역사 갈등의 소용돌이에 빠져들게 된다. 일본 정치인, 지식인에 의한 식민지 근대화론 옹호의 입장에 대해서는, 김호섭·이면우·한상일·이원덕, 『일본 우익 연구』, 서울: 중심, 2000.; 失言王認定委員会, 『大失言』, 東京: 情報センター出版

신을 통치구조가 작동하는 원리로 수용하게 되었다. 이때, 선진 문명국가들은 후발 국가의 문명화 과정에 깊숙이 개입해갔다. 그리고 그것은 앞에서 지적한 19세기 영국인의 서술 내용과는 달리 우연한 개입이 아니라 뚜렷한 목적 속에 의도된 개입의 형태였다.

3. 문명의 외연화와 지배의 정당성

후발국 일본은 유럽문명에 대해서는 뒤처진 반(半)미개 국가였지만, 한국을 비롯한 다른 아시아 국가들에 대해서는 문명국가라는 자국 인식을 가지고 있었다. 일본의 문명화 자체가 국가가 앞장서 추진한 서구화의 결과였던 것처럼, 사실상 유럽문명의 일본으로의 외연화 과정이었다. 다만, 일본은 유럽문명을 수용하는 과정에서 제국주의적 수탈을 최소화할 수 있었다. 이것은 알려진 것처럼, 일본이 국가적인 규모로 적극적인 서구화를 추진하였기 때문인데, 내부적으로는 유럽문명의 실체와 변화하는 시대를 냉철하게 읽어내는 것[13]이 가능했고, 외부적으로는 미국과 유럽에서의 전쟁이 일본에 얼마간의 시간적 여유를 주었기 때문[14]이다. 유럽문명을 수용하여 근대국가를 달성한 제국 일본이 자국 문명의 외연화 전략을 취할 때, 그 대상이 된 것은 대만, 한국, 중국 등 일본과 이웃한 아시아 국가들이었다. 제국 일본이 인식한 한국의 곤란, 정체의 실체는 무엇이며, 그러

局, 2000 참조.

13) 鹿野政直, 앞의 책, 21-37쪽.

14) 크리미아전쟁, 보불전쟁, 남북전쟁 등이 그것인데, 물론 그렇게 해서 주어진 여유 시간을 잘 활용하는 것도 매우 중요한 요소일 것이다. 丸山眞男·加藤周一, 『翻訳と日本の近代』, 東京: 岩波書店, 1998, 8쪽.

한 정체 사회에 일본의 선진 문명은 어떠한 방식으로 개입하였는가. 이러한 문제들에 대한 후쿠자와의 언설을 살펴보자.

1) 정체 원인으로서의 조선 민족성

앞에서 살펴본 19세기 영국인은 영국의 인도 지배를 정당화하는 논리로 인도의 정체(停滯)를 들고, 그것이 인도 국민성에 기인하는 것이 아니라 제도적 미비에 의한 것이라는 점을 역설하고 있다. 그러나 이와는 대조적으로, 제국 일본이 조선으로의 문명적 외연화, 즉 지배 정당성을 주장하는 논거로는 하나같이 조선 민족성이 제시되고 있다. 야만, 미개 등의 용어는 이들이 조선이나 중국 민족성을 설명하는 키워드였다. 근대 일본의 대표적인 계몽주의사상가이며 선진 문명의 향유자인 후쿠자와에게서도 이러한 경향성이 나타나고 있다는 점은 주지하는 바와 같다. 사실, 그의 '탈아론' 입장은 아시아에서의 문명적 격차의 확인 결과 도출된 결론으로서, 반개(半開)에서 마침내 문명에 도달한 일본은 지역적으로는 아시아에 속해 있지만 문명의 층위구조에서는 이미 아시아를 벗어나고 있다는 선언인데, 이것을 거꾸로 말하자면, 조선과 중국 등은 문명적 층위구조에서 하위의 미개, 야만을 대표하는 것으로 간주되고 있기 때문이다.

그런데, 후쿠자와의 입장은 그의 생애주기에 따라 미묘한 변화를 보여주고 있다. 실제로, 야스카와 주노스케(安川壽之輔)는 후쿠자와의 생애를 초기 계몽기(막부 말기–1877), 중기 보수주의(1877~1894), 청일전쟁시기(1894~1898), 말년(1898~1901) 등으로 나누어 각각의 시기의 언설을 정리한 〈표 1〉를 보면, 시기에 따라 강조점이 변화하는 것을 알 수 있다.

〈표 1〉 후쿠자와 발언 유형별 빈도수

	초기 계몽기 (막부 말기~1877)	중기 보수주의 (1877~1894)	청일전쟁시기 (1894~1898)	말년 (1898~1901)	합계
힘이 곧 정의라는 국제관계 인식	10	19	2	0	31
만국공법·세력균형 국제관계 인식	6	0	0	0	6
권모술수적 태도와 언행	0	13	5	0	18
아시아멸시·편견· 마이너스평가	7	36	34	2	79
문명론에 의한 합리화, 구실로서의 독립	0	19	26	0	45
대외침략 (전쟁 및 대외침공)	1	1	3	0	5
대외강경책	0	40	33	1	74
강권적 식민지 지배	0	7	24	0	31
천황의 전쟁지도	0	3	6	0	9
천황의 군대 (황군 구상)	0	5	5	0	10
비합리적 내셔널리즘	6	16	6	1	29
와신상담	0	0	3	0	3
군비확장, 부국강병	1	19	18	0	38
언론기관의 아첨 (권력 아첨)	0	3	6	0	9
아시아맹주론	0	6	1	0	7
가까스로 양식적인 판단	6	1	5	0	12
양식	1	0	0	0	1
전쟁수행의 지원	0	1	11	0	12

출처 : 야스카와 주노스케(이향철 역), 『후쿠자와 유키치의 아시아 침략사상을 묻는다』, 서울: 역사비
평사, 2011. p.417.

계몽주의사상가 후쿠자와는 전 생애를 통해 수많은 저술과 서간
등의 기록 자료를 낳았는데, 놀랍게도 아시아 멸시·편견·마이너스

평가와 관련한 내용이 압도적으로 많다는 사실을 알 수 있다. 계몽주의사상, 문명론 등의 설계사로서의 그의 이력과는 어울리지 않게 그와는 정반대의 주장, 예컨대 힘이 곧 정의라는 식의 현실주의 국제정치에 입각한 언설이 만국공법에 기초한 국제관계에 대해 언급한 내용보다 오히려 압도적으로 다수를 점하고 있다는 점이 흥미롭다. 뿐만 아니라, 아시아 멸시·편견·마이너스 평가에 이어 다수를 차지한 발언내용이 대외강경책이었다는 사실은 본 논문에서 밝히고자 하는 문명의 외연화와 지배의 정당성의 견지에서 볼 때, 아시아 멸시·편견·마이너스 평가가 개입의 동기를 이루고, 대외강경책이 수단으로 정립되어 있음을 의미한다고 할 수 있을 것이다.

후쿠자와에게 조선이 명확한 의식 속에 논의되기 시작한 것은 중기부터이다. 초기 계몽기의 후쿠자와의 관심은 주로 청(중국)에 집중되어 있다. 1869년 4월에 발표된 글에서 그는 "청국인은 아직도 영국이 얼마나 부강한지 모르고 함부로 이를 경시하여 강적으로 여기지 않는다. 스스로를 뽐내 화하(華夏)라고 말하고 영국을 칭해 오랑캐(夷戎)라고 한다. 그 행동을 오히려 뒤집고는 아무 말이 없으며 경망스럽게 불화를 일으키고 그때 마다 꼭 패배해 끝내 군사력(兵)은 점점 약해지고 나라는 점점 빈곤하게 되어 오늘에 이르렀다. 실로 딱하다고 할 것이다"[15]라고 언급하고 있다. 이어 중국인의 성격에 대해 '부덕(不德)'하고, 관리들은 '폭군'아니면 '탐관오리'이고, 일반인들은 하나같이 '창창 되놈'[16], '돈비칸(豚尾漢, 돼지 꼬랑지 새끼)' 혹은 '거지

---

15) 福沢諭吉, 『淸英交際始末』, 慶応義塾 編, 『福沢諭吉全集 2』, 東京: 岩波書店, 1969, 539쪽.

16) 福沢諭吉, 「支那軍艦捕獲の簡便法(漫言)」, 慶応義塾 編, 『福沢諭吉全集 14』, 東京: 岩波書店, 1970, 504쪽.

천민'[17]으로 "필생의 심사는 그저 돈을 얻는 것 하나에 집약되어 있기 때문에 타인에게 노예시 당하고 실제로 노예가 되어도 돈만 얻을 수 있다면 굳이 꺼리지 않는다"[18]고 혹평하고 있다.

아시아 멸시·편견·마이너스 평가는 중기에 접어들자 그 빈도수가 급격히 늘어나게 되는데, 조선의 유동적인 정국과 관련하여 조선의 정체(停滯)를 민족성에서 찾으려는 내용이 증가하였기 때문이다. 후쿠자와는 조선인이 '완고하고 사리에 어두우며 거만'[19]하다고 보았다. 그에게 조선의 정부 역시 무능, 무책임하여 문명과는 거리가 멀었는데, 그 결과 1894년 시점에서 "조선국은 나라이면서 나라도 아니고 정부이면서 정부도 아니다"[20]고 단언해버리기에 이르렀다. "부패한 유학자의 소굴로, 위로는 호방하고 과단성 있는 선비가 없고, 국민은 단지 노예의 처지"[21]에 있을 뿐이다. 조선의 처지가 이러했기 때문에 나름대로 후쿠자와가 기대했던 유길준이 귀국 후 투옥된 데 대해 언급하면서, "야만국의 악풍은 듣는 것만도 불쾌하다. 어쨌든 그런 국가는 하루라도 빨리 멸망하는 쪽이 하늘의 뜻에 부합하는 일이다"[22]라는 1886년 10월의 발언은 미개하고 정체 상태에 놓인

---

17)   福沢諭吉, 「支那の大なるは恐るゝに足らず」, 慶応義塾 編, 『福沢諭吉全集 14』, 東京: 岩波書店, 1970, 573쪽.

18)   福沢諭吉, 「西洋人と支那人と射利の勝敗如何」, 慶応義塾 編, 『福沢諭吉全集 9』, 東京: 岩波書店, 1970, 554쪽.

19)   福沢諭吉, 「朝鮮新約の実行」, 慶応義塾 編, 『福沢諭吉全集 8』, 東京: 岩波書店, 1970, 330쪽.

20)   福沢諭吉, 「土地は併呑す可らず国事は改革す可し」, 慶応義塾 編, 『福沢諭吉全集 14』, 東京: 岩波書店, 1970, 438쪽.

21)   福沢諭吉, 「破壊は建築の手始めなり」, 慶応義塾 編, 『福沢諭吉全集 14』, 東京: 岩波書店, 1970, 645쪽.

22)   福沢諭吉, 「福沢一太郎 福沢捨次郎宛 明治19年10月25日」, 慶応義塾 編, 『福沢諭吉全集 18』, 東京: 岩波書店, 1971, 59쪽.

곳을 문명으로 이끄는 데 대한 스스로의 자각을 거듭 되새기는 의미
를 갖는다. 실제로, 조선에 대한 멸시는 조선에 대한 강경외교 자세
를 지지하는 언동에로 연결되어 갔다.

2) 정체에 대한 문명의 개입 방식

문명의 진보를 이룩해 국가의 자립을 공고히 하기 위해서는 그것
을 추진할 인물이 필요하다. 그러나 이미 후쿠자와는 "조선 정부에
인물이 없다. 조선 조정의 관리는 한 사람도 믿을 만한 사람이 없
다"[23]고 단언한다. 유동하는 조선의 정국과 그 연장선상에서 발발한
청일전쟁은 문명 외연화의 호조건으로 받아들여졌다. 후쿠자와는 주
저함이 없이 무력에 의해 조선으로 일본의 문명을 외연화하여야 한
다고 강조한다.

> 조선이 지나 숭배의 미몽을 깨닫게 하고 분쇄하는 데는 탄환 화약보
> 다 나은 것이 있을 수 없다. 이 사람은 진군을 계속하여 아산(牙山)에
> 주둔한 병사를 쳐부수는 동시에 조선 정부를 향해서도 크게 할 일을
> 하기를 희망하는 사람이다.[24]

문명을 외연화하기 위한 전략을 구사하는 데 있어 그 방법이 반드
시 문명적이어야 할 이유는 없다. 중요한 것은 문명의 이름으로 행하
는 것이다. 상대인 조선이 문명을 제대로 인식하지 못하고 있을 뿐만

---

23) 福沢諭吉, 「改革の目的を達すること容易ならず」, 慶応義塾 編, 『福沢諭吉全集
  14』, 東京: 岩波書店, 1970, 446쪽.
24) 福沢諭吉, 「支那朝鮮両国に向て直に戦を開く可し」, 慶応義塾 編, 『福沢諭吉全
  集 14』, 東京: 岩波書店, 1970, 479쪽.

아니라 중국 숭배의 미몽 속에 여전히 빠져 있는 상황에서 조선 스스로가 문명을 취하는 것을 마냥 기다릴 수만은 없다. 한때 기대해마지 않았던 개화당 소속의 신진관리 역시 '붕우로서 의지할 만한 사람'이 못 되기 때문[25]에 일본의 공평한 간섭이 불가피하다.

> 조선국은 문명의 관점에서 사지가 마비되어 스스로 움직이는 능력이 없는 병자와 같다. … 일본인이 조선의 만사에 간섭하는 것은 공명정대하여 거리낄 것이 없다. 균등하게 문명의 혜택을 입게 하는 데는 간섭 외에 좋은 방법이 없음을 알아야 한다.[26]

그러나 이러한 후쿠자와의 주장은 초기 계몽기에 일본을 유린하려는 유럽의 의도를 비판했을 당시의 논리와 정면으로 배치하는 내용이다. '말로 안 되면 군함으로 하고 글(筆)에 이어 총을 들이대'는 방식으로 일본의 제2의 인도로 만들려는 유럽이 이른바 만국공법을 내세우고 있는데 대해 그러한 공법은 '구라파 각국의 공법으로 동양에서는 아무런 역할도 못 한다'[27]고 주장하고 있는 데서도 잘 나타나고 있다. 그러나 유럽의 아시아 침탈과정에서 후쿠자와는 군함과 총을 들이대는 형식의 국제관계가 만국공법에 기초한 그것보다 현실에 가깝다는 것을 배우게 되고, 그 연장선상에서 마침내 '힘이 곧 정의이며 권력은 올바른 도리(正理)의 원천'[28]라고 주장하게 된다.

---

25) 福沢諭吉, 「井上伯の渡韓を送る」, 慶応義塾 編, 『福沢諭吉全集 14』, 東京: 岩波店, 1970, 602쪽.

26) 福沢諭吉, 「朝鮮問題」, 慶応義塾 編, 『福沢諭吉全集 15』, 東京: 岩波書店, 1970, 189쪽.

27) 福沢諭吉, 「内には忍ぶべし外には忍ぶべからず」, 慶応義塾 編, 『福沢諭吉全集 19』, 東京: 岩波書店, 1971, 225쪽.

28) 福沢諭吉, 「内地旅行 西先生の説を駁す」, 慶応義塾 編, 『福沢諭吉全集 19』, 東

백 권의 만국공법은 몇 문의 대포보다 못하고, 천 책의 화친조약은 한 상자의 탄약보다 못하다. **대포 탄약은 있는 도리를 주장하는 대비가 아니라 없는 도리를 만들어내는 기계다.** … 각국이 교제하는 길은 두 가지, 멸망시키든가 멸망당하는 것뿐이라고 할 수 있다.[29]

이와 같이, 후쿠자와는 대포와 탄약과 같은 실제적인 무력은 '있는 도리를 주장하는 대비가 아니라 없는 도리를 만들어내는 기계'라고 단언한다. 그렇다면 만들어낼 수 있는 '없는 도리'란 무엇인가. 그것은 제국주의적 국가 이익의 획득이다. 1881년의 후쿠자와의 발언, 즉 "지금은 경쟁세계로 영국이도 프랑스도 모두 자기는 지지 않겠다고 남의 빈틈을 교묘하게 이용하려 달려드는 때이므로 도리에 합당한지의 여부는 조금도 개의할 것이 없다. 조금이라도 토지를 빼앗으면 두둑한 기분은 들지언정 사양할 필요가 없다. 서둘러 두둑하게 챙기는 것이 좋다"[30]는 지적은 곧바로 조선에 대한 일본의 간섭을 정당화하는 논리로 되었다. 이미 '아시아 맹주'[31]인 일본은 보다 적극적으로 조선에 간섭을 해야 하는데, 이것은 어디까지나 공명정대한 일본이 '조선국의 행복을 증진하고 문명을 진전'[32]시키기 위한 것으로 언명되었다. 일본의 사명은 조선의 문명화 선도에 있다는 것이 거

京: 岩波書店, 1971, 546쪽.

29) 福沢諭吉, 「通俗国権論」, 慶応義塾 編, 『福沢諭吉全集 4』, 東京: 岩波書店, 1970, 637쪽.

30) 福沢諭吉, 「宗教の説」, 慶応義塾 編, 『福沢諭吉全集 19』, 東京: 岩波書店, 1971, 711쪽.

31) 福沢諭吉, 「朝鮮の交際を論ず」, 慶応義塾 編, 『福沢諭吉全集 8』, 東京: 岩波書店, 1970, 30쪽.

32) 福沢諭吉, 「朝鮮の変事」, 慶応義塾 編, 『福沢諭吉全集 8』, 東京: 岩波書店, 1970, 246쪽.

듭 주장되었다.

> 세계문명의 보호를 위해 잠시 우리 병력을 빌려주어 그 국토 전면을
> 뒤덮은 앞이 보이지 않는 짙은 안개를 청소하려 한다.[33]

그러나 대포와 탄약에 의해 조선 국토 전면을 뒤덮은 앞이 보이지 않는 짙은 안개를 일소하는 일은 무수한 인명 살상을 수반할 수밖에 없다. 청일전쟁은 실제로 다수의 희생자를 속출했다. 시라이 히사야(白井久也)는 『도쿄니치니치신문(東京日日新聞)』의 고 히데스케(甲秀輔)의 청일전쟁 당시의 보도, 즉 "여순 길거리 도처에 시신이 뒹굴고 있다. 반 정도 머리가 잘려나간 자가 있고 뇌가 터져 나온 자가 있으며 창자가 노출되거나 안구가 튀어나온 자가 있다"[34]를 인용하며 다수의 인명이 처참하게 희생되고 있음을 밝히고 있다. 사정이 이러함에도 불구하고, 후쿠자와는 청일전쟁에서의 희생을 애써 무시하는 발언을 반복하고 있다.

> 여순(旅順)의 대승에 대해 외국인들 가운데 살육이 많았다고 하는
> 데 … 우리 군인이 무고한 지나인을 도륙했다는 것은 실로 아무런 근
> 거도 없는 오보이다.[35]

이것은 문명의 이름으로 수행되는 전쟁의 폭력성을 은폐하기 위한

33) 福沢諭吉,「朝鮮政略」, 慶応義塾 編, 『福沢諭吉全集 8』, 東京: 岩波書店, 1970, 258쪽.
34) 白井久也, 『明治国家と日清戦争』, 東京: 社会評論社, 1997, 153쪽.
35) 福沢諭吉,「旅順の殺戮無稽の流言」, 慶応義塾 編, 『福沢諭吉全集 14』, 東京: 岩波書店, 1970, 667쪽.

것이다. 미개한 조선이 부패하고 무능한 정부, 게으른 국민성 때문에 도저히 스스로의 힘으로 문명을 획득하기 어렵고, 보다 못한 일본이 간섭하는 것인 바, 여기에는 어떠한 사사로운 감정도 없는 것이므로 일본이 폭력을 사용하는 일 따위는 있을 수 없다는 것이다. 청일전쟁은 문야(文野)의 전쟁[36]이기 때문이다. 그러나 이러한 외국인의 현장 보고뿐만 아니라, 상당수의 일본군이 경성에 진입하는 것에 대해 의구심을 갖는 사람들이 일본 내외에서 적지 않게 존재했던 것이 사실이다. 이에 대해 후쿠자와는 "병력 수가 많은 것은 곧 일본이 평화를 우선하고 사건이 일어나는 것을 좋아하지 않는다는 증거일 것이다. … 문명의 선진국이 미개국에 대해 흔히 하는 일로서 … 한 점의 사사로움이 있는 것은 아니다"[37]라고 말하며 적극 옹호하고 있다.

뿐만 아니라, 후쿠자와는 전쟁의 성공적 수행을 위해 1만 엔의 후원금을 내기도 했다. "문명개진을 위해 싸우는 일본 병사의 고생을 생각하면 매일 자기 방에 있는 것조차 미안스러운 것 같은 생각이 들어,"[38] "헌금을 싫어하는 후쿠자와 유키치가 (집안에서 상의한 다음) 개인 돈을 의연금"[39]으로 냈다. 고액 헌금자 후쿠자와에게 이미 청일전쟁은 이유 여하를 막론하고 일본이 승리해야만 하는 전쟁이 되어버렸다. 따라서 그것이 문명 대 야만의 전쟁이라는 스스로의 의미

---

36) "전쟁은 문명개화의 진보를 도모하는 자들과 그 진보를 방해하는 자들의 싸움으로 결코 양국 간의 싸움이 아니다." 福沢諭吉,「日清の戦争は文野の戦争なり」, 慶応義塾 編,『福沢諭吉全集 14』, 東京: 岩波書店, 1970, 491쪽.

37) 福沢諭吉,「我に挟む所なし」, 慶応義塾 編,『福沢諭吉全集 14』, 東京: 岩波書店, 1970, 486쪽.

38) 福沢諭吉,「小田部武宛 明治28年7月27日」, 慶応義塾 編,『福沢諭吉全集 18』, 東京: 岩波書店, 1970, 681쪽.

39) 福沢諭吉,「私金義捐に就て」, 慶応義塾 編,『福沢諭吉全集 14』, 東京: 岩波書店, 1970, 515쪽.

규정도 시효를 상실할 수밖에 없었다. 사실, 후쿠자와의 청일전쟁
논평은 극단을 오간 측면이 없지 않다.

> 우리 일본의 병사는 문명의 병사로, 우리 고유의 무사도를 존중하
> 고, 전장(戰場)에 임해서는 오로지 적을 죽일 뿐, 인민의 사유재산을
> 약탈하는 것 같은 비열한 행위는 스스로 부끄러워하기 때문에 이를
> 범하지 않는다(1895년 3월 16일).40)

> 눈에 띄는 것은 노획물밖에 없으니 아무쪼록 이번에는 온 북경을
> 뒤져 금은보화를 긁어모으고 관민을 가릴 것 없이 아무것도 남기지
> 말고 빠뜨리지 말고 부피가 많이 나가는 것이 아니라면 창창 되놈들의
> 옷가지라도 벗겨 가져오는 것이야말로 바라는 바이다. … 노장군 등이
> 다행히 목숨이 붙어 있다면 이들을 아사쿠사(浅草)공원으로 끌어내
> 나무문을 달아 입장료를 받고 … 이들에게 아편 연기를 한 모금 마시
> 게 하면 금세 원기를 회복하여 방긋방긋 웃기 시작할 것이다(1894년
> 9월 20일).41)

도저히 동일 인물의 발언이라고는 믿기 어려운 그야말로 정면으로
배치(背馳)하는 내용이다. 이것은 후쿠자와 개인의 혹은 동시대의 한
계일 수도 있으나, 분명한 것은 '문명'이라는 것이 달성해야 할 궁극
의 목표로 설정되어 있으면서도 그에 이르는 과정은 지극히 '비문명
적'일 수 있다는 점을 보여주고 있다는 사실이다. 조선, 중국에 대한
문명의 외연화가 결국은 제국 일본의 이들 국가에 대한 지배 정당성

---

40) 福沢諭吉, 「奉天靈場の安危如何」, 慶応義塾 編, 『福沢諭吉全集 15』, 東京: 岩波
　　書店, 1970, 100쪽.
41) 福沢諭吉, 「支那将軍の存命万歳を祈る(漫言)」, 慶応義塾 編, 『福沢諭吉全集 14』,
　　東京: 岩波書店, 1970, 570쪽.

획득을 위해 단지 '문명'이라는 용어가 활용되고 있는 것일 뿐이라는 점이 다름 아닌 후쿠자와 자신의 언설에 의해 확인되고 있다는 사실은 특기할만하다. 사실, "조선 정략의 목적은 우리의 이익을 보호하는 것이며, 남을 위한 게 아니라 스스로를 위한 것이다"[42]는 1892년 8월의 발언이야말로 후쿠자와의 문명 외연화 전략의 본질이라고 할 수 있을 것이다.

4. 맺음말

근대국가는 문명시스템을 구축함으로써 근대적 법치의 정신을 통치구조가 작동하는 원리로 수용하게 되었다. 이때, 선진 문명국가들은 후발 국가의 문명화 과정에 깊숙이 개입해갔다. 그리고 그것은 앞에서 지적한 19세기 영국인의 서술 내용과는 달리 우연한 개입이 아니라 뚜렷한 목적 속에 의도된 개입의 형태였다. 그러나 앞에서도 지적한 바와 같이, 19세기 후반의 영국인은 문명 외연화, 즉 영국의 인도 지배의 정당성을 언급하는 가운데 영국(인) 개입의 우연한 계기, 개입 결과에 따른 영국의 이익에 대해 세련되게 감추어 표현하고 있는 데 반해, 후쿠자와는 문명을 내세우는 입장에 서고 있으면서도 개입의 계기와 개입 결과에 따른 일본 이익에 대해 전혀 거리낌 없이 적극적으로 주장하고 있다.

초기 계몽기의 약간의 계몽적 언설을 제외하고는 후쿠자와 발언의 대부분이 아시아 멸시·편견·마이너스 평가, 대외강경책으로 시종

---

42) 福沢諭吉, 「朝鮮政略は他国と共にす可らず」, 慶応義塾 編, 『福沢諭吉全集 13』, 東京: 岩波書店, 1970, 465쪽.

일관하여 문명론적 발언을 오히려 압도하고 있을 알 수 있다. 더욱이 군비확장·부국강병, 내셔널리즘 고양 등과 관련한 것이 다수를 점하고 있다는 사실은 후쿠자와가 적어도 중기 이후, 특히 청일전쟁시기 등에서는 이미 문명론자에서 이탈하여 강렬한 국권론자로 전환되어 갔음을 보여주고 있다. 내셔널리스트가 된 후쿠자와에게 문명은 상대국의 발전을 위한 선의(善意)로 가득 찬 목적적 의미가 아니라 자국 일본의 국가이익을 쟁취하기 위한 레토릭으로서만 의미를 갖는 것이었다. 일본 정부가 아무리 무능하고 부패하더라도 "국권확장이라는 대의를 그르치지 않는 정부라면 충분하다"[43]는 후쿠자와의 발언은 계몽주의사상가로서가 아니라 내셔널리스트라는 관점에서 바라볼 때 비로소 이해될 수 있는 것이다.

지금까지 살펴본 바와 같이, 후쿠자와는 문명 아시아 침략주의사상가라고 할 수 있다. 후쿠자와는 국권 확장을 위해 일본이 아시아를 이끄는 것은 당연하다고 보았다. 이미 문명국가의 반열에 든 일본은 더 이상 아시아가 아니라고 말하며, 아시아 멸시 태도를 분명하게 표명하기도 했다. 후쿠자와에게 문명은 일본이 도달해야 할 목표로서의 가치이기도 했지만, 그러한 과정을 거쳐 문명을 달성한 일본이 앞장서서 국권확장, 즉 주변국에 대한 지배를 정당화하는 수식어기도 했다.

/ 송석원

---

43) 福沢諭吉,「求る所は唯国権拡張の一点のみ」, 慶応義塾 編,『福沢諭吉全集 10』, 東京: 岩波書店, 1970, 211쪽.

일본의 대미협조외교와 자주외교의 단면

요시다 노선을 중심으로

1. 들어가며

일본 외교에서 가장 중요한 과제는 미국의 압력이며, 이때 문제의 본질은 일본의 선택이 '협조적 입장을 취할 것인가' 아니면 '자주적 입장을 취할 것인가'라는 대일압력에 대한 대응방식에 있다.[1] 일본이 항복문서에 서명한 1945년 9월 2일부터 샌프란시스코강화조약이 발효된 1952년 4월 28일까지 일본의 모든 의사결정은 미국에 있었고 일본은 외교권을 포함한 주권을 모두 상실했다. 그럼에도 불구하고 그것이 비록 지배와 피지배의 수직적 관계이기는 했지만, 미군정 점령 초기 일본 정부는 GHQ(연합군 총사령부)와 긴밀한 교섭을 진행하고 있었으며, 점령 말기에는 조기강화를 위한 미국과의 교섭에서 예정된 독립국을 대표하는 정부로서 인정받고 있었다. 전후 일본 외교는 이러한 지배와 피지배의 구조 속에서 대외교섭이 거듭되는 역설적 상황에서 형성된 것이다.

그러나 문제는 이러한 일본 외교의 구조적 한계가 주권회복 이후

---

[1] 마고사키 우케루, 양기호 역, 『미국은 동아시아를 어떻게 지배했나』, 메디치미디어, 2013, 32쪽.

에도 계속 이어져 하나의 시스템으로 정착되어졌다는 점이다. 미국의 간접통치하에서 일본은 미국의 대일점령정책에 적극적으로 '협조'했으며, 샌프란시스코강화조약이 발효된 이후에는 냉전체제의 국제사회에서 미일동맹체제에 철저히 편승하는 입장을 보였다. 그 과정에서 미국에 대한 '협조'는 무엇보다 중요한 요소였다.[2] 요시다 시게루(吉田茂)가 점령기 동안 줄곧 수상의 자리를 유지할 수 있었던 것도 미국에 적극적으로 협조한 대가였으며, 그 정신은 요시다 노선으로 이어져왔다.[3]

한편 전후 일본 외교론의 대부분이 요시다 노선을 축으로 이루어지게 된 것은 고사카 마사타카(高坂正堯)가 1964년 2월 『중앙공론(中央公論)』에 "재상 요시다 시게루론(宰相吉田茂論)"을 발표하면서부터이다.[4] 이 글은 1963년 1월 고사카가 같은 잡지에 "현실주의자의 평화론(現実主義者の平和論)"을 게재해 주목받은 이후의 성과물이다.[5] 고사카는 요시다의 업적을 높이 평가한 대표적인 인물로서 "실제로 요시다는 맥아더와 대등한 입장에서 말할 수 있는 인물"이었고, 또한 "요시다는 무엇보다도 일본의 부흥을 고민하고 있었고 전후 개혁이 이 목적에 맞지 않을 경우 철저히 저항했다"고 언급했다.[6]

---

2) 이원덕, 「일본의 동아시아지역 형성정책의 전개와 특징」, 『일본연구논총』 22, 2005, 66쪽.

3) 요시다 노선이란 일반적으로 요시다를 필두로 자유당계의 흐름을 이어받은 관료 출신 정치가를 중심으로 한 세력으로 '보수본류'라고도 불린다. 요시다 노선은 정치가와 인맥으로 연결된 관료, 이들의 비호 아래서 재건에 성공한 대기업 경영자들의 총칭으로 정계, 관료, 재계의 주류가 참가한 삼위일체가 보수정권을 이어 온 권력기구집단이라고 할 수 있다. 이들 중 요시다 노선의 형성에 가장 중요한 역할을 담당했던 이는 이른바 '요시다 학교'에서 충원된 이케다 하야토(池田勇人)와 사토 에이사쿠(佐藤栄作) 등과 같은 고급 관료 출신의 정치가들이다.

4) 高坂正堯, 「宰相吉田茂論」, 『中央公論』 79(2), 1964 참조.

5) 高坂正堯, 「現実主義者の平和論」, 『中央公論』 78(1), 1963 참조.

　이러한 요시다 예찬론은 1984년 5월 나가이 요노스케(永井陽之助)가 『문예춘추(文藝春秋)』에 게재한 "요시다 독트린은 영원하다"로 이어졌다.[7] 이 시기 '요시다 독트린'이라는 용어와 함께 일본을 성공으로 이끈 '재상 요시다'상이 정착되었다. 이후 요시다에 대한 이와 같은 연구는 무수히 많이 쏟아져 나왔으며,[8] 2009년 2010년 요시다에 대한 두 권의 평전을 출판한 기타 야스토시(北康利)는 "인기에 연연하지 않는 신념의 정치인 요시다"를 혼미한 일본정치 현실에 대비해 부

---

6) 高坂正堯, 『宰相吉田茂』, 中央公論新社, 2006, 33쪽.

7) 永井陽之助, 「吉田ドクトリンは永遠なり」, 『文藝春秋』, 1984, 382-405쪽.

8) 먼저 요시다의 리더십에 대한 예찬론 또는 찬미론이라고도 할 수 있는 긍정적인 평가를 내리고 있는 연구로서 高坂正堯, 『宰相吉田茂』, 中央公論新, 1968.; 工藤美代子, 『赫奕たる反骨, 吉田茂』, 日本経済新聞出版社, 2010.; 北康利, 『吉田茂: ポピュリズムに背を向けて』, 講談社, 2009.; 北康利, 『吉田茂の見た夢: 独立心なくして国家なし』, 扶桑社, 2010 등의 연구서와 渡部昇一・工藤美代子, 「今こそ「吉田茂」待望論」, 『Will』 6, 2010, 62-73쪽.; 北康利, 「吉田にみる復興への志」, 『歴史通』 7, 2011, 66-77쪽 등의 연구논문이 있다. 물론 이에 대한 비판의 목소리도 적지 않다. 片岡鉄哉, 『さらば吉田茂: 虚構なき戦後政治史』, 文藝春秋, 1992.; 孫崎享, 『戦後史の正体 1945~2012』, 創元社, 2012 등이 이에 해당한다. 요시다 독트린에 관한 논의를 다루고 있는 연구로서는 永井陽之助, 「吉田ドクトリンは永遠なり」, 『文藝春秋』 5, 1984.; 片岡鉄哉, 「さらば吉田茂: 虚構なき戦後政治史」, 『文藝春秋』, 1992.; 三浦陽一, 『吉田茂とサンフランシスコ講話』(上・下), 大月書店, 1996.; 中西寛, 「「吉田ドクトリン」の形成と変容: 政治における「認識と当為」との関連において」, 『法学論叢』 152(5・6), 2003, 276-314쪽 등이 있다. 요시다의 전기류에 해당하는 것으로는 猪木正道, 『評伝吉田茂』 全4巻, ちくま学芸文庫, 1995.; 井上寿一, 『吉田茂と昭和史』, 講談社, 2009.; 工藤美代子, 『赫奕たる反骨, 吉田茂』, 日本経済新聞出版社, 2010 등이 있으며, 村井哲也, 『戦後政治体制の起源: 吉田茂の「官邸主導」』, 藤原書店, 2008과 楠綾子, 『吉田茂と安全保障政策の形成: 日米の構想とその相互作用, 1943~1952』, ミネルヴァ書房, 2009와 같이 국내정치에 초점을 두거나 안보정책에 초점을 둔 연구도 존재한다. 이 밖에도 ジョン・ダワ, 『吉田茂とその時代』(上・下), (大窪愿二訳), TBSブリタニ, 1981.; リチャード B. フィン(Richard B. Finn), 『マッカーサーと吉田茂』(上・下), 同文書院インターナショナル, 1993와 같이 미국의 시각에서 다룬 요시다의 연구가 있다.

각시키려 시도했다.9)

특히 2011년 3월에 일어난 동일본대진재 이래로는 대중평론 수준에서 강력한 리더십 대망론에 편승해 요시다의 리더십이 주목받기 시작했다.10) 우익적 논조의 잡지『WiLL』2010년 6월호의 특집 제목은 "지금이야말로 요시다 시게루 대망론(今こそ「吉田茂」待望論)"이었다. 특집 대담에서 와타나베 쇼이치(渡部昇一)는 전전의 만주에 대한 적극정책과 만년에 보인 적극적인 재군비 옹호론을 들어 요시다를 재평가했다. 그의 대담 상대는『혁혁한 반골, 요시다 시게루(赫奕たる反骨 吉田茂)』의 저자 구도 미요코(工藤美代子)였다. 그녀는 요시다가 메이지 2세대로 태어나 메이지유신 세대의 기백과 교양을 물려받은 사람이며, 인기와 지지율에 연연하지 않는 반골 기질을 가진 사람이었다고 평가했다.11)

반면 요시다에 대한 비판의 목소리도 존재한다. 전직 외교관 마고사키 우케루(孫崎享)에 의하면 요시다는 일반 시민에게 각인된 수상의 거만한 모습과는 판이하며, 점령군과 대등한 줄다리기를 하는 요시다의 모습은 신화에 지나지 않는다.12) 즉 요시다야말로 본질적 종미 그 자체이며,13) "고사카를 비롯한 요시다를 찬미하는 이들은 요시다가 구축한 종속적인 미일관계의 강력한 옹호자일 뿐"이라는 것

---

9) 北康利,『吉田茂: ポピュリズムに背を向けて』上・下, 講談社, 2012.; 北康利,『吉田茂の見た夢: 独立心なくして国家なし』, 扶桑社, 2010 참조.

10) 남기정, 「요시다 시게루의 전후 구상과 리더십: "군대없는 메이지국가" 구상과 "기지국가"의 현실」,『일본 부활의 리더십: 전후 일본의 위기와 재건축』, 동아시아연구원, 2013, 29-32쪽.

11) 渡部昇一・工藤美代子, 「今こそ「吉田茂」待望論」,『Will』6, 2010, 62-73쪽.

12) 마고사키 우케루(2013), 63쪽.

13) 위의 책, 43-45쪽.

이 마고사키의 평가이다.14) 가타오카 데쓰야(片岡鉄哉)는 1992년『요시다 시게루여 안녕히: 허구 없는 전후 정치사(さらば吉田茂: 虚構なき戦後政治史)』에서 "일본을 국가 없는 민족으로 만든 원흉"으로서 요시다를 지목한 바 있다.15)

이처럼 요시다에 대한 평가는 다양하며, 그것이 긍정적이든 부정적이든 간에 전후 일본의 형성자로서 중요한 역할을 했다는 점은 부정할 수 없다.16) 그러나 이 글에서 문제 삼고자 하는 것은 요시다에 대한 예찬론이나 비판론과 같은 이항대립적인 평가가 아니다. 일반적으로 요시다는 물론 요시다의 뒤를 이은 이케다 하야토(池田勇人)와 사토 에이사쿠(佐藤栄作) 등과 같은 관료 출신의 정치가들의 외교노선은, 대미의존성을 용인하고 현상유지를 주장하면서 대미협조관계를 주장한 것으로 평가되어 왔다. 그러나 고사카나 와타나베가 주장하는 것처럼 요시다가 맥아더와 대등한 입장에서 전후 개혁이 목적에 맞지 않을 경우 철저히 항의했거나 재군비 옹호론자였다면, 요시다는 미국의 압력에 대해 '협조'가 아닌 '자주' 노선을 선택한 인물로 평가되어야만 한다.

이 글은 이러한 문제의식에서 출발한다. 요시다를 비롯한 요시다 노선의 대미협조외교를 재고찰함으로써 전후 일본의 대미추종의 정치현실과 그것을 기조로 한 대미외교의 구조적 문제점을 밝히고자 하는 것이다. 구체적으로는 패전 직후부터 1960년대까지의 국제정치변화와 일본 국내 정치체제의 특수성에 초점을 맞추어 미국의 대

---

14) 마고사키 우케루(2013), 70쪽.

15) 片岡鉄哉, 『さらば吉田茂: 虚構なき戦後政治史』, 文藝春秋, 1992, 43쪽.

16) 渡辺昭夫, 「戦後日本の形成者としての吉田茂」北岡伸一, 五百旗頭真(編), 『占領と講和: 戦後日本の出発』, 情報文化研究所, 1999, 166-178쪽.

일압력에 대해 일본 외교가 어떠한 지향성을 가지고 있는지를 분석
하고자 한다.

2. 점령기 일본의 대미추종의 정치현실

점령 개시기 일본에게 가장 중요한 외교과제는 포츠담선언의 수용
과 항복의 의미를 일본의 국가적 생존과 연결시켜 명확하게 하는 일
이었다. 점령군의 일본 장악 이후 일본 정부에게 얼마만큼의 국내통
치권이 남아 있는가에 대한 문제, 점령군은 일본 정부를 통한 간접통
치를 행할 것인가 아닌가에 대한 문제, 특히 국내 통치권을 둘러싼
점령군과 일본 정부의 경계선이 가장 중요한 문제였다.17) 일본으로
서는 천황제를 유지시키고 일본 정부에 의한 간접통치의 희망을 버
릴 수가 없었다. 그러나 미국 정부는 1945년 8월 15일 일본의 모든
재외 외교기간의 재산과 공문서를 압수한다는 통첩을 각국에게 보냈
으며, 11월 4일에는 도쿄에 있는 중립국이나 연합국 대표와의 직접
적인 접촉도 금지시켰다. GHQ와의 교섭이 일본의 외교의 전부가 되
어 버린 것이다.

이러한 상황에서 일본은 천황제 유지와 일본 정부 해체를 피하기
위해 GHQ 측에게 스스로의 이용 가치를 인정받는 일에 몰두하고 있
었다. 특히 점령군에게 믿음을 주는 자세를 취하는 것이 중요했으며,
GHQ의 전쟁범죄자 처리문제에 대한 대책도 강구해야만 했다. 항복
문서에 서명(1945년 9월 2일)한 직후인 9월 13일에는 이미 전쟁범죄자

---

17) 이오키베 마코토, 조양욱 역, 『일본 외교 어제와 오늘』, 다락원, 2002, 45-46쪽.

범위에 대한 내용이 일본 정부에게 통보되었다. 범죄자 종류는 직접 전쟁을 계획하고 수행한 자, 그것을 묵인한 책임자, 전쟁에 대한 정치상의 책임자로 분류되었다.[18) 그러나 이들 모두가 전쟁범죄자로 포함된다면 구세력 모두가 전쟁범죄자로 처벌받는 것과 같은 것이었다. 이에 일본 정계, 재계 등 구세력의 불안과 동요는 극에 달하고 있었으며, 이들은 전쟁범죄자로 처벌받지 않기 위해 자기변명과 책임회피에 바빴다. 천황뿐만 아니라 당시 수상이었던 히가시쿠니노미야 나루히코(東久邇宮稔彦王)와 고노에 후미마로(近衛文麿) 국무대신도 전쟁 책임은 도조 히데키(東条英機) 군벌에 있다는 것을 신문기자들에게 밝히면서 대외적인 자기변명을 아끼지 않았고, 서로 앞을 다투어 맥아더와 접촉하기 시작했다. 특히 고노에는 맥아더와의 회견에서 도조 군벌의 책임을 강조하고, 천황을 중심으로 한 귀족세력과 재벌은 이 독단적인 군부의 개전행위를 막으려 했다고 주장했다.[19)

항복문서에 서명한 외무대신으로 잘 알려져 있는 시게미쓰 마모루(重光葵)는 이와 같은 패전 직후 일본의 정치현실을 다음과 같이 일기에 쓰고 있다.

전쟁범죄자 체포가 시작되고 나서 정계와 재계 등 구세력의 불안과 동요는 극에 달했다. 특히 내각에 있던 히가시쿠니노미야 수상이나 고노에 대신 등은 모든 방법을 동원하여 책임을 피하고자 안절부절못했다. 최고 간부들이 부지런히 맥아더 주변을 떠돌면서 자기 안전만 꾀하려고 한다. (중략) 누구 할 것 없이 체면과 자존심을 내던지고 점령군에 달라붙는 모습은 입에 담기조차 부끄럽다.[20)

---

18) 重光葵, 『(続)重光葵手記』, 中央公論社, 1988, 359쪽.
19) 위의 책, 266-267쪽.
20) 위의 책, 252-253쪽.

여기에서 시게미쓰는 점령군에게 아부를 서슴지 않는 일본 정부가 입에 담기조차 부끄럽다고 언급하고 있다. 또한 요시다가 일본 내각 인사에 깊이 관여하여 미국과 도모했던 사실을 들어 일본 정부는 꼭 두각시 정권이라고 한탄했다.

> 1945년 10월 9일 시데하라 기주로(幣原喜重郎) 새 내각이 성립되었다. 요시다 외상이 획책한 것이다. 요시다는 하나하나 맥아더 총사령부로부터 의향을 청취해서 인선을 결정했다. 유감스럽게도 일본 정부는 꼭두각시 정권이 되어 버렸다.[21]

GHQ 최고사령관 더글러스 맥아더(Douglas MacArthur)에 대한 인식과 태도에서도 당시 일본의 대미추종의 현실이 잘 드러난다. 1946년 10월 『지지신보』에 "권력자 숭배"라는 제목의 한 논설이 실렸다. 내용은 맥아더 전기가 출판되어 베스트셀러가 된 이래, 맥아더를 맹종하는 투고가 신문이나 잡지에 쇄도하고 있음을 지적한 것이었다. 논설에 따르면 이런 식의 투고는 얼마 전까지만 해도 천황 전용이었는데 이제는 맥아더용으로 쓰이고 있으며 "살아있는 신", "저 하늘의 태양", 심지어 일본 최초의 천황인 "진무천황(神武天皇)의 재림"과 같은 용어들이 맥아더를 지칭하는 말로 사용되었다. 『닛폰 타임스』에 실린 한 논설도 이러한 현상에 대해 다음과 같이 경고했다.

> 정부는 걸출한 신이나 위인 혹은 지도자가 국민에게 선물한 것이라는 사고방식을 고치지 않는 한 민주정치는 조만간 파멸을 맞이할 것이다. 맥아더 원수가 일본을 떠나면 사람들은 바로 그 다음날부터 다른

---

21) 重光葵(1988), 270쪽.

누군가 신이 될 만한 존재를 찾아 나설 것이다. 그 밑에서 다시금 태평양전쟁을 치른 독재정치가 재현되지나 않을까 우리는 심히 걱정스러울 따름이다. (중략) 맥아더 원수가 전후 일본을 통치하면서 보인 지혜와 이 나라를 민주화하는 데 기울인 노력에 보답하는 길은 그를 신으로 떠받드는 것이 결코 아니다. 오히려 그 반대이다. 그런 비굴한 마음을 버리고 세상 어느 누구에게도 머리를 조아리지 않는 자존심을 지키는 것이야말로 보답이 될 것이다.[22]

이와 같은 맥락으로 시게미쓰도 다음과 같이 비난하고 나섰다.

지조도 없고 자주성도 없는 일본 민족은 과거에도 중국문명이나 유럽문명의 세례를 받으면서 표류해 왔다. 그리고 오늘날 적국의 지배에 만족하는 것도 모자라 심지어 추종하여 환영하고, 더 나아가 맥아더를 마치 신처럼 떠받들고 있다. 이런 태도는 황실이나 서민들이나 다 마찬가지다.[23]

이처럼 일본은 스스로 승전국 맥아더에게 신성불가침성을 인정하고 있었으며 이와 같은 사실은 맥아더의 회고에서도 잘 드러난다.

나는 일본 국민에 대하여 사실상 무제한의 권력을 가지고 있었다. 역사상 어떤 식민지 총독이나 정복자도 내가 일본 국민에게 행사했던 권력을 휘둘렀던 사례가 없을 정도이다. 군사점령이라는 것은 결국 한쪽은 노예가 되고 다른 한쪽은 주인 역할을 하는 것이다.[24]

---

22) 존 다우어, 최은석 역, 『패배를 껴안고』, 민음사, 2009, 524쪽.
23) 重光葵(1988), 253쪽.
24) 더글러스 맥아더, 반광식 역, 『맥아더 회고록』, 一信書籍出版社, 1993, 33쪽.

당시 맥아더는 미국의 대일점령이 일본 국민을 노예로 삼는 것과 같은 것이며, 미국은 곧 일본 국민의 주인이 되는 것이라고 인식하고 있었다. 점령기 동안 맥아더를 비롯한 휘하 사령부의 권한은 무조건적인 항복을 기초로 한 절대적인 것이었기 때문에, 미국에 협조하는 사람이 노골적으로 나타난 것이 어쩌면 당연한 일이지도 모른다. GHQ의 전범처리를 두려워 한 구세력에게도 대미협조 이외의 선택지는 없었다.

이처럼 패전 직후부터 일본 정치세력을 중심으로 미국을 추종하는 사람들이 노골적으로 나타나기 시작했으며, 이러한 현상은 샌프란시스코강화조약에 따라 일본이 주권을 회복한 뒤에도 여전히 이어졌다. 강화조약 발효 이후에도 일본 외교가 얼마나 대미추종적이었는지에 대해서는 1957년 외무성 차관이었던 오노 가쓰미(大野勝巳)가 잘 설명하고 있다.

> 일본 정치가나 관료들은 외교를 점령군을 상대로 하는 섭외사무 정도로 인식했다. (중략) 미일 안보체제를 금과옥조로 여기고, 모든 것에 미국의 눈치를 보면서 행동을 결정하는 미국 추종적 태도가 일본 내에 완전히 정착되었다. 그 결과 외교 감각이라고는 자취를 감추었다. 즉 점령 당국에 복종하면서 어떻게 관계를 잘 맺을까를 생각하고, 점령군의 말을 잘 듣는 것이 외교라고 생각하게 되었다. 외교적 경륜이라고는 손톱만큼도 보이지 않게 되었다. 독립국의 지위를 회복한 뒤 일본은 외교 감각을 회복하려고 해도 오랜 타성으로 인해 몸이 말을 듣지 않았다. 여전히 점령군의 중추세력인 미국에 의존하고 있었다. 자주독립의 정신은 한번 상실하면 두 번 다시 회복할 수 없음을 보여준다.[25]

---

25) 大野勝巳, 『霞が関外交: その伝統と人々』, 日本経済新聞社, 1978, 33쪽.

오노에 의하면 일본은 자주적인 판단은 물론 점령군의 말을 잘 듣는 것이 외교라고 생각할 정도로 외교적 감각을 잃어버렸으며, 강화조약 발효 이후에도 일본 스스로가 모든 것을 점령군에게 의탁할 만큼 일본 내 미국 추종적 태도가 정착되어 버렸다. 뿐만 아니라 오노가 "자주독립의 정신은 한번 상실하면 두 번 다시 회복할 수 없음"이라고 언급할 정도로 전후 일본 외교는 미국에서 벗어나는 것이 불가능한 것처럼 보였다.

3. 조기 강화조약과 대미협조외교

전후 역사 가운데 미국과의 관계를 가장 중시했던 정치인은 요시다 시게루로 알려져 있다. 요시다에 의하면 일본 외교의 근본은 대미협조이며, 이는 "메이지 이후의 외교의 대도를 지키는 것", 즉 "미군에 점령을 받는 일시적인 상태에 대한 타성이 아니라 메이지 이후 줄곧 이어져 온 일본 외교의 근본"이다.[26] 점령기 요시다는 전후 초대 내각인 히가시쿠니 내각의 외상으로 입각하여 점령군과 일본 정부 간을 잇는 가교역할을 맡고 있었다. 히가시쿠니 내각의 뒤를 이은 시데하라 기주로(幣原喜重郎) 내각에서도 외상으로 "전쟁에는 졌지만 외교에서 승리해 보인다."[27]는 각오로 연합군 총사령부와의 교섭에 열중했다. 이때부터 실로 10년간 요시다 시대가 열렸다고 보아도 무방할 것이다.

한편 패전 직후 일본 정치에 압도적 영향력을 행사하고 있었던 미

---

26) 吉田茂, 『回想十年』 1, 中央公論社, 1998, 22-35쪽.
27) 鏑木清一, 『日本政治家100選』, 秋田書店, 1972, 170쪽.

군정은 전전의 일본을 지탱한 보수적 가치와 제도를 완전히 폐기하고자 했으며, 대신 '비군사화'와 '민주화' 내지는 '평화'와 '민주주의'라는 슬로건을 내걸었다. 1946년 5월 수상의 자리에 오른 요시다는 이러한 미군정의 점령정책을 적극적으로 지지하면서 "재군비는 제국헌법에 의해 명백하게 포기"되었을 뿐만 아니라, "재군비의 논의는 국민의 한 사람으로서도 정부의 입장으로서도 생각하고 싶지 않"다는 것을 명백히 했다.[28] 이와 같은 인식은 다음과 같은 글에도 잘 나타나 있다.

도대체 나는 재군비 등을 생각하는 자체가 가장 어리석은 것이며 세계정세를 모르는 바보의 잠꼬대라고 말해주고 싶다. 타국이 미국과 필적할 만한 군비를 갖게 되면 그 자체로서 미국에게 큰 부담을 줄 뿐 아니라, 패전한 일본이 아무리 애쓰더라도 미국과 같은 군비란 도저히 바라볼 수 없다는 것이 내가 재군비를 반대하는 이유 중의 첫째이고, 둘째로는 국민의 실정으로 보아 재군비의 배경이 되는 심리적 기반이 완전히 상실되어 있는 점이다. 셋째는 이유 없는 전쟁에 끌려갔던 국민으로서의 패전의 상처가 많이 남아 있으며 아직 그 처리가 끝나지 않은 것이 많다. 오늘날 혼자만의 힘으로 나라를 지키는 국가는 없으며 공동방위가 주된 관념이다.[29]

또한 한국전쟁 발발 이후 일본인 의용군을 파견해야 하는 문제가 하나의 쟁점으로 부각되었을 때도 "정치적으로 생각해 보았을 때 의용군은 허락하고 싶지 않다."는 요시다의 입장은 단호했다. 그가 의용군 파견을 반대한 이유는 "강화조약 내지는 조기강화가 실현되기 어렵다

---

28) 大嶽秀夫, 『再軍備とナショナリズム』, 講談社, 2005, 81-82쪽.
29) 吉田茂, 『回想十年』 2, 新潮社, 1958, 160-161쪽.

고 하는 사정도 생각하지 않으면 안 되며, 만약 강화조약이 실현된다고 해도 일본을 호전국(好戰國)이라고 여겨 조약 안에 여러 가지 어려운 조건 등을 삽입하는 것을 강요받을 일"을 우려했기 때문이다.30)

그러나 한국전쟁을 계기로 미국은 기존의 입장을 바꾸어 일본에게 재군비 압박을 크게 가하기 시작했으며, 일본 내에서도 국내 치안을 둘러싼 재군비 논의가 활발하게 진행되기 시작했다. 한국전쟁 발발 약 보름 후인 1950년 7월 8일 맥아더는 요시다에게 서간의 형식으로 7만 5천 명 규모의 경찰예비대의 창설과 해상보안청의 8천 명 증원을 명령했다.31) 이에 요시다 내각은 8월 10일 정령(政令)으로서 경찰예비대령을 공포하고 당일로 시행에 들어갔으며, 8월 23일에는 약 7천 명의 경찰예비대 대원의 입대가 정식으로 이루어졌다. 더욱이 10월에는 경찰예비대 조직 강화를 위해 일본제국의 군인이었던 3,297명이 추방 해제되어 경찰예비대의 간부로 채용되었다.32) 재군비를 반대해 오던 요시다가 기존의 입장을 바꾸어 경찰예비대 창설에 적극적으로 협조하고 신속하게 일본 경찰예비대를 탄생시킨 것이다.

요시다의 회고에 따르면 "나는 전부터 경찰력의 부족을 우려하고 어떻게 해서든지 충실하게 해야 할 필요가 있다고 통감하고 있었기 때문에 총사령관의 지시에 대하여는 특별한 관심을 가지고 받아들였다. 오히려 절호의 기회라고까지 생각했다. 또한 빨리 실현되도록 바로 관계 관청의 책임자로 하여금 서한의 요청에 대한 조치에 협조

---

30) (1950년 7월 29일), 「吉田茂「国会答弁・衆議院本会議」, 大嶽秀夫, 『戰後日本防衛問題資料集: 非軍事化から再軍備へ』 1, 三一書房, 1991, 443-444쪽에 수록.

31) (1950년 7월 8일), 「マッカーサー書簡・警察予備隊設置」, 大嶽秀夫, 1991, 427쪽에 수록.

32) 김남은, 「강화와 안보를 둘러싼 미일교섭과 일본의 전략: 요시다 시게루를 중심으로」, 『일본근대학연구』 56, 2017, 359-360쪽.

토록 하였다."고 밝히고 있다.[33] 요시다의 이러한 입장변화는 경찰
예비대 창설이 미국의 재군비 요구를 만족시키는 동시에 대내적 안
전문제를 해결하는 대안이라고 판단했기 때문이다. 하지만 그보다도
요시다가 중요하게 생각한 것은 자신의 최대과제인 조기강화를 실현
시키기 위한 정치적 이익이었다.[34]

 1950년 10월 요시다가 미 해군으로부터 한국 내의 소해업무를 요
청받아 이를 해상 보안청 하에 편성된 일본의 특별 소해대(掃海隊)가
담당하도록 한 사실에서도 이러한 요시다의 의도는 잘 드러난다. 당
시 해상 보안청 장관이었던 오쿠보 다케오(大久保武雄)의 회상에 따르
면, 한국 내의 소해업무는 일본 헌법에 저촉될 수 있는 중요한 사안
이었기 때문에 작업은 비밀리에 실행되었다. 하지만 이 작업 중에 한
척의 소해정이 침몰하여 한 명이 사망하는 사건이 발생했는데, 이때
오카자키(岡崎) 관방 장관은 요시다의 말을 대신해 "일본 정부는 유
엔군에게 전면적으로 협조하고 그에 따라 강화조약을 일본에게 유리
하게 이끌지 않으면 안 된다."고 전하면서 계속 작업할 것을 명령했
다. 즉 요시다는 미국 내 일본 조기강화에 대한 반대 주장이 미군부
의 대일 의구심에서 비롯된 것이라고 인식하고 있었기 때문에, 이를
설득하고 미군부의 신뢰를 얻기 위해 한국 내의 소해업무가 헌법에
저촉될 수 있는 사안이었음에도 불구하고 이를 비밀리에 실행하도록
지시한 것이다.[35]

 1951년 1월 29일 대일강화문제 담당 국무성 고문으로 임명된 덜레
스(John F. Dulles)와 요시다와의 강화조약 조기체결을 위한 교섭이

---

33) 吉田茂(1958), 142-143쪽.
34) 김남은(2017), 360쪽.
35) 위의 책, 360쪽.

본격적으로 시작되었다. 교섭이 시작되자 안전보장을 둘러싼 두 가지 문제가 제기되었는데, 하나는 일본의 재군비 문제였으며 다른 하나는 강화 후의 미군 주둔을 일본이 어떠한 형식으로 인정하는가라는 문제였다. 덜레스는 일본이 재군비를 통해 자유세계에 공헌해줄 것을 요구했으며,[36] 요시다는 "재군비의 발족에 대해서(再軍備の発足について)"라는 문서를 통해서 덜레스를 만족시킬만한 제안을 했다.[37]

> 평화조약 및 미일협력협정의 실시와 동시에 일본에 있어서 재군비를 발족할 필요가 있다. (중략) 첫째, 육·해군을 포함한 새로운 5만의 보안대(가칭)를 만든다. 이 5만 명은 예비대와 해상보안대와는 별개의 카테고리로 훈련하고 장비에 있어서도 예비대와 보안대보다 강력한 것으로 하고 국가치안성의 방위부에 소속시킨다. 이 5만 명은 일본에 재건될 민주적 군대의 출발이 된다. 둘째, 자위기획본부라는 명칭의 기관을 국가치안성의 방위부에 부설한다. 여기에는 영·미 군사사정에 통달한 기술자를 기용하여 이들을 미일협정에 의해 설치되는 공동위원회의 사업에 참여시키는 한편, 이것을 장래의 민주적인 일본 군대의 참모본부로 발전시켜야 할 것이다.[38]

---

36) 外務省(編), 『日本外交文書: 平和条約の締結に関する調書』 III, 外務省, 2002a, 560–561쪽.

37) 그러나 처음부터 이러한 합의가 도출된 것은 아니었다. 요시다는 줄곧 재군비에 반대하는 입장을 표명해 왔으며, 한국전쟁 발발 이후에도 재군비에 거부하는 입장은 단호했다. 예를 들어 1950년 9월 15일 미국이 '재군비와 기지 취득'을 전제로 한 대일강화 구상을 전해왔을 때에도 요시다는 외무성을 통해 'A작업', 'B작업', 'C작업', 'D작업'을 완성시켜 미국의 요구에 대비하고자 했다. 그 중에서도 'D작업'은 1950년 10월 중국이 한국전쟁에 참전함에 따라 강화문제가 한층 더 긴급한 문제로 부각되자, 요시다 내각이 1951년 1월 강화조약 교섭을 위한 덜레스 방일에 대비하여 최종안으로 내어놓은 것이다. 'D작업'에서도 요시다의 재군비 반대의 입장은 견지되고 있으며, 대신 안전보장을 위한 협력체제가 필요하다는 주장을 제기했다. 이와 관련해서는 김남은(2017), 363–366쪽 참조.

여기에서 요시다는 덜레스에게 "육·해군을 포함한 새로운 5만의 보안대" 창설을 제안하고 있으며, 이들을 "예비대와 해상보안대와는 별개의 카테고리로 훈련하고 장비에 있어서도 예비대와 보안대보다 강력한 것"으로 할 것을 주장했다. 덜레스는 이러한 제안을 받아들여 경찰예비대와 별도로 5만 명의 보안대를 설치하고 이를 정식 군인으로 발족하기로 했으며, 국가안전보장성을 설치하는 것에도 합의했다.[39] 결과적으로 요시다는 미국의 재군비 요구에 동의하는 형식을 취하며 강화조약과 안보조약을 체결했다.

이러한 결과에서 알 수 있듯이 요시다가 체결한 두 조약은 대미협조외교의 산물이었다. 그러나 요시다의 의도가 조기강화를 유도하고 거기에 극단적 재군비를 막는다는 것이 목적이었다는 점에서 요시다의 '자주외교에 대한 희구(希求)'를 엿볼 수 있다. 일본 재군비를 반대했던 요시다의 전략은 첫째, 재군비로 인한 국민의 경제적 부담을 줄이고, 둘째, 자신의 최대 정치적 과제인 조기강화를 실현시키는 한편, 셋째, 아시아 여러 나라의 일본 군국주의 부활에 대한 우려를 불식시키고자 하는 것에 있었다. 경제적 부담과 조기강화 실현의 목적 이외에도, 요시다는 일본의 주권이 회복될 때까지 소련을 비롯한 주변국에게 재군비를 한다는 빌미를 제공하고 싶지 않았다. 일본의 재군비는 포츠담선언과 극동위원회의 결정을 정면으로 위배하는 것이며 또 이를 소련이 구실로 삼기에 충분한 것이기 때문이었다. 요시다는 미국의 대규모적인 일본 재군비 계획을 추종하다 보면 결국 일본이 한국전쟁에 참전하게 될지도 모르며, 그렇게 되는 경우에는 중소

---

38) 外務省(編), 『日本外交文書: 平和条約の締結に関する調書』 Ⅳ, 外務省, 2002b, 53-54쪽.

39) 大嶽秀夫(2005), 93-95쪽.

에 대해서 직접적으로 적대행위를 해야 하는 입장이 될 것이라고 예측하고 있었다.[40]

이처럼 요시다가 재군비에 반대하는 입장을 견지하면서도 재군비의 필요성을 역설한 것은 첫째, 미국의 재군비 요구에 적극적으로 대응하는 것으로 조기강화를 실현시키고자 한 것이며, 둘째, 일본의 재군비가 요시다 자신의 생각과 반드시 위배되는 것만은 아니었기 때문이다. 단지 문제는 재군비가 요시다 자신의 생각보다 시기상 빠르다는 것에 있었다. 이러한 인식은 비단 요시다뿐만 아니라, 일본 내부에서 재군비를 둘러싼 논의가 양극화되는 상황에서도 그것은 '경제부흥이 먼저냐, 재군비가 먼저냐'라는 순서의 논쟁이었을 뿐, 모두 강화 이후 일본 재군비의 필요성에 동의하고 있었던 사실에서도 알 수 있다.[41]

요시다의 '자주외교에 대한 희구'는 미국과의 '평등한 협력자'가 되는 것을 외교의 기본목표로 삼고 있었던 점에서도 잘 드러난다. 1950년 10월 13일 외무성이 밝힌 "조약대책 초안"에서는 일본이 민주주의 진영의 평등한 일원으로서 미국과 긴밀히 협력할 것을 강조하고 있으며, 1951년 1월 20일 강화문건 "D작업"에서도 "협력자의 자세로 조약을 체결하여야 한다."는 것을 명확히 했다. 또한 1951년 1월 31일 요시다가 미국에 제출한 비망록에서는 "미일 양국은 평등한 자세로 상호의 안전협력을 해야 한다."고 밝혔다.

---

40) 吉田茂(1958), 175-176쪽.
41) 김남은(2017), 369쪽.

4. 오키나와 반환과 대미협조외교

요시다의 우등생이라고 불리며 요시다 노선의 대표적인 추종자로서 수상을 역임한 사람은 이케다 하야토(池田勇人)와 사토 에이사쿠(佐藤栄作)가 대표적이다. 전후 역대 내각이 미일안보조약을 축으로 하고 있었다는 점에서 모두 요시다 노선에 속한다고 할 수 있지만, 특히 이케다와 사토 내각은 요시다 노선이라고 하는 이념에 가장 충실한 정책을 실천한 것으로 평가받고 있다. 1960년대 일본은 고도경제성장과 정치안정이 지속되던 시기였으며, 이케다는 경제우선주의의 요시다가 택했던 노선의 연장선에서 정책을 주도하고 있었다. 국내정치 면에서는 국민소득배증 계획이라는 대국민 약속을 내걸었으며, 외교적인 면에서는 당시 미국의 베트남전쟁 수행에 일본이 협력할 것인가라는 문제에 있어 자주적인 입장을 취하고 있었다. 그것이 가능했던 이유는 경제성장으로 인한 일본의 국제적 지위향상과 관련이 있다.

1960년 6월 19일 수상 취임 직후 이케다는 미국을 방문하여 6월 22일 '케네디·이케다 공동성명'을 발표했다. 이 성명은 미일 양국이 동반자관계에 기초하여 각료급의 미일경제무역위원회를 설치에 동의한다는 골자를 다룬 것이다. 일본의 경제발전으로 인한 미국과의 격차해소가 보다 대등한 입장에서의 대미외교를 가능하게 했으며, 이케다는 일본의 지위를 격상시켜 미국과 대등한 동반자의 관계로 발전시키고자 했다. 그렇다고 해서 이케다의 이러한 '자주외교에 대한 희구'가 헌법 개정이나 미국으로부터 독립하여 국제사회의 독자세력으로 나아가는 것을 목표로 한 것은 아니었다.[42]

1964년 11월 이케다의 뒤를 이은 사토 내각은 한일국교정상화, 중일관계의 진전, 오키나와 반환 등의 주요한 정책을 추진했으나, 대미관계에서 최대의 과제는 오키나와 반환이었다. 사토는 요시다 노선을 계승하여 대미협조외교와 미일안보조약의 틀에서의 경제발전을 중시했으나, 외교적으로는 전후 상실한 오키나와를 회복하는 것을 최고의 현안과제로 삼았다. 1965년 8월 19일 전후의 수상으로서는 처음 오키나와를 방문한 사토는 "오키나와가 본토로 반환되지 않는 한 우리나라에서 전쟁은 끝났다고 할 수 없다."라고 언급하여 오키나와 반환과 관련한 대미외교에 자신감을 보였다.[43]

1967년 11월 14, 15일 양일에 걸쳐 워싱턴에서 열린 사토와 존슨(Lyndon B. Johnson) 대통령과의 회담에서 오키나와의 시정권을 일본에 반환한다는 방침하, 오키나와의 지위에 대해 공동으로 그리고 계속적으로 검토할 것을 내용으로 하는 합의가 이루어졌다. 일본 국내에서는 오키나와의 반환을 둘러싸고 미군기지에 있는 핵무기를 어떻게 처리할 것인가에 대한 문제에 초점이 맞추어졌다. 이에 대해 사토는 비핵반환이 될지, 핵을 남겨둔 상황에서의 반환이 될지는 '백지상태'라는 말만 반복했다. 그러나 존슨 대통령과의 회담 직후인 1967년 12월 11일 중의원 예산위에서 사회당의 나리타 도모미(成田知巳)가 제기한 질의에 대해 사토는 "우리는 핵에 대한 세 가지 원칙, 즉 핵을 만들지 않고, 핵을 보유하지 않으며, 핵을 들여오지도 않을 것이라는 점을 확실히 말해 두는 바이다."라는 이른바 '비핵3원칙'을 답변으로 내놓았다.[44] 또한 1969년 11월 19일, 20일 워싱턴에서 열린 사

---

42) 현진덕, 「요시다 노선과 하토야마 노선: 전후 일본외교정책의 2개의 이념형」, 『일본문화연구』 45, 2013, 615쪽.

43) 이시카와 마스미, 박정진 역, 『일본 전후 정치사』, 후마니타스, 2006, 149쪽.

44) 위의 책, 150-151쪽.

토·닉슨 회담의 결과, 21일 "비핵, 본토 수준으로 1972년에 오키나와의 시정권을 반환한다."라는 내용의 공동성명을 발표했다. 이 성명에는 주일미군이 한국 및 대만의 안전을 위해 작전행동을 할 경우 일본은 오키나와로 핵을 유입하는 문제 등을 포함한 미국의 사전협의 제의에 즉각 호응할 것을 약속한다는 취지의 문장이 기재되었다.[45] 하지만 사전협의제도가 이 공동성명에 포함되어 있다고 하더라도 미국은 핵무기의 존재 여부를 확인해 주지 않는 것을 기본 정책으로 삼고 있기 때문에, 사실상 핵에 대한 사전협의는 불가능한 것이었다. 결과적으로 미국은 오키나와를 반환하는 대신, 긴급 시 오키나와에 핵 반입을 포함한 기지 사용의 자유를 확보한 셈이었다.

한편 1960년대 미국은 세계무대에서 영향력이 감소되기 시작했으며 일본과도 무역마찰이 심화되고 있었다. 두 차례의 섬유마찰 중 제1차는 이케다 내각 시기에 발생했고 제2차는 1960년대 말 70년대 초 사토 내각 시기에 발생했다. 제1차 섬유마찰은 미일 양국의 협조로 어느 정도 순조롭게 해결되었으나, 제2차 섬유마찰은 미국 국내정치와 오키나와 반환문제가 연계되어 양국의 심각한 대립을 초래하고 있었다. 1960년대 큰 폭으로 증가한 일본의 대미 섬유수출에 대하여 닉슨 대통령은 주요 관계 국가들과 협력하여 자발적으로 대미 수출을 규제하는 방법으로 섬유문제를 해결하려고 했다. 그러나 이러한

---

45) '긴급 시 핵무기 재반입'을 포함한 오키나와 기지 자유 사용 문제는 1969년 11월 사토·닉슨 회담에서 가장 치열히 논전을 벌였던 사안이다. 공동 성명 제8항은 다음과 같은 내용을 담고 있다. 즉 총리대신은 핵무기에 대한 일본 국민의 특수한 감정 및 이를 바탕으로 한 일본 정부의 정책에 대해 상세히 설명했다. 대통령은 깊은 이해를 표시하고 미일안보조약의 사전협의제도에 관한 미국 정부의 입장이 손상됨이 없이, 또 오키나와 반환을 이 같은 일본 정부의 정책에 배치되지 않도록 실시한다는 취지를 총리대신에게 확인했다.

방침에 일본은 강하게 반대했으며 자민당 섬유대책특별위원회, 중의
원 상공위원회, 참의원 상공위원회 등은 미국의 섬유제품 수입정책
에 반대하는 결의안을 통과시켜 미국에 공식적으로 항의표시를 했
다. 뿐만 아니라 GATT에서 섬유제품에 대해 협의하자는 미국의 요
구도 거절했다.

　이는 일본이 미국의 정책에 공식적으로 반대한 최초의 사례이다.
그것이 가능했던 이유는 1968년 일본 GNP가 1,419억 달러를 넘어서
면서 미국과 구소련에 이어 세계 3위의 경제대국으로 성장했다는 데
있다. 일본은 경제성장을 배경으로 외교적 자주성을 확보하고자 했
으며, 당시 일본 내에서 오키나와 반환문제를 둘러싸고 민족주의가
강하게 일어나고 있었던 것도 하나의 이유였다. 문제의 해결은 1969
년 11월 대미 섬유수출을 자율적으로 규제해야 한다는 미국의 요구
를 일본이 받아들이고, 미국은 오키나와를 일본에 반환하기로 하면
서 매듭지어졌다. 이는 적어도 경제문제에 있어서 일본과 미국의 대
등한 관계설정이 가능하게 되었다는 것을 의미하는 것이다. 이처럼
고도성장기 대미협조외교는 일본의 경제발전을 등에 업고 미국과의
종속외교에서 탈피하기 위해 선택적으로 자주적 입장을 취하는 양상
을 보이고 있었다.

　그러나 사토가 오키나와 반환을 위해 미국에게 지불해야만 했던
정책상의 대가는 첫째, '한국·대만 조항'이다. 이는 미국이 오키나
와 반환 이후 아시아의 안전보장에 대해 일본 측에 일정의 책임분담
을 요구한 것으로, 일본 정부가 한국이나 대만의 안정보장에 관여할
용의가 있음을 공식적으로 표명했다는 점에서 의미가 크다. 이 조항
에 대해 일본 내 반발은 컸으나 사토는 오키나와 반환을 위해서 이를
수용할 수밖에 없는 입장이었다. 둘째, 핵 반입 밀약이다. 내용은 미

국 유사시 일본에 핵 반입을 일본 정부가 동의한다는 것이다. 이 밀약의 전모에 대한 일본 측의 증언은 발견되지 않았지만, 미국 측 당사자의 회고 등을 통해 역사적 사실로 알려져 있다.[46] 셋째, 섬유교섭이다. 미국과의 섬유마찰에서 사토는 일본의 대미수출에 대한 자유규제로 이 문제를 해결했으며, 이 또한 오키나와문제를 해결하기 위한 하나의 대가였다.[47]

이상에서 살펴본 바와 같이 이케다와 사토는 대미협조외교에서 크게 이탈하거나 하는 외교정책을 펼치지 않으면서도, 다른 한편으로는 대미일변도의 의존성에서부터 탈피하고자 하는 일련의 움직임을 통해 '자주외교의 희구'를 표출하고 있었다. 특히 오키나와 반환은 사토가 미국에 대한 많은 양보를 통해 이룬 것이기는 했으나, 미국과의 외교에서 원하는 바를 이루었다는 점에서 '자주'외교의 단면을 잘 보여주고 있다. 또한 섬유문제라는 제한적 범위이긴 하지만 사토 내각 시기에 발생한 섬유마찰은, 미일관계가 경제영역에서 평등한 경쟁자 관계로 발전한 최초의 사례이다.

5. 맺음말

1945년 패전과 함께 새로운 세계의 헤게모니 국가로서의 지위는 미국이 차지한 반면, 일본은 미국의 간접통치로 인해 미국에 협조하고 그 틀 안에서 발전을 모색하지 않으면 안 되는 상황에 직면했다. 전후 역사 가운데 미국과의 관계를 가장 중시했던 요시다가 신속하게 경찰예

---

46) 이시카와 마스미(2006), 158쪽.
47) 田中明彦, 『安全保障』, 読売新聞社, 1997, 221-230쪽.

비대를 조직하고 유엔군에게 전면적으로 협조하면서, 강화조약 체결을 위한 덜레스와의 회담에서 일본의 육·해군을 포함한 새로운 5만의 보안대 창설을 주장하는 등 미국에 적극적으로 협조하는 외양을 보였던 것은, 일본이 조기강화조약 체결을 통해 독립국가로서 국제사회에 복귀하는 것을 당시 일본의 최대과제로 여겼기 때문이다. 요시다는 형식상이라도 미국으로부터의 '자주성' 내지는 '평등한 협력자'가 되는 것을 외교의 기본목표로 삼았으며, 이러한 '협조'외교와 '자주'외교의 이중적 아이덴티티는 요시다 노선을 이어받은 전후 일본의 내각에서도 잘 드러난다.

이케다는 '케네디·이케다 공동성명' 발표를 통해 일본의 지위를 격상시켜 미국과 대등한 동반자의 관계로 발전시키고자 했다. 이케다의 뒤를 이은 사토 내각도 요시다 노선을 계승하여 대미협조외교와 미일안보조약의 틀에서의 경제발전을 중시했으나, 외교적으로는 전후 상실한 오키나와를 회복하는 것을 최고의 현안과제로 삼았다. 결과적으로 오키나와 반환은 '한국·대만 조항'과 핵 반입 밀약, 섬유교섭 등 사토가 미국에 대한 많은 양보를 통해 이룬 것이었지만, 미국과의 외교에서 원하는 바를 이루었다는 점에서 자주외교의 단면을 보여준 것으로 평가할 수 있다. 요컨대 요시다 노선은 대미협조외교에서 크게 이탈하거나 하는 외교정책을 펼치지 않으면서도 선택적으로 자주적 입장을 취해 왔으며, 이러한 대미 '협조'외교와 '자주'외교의 이중적 아이덴티티는 그 길항관계에도 불구하고 일본 외교에서 상호보완적으로 동일행위의 표리를 이루어왔다.

/ 김남은

일본의 안보정책에 관한 규범의 변화

신안보법제 성립을 중심으로

1. 들어가며

2014년 7월 1일은 일본의 전후사에 있어서 역사적인 날로 기록될 것이다. 이날 아베 내각은 그때까지 일본 정부가 일관되게 유지해 온 집단적 자위권에 대한 입장, 즉 일본은 국제법상 집단적 자위권을 보유하고는 있으나, 헌법9조의 제약 때문에 행사할 수 없다는 공식입장을 수정하는 각의결정을 했기 때문이다(이하에서 7·1각의결정이라 표기). 이 7·1각의결정의 내용은 2015년 9월 소위 신안보법제[1]의 성립에 따라 법적으로 제도화되는데, 본 연구에 있어서는 이와 같은 일련의 변화를 단순한 법률의 변화가 아니라, 일본의 안보정책에 관한 규범의 변화로 인식하고 그 변화의 양상을 규명하려고 한다. 후술하는 바와 같이 집단적 자위권의 행사의 제도화를 그 핵심적 내용으로 하는 신안보법제의 성립은 헌법9조가 완전히 그 의미를 상실했다는

---

1) 일본 정부는 공식적으로 '평화안전법제'라고 명명하고 있지만, 이 '평화안전법제'를 구성하는 법률들이 안보정책의 기본적인 패러다임을 바꾸는 성격을 가지고 있음에도 불구하고 그와 같은 부분을 부각시키지 않기 위해 일본 정부가 의도적으로 '안보'라는 용어를 사용하지 않았다고 생각하기 때문에, 본고에서는 언론에서 일반적으로 사용되고 있는 신안보법제라는 용어를 사용하기고 한다.

것, 그리고 일본이 안보정책의 면에 있어서 더 이상 특수한 국가가 아니라 보통국가가 되었다는 것을 의미한다. 따라서 이와 같은 변화를 단순한 법률의 변화로 인식하는 것은 부적절하며, 규범의 변화로 인식할 필요가 있다고 생각하는 것이다.

그런데 여기서 사용하는 규범이라는 용어의 개념은, 카젠스타인 (Katzenstein)이 1996년에 집필한 *Cultural Norms and National Security : Police and Military in Postwar Japan*에서 사용한 개념을 그대로 차용하기로 한다. 구성주의 이론의 관점에서 일본의 안보정책을 분석한 이 저서에서 카젠스타인은 일본이 다른 국가들과는 달리 특수한 안보정책을 취하고 있는 점에 대해 현실주의 이론이나 자유주의 이론으로는 설명할 수 없다고 말하며, 일본이 전후 오랜 시간을 거쳐서 형성해 온 안보정책에 관한 규범에 주목해야 한다고 주장한다. 규범은 어떤 집단에 소속된 구성원들의 적절한 행동의 기준을 제시하는 공유된 가치관이라고 정의할 수 있는데[2], 그는 다시 이 규범을 법규범과 사회규범으로 구분하고 있으며 일본에 있어서는 헌법9조가 안보정책에 관한 법규범으로 작용하고 있다고 본다[3]. 또한 사회규범은 개념적으로는 '학습되고 공유된 정보의 저수지'라고 할 수 있는데[4], 구체적으로는 여론이라는 형태로 나타난다고 하면서, 일본의 경우 헌법9조에 대한 여론의 지지를 안보정책에 관한 사회규범으로 보고 있다[5].

---

2) Peter J. Katzenstein, *Cultural Norms and National Security : Police and Military in Postwar Japan* (New York : Cornell University Press), 1996, p.19.
3) *ibid.*, p.118.
4) *ibid.*, p.39.
5) *ibid.*, pp.116-118.

본 연구는 이와 같은 카젠스타인의 시각을 수용하여, 신안보법제의 성립을 일본의 안보정책에 관한 법규범의 변화와 사회규범의 변화라는 측면에서 고찰하는 것을 목적으로 하고 있다. 이와 같은 목적을 달성하기 위하여 본 연구는 다음과 같이 구성되어 있다. 우선 2장에서는 본디 헌법9조가 상정하고 있던 안보정책에 관한 규범이 소위 해석개헌에 의해 크게 변경되었음에도 불구하고, 집단적 자위권 행사의 금지라고 하는 규범이 얼마나 견고하게 유지되어 왔는지를 설명함으로써, 이 규범 변화의 의미를 부각시키려고 한다. 3장에서는 오랫동안 유지되어 온 강력한 법규범인 집단적 자위권 행사 금지 원칙을 아베 내각이 어떠한 논리로 변화시켰는지 고찰한 후, 신안보법제의 관련 법률의 내용을 중심으로 안보정책에 관한 법규범의 변화의 모습을 살펴보겠다. 그리고 4장에서 7・1각의결정 및 신안보법제 성립과 관련하여 여론조사의 결과가 어떻게 변화했는지를 살펴봄으로써 안보정책에 대한 사회규범의 변화를 파악하려고 한다.

2. 헌법9조에 입각한 최후의 규범 : 집단적 자위권 행사의 금지

헌법9조의 내용은, 일본국헌법의 제정을 주도한 GHQ의 민정국에 대해 맥아더가 기본지침으로 시달한 '맥아더 노트'의 3원칙 중에 포함되어 있는 것으로, 일본이 두 번 다시 침략전쟁을 치르지 못하도록 하기 위한 목적을 가진 것이었다. 이 헌법의 제정과정에서 당시 수상이던 요시다 시게루(吉田茂)는 1946년 6월 26일 참의원 본회의에서 "전쟁 포기에 관한 본안의 규정은 직접적으로는 자위권을 부정하고 있지 않지만, 제9조 제2항에 있어서 모든 군비와 국가의 교전권을 인정하지 않은 결과, 자위권의 발동으로서의 전쟁도, 또한 교전권도 포기한 것입니다"6)라고 답변하고 있는데, 이것은 이 헌법9조의 내용을 있는 그대로 받아들이고 있는 것으로서, 헌법9조가 본디 상정하고 있는 안보정책에 관한 규범을 잘 보여주고 있다. 즉 헌법 제정 당시에 있어서의 안보정책에 관한 규범은 개별적 자위권의 행사조차도 부정하고 있는 것이다.

그런데 냉전이 심화되면서 미국의 대일정책이 변화하게 되면서 애초에 일본의 군사력을 원천봉쇄하기 위해 만들어진 헌법9조가 오히려 미국의 정책추진에 걸림돌이 된다고 하는 아이러니컬한 상황이 발생하게 된다. 결국 1954년의 자위대의 발족에 있어서 당시의 하토야마 내각은 자위대가 헌법9조의 규범에 어긋나지 않는다는 것을 주장하게 된다. 즉 요시다는 헌법이 자위권을 부정하고 있지 않지만, '전력'이 없기 때문에 실질적으로 자위권을 행사할 수 없다는 논리를 폈던 반면, 하토야마 내각의 공식입장은 자위권이 부정되지 않는 이상 자위권의 행사 역시 인정되어야 하며, 그와 같은 자위권의 행사를 하기 위한 무력부대는 위헌이 아니라는 논리를 펴게 된다. 개별적 자위권의 행사조차 부정하던 규범이 개별적 자위권의 행사를 인정하는 규범으로 변화하게 된 것이다.

다만 그럼에도 불구하고 여전히 일본의 안보정책에 관한 규범이 다른 국가들과 차별화되는 점이 있었으니, 그것이 바로 일본은 국제법상 집단적 자위권을 보유하고는 있으나 헌법9조의 제약에 의해 집단적 자위권 행사를 할 수 없다는 규범이었다. 집단적 자위권 행사 문제에 관한 일본 정부의 이와 같은 입장이 최초로 표명된 것은 1959

---

6) 參議院事務局 編, 『帝国憲法改正審議録(戦争放棄編)』, 新日本法規出版, 1952, 48-49쪽.; 西川吉光, 『日本の安全保障政策』, 晃洋書房, 2007, 29쪽에서 재인용.

년 기시 내각에서 행해진 안보조약 개정 과정에서였는데[7], 이와 같
은 일본 정부의 공식입장은 그 뒤 반복해서 재확인되게 된다. 그 중
에서도 가장 공식적인 형태를 취한 것 중의 하나가 1972년 사회당의
미즈구치 히로유키(水口宏之)의 질문에 대한 일본 정부의 서면답변이
라고 할 수 있는데(이하에서 72서면답변이라 표기), 후술하는 바와 같이
집단적 자위권을 공식적으로 부정하고 있는 이 72서면답변을 이용
하여 아베 내각의 7·1각의결정에 있어서도 집단적 자위권 행사를
인정하는 논리를 만들어 내게 된다.

그러나 집단적 자위권의 행사를 부정하는 일본 정부의 이와 같은
공식입장은 1990년 이라크의 쿠웨이트 침공에 의해 발생한 걸프 위
기 당시 미국의 일본에 대한 요구에 의해 큰 시련을 겪게 된다. 즉
미국의 부시 정부는 다국적군에 대한 보급활동 등을 포함한 소위 '인
적 공헌(人的 貢獻)'을 요구하였는데, 이것에 응하는 것은 바로 집단
적 자위권의 행사 문제를 야기시키게 되므로 당시의 가이후 내각은
그에 대한 대응을 둘러싸고 우왕좌왕하지 않을 수 없었다. 결국 가이
후 내각은 '인적 공헌'을 일부 포함한 UN평화협력법안을 추진하게
되지만, 야당의 격렬한 반대와 여당 내의 의견분열 등에 의해 이 법
안은 폐안에 이르게 된다. 이에 따라 일본 정부는 '인적 공헌' 대신
총액 130억 달러에 달하는 재정지원을 하게 되지만, 이는 수표외교
라는 비난을 받게 되며, 1991년 걸프전 종결 뒤에 쿠웨이트 정부가
워싱턴포스트와 뉴욕타임스에 게재한 감사광고에 일본의 이름이 빠

---

7) 1959년 3월 16일 참의원 예산위원회에서 하야시 슈조 법제국 장관은 일본에게
   국제법적으로는 개별적 내지 집단적 자위권이 인정되고 있으나, 현재의 일본국헌법
   하에서 집단적 자위권은 인정되지 않는다고 답변하고 있다. 『参議院予算委員会会
   議録』, 1959.3.16, 27쪽.

지게 되면서, 일본인들에게 커다란 트라우마를 안겨주게 된다.

서론에서 소개한 카젠스타인의 저서는 이 시기를 다루고 있으며, 카젠스타인은 일본의 안보정책에 관한 법규범과 사회규범이 '인적 공헌'을 허락하지 않았다고 이 상황을 설명하고 있는 것이다. 그러나 카젠스타인의 저서가 집필된 1996년 바로 그해부터 일본의 안보정책은 크게 변화한다. 즉 1996년 4월의 미일안보공동선언에 의해 미일동맹의 성격이 변화하게 되고, 1997년 성립된 신가이드라인, 이 신가이드라인에 대응한 일본의 국내법정비의 결과로 탄생한 1999년의 주변사태법, 2001년 9·11테러 이후 미국을 지원하기 위해 제정된 테러대책특별조치법, 그리고 2003년 성립된 이라크부흥지원특별조치법 등을 통해 일본은 세계 각지에서 미군에 대한 실질적인 병참활동을 할 수 있게 된다. 현대전에 있어서 병참의 중요성을 고려한다면, 이와 같은 활동은 실질적으로는 집단적 자위권의 행사에 해당한다고 볼 수도 있다.[8]

그러나 본 연구의 문제의식에 입각해서 본다면, 더욱 주목할 만한 것은 실질적으로 일본의 영역 밖에서 미군에 대한 병참활동을 하는 것을 목적으로 하는 상기의 법들이 제정되는 과정에서 일본 정부가 '집단적 자위권 행사 금지'라는 규범에 저촉되지 않기 위해 얼마나 고심을 했는가 하는 점이다. 주변사태법에 등장하는 '후방지역', 테러대책특별조치법에 등장하는 '비전투지역' 등의 용어 및 개념은, 실제로는 집단적 자위권의 행사에 해당하는 행위를 하면서도, '집단적 자위권의 행사 금지'라는 규범에 위배되지 않는 것으로 보이기 위한 일본 정부의 고심의 산물인 것이다. 즉 비록 일본 정부가 탈냉전 이

---

8) 김준섭, 「일본에 있어서의 집단적 자위권 문제에 관한 연구 : 일본정부의 논리를 중심으로」, 『日本學報』, 한국일본학회, 2008, 332쪽.

후 변화된 미일동맹의 구조 속에서 안보정책을 크게 변화시켜왔지만, '집단적 자위권의 행사 금지'라고 하는 원칙은 여전히 강력한 안보정책에 관한 규범으로서 일본 정부의 행동을 제어하는 힘을 가지고 있었다고 볼 수 있다. 이렇게 본다면 소위 '해석개헌'에 의해 만신창이가 된 일본국헌법이지만, 이 집단적 자위권 행사 금지의 원칙이야말로 헌법9조에 입각한 최후의 규범이라고 할 수 있었다. 그런데 이제 아베 내각이 7·1각의결정과 2015년의 신안보법제의 제정에 의해 '집단적 자위권의 행사 금지'라는 원칙을 폐기함으로써, 일본의 안보정책에 관한 규범은 근본적으로 변화했다고 할 수 있다. 이 점에 대해 다음 두 장에서 살펴보도록 하겠다.

3. 안보정책에 관한 법규범의 변화 : 신안보법제의 성립

1) 7·1각의결정문에서 제시된 집단적 자위권 행사 용인의 논리

오랫동안 가장 강력한 안보정책에 관한 규범이었던 '집단적 자위권의 행사 금지'는 어떠한 논리에 의해 변경된 것일까? 7·1각의결정문 중 집단적 자위권 행사 용인에 대해 설명하고 있는 부분은 3절로서 '헌법 제9조 하에서 허용되는 자위의 조치'라는 타이틀이 붙어 있는데, 여기서는 '무력의 행사'라는 개념을 교묘히 이용하여 집단적 자위권 행사 용인의 논리를 전개하고 있다.

우선 헌법9조는 그 문구를 보면, 국제관계에 있어서의 '무력의 행사'를 일체 금지하고 있는 것처럼 보이지만, 외국의 무력공격에 의해 국민의 생명, 자유 및 행복추구의 권리가 근저에서부터 뒤집어진다고 하는 급박하고 정의롭지 못한 사태에 대처한 필요최소한도의 '무력의 행사'는 허용이 되며[9], 이것이 본고의 앞에서 소개한 72서면답변의 '기본적 논리'라고 말하고 있다. 그런데 이 기본적 논리하에서 '무력의 행사'가 허용되는 것은 일본에 대한 무력공격에 한정되는 것으로 생각해 왔지만, 안보환경의 변화에 의해 타국에 대해 발생하는 무력공격이라고 할지라도 일본의 존립을 위협하는 상황이 발생할 수 있다고 하며 다음과 같이 말하고 있다.

> 이와 같은 문제의식하에, 현재의 안전보장환경에 비추어 신중하게 검토한 결과 ①우리나라에 대한 무력공격이 발생한 경우만이 아니라, 우리나라와 밀접한 관계에 있는 타국에 대한 무력공격이 발생하여, 이것에 의해 우리나라의 존립이 위협받고, 국민의 생명, 자유 및 행복추구의 권리가 근저에서부터 뒤집어질 명백한 위험이 있는 경우에 있어서, ②이것을 배제하고, 우리나라의 존립을 보전하고, 국민을 지키기 위하여 다른 적당한 수단이 없을 때에, ③필요최소한도의 무력을 행사하는 것은, 종래의 정부 견해의 기본적 논리에 근거한 자위를 위한 조치로서, 헌법상 허용될 수 있다고 생각해야 한다고 판단하기에 이르렀다(밑줄과 번호는 필자).

이 밑줄 친 부분의 내용에 대해 일본 정부는 기존의 '무력행사의 3원칙'과 본질적으로 다르지 않다는 의미를 포함하여 '무력행사의 신3원칙'이라고 부르고 있으며, ①에 해당하는 상황을 2015년에 성립되는 신안보법제에서는 '존립위기사태'라고 명명하고 있는데, 이 ①에 등장하는 "우리나라와 밀접한 관계에 있는 타국에 대한 무력공격이 발생하여"라는 문구에 의해 집단적 자위권 행사가 가능해지게 된 것이다.

---

9) 이것이 일본 정부가 견지해 온 소위 '무력행사의 3원칙'이다.

그런데 위의 인용문은 7·1각의결정의 내용이 72서면답변의 '기본적 논리'에 입각하고 있으며, 헌법에도 위배되지 않는다고 주장하고 있지만, 이와 같은 주장은 애초에 72서면답변의 취지가 개별적 자위권의 행사를 전제로 한 '무력의 행사'의 조건에 대해 설명하면서, 집단적 자위권의 행사를 부인하고 있다는 점에 있다는 것을 은폐하고 있다. 즉 종래의 정부견해에서는 헌법조항 이전의, 말하자면 그것을 넘어서는 존재인 주권국의 '고유한 자위권'(개별적 자위권)을 전제로, 헌법상 허용되는 개별적 자위권에 의거한 '자위력'은 헌법9조 2항에서 금지된 '전력'에 달하지 않는 '자위를 위한 필요최소한도의 무력'에 머무른다고 하여, 자위대를 합헌이라고 주장해 왔다[10]. 72서면답변은 이와 같은 자위대 합헌론을 전제로 작성된 것이므로, 헌법상 허용되는 '무력의 행사'는 개별적 자위권에 의거한 무력행사가 되어야 한다는 것이 논리적 전제가 되어 있는 것이다[11]. 이렇게 보면 7·1각의결정이 72서면답변의 논리의 연장선상에 있다는 일본 정부의 설명은 성립되지 않는다. 7·1각의결정은 72서면답변이 개별적 자위권을 전제로 작성되었다는 점을 의도적으로 무시하고, '무력의 행사'의 조건에만 초점을 맞추어 7·1각의결정과 72서면답변의 정합성을 주장하고 있는 것이다.

2) 집단적 자위권 행사 용인 법제화의 양태

각의결정 이후 연립여당을 구성하고 있는 자민당과 공명당은 협의를 거듭했으며, 이와 같은 협의의 결과 2015년 5월 11일, 7·1각의결

---

10) 高見勝利,「集団的自衛権行使容認論の非理非道：従来の政府見解との関連で」, 『世界』 12월호, 2014, 179쪽.
11) 위의 글, 180쪽.

정의 내용을 법적으로 제도화하는 신안보법제의 내용에 대해 기본적으로 합의했다. 5월 14일 여당협의회의 좌장인 자민당의 고무라 마사히코(高村正彦)와 좌장대리인 공명당의 기타가와 가즈오(北側一雄)가 수상 관저를 방문하여 아베 수상에게 내용을 보고하였으며, 아베 내각은 같은 날 저녁 임시각의에 의해 법안을 결정, 15일 국회에 제출했다[12].

2013년의 참의원선거 결과에 따라 참의원에서 연립여당은 과반수를 차지하고 있었으며, 2014년 12월에 행해진 중의원선거에서 연립여당은 3분의 2를 넘는 326석을 차지하는 압승을 거두었으므로, 법안이 통과되는 것은 시간의 문제였다. 다만 6월 4일 중의원 헌법심사회에서 행해진 집단적 자위권 행사의 합헌성에 대한 질문에 대하여 자민당 측 참고인이던 와세다대학의 하세베 야스오(長谷部恭男)를 포함한 세 명의 참고인이 모두 위헌이라고 한 것[13]이 큰 파문을 일으키는 등, 여러 우여곡절이 있었다. 다만 이미 오랜 기간을 통해 합의를 이룬 연립여당은 흔들림 없이 법안 통과를 추진하였으며, 7월 15일 중의원에서 가결된 후 참의원으로 송부, 9월 19일 참의원에서 가결됨으로써 신안보법제는 성립되었다[14].

이하에서 안보정책에 관한 법규범 변화를 초래하는 핵심적인 요소라고 할 수 있는 '집단적 자위권 행사 용인'이 이 신안보법제를 통하

---

12) 読売新聞政治部 編著, 『安全保障関連法 : 変わる安保体制』, 信山社, 2015, 165쪽.

13) 하세베는 "집단적 자위권의 행사가 허용된다는 점에 대하여, 나는 '헌법위반'이라고 생각하고 있습니다. 종래의 정부 견해의 기본적인 논리의 틀에서는 설명이 성립되지 않고, 법적 안정성을 크게 흔드는 것이라고 생각하고 있습니다"라고 말하고 있다.

   http://syndos.jp/politics/14433에서 재인용(2017.8.20. 검색)

14) 신안보법제의 성립에 의해, 자위대법을 비롯한 10개의 법률의 개정, 국제평화지원법의 제정이 일괄적으로 이루어졌다.

여 법적으로 어떻게 제도화되어 있는지 살펴보겠다. 앞에서 말한 바와 같이 집단적 자위권 행사는 '존립위기사태'라고 하는 새로운 개념의 도입에 의해 가능하게 된 것인데, 이 '존립위기사태'에 관한 법률들은 기본방침을 규정한 사태대처법[15]과 이 사태대처법의 기본방침에 의거하여 실제로 조치를 취하는 것에 관련되는 법률들로 크게 구분할 수 있다.

우선 사태대처법은 2조 4항에서 존립위기사태를 "우리나라와 밀접한 관계에 있는 타국에 대한 무력공격이 발생하여, 이것에 의해 우리나라의 존립이 위협받고 국민의 생명, 자유 및 행복추구의 권리가 근저에서부터 뒤집어질 명백한 위험이 있는 상태를 말한다"라고 정의하고 있다. 그리고 존립위기사태가 발생했을 경우의 대처조치에 대해 2조 8항에서 다음과 같은 세 가지를 들고 있다.

(1) 우리나라와 밀접한 관계에 있는 타국에 대한 무력공격이 있어, 이것에 의해 우리나라의 존립이 위협받고, 국민의 생명, 자유 및 행복추구의 권리가 근저에서부터 뒤집어질 명백한 위험이 있는 것(이하 '존립위기무력공격'이라고 한다)을 배제하기 위하여 필요한 자위대가 실시하는 무력의 행사, 부대 등의 전개, 그 외의 행동

(2) (1)에 든 자위대의 행동 및 외국의 군대가 실시하는 자위대와 협력하여 존립위기무력공격을 배제하기 위하여 필요한 행동이 원활하면서도 효과적으로 행해지기 위하여 실시하는 물품, 시설 및 역무의 제공, 그 외의 조치

(3) (1) 및 (2)에 든 것 외에, 외교상의 조치, 그 외의 조치

---

15) 2003년에 제정된 무력공격사태법이 신안보법제 성립에 따라 개정되면서 명칭이 사태대처법으로 변경되었다. 정식 명칭은 '무력공격사태 및 존립위기사태에 있어서의 우리나라의 평화와 독립 및 국가 및 국민의 안전 확보에 관한 법률'이다.

이어서 존립위기사태가 발생했을 경우 실제로 조치를 취하는 것에 관련되는 주요한 법률과 개정내용을 표로 정리하면 다음과 같다.

〈표 1〉 존립위기사태와 관련된 주요 법률들의 개정내용[16]

법률명	개정내용
자위대법	존립위기사태에 있어서의 방위출동(제76조)과 무력의 행사(88조)가 새롭게 추가됨.
미군행동관련조치법	지금까지는 '무력공격사태 등에 있어서 미일안보조약에 따라 우리나라에 대한 무력공격을 배제하기 위해 행동하는 미군'이 지원 대상이었는데, 존립위기사태의 추가에 동반하여 새롭게 무력공격사태에 대처하는 미군 이외의 외국군 및 존립위기사태에 대처하는 외국군대가 지원대상에 추가되게 됨.
해상수송규제법	해상자위대에 의한 정선(停船)검사, 회항조치 등의 실시해역에 관하여, 지금까지는 '우리나라 영해 혹은 우리나라 주변의 공해'라고 되어 있었는데, '우리나라 영해, 외국의 영해(동의가 있는 경우에 한함), 또는 공해'로 규정하게 됨.
포로취급법	존립위기사태에 있어서도 적용되기 위한 규정이 추가됨.
국민보호법	국민보호법은 무력공격사태 등에 있어서 무력공격으로부터 국민의 생명과 재산을 보호하기 위해 필요한 태세를 정비하는 것을 목적으로 하고 있는데, 존립위기사태를 '무력공격사태 등'으로 인정하여 이 법에 의거한 조치가 실시될 수 있도록 함.

이렇게 해서 기존에는 존재하지 않았던 새로운 개념인 '존립위기사태'가 기존에 방위출동의 대상이 되었던 '무력공격사태'와 대등한 비중을 가지고 법제화되었다. '무력공격사태'에 있어서의 방위출동이 개별적 자위권의 행사를 전제로 하고 있다면, 이 '존립위기사태'에서의 방위출동은 집단적 자위권의 행사로 이어지게 된다. 다만 아베수상은 집단적 자위권의 행사에는 여러 가지 엄격한 제약이 있어 매우 '제한적'인 집단적 자위권의 행사만이 허용된다고 말하고 있다.

---

16) 田村重信 編著, 『日本の防衛政策』, 内外出版, 2016, 255-256쪽 참조.

그러나 가장 중요한 것은 일본 정부의 기존입장이 헌법 개정 없이는 집단적 자위권을 행사할 수 없다는 것이었는데, 이제 헌법 개정을 하지 않은 상태에서 '제한적'인 집단적 자위권을 행사할 수 있게 되었다는 점이다. 이것은 앞으로 '제한적'의 범위를 넓혀야 할 안보정책상의 필요성이 발생할 경우, 헌법이 아닌 법률의 개정에 의해 그것이 가능하게 되었다는 것을 의미한다. 이처럼 '제한적'이라는 수식어는 본질적으로는 아무런 의미를 가지고 있지 않다고 할 수 있다[17].

결국 헌법9조에 입각한 안보정책에 관한 최후의 규범이었던 '집단적 자위권 행사 금지'는 역사의 저편으로 사라지게 되었고, 일본에는 '집단적 자위권 행사 용인'이라는 새로운 안보정책에 관한 법규범이 성립되었다. 그리고 이제 일본은 이 새로운 법규범에 입각하여 완전한 '보통국가'로서 국제무대에서 행동할 수 있게 된 것이다.

4. 안보정책에 관한 사회규범의 변화 : '집단적 자위권 행사 용인'에 관한 여론의 변화

야마모토 겐타로(山本健太郎)는 "戰後日本の安全保障法制の展開と世論(전후 일본의 안전보장법제의 전개와 여론)"이라는 논문에서 전후 안보와 관련된 주요 법제가 성립되던 당시의 여론조사를 바탕으로 전후 안보문제에 관한 여론의 변화를 조사하고 있는데, 4장에서 '집단적 자위권의 행사용인과 안보관련법에 관한 여론조사'라는 타이틀

---

17) 김준섭, 「신안보법제의 의미에 관한 고찰 : 집단적 자위권 행사 문제를 중심으로」, 『日本學報』 제109집, 2016, 225쪽.

하에 『요미우리신문』, 『아사히신문』, 『산케이신문』, 『마이니치신문』
의 이 문제들에 대한 여론조사를 정리하고 있다. 본고에서는 이 논문
에 수록된 여론조사 결과를 중심으로 '집단적 자위권 행사 용인'에
대한 여론의 변화에 대해 살펴보겠다.

우선 『요미우리신문』이 2006년부터 매년 실시한 집단적 자위권에
관한 여론조사 결과를 표로 나타내면 다음과 같다.

〈표 2〉 집단적 자위권에 관한 연례 여론조사(요미우리신문)[18]

단위 : %

실시연월	집단적 자위권에 관하여		
	헌법을 개정해서 집단적 자위권을 사용할 수 있도록 한다	헌법의 해석을 변경하여 집단적 자위권을 사용할 수 있도록 한다.	지금까지와 마찬가지로 사용할 수 없는 것이 좋다
2006.3	26.9	22.7	43.5
2007.3	20.8	20.6	50.0
2008.3	18.7	22.1	51.6
2009.3	24.3	24.5	43.8
2010.3	20	25	47
2011.9	21	28	42
2012.2	28	27	37
2013.3	28	27	37
2014.2	22	27	43

이 『요미우리신문』의 여론조사가 다른 신문의 여론조사와 차별화되
는 부분은 다른 신문들이 아베 내각에 의한 집단적 자위권 행사 용인
결정이 거의 확실시되던 2014년부터 집단적 자위권에 대한 여론조사

---

18) 山本健太郎, 「戦後日本の安全保障法制の展開と世論」, 『レファレンス』783호, 国
立国会図書館 調査及び立法調査局, 2016, 78쪽.

를 실시한 것에 반해, 이미 2006년부터 장기간에 걸쳐 이 이슈에 대한
여론조사를 실시해왔다는 점이다. 위의 표를 보면, 2010년까지는 집
단적 자위권 행사에 대한 찬반여론이 백중세였는데, 2011년 이후는
계속 찬성여론이 우세함을 알 수 있다. 이것은 2장에서 언급한 바와
같이, 일본 정부가 집단적 자위권 행사에 반대하는 여론을 의식하여
'후방지역'이라는 용어를 고안해내지 않으면 안 되었던 1999년 당시와
비교해 본다면 커다란 여론의 변화를 의미하는 것이며, 안보정책에
관한 사회규범의 변화라고 간주해도 좋을 것이다. 즉 이 여론조사결과
로부터는 집단적 자위권 행사 반대라는 사회규범이 2015년의 법규범
의 변화가 이루어지기 이전에 변화했다고 볼 수 있는 것이다.

　한편 아베 내각에 의해 집단적 자위권의 행사 용인이 강력히 추진
되기 시작한 2014년에는 주요 신문들이 모두 이 문제에 대한 여론조
사를 실시했는데, 그 결과를 표로 나타내면 다음과 같다.

〈표 3〉 집단적 자위권에 관한 여론조사(요미우리신문)[19]

단위 : %

실시연월	집단적 자위권에 관하여			집단적 자위권을 제한적으로 사용하게 된 것에 대하여	
	전면적으로 사용할 수 있도록 해야 한다.	필요최소한의 범위에서 사용할 수 있도록 해야 한다.	사용하도록 할 필요가 없다.	높이 평가	부정적
2014.4	9	59	27		
2014.5.9.−11	8	63	25		
2014.5.30.−6.1	11	60	24		
2014.7				36	51
2014.8				41	51

---

19) 위의 글.

				43	48
2014.9				43	48
2014.11				47	43
2015.1~2				53	45

〈표 4〉 집단적 자위권에 관한 여론조사(아사히신문)[20]

단위 : %

실시연월	집단적 자위권을 사용할 수 있도록 하는 것에 찬성하는가, 반대하는가		아베 정권이 집단적 자위권을 사용할 수 있도록 한 것에 대해 어떻게 생각하는가	
	찬성	반대	긍정적	부정적
2014.4	27	56		
2014.5	29	55		
2014.6	28	56		
2014.7			30	50
2014.11			32	50
2015.3~4			35	54

〈표 5〉 집단적 자위권에 관한 여론조사(마이니치신문)[21]

단위 : %

실시연월	집단적 자위권 행사에 관하여 어떻게 생각하는가			집단적 자위권의 행사에 찬성하는가, 반대하는가	
	전면적으로 인정해야 한다.	제한적으로 인정해야 한다.	인정해서는 안 된다.	찬성	반대
2014.4	12	44	38		
2014.5				39	54
2014.6				32	58
2014.8				31	60
2014.12				35	51
2015.1				37	50

---

20) 위의 글.
21) 위의 글, 79쪽.

〈표 6〉 집단적 자위권에 관한 여론조사(산케이신문)[22]

단위 : %

실시연월	집단적 자위권에 관하여			집단적 자위권의 제한적인 행사가 가능할 수 있도록 헌법해석을 변경한 각의결정에 관하여	
	전면적으로 사용할 수 있도록 해야 한다.	필요최소한으로 사용할 수 있도록 해야 한다.	사용할 수 있도록 해서는 안 된다.	높이 평가한다.	부정적으로 본다.
2014.4	7.3	64.1	25.5		
2014.5	10.5	59.4	28.1		
2014.6	11.1	52.6	33.3		
2014.7				35.3	56.0
2014.8				32.6	58.6

이상에서 알 수 있는 것처럼, 집단적 자위권에 대해 '제한적 사용'
이라는 항목을 두지 않고, 행사에 대한 찬성, 반대라는 형태에 설문
에 대해서는 신문의 성향과 관계없이 반대하는 의견이 다수를 차지
했다. 가장 우파적인 신문인『산케이신문』의 조사에서도 각의결정에
대한 부정적인 여론이 과반수를 차지한 것이다. 그러나 '집단적 자위
권의 제한적 사용'이라는 항목을 집어넣어 3개 항목 중에서 선택하
는 형태의 설문의 응답결과를 보면 전혀 다른 여론의 모습이 드러난
다. 즉 이와 같은 설문조사 자체를 실시하지 않은『아사히신문』을 제
외한 다른 3개 신문의 여론조사결과를 보면 이와 같은 '집단적 자위
권 행사의 제한적 사용'에 대해 우파적 신문인『요미우리신문』과『산
케이신문』의 모든 여론조사에서 과반수 내지는 60% 이상이 찬성을
표했다. 중도적 성향의『마이니치신문』에서도 '인정 반대' 38%보다

---

22) 위의 글.

많은 44%가 '제한적 사용 인정'에 동의한 것이다. 이것은 7월 1일에 행해진 아베 내각의 각의결정을 결과적으로 용인한 것으로 보아도 좋을 것이다. 실제로 『요미우리신문』이나 『산케이신문』은 집단적 자위권의 '전면적인 행사용인'과 '필요최소한도의 행사 용인'을 묶어서 '집단적 자위권 행사 용인'으로 간주하여, 행사 용인이 7할에 이르렀다는 타이틀을 달아서 보도했다[23]. 이상의 여론조사결과로부터 우리는 '집단적 자위권 행사 반대'라고 하는 일본의 안보정책에 관한 사회규범이 '집단적 자위권 행사 찬성'으로 변화했다는 사실을 확인할 수 있는 것이다.

그리고 2014년 12월 행해진 총선거에서의 자민당, 공명당 연립정권의 압승은 이와 같은 사회규범의 변화를 확실하게 각인시켰다고 볼 수 있다. 만일 '집단적 자위권 행사 금지'라는 원칙이 사회규범으로서의 힘을 가지고 있었다면, '7·1각의결정'의 내용은 이 총선거에서 가장 치열한 이슈가 되어야 했을 것이다. 그러나 그와 같은 일은 일어나지 않았다. 이 총선거는 스스로 '아베노믹스 해산'이라는 이름을 붙인 아베 수상의 의도대로, 경제이슈를 중심으로 행해졌으며, 그 결과는 연립여당의 압승이었다. 그리고 그것은 '집단적 자위권 행사 금지'라고 하는 안보정책에 관한 사회규범의 최종적인 사망선고를 의미하는 것이었다.

---

23) 위의 글.

5. 맺음말

이상의 논의를 정리하면 다음과 같다. 우선 2014년 7월 1일 행해진 아베 내각의 각의결정은 집단적 자위권의 행사를 부인한 1972년 일본 정부의 서면답변이 일본의 존립을 위협하는 상황에서 '무력의 행사'를 용인하고 있다는 점을 강조하면서, 타국에 대한 공격에 의해서도 그와 같은 상황이 발생할 수 있으며, 그 경우 '무력의 행사'는 용인되어야 한다는 논리를 펴고 있다. 그러나 72서면답변은 개별적 자위권의 행사를 전제로 제시된 '무력의 행사'이므로 이와 같은 논리는 성립되지 않는다고 볼 수 있다. 그러나 아베 내각은 이와 같은 논리에 의거하여 소위 존립위기사태에 있어서의 '제한적' 집단적 자위권 행사가 위헌이 아니라고 말하며, 이와 같은 '제한적' 집단적 자위권 행사가 법적으로 가능하도록 2015년 신안보법제를 성립시켰다. 이것은 안보정책에 관한 법규범의 변화라고 할 수 있을 것이다.

또한 요미우리신문의 여론조사 결과에 비추어 보면 아베 내각이 본격적으로 집단적 자위권 행사 용인을 추진하기 이전인 2011년경부터 집단적 자위권 행사에 반대하는 여론이 찬성하는 여론에 비해 열세였으므로, 안보정책에 관한 사회규범은 법규범의 변화 이전에 이미 변화해 있었다고 할 수 있다. 다만 안보정책에 관한 법규범의 변화가 없었으므로 이와 같은 사회규범의 변화가 사회적으로 의미 있게 인지되지는 않았다. 그런데 2014년 7·1각의결정을 시작으로 아베 내각이 집단적 자위권 행사 용인을 추진하면서, 이와 같은 사회규범의 변화가 가시화되었다. 그리고 집단적 자위권 행사 용인도 쟁점의 하나였던 2014년 12월의 총선거에 있어서 연립여당이 압승을 거둠으로써 집단적 자위권 행사 용인이라는 여론은 최종적으로 확인되었다고 할 수 있다. 즉 안보정책에 관한 새로운 사회규범이 확립된 것이다.

결국 집단적 자위권의 행사 용인이라는 안보정책에 관한 새로운 법규범과 사회규범이 탄생하게 되어, 일본의 안보정책에 관한 규범은 변화했다고 결론지을 수 있을 것이다. 이제 이 새로운 규범에 입각하여 지금까지는 가능하지 않았던 안보정책의 수립과 추진이 가능하게 되었다. 이 새로운 안보정책이 어떤 모습을 띠게 될지에 관한 연구를 향후의 과제로 삼도록 하겠다.

/ 김준섭

제2부

한일 관계의
분쟁 이슈와 사례

제4차 한일회담 재개과정에 대한 재검토

청구권 문제와 유태하-야쓰기의 비공식 접촉을 중심으로

1. 들어가며

1957년 4월 기시 노부스케(岸信介) 총리는 구보타 발언 및 역청구권 철회의사를 밝히면서 한일 관계를 개선하겠다는 뜻을 표명했다. 한국과 일본은 예비회담을 진행하였고 12월 31일 정식회담을 개최할 것에 합의하였다. 1953년 10월 구보타 발언에 의해 제3차 회담이 결렬된 이후 4년이 지나 한일회담이 다시 움직이기 시작한 것이다. 이듬해 4월 정식 회담이 개최되고 일본 총리의 특사로 야쓰기 가즈오(矢次一夫)가 한국을 방문하였다. 본고의 목적은 이와 같은 한일회담의 재개과정을 청구권 문제를 둘러싼 정식교섭뿐만 아니라 비공식 접촉도 시야에 넣어서 고찰하는 것이다.

초기 한일회담 연구에서는 한일회담이 재개될 수 있었던 요인으로 기시 정권에 의한 역청구권 철회를 지적한다. 일본의 기존입장은 역청구권을 제기하여 한국의 대일청구권 행사를 억제하고 궁극적으로는 청구권의 상호포기를 유도하는 것이었다. 이러한 관점에서 보면 기시의 역청구권 철회는 분명한 입장 전환이었고 한국이 이를 높게 평가하여 회담재개에 합의하였다는 것이다.[1]

최근의 연구가 주목하는 것은 기시 정권에 의한 역청구권 철회가 '미국해석'을 기초로 했다는 점이다. '미국해석'이란 대일강화조약 4조(a), (b)항에 대한 미국 정부의 견해를 뜻한다. 그 내용은 대일강화조약 4조(b)항 및 주한미군정의 조치에 근거하여 한국 내 재산에 대한 일본의 모든 권리는 소멸되었지만, 이것이 4조(a)항의 청구권에 대한 특별협정과 연동된다는 것이었다.[2] 즉, '미국해석'을 교섭의 기초로 삼는다는 것은 일본은 역청구권 주장을 행사할 수 없지만 한국은 재한 일본 재산을 취득했기 때문에 그만큼 대일청구권의 금액이 삭감되어야 한다는 것이었다. 이러한 경우 교섭 여부에 따라서는 한국의 대일청구권 금액이 큰 폭으로 삭감되어 금전상의 이득을 기대하기 어려워지는 사실상 청구권의 상호포기와 가까운 결과가 나올 가능성도 배제할 수 없었다. 일본은 '미국해석'을 가지고 한국의 대일청구권 행사를 제약하려 하였고, 이에 한국이 저항하면서 외교공방이 펼쳐졌다.[3]

---

1) 이원덕, 『한일 과거사 처리의 원점: 일본의 전후처리 외교와 한일회담』, 서울대학교 출판부, 1996, 90~100쪽.; 高崎宗治, 『検証日韓会談』, 岩波書店, 1996, 71~81쪽.; 吉澤文寿, 『戦後日韓関係―国交正常化をめぐって』, クレイン, 2015, 75~86쪽.

2) 일본의 패전 이후 미군은 한국에 군정을 실시하였고 1945년 12월 군정령 33호를 발령하여 국유, 사유 여부에 상관없이 한국에 남겨진 일본 재산을 몰수하여 이를 한국 정부에 이양하는 조치를 행하였다. 이러한 미군정의 조치와 한일 청구권 문제의 연관성에 대해 대일강화조약은 4조(a)항에 청구권 문제를 한일 당사자 간의 특별협정을 통해 해결할 것이며, 4조(b)항을 통해 일본이 미군정에 의한 일본과 일본국민의 재산처리의 효력을 승인한다고 규정하고 있다. 일본이 제기한 역청구권 논리는 한국 내의 일본 재산에 대한 미군정 조치가 가지는 효력의 범위는 국, 공유재산에 한정되며, 국제법이 규정한 사유재산불가침의 원칙하에 일본 국민의 사유재산에 대해서는 여전히 일본이 소유권을 주장할 수 있다는 것이었다.

3) 장박진, 『미완의 청산: 한일회담 청구권 교섭의 세부과정』, 역사공간, 2014, 464-486쪽.; 유의상, 『대일외교의 명분과 실리: 대일청구권 교섭과정의 복원』, 역사공간, 2016, 222-231쪽.; 李東俊, 「日韓請求権交渉と『米国解釈』―会談『空白

이처럼 최근의 연구는 1차 사료를 중심으로 '미국해석'을 둘러싼 한일 간의 조건투쟁을 밝혀냄으로써 한일회담 공백기 연구에 크게 기여하였다. 그러나 회담이 재개된 이유에 대해 대체 시각을 제시하지 못하고 있다는 점을 지적해야 할 것 같다. 특히 한국의 입장에서 '미국해석'을 받아들이면 대일청구권의 행사가 제약되고 실질적 효력이 무력화될 가능성이 있음에도 불구하고 정식회담 재개에 합의한 이유에 대해 분석이 부족한 것이다.

이와 같은 문제의식하에 본고는 한일회담의 재개과정을 외교당국자 간의 공식교섭뿐만 아니라 비공식 접촉도 시야에 넣어서 분석할 것이다. 즉 양국의 입장차 때문에 공식교섭이 난항에 빠졌을 때 물밑 접촉을 통해 입장을 조정하여 정식회담을 재개할 수 있었다는 것이다. 이에 본고에서는 친한파의 핵심인물이자 기시의 대리인 격이었던 야쓰기와 주일한국대표부의 실세였던 유태하의 비공식 접촉에 주목할 것이다. 이러한 고찰을 통해 한일회담 공백기 교섭에 대한 이해의 폭을 넓히고자 한다.

2. 기시 노부스케와 유태하—야쓰기 라인

1) 청구권 문제와 한일회담의 중단 경위

1952년 2월 제1차 한일회담이 개최되면서 한일 양국은 국교정상화

期』を中心にして」, 李鐘元・木宮正史・浅野豊美編, 『歴史としての日韓国交正常化Ⅰ—東アジア冷戦編』, 法政大学出版局, 2011, 53~82쪽.; 金恩貞, 「日韓会談中断期, 対韓請求権主張撤回をめぐる日本政府の政策決定過程—初期対韓政策の変容と連続, 1953~1957年」, 『神戸法学雑誌』, 第64巻 3・4號, 1~47쪽.

를 위한 교섭을 개시하였다. 다양한 현안이 논의되는 가운데 청구권 문제는 양측의 견해가 근본적으로 대립하는 쟁점이었다. 구체적으로는 대일강화조약의 4조(b)항에서 일본이 주한미군정의 군정령 33호에 근거하는 재한 일본인 사유재산처리의 효력을 승인한 것을 어떻게 해석하느냐의 문제였다.

일본은 재한 일본인 재산의 처분에도 불구하고 사유재산에 대한 최종적인 재산소유권은 일본에게 남아있다고 주장하였다. 헤이그 육전법규에 따라 점령군은 사유재산을 몰수할 수 없으며 그에 따라 4조(b)항이 그 승인을 요구한 군정령 33호는 최종적인 몰수가 아니라 적산관리 기능의 승인에 불과하다는 것이었다. 이와 같은 일본의 '역청구권' 주장은 한국의 대일청구권 행사를 저지하고 상쇄시키기 위한 교섭 전략의 일환이었다.[4] 한국에게 일본의 역청구권 주장은 용납하기 어려운 것이었다. 무엇보다 일본이 식민통치의 유산인 한국 내 일본인 재산의 소유권을 주장하는 것은 식민통치를 정당화하는 것으로 해석되어 한국의 국민감정을 자극하였다.

1953년 10월에 개최된 제3차 한일회담은 한일 간의 입장차가 가장 격렬하게 드러난 장이었다. 일본의 구보타 간이치로(久保田貫一朗) 대표는 식민통치가 한국인들에게 긍정적인 결과를 가져왔다고 발언하였다. 그리고 한국이 일본인의 사유재산을 몰수한 것은 국제법 위반이라고 지적하며 역청구권 주장을 반복했다. 한국 측은 발언의 철회를 촉구했고, 이에 구보타가 응하지 않으면서 결국 회담은 결렬되고 말았다.

제3차 회담 결렬 후 한국은 일본이 공식적으로 구보타 발언과 역

---

4) 장박진, 2014, 354~358쪽.

청구권을 철회하지 않는 한 그 어떤 공식회담에도 응하지 않을 방침임을 천명했다. 또한 평화선을 침범하는 일본 어선을 나포하는 조치를 취하면서 일본 어부들이 한국의 국내법에 따라 수감되는 상황까지 발생하였다. 이러한 한국의 조치는 일본의 반발을 샀고 한일 관계는 악화 일로에 있었다.

2) 기시와 유태하─야쓰기 라인

1956년 12월 이시바시 단잔(石橋湛山)이 총리로 취임하였다. 외상에는 기시가 취임했다. 1957년 1월 10일 김용식 주일한국대표부 공사와 기시와의 회담이 열렸다. 기시가 새로운 외상으로 취임하여 일본에 주재하는 외교관들과 인사를 나누는 장이었다. 기시와 인사를 나눈 후 김용식은 구보타 발언을 철회하고 청구권 문제에서 일본이 양보할 것을 촉구하였다. 이에 대해 기시는 일본어부 억류 문제를 꺼내들었다. 기시는 먼저 억류자 문제를 해결한 다음 다른 문제를 교섭할 것을 제안하였고, 그럴 경우 일본은 구보타 발언을 철회하고 청구권에 대해 양보하겠다고 말했다. 이에 대해 김용식은 억류자 문제는 다른 현안들과 동시에 다루어야 한다며 기시의 제안을 거절했다.[5]

이처럼 기시는 외상 때부터 한일 문제에 관여하고 있었다. 그런데 기시의 접촉 범위는 김용식에 한정되어 있지 않았다. 1월 12일 주일 한국대표부를 방문한 윌리엄 존스(William J. Jones) 주한미국대사관 서기관은 김용식 및 유태하 참사관과 일본의 신내각에 대해 의견을 교환했다. 존스의 기록에 의하면 유태하는 자신이 기시와 '비밀장소'

---

5) "Correspondence No. 54 from Yong Shik Kim to the Mr. President", January 17, 1957, The Syngman Rhee Presidential Papers(hearafter Rhee Papers), 우남 B39, 우남B-314-145.

에서 접촉했다고 말했다고 한다.6) 기시는 외상 시절부터 유태하와 물밑접촉을 해왔던 것이다.

그렇다면 기시와 비밀리에 접촉하고 있던 유태하는 어떠한 인물인가. 주일한국대표부의 참사관으로서 유태하는 일본 정치가 및 정객들과 접촉하여 수집한 정보를 이승만 부부에게 직접 보고하는 역할을 맡고 있었다. 유태하가 일개 참사관 신분으로 이승만 부부와 직접적으로 연결될 수 있었던 것은 이승만 부부가 그를 특히 신임하고 있었기 때문이었다.7)

이렇게 일본 정치인, 정객들과 접촉하던 유태하는 야쓰기라는 인물을 만나게 된다. 야쓰기는 좌우 양쪽 진영과 군부 쪽에 걸쳐 광범위한 인맥을 가지고 있었고, 그가 운영하는 국책연구소는 학자, 관료, 정치인 등을 모아 정책제언을 하고 있었다. 야쓰기의 회고에 의하면 1956년 가을경 지인의 소개로 유태하를 만나게 되었는데, 그때부터 그를 수완을 가진 인물로 눈여겨보았다고 한다.8)

의기투합한 두 사람은 한일 관계를 타개하기 위한 공동 작업에 나섰다. 공동 작업의 대표적인 예는 방일한 김동조 정무국장이 총리에 부임한 기시와 한일 관계에 대해 의견을 나누는 자리를 마련하는 것이었다. 기시는 김동조와의 회담에서 야마구치현 출신으로서 한국에 대한 친밀감을 표시하고, 자유진영을 수호하는 공동의 반공전선을 형성하기 위해 한국과 우호관계를 맺고 싶다고 주장했다. 이에 대해 김동조는 한일 문제는 현안을 일괄 타결하는 방식으로 해결해야 한

---

6) "존스 주한미대사관 1등서기관. 일본을 방문해 주일대표부 김용식(金溶植) 공사와 한일협상문제 협의." 국사편찬위원회(2008a), 『한일회담 관계 미 국무부 문서 3(1956~1958): 주한미국대사관 문서철』, 국사편찬위원회, 87쪽.

7) 강노향, 『주일한국대표부』, 동아PR연구소 출판부, 1966, 282-284쪽.

8) 矢次一夫, 『わが浪人外交を語る』, 東洋経済新聞, 1973, 42쪽.

다고 주장하며 한국 측의 기존 입장을 되풀이했다.[9] 총리가 된 기시와의 만남이 한국 대일정책의 변화로는 이어지지 않았던 것이다.

그러나 유태하와 야쓰기의 공동 작업은 분명 주목할 만한 사건이다. 일개 정치인과 정객들을 대상으로 하는 정보수집의 차원을 넘어 일본의 총리가 관여하여 이승만에게 메시지를 전하는 수준으로까지 발전했기 때문이다. 유태하와 야쓰기는 이러한 접촉 루트를 활용하여 고위급 차원에서 한일회담을 진전시키겠다고 생각하였다.

3. 한일예비회담과 청구권 문제

1) 청구권 문제와 '미국해석'

총리에 부임한 기시는 한일 관계에 대해 진전된 메시지를 보냈다. 1957년 4월 30일 기시는 중의원 예산위원회에서 구보타 발언을 철회하고 청구권 문제에 관해 일본 정부의 이전 입장에 구애받지 않겠다는 방침을 밝혔다. 이 시기에 들어와서 기시가 한일회담에 적극적인 자세를 보인 배경에는 6월 16일로 예정 되어있는 미국 방문이 있었다. 방미 전에 한일회담 재개에 합의함으로써 미국을 상대로 자신의 리더십을 증명하고 일본의 국제적 지위를 향상시키겠다는 것이 기시의 구상이었다.[10]

여기서 주목할 것은 기시 정권에 의한 역청구권 철회는 '미국해석'을 기초로 한다는 점이었다. 한일회담 재개를 위한 예비회담이 진행

---

9) "Report on the meetings with Nobuske Kishi and Mitsujiro Ishii in Japan", March 6, 1957, Rhee Papers, 우남B39, 우남B-314-061.

10) 이원덕(1996), 100쪽.

되는 가운데 일본은 합의의사록 4조에 '미국해석'에 관해 한국도 일본과 같은 입장이라는 취지의 문구를 삽입할 것을 제안했다.

여기서 '미국해석'이란 대일강화조약 4조(a), (b)에 대한 미국 정부의 견해를 뜻한다. 일본의 역청구권 주장으로 제1차 한일회담이 결렬된 후 한국은 미국에게 대일강화조약 4조에 대한 해석을 요구했다. 이에 미국은 서한 형식으로 견해를 표명했는데, 그 내용은 (1) 대일강화조약 제4조(b)항 및 주한미군정청의 조치에 의해 재한 일본재산에 대한 일본의 모든 권리, 권한은 소멸되었다는 것, (2) 그러나 이런 처리가 대일강화조약 4조(a)항에 의한 특별 협정과 관련된다는 것이었다.

이러한 내용의 '미국해석'에 대해 당초 일본 외무성은 부정적인 입장이었다. 상술했듯이 일본의 입장은 역청구권을 제시하여 한국의 대일청구권 행사를 저지하고 상쇄시킨다는 것이었는데, (1)에서 알 수 있듯이 '미국해석'은 일본의 역청구권을 명확히 부정하였기 때문이다. 그러나 청구권 문제 때문에 회담이 진전되지 못하는 가운데 외무성은 새로운 교섭 전략을 수립하였다. 그 전략은 역청구권을 철회하되 '미국해석'의 후반부를 이용하여 한국의 대일청구권을 삭감시킴으로써 실질적으로 청구권의 상쇄와 동일한 결과를 가져오도록 한다는 것이었다.[11]

이승만은 일본의 입장 변화에 대해 의심의 눈초리를 보내고 있었다. 이승만은 김용식 앞 서한에서 역청구권의 포기 및 구보타 발언의 철회가 회담재개의 전제조건이라고 지적하면서, '미국해석'에 관해 모든 부분이 한국에게 유리한 것은 아니라고 말했다. '미국해석'의 후반부에 관해 아직 고려의 여지가 있으며, 당초 일본이 '미국해석'

---

11) 李(2011), 64–65쪽.

에 동의하지 않았다가 이번에는 이것을 기초로 역청구권을 포기한 의도에 대해 주의를 기울여야 한다고 강조했다.[12] 즉, 한국의 입장은 일본의 구보타 발언 및 역청구권 철회에 호응하여 예비회담을 진행하되, 한국의 대일청구권에 대한 '미국해석' 후반부의 구속력을 최소화하는 방향으로 교섭을 진행한다는 것이었다.

이러한 가운데 주일한국대표부의 인사에 큰 변화가 일어났다. 김용식 대신에 김유택 전 한국은행총재가 대사로 취임하고 유태하가 공사로 승진한 것이다. 이러한 인사 변화는 기시 측과 루트를 가지고 있는 유태하에게 힘을 실어준다는 것을 의미하고 있었다. 한국은 예비회담에서 유태하의 인맥을 적극적으로 활용할 수 있도록 주일한국대표부의 인사체제를 정비한 것이다.

2) 기시 방미 전의 한일 예비회담

이승만은 한국의 대일청구권을 최대한 보장받을 수 있는 방법을 모색하고 있었다. 6월 5일 이승만은 김유택에게 일본이 청구권의 상호포기가 아니라 한국의 대일청구권에 대해 성의를 갖고 교섭할 뜻을 보인다면 '미국해석'을 받아들이라고 지시했다.[13] 한편 일본 외무성은 '미국해석'이 일본만 구속하는 내용의 문구가 들어가는 것에 대해 반대 입장을 밝혔다.

청구권 문제에서 진척을 보지 못하는 가운데 기시의 방미 일정이 다가오고 있었다. 여기서 기시는 예비회담의 타결을 위해 결단을 내

---

12) "Correspondence from Mr. President to Yong Shik Kim", March 30, 1957, Rhee Papers, 우남B39, 우남B-314-001.

13) "Correspondence No. 81 from President to Yu Taik Kim", June 5, 1957, Rhee Papers, 우남B39, 우남B-316-045.

렸다. 6월 11일 기시는 김유택 및 유태하와의 회담에서 청구권 문제
에서 한국의 요구를 받아들이겠다고 말했다. 즉, 일본은 '미국해석'
에 관해 무조건 역청구권을 철회할 것이며 그것은 청구권의 상호포
기가 아니라 한국의 대일청구권에 대해 성의를 갖고 교섭하겠다는
것이었다. 동석하고 있던 외무성 참사관의 반대를 뿌리치고 내린 결
정이었다.[14] 방미 전에 회담 재개에 합의하기 위해 기시가 한국의
요구를 전폭적으로 수용한 것이다.

   그러나 방미 당일인 6월 16일이 되어도 한국 정부는 회담 재개 합
의를 승인하지 않았다. 오히려 한국 정부는 추가수정을 지시하였다.
합의의사록 4조에 '일본의 대한청구권 포기는 한국의 청구권에 어떠
한 영향도 주지 않는다'는 내용의 문구를 삽입하도록 교섭을 계속하
라는 것이었다. 이승만은 '성의를 갖고'라는 표현으로는 한국의 대일
청구권이 충분히 보장되지 않는다고 생각하여 '미국해석'에 그 어떤
구속도 받지 않는다는 취지의 문구를 추가하길 원한 것이었다.[15] 이
러한 한국의 요구는 일본의 반발을 불러일으켰고, 결국 방미 전에 예
비회담을 마무리한다는 기시의 구상은 좌절되었다.

4. 기시 방미 이후의 한일 예비회담

1) 한일의 물밑접촉과 일본의 국내정치

   기시의 방미 전에 예비회담이 합의에 도달하지 못하자 일본에서는

---

14) "Correspondence No. 8 from Tai Ha Yiu to President", June 11, 1957, Rhee
    Papers, 우남B39, 우남B-316-027.
15) 李(2011), 71쪽.

한국에 대한 비판의 목소리가 높아지고 있었다. 일본 측은 방미 직전의 합의안이 한일 간에 도출할 수 있는 최선의 방안이라고 주장하였다. 7월 2일 기타자와(北沢直吉) 관방부 장관은 유태하와 김유택을 만나 기시가 한국의 요구를 받아들여도 외무성과 자민당의 반대에 직면할 것이라고 말했다. 그리고 본회담에서 성의를 가지고 토의할 것이며 현재의 합의안으로 교섭을 진행하는 것이 기시의 체면을 살리는 길이라고 말했다.16) 당과 관료당국이 반대 목소리를 높이는 가운데 기시가 이를 뿌리칠 수 없다는 것이 기타자와의 주장이었다.

7월 15일 기타자와는 청구권 문제에 대한 기시의 제안을 김유택과 유태하에게 전했다. 기시가 '미국해석'에 대한 한국의 입장을 이해한다는 취지의 구두약속을 하겠다는 것이었다. 기타자와는 한국이 기시의 제안에 응해야 한다고 주장했다.17)

7월 16일 유태하와 김유택은 기시의 수상 관저를 방문했다. 그 자리에는 새롭게 외상에 부임한 후지야마 이치로(藤山一朗)도 동석하고 있었다. 기시는 김유택과 유태하에게 한국의 주장을 검토했고 원칙적으로 이해할 수 있으나 당내 반대를 무시할 수 없는 상황이라고 말했다. 여기서 기시는 한국의 대일청구권과 '미국해석'에 대한 자신의 생각을 밝혔다. 유태하의 공문에는 다음과 같이 기록되어 있다.18)

---

16) "Correspondence from Tai Ha Yiu to Mr. President", July 2, 1957, Rhee Papers, 우남B40, 우남B-323-136.

17) "Correspondence from Tai Ha Yiu to Mr. President", July 16, 1957, Rhee Papers, 우남B40, 우남B-323-120.

18) "Corrspondence from Tai Ha Yiu to Mr. President", July 16, 1957, Rhee Papers, 우남B40, 우남B-323-119.

한국의 새로운 제안은 일본에 대한 의심과 불신에 기인하기 때문에
그는 일본의 총리로서 '미국해석'이 한국의 청구권에 어떠한 영향도
미치지 않는다고 단언하겠다고 말했다.

이어서 기시는 한국의 의심을 해소하기 위해 일본총리의 약속 그
이상의 것을 없을 것이라며 자신이 책임을 지고 대처하겠다고 말했
다. 유태하의 기록에 의하면 기시는 한국의 대일청구권이 '미국해석'
에 구속받지 않는다고 구두로 약속을 한 것이었다. 한편 같은 자리에
있던 김유택의 기록을 보면 기시가 그 정도까지 과감한 발언을 한 것
같지는 않다. 김유택의 공문에는 기시가 현재의 합의안을 수정할 수
없지만 일국의 총리인 자신의 성의를 믿어달라고 강조하는 수준에
그치고 있다.[19] 회담 전날에 기타자와가 전했듯이 기시는 한국의 입
장을 충분히 이해하고 성의를 가지고 교섭하겠다는 것을 약속했는
데, 유태하는 그것을 기시가 '미국해석'이 한국의 청구권에 어떠한
영향도 주지 않는다는 것을 인정했다고 과도하게 해석했을 가능성도
있다. 어찌되었건 기시가 7월 16일의 회담에서 한국의 대일청구권에
대해 무언가 호의적인 발언을 한 것은 분명하다. 그러나 이승만이 여
전히 청구권에 대한 추가요구를 밀어붙일 생각을 고수함으로써 기시
의 구두약속은 효과를 보지 못했다.

청구권 문제로 예비회담이 좀처럼 진전되지 않는 가운데 야쓰기는
물밑접촉을 통해 한국 측을 설득하고자 하였다. 여기서 야쓰기가 강
조한 것은 일본의 국내정치가 변동할 수 있다는 점이었다. 야쓰기는
내각에서 기시의 영향력이 6월 방미 때와 비교했을 때 약화되고 있

---

19) "Correspondence No. 9 from Yu Taik Kim to the President", July 18, 1957,
Rhee Papers, 우남B39, 우남B-317-066.

으며 정국에 큰 변동이 있을 경우 한일문제 타결은 기대하기 어려워 진다고 말했다. 이어서 야쓰기는 예비회담에서 합의에 도달하면 기 시의 위신도 강화될 것이며, 기시는 그에 상응하는 행동을 보일 것이 라고 주장했다.[20]

기시의 정치적 상황은 점점 악화되고 있었다. 야쓰기는 한국 측과 접촉한 자리에서 10월에 들어 기시의 정치적 지위가 약화되고 있으 며 기시의 측근들은 중의원 해산을 제안하고 있다고 전했다. 중의원 이 해산되면 자민당은 30에서 40석 정도의 의석을 잃을 것이며 사회 당의 의석수가 늘어날 것으로 예상되기 때문에 그렇게 되면 기시 파 벌이 영향력을 회복하기가 아주 어려워질 것이라고 덧붙였다.[21] 야 쓰기의 말대로라면 한국이 추가요구를 고집하다가 결국 아무런 소득 도 거두지 못한 채 기시 정권보다 비타협적인 일본 정권을 상대하게 될지도 모르는 것이었다.

결국 한국은 현실적인 판단을 내렸다. 한국 외무부는 유태하에게 합의의사록 4조에 대한 수정요구를 철회하고 '성심성의를 갖고(with all its sincerity)'라는 문구로 교섭을 진행할 것을 지시했다.[22] 약간 의 수사가 붙어있지만 외무부의 지시는 한국이 기시의 방미 전에 합 의한 내용을 받아들였다는 것을 의미하고 있었다.

---

20) "Correspondence from Tai Ha Yiu to Mr. President", September 18, 1957, Rhee Papers, 우남B40, 우남B-323-056.

21) "Meeting with Kazuo Yatsugi", November 7, 1957, Rhee Papers, 우남B40, 우남B-323-036.

22) "Correspondence from Tai Ha Yiu to Mr. President", November 18, 1957, Rhee Papers, 우남B40, 우남B-323-029.

2) 한국의 비밀메모 요구와 기시의 서한

한국은 방미 전의 합의안으로 공식회담을 재개한다는 판단을 내리면서도 일종의 보완조치를 모색하고 있었다. 12월 7일 외무부는 김유택에게 일본총리 혹은 외상으로부터 '미국해석이 한국의 대일청구권을 사실상 손상시키지 않는다.(혹은 영향을 미치지 않는다)'는 취지의 비밀성명을 확보하라고 지시했다.[23] 즉, 한국은 합의의사록의 수정을 포기한 대신 대일청구권이 '미국해석'에 구속받지 않는다는 내용의 문서를 비밀리에 확보하려고 한 것이다. 한국의 요구에 대해 후지야마는 절대 수긍할 수 없다는 입장을 보였다. 비밀메모를 넘기면 그것을 폭로할 수 있다고 생각했기 때문이다.[24]

결국 기시가 나서면서 비밀메모에 관한 교섭은 전기를 맞이하게 된다. 기시는 수상의 대리인을 한국에 보내 이승만에게 서한을 보내는 방법을 제안하였다. 12월 17일 기시는 김유택과 유태하에게 자신의 생각을 밝혔다. 한국과 일본이 서로를 두려워하고 불신하는 상황을 어떻게든 해결해야 하며 여기에 동석하고 있는 야쓰기와 함께 교섭을 결말짓고 싶다. 노트에는 이러한 내용을 담을 것이며 야쓰기가 초안을 작성한다는 것이었다.[25]

12월 25일 김유택은 기시의 친서 초안을 입수하여 보고했다. 초안에서 기시는 예비회담 합의가 한일우호의 이정표가 될 것이라고 하며, 본회담에 임하는 기시 본인의 마음가짐에 대해 성심성의껏 문제

---

23) "Correspondence No. 37 from Yu Taik Kim to the President", December 12, 1957, Rhee Papers, 우남B39, 우남B-318a-016.

24) "Correspondence from Tai Ha Yiu to Mr. President", December 2, 1957, Rhee Papers, 우남B40, 우남B-323-016.

25) "Correspondence from Tai Ha Yiu to Mr. President", December 18, 1957, Rhee Papers, 우남B39, 우남B-323-002.

의 조속한 해결을 위해 일본 정부를 지도하겠다는 뜻을 전하고 있
다.[26] 외무부는 초안에 대한 약간의 수정 후에 원본을 수령하도록
지시했다.[27] 이러한 과정을 거쳐 12월 31일 한일 양국은 합의문서에
정식으로 조인하였고 1958년 3월 1일에 동경에서 공식회담을 개최하
기로 합의하였다.

5. 야쓰기의 방한과 한일 관계

1) 유태하—야쓰기 라인과 제4차 한일회담의 재개

이렇게 양국은 한일회담 재개에 합의했으나 그 진행은 순탄치 않
았다. 12월 31일 합의에는 한국에서 형을 완료한 일본인 어부를 송환
하고, 이와 동시에 전쟁 전부터 일본에 거주했지만 현재 일본의 외국
인 수용소에 억류 중인 한국인들을 석방하기로 하였다. 합의에 따라
1958년 1월에서 2월에 걸쳐 억류자가 석방되는 가운데 북한 송환을
희망하는 한국인들에 대해 어떻게 대처할지 한일 간에 입장차가 드
러난 것이었다. 한국은 자국으로 송환해야 한다고 주장한 반면 일본
은 북한 송환을 원하는 수용자들을 한국으로 보낼 수는 없다는 입장
이었다. 한국은 이에 반발하였고 남은 일본인 어부의 송환을 중지하
는 것으로 응수했다. 그 결과 3월 1일에 개최하기로 했던 제4차 한일
회담이 연기되는 사태에까지 이르렀다.

교섭이 다시 교착 상태에 빠지는 가운데 유태하와 야쓰기는 이승

---

26) "DRAFT FROM Tokyo", January 1958, Rhee Papers, 우남B39, 우남B-318a-006.
27) "A letter regarding The Korea-Japan Preliminary Talk", December 28, 1957,
    Rhee Papers, 우남B39, 우남B-318a-005.

만의 83세 생일에 기시가 친서를 보내는 것으로 상황을 수습하고자
했다. 친서를 전달하는 역할은 유태하가 맡게 되었다. 친서에는 이
승만의 생일을 축하하고 한일회담 개최를 제안하는 내용이 담겨있었
다. 기시는 한국 측이 남아있는 일본인 어부의 송환날짜에 대해 합리
적인 제안을 한다면 석방이 실행되기 전에라도 회담을 재개할 의사
가 있다고 전했다.[28]

기시의 친서를 받은 이승만은 3월 27일 AP통신과의 인터뷰에서
한일 관계에 대해 우호적인 발언을 했다. 특히 이승만은 기시에 대한
호감을 표현했는데, 자신은 일본의 외교관을 믿지 않았지만 기시는 교
섭이 가능한 유일한 일본인이라는 것이었다. 그리고 한일회담을 4월
초에 개최하자는 기시의 제안에 대해서도 동의를 표했다.[29] 4월 2일
유태하는 수상 관저를 방문하여 이승만의 답신을 전했다. 유태하-
야쓰기 라인을 통해 정상 간의 의사소통이 이루어진 것을 계기로 한
일 관계는 다시 움직이기 시작하였다. 4월 15일 제4차 한일회담이
개최되었고 일주일 후 일본인 어부가 석방되었다.

2) 한국의 대일우호조치와 야쓰기의 한국 방문

한국은 회담의 원활한 진행을 위해 보다 타협적인 자세를 취했다.
김동조 외무차관은 먼저 기시에게 호의적인 조치를 취하여 기시의
양보를 유도하자고 이승만에게 제안했다. 일본에서는 5월 22일에 총
선거가 예정되어 있었는데 고전하고 있던 기시의 입장을 배려하여

---

28)「기시(岸信介) 총리, 이승만(李承晩) 대통령 83회 생일 축하 메시지를 통해 한일
   회담 재개에 대한 의지 표명」,『한일회담 관계 미 국무부 문서4(1956~1958): 주일미
   국대사관 문서철』, 국사편찬위원회, 2008b, 334-335쪽.
29)『조선일보』, 1958.3.28.

일본인 어부를 추가적으로 석방하자는 것이었다.[30)

이렇게 우호 분위기가 조성되는 가운데 수상 특사로서 야쓰기가 한국을 방문하였다. 5월 19일부터 21일 일정으로 한국을 방문한 야쓰기는 이승만과 회담을 가졌고 한국의 외교정책담당자, 국회의원, 재계인들과 접촉하여 의견을 교환하였다. 야쓰기는 이승만과의 회담에서 기시가 한국의 대통령만큼 강력한 권한을 가지고 있는 것은 아니지만 반공 협력의 관점에서 한일 관계를 발전시킬 생각임을 전했다. 이어서 야쓰기는 기시와 식민통치를 유감스럽게 생각하는 일본인들을 대신해서 일본의 식민지배에 대해 사죄를 표했다.[31)

야쓰기의 방한을 계기로 한일 간에는 양국 관계가 진전될 것이라는 기대의 목소리가 높아지고 있었다. 야쓰기의 방한 이후 이틀이 지난 5월 23일, 김동조는 존스와의 회담에서 이승만이 야쓰기에게 호의적인 태도를 보였으며 전체적인 관점에서 야쓰기의 방한은 한일 관계에 유익했다고 평가했다.[32)

6. 맺음말

선행연구의 경향을 살펴보면 기시 정권의 역청구권 철회를 한일회담 재개의 주요인으로 평가하는 관점에서 '미국해석'을 둘러싼 조건투쟁의 측면을 강조하는 방향으로 나아가고 있다. 이러한 흐름 속에

---

30) 金東祚著, 林建彦訳, 『韓日の和解―日韓交渉14年間の記録』, サイマル出版会, 1993, 143쪽.

31) 「방한한 일본 친선사절 야쓰기 가즈오(矢次一夫)와의 대담 비망록」, 국사편찬위원회, 2008b, 375쪽.

32) 「한일관계: 야쓰기 가즈오(矢次一夫)의 방문」, 국사편찬위원회, 2008b, 365쪽.

회담이 재개된 원인에 대해서는 분석이 불분명해진 상황이다.

　이에 본고는 청구권 문제를 중심으로 공식교섭뿐만 아니라 유태하 -야쓰기 간의 비공식 접촉도 시야에 넣어 고찰함으로써 공식교섭이 난항에 빠졌을 때 물밑접촉을 통해 입장을 조정하여 교착 국면을 타개했다는 것을 밝혔다.

　위와 같은 고찰은 이승만 정권의 대일정책에는 공식교섭뿐만 아니라 비공식 접촉을 통해 전해지는 일본 정상의 의중, 국내정치 정보 또한 중요한 영향을 미쳤다는 것을 말해준다. 이러한 모든 요소를 고려하여 한일회담을 보다 종합적으로 고찰하는 작업은 향후의 연구과제로서 남기기로 하겠다.

/ 윤석정

한일회담 중단기의 문화재 반환 교섭

구두전달사항 논의를 중심으로

1. 들어가며

본 글의 목적은 한일회담 중단기의 문화재 반환 교섭을 구두전달사항을 중심으로 검토하고, 구두전달사항이 한일회담의 문화재 반환 교섭과 한일회담에서 어떠한 의미를 갖는 것인가를 고찰하는 것이다.

한일회담 의제 중 종래에 큰 주목을 받지 못했던 문화재 반환 문제는 북관대첩비(2005), 조선왕조실록(2006), 조선왕실의궤(2011) 등이 한일 양국 간의 현안으로 부각되면서 대중들의 관심이 높아졌고, 한국 정부가 2005년에 한일회담 관련 외교문서를 공개하면서 문화재 반환 문제에 관한 연구도 활기를 띠게 되었다.[1] 한일회담의 문화재

---

1) 한일회담의 문화재 반환 문제와 관련한 대표적인 선행연구들은 다음을 들 수가 있다. 국성하, 「한일회담 문화재 반환협상 연구」, 『한국독립운동사연구』 Vol.25, 독립기념관 한국독립운동연구소, 2005, 369-393쪽. 박훈, 「한일회담 문화재 '반환' 교섭의 전개과정과 쟁점」, 『외교문서 공개와 한일회담의 재조명 2-의제로 본 한일회담』, 선인, 2010, 357-386쪽. 류미나, 「한일회담 외교문서로 본 문화재 반환 교섭」, 『일본역사연구』 제30집, 일본사학회, 2009, 119-147쪽. 長沢裕子, 「日韓会談と韓国文化財の返還問題再考-請求権問題からの分離と『文化財協定』」, 『歴史としての日韓国交正常化Ⅱ-脱植民地化編』, 法政大学出版局, 2011, 205-234쪽. 조윤수, 「한일회담과 문화재 반환 교섭」, 『동북아역사논총』, No.51, 동북아역사재단, 2016, 125-165쪽. 엄태봉, 「제6차 한일회담 시기의 문화재 반환 교섭 연구」,

반환 문제와 관련된 선행연구들은 지금껏 해명되지 않았던 문화재 반환 문제의 다양한 측면들을 규명했다는 점에서 의의가 있다.

그러나 선행연구들은 한일회담 중단기의 구두전달사항에 대한 교섭 과정과 그 의미에 대한 검토가 이루어지지 않았다. 그 이유는 첫째 한일회담 연구에 있어서 회담 중단기의 연구 자체가 주목을 받지 못했다는 점, 둘째 구두전달사항을 통해 106점의 문화재가 인도되었다는 언급에 그쳤을 뿐 구두전달사항의 중요성을 파악하지 못했다는 점을 들 수가 있다. 제7차 한일회담에서 "문화재 및 문화협력에 관한 협정"을 통해 약 1,400여 점의 문화재 인도가 결정되기 이전에 회담 중단기 당시 구두전달사항이라는 문화재 반환 문제의 첫 합의가 이미 이루어졌고, 이를 통해 106점의 문화재 인도가 이행되었다는 점에서 구두전달사항을 검토할 필요가 있다.

따라서 본 글에서는 한일회담 중단기 당시 논의된 구두전달사항에 대해 한일 양국이 어떻게 인식하고 있었으며, 어떠한 과정을 통해 합의에 이르렀는지를 검토하고, 구두전달사항이 문화재 반환 교섭과 한일회담에서 어떠한 의미를 갖는지에 대해 고찰하기로 한다.

2. 제1차 회담에서 제3차 회담까지의 문화재 반환 교섭

한일 양국은 식민지 지배를 둘러싼 과거사 청산과 새로운 국교 수립을 실현하기 위해 한일회담을 개최하였다. 1951년 10월 20일에 시작된 한일회담은 문화재 반환 문제를 비롯하여, 기본관계문제, 청구

『동북아역사논총』, No.60, 동북아역사재단, 2018, 116–159쪽.

권문제, 선박문제, 재일한국인의 법적지위문제, 어업문제 등을 주요 의제로 하여 14년여간 수많은 회의를 거쳐 1965년 6월 22일에 타결되었다.

제1차 회담에서 제3차 회담까지 문화재 반환 문제는 청구권 위원회에서 논의되었다. 이 문제가 처음 제기된 것은 제1차 회담의 예비회담(1951년 10월 20일~1952년 2월 14일)이었다. 1952년 1월 9일에 열린 비공식 회담에서 한국 측은 곧 개최될 본회담(1952년 2월 15일~4월 15일)의 분위기를 좋게 하기 위한 방법으로 고미술품 등 국보로 생각되는 문화재의 반환을 제안하는 한편, 일본 측이 문화재를 반환할 경우 "그것은 금전적인 가치와 비교할 수 없을 큰 효과가 있을 것이라고 생각한다. 같은 종류의 것들도 약탈재산으로서 다른 나라에게 돌려주고 있다고 알고 있는데, 일본은 큰 희생을 치르지 않고 선처할 수 있을 것"이라고 덧붙였다.[2]

본회담이 시작되자 한국 측은 제1회 청구권 위원회(2월 20일)에서 8개 항목으로 대일청구권이 정리된 "한일 간 재산 및 청구권 협정 요강"을 일본 측에게 제출하였다.[3] 문화재 반환과 관련된 항목은 제1항목으로 "한국으로부터 가져온 고서적, 미술품, 골동품, 그 외의 국보, 지도원판 및 지금(地金)과 지은(地銀)을 반환할 것"이 그 내용이었다. 제2회 청구권 위원회(2월 23일)에서 한국 측은 제1항목에 대해 고서적, 미술품, 골동품 등은 부자연스러운, 즉 탈취나 한국의 의지에 반해 반출된 것이기 때문에 일본 측의 자발적인 문화재 반환을 요구하였다.[4] 이에 대해 일본 측은 제1항목에 대한 정확한 내용을 파악

---

2) 「金公使との会談要旨」, 1952年 1月9日, 文書番号 : 396.
3) 「日韓会談第一回財産請求権問題委員会議事録」, 記入なし, 文書番号 : 1174.
4) 『제1차 한일회담(1952.2.15.-4.21) 청구권분화위원회회의록, 제1-8차, 1952.2.

하기 어렵다고 지적하자, 한국 측은 제3회 청구권 위원회(2월 27일)에서 "한일 간 청구권 협정 요강의 세목 제1항"을 일본 측에게 제출하였다. 이것은 고서적과 미술·공예품들의 소재지와 소유자가 표시되어 있을 뿐이고 자세한 목록이 없었기 때문에, 일본 측은 가능한 한 어떤 책들이 있는지, 되도록 완전한 것을 제시할 필요가 있다고 하면서 한국 측에게 구제적인 목록 제출을 요구하였다.5)

한국 측은 제2회 회담(1953년 4월 15일~7월 23일)이 개최되자, 문화재 반환 문제를 구체적으로 논의하기 위해 문화재 목록을 제출한다. 한국 측은 청구권 문제 비공식 회담(5월 14일)에서 이승만 대통령이 큰 관심을 가지고 있는 것들도 있다고 언급하면서 "한국 국보 고서적 목록 일본 각 문고 소장"과 "일본 소재 한국 국보 미술 공예품 목록"을 일본 측에게 제출하였다.6) 이후 한국 측은 제2회 청구권 위원회(5월 19일)와 제3회 청구권 위원회(6월 15일)에서 문화재 목록에 관한 일본 측의 조사 상황을 문의하였다. 이에 대해 일본 측은 문화재 담당자에게 의뢰하였으나, 그 양이 상당히 방대하고 예산 문제 등도 있기 때문에 현재로서는 도저히 불가능하며 개괄적인 조사가 될 것이라고 답변하였다.7)

제3차 회담(1953년 10월 6일~10월 21일)이 개최되자, 한국 측은 제2회 청구권 위원회(10월 15일)에서 "한국 국보 고서적 목록(제2차분)"을 일본 측에게 제출하였다. 일본 측은 제2차 회담 때 한국 측이 제출한

---

20. -4.1』, 프레임 번호 : 294.

5) 「日韓会談第三回請求権委員会議事録」, 記入なし, 文書番号 : 1178.

6) 「日韓会談問題別経緯(6)〈文化財問題)」, 1962年 7月1日, 文章番号 : 535.

7) 「日韓交渉会議議事要録(二二) 第三回請求権関係部会」, 1953年 6月15日, 文書番号 : 693.

문화재 목록을 조사한 결과, 부당한 방법으로 취득된 것은 없으며 일본 측으로서는 의무로서 반환할 것은 없으나, 이승만 대통령이 관심을 가지고 있는 것 정도는 증정의 형식으로 고려할 수 있다고 말하였다. 이에 대해 한국 측은 문화재 반환에 대한 법적 요구를 제시하지 않고 정치적인 해결을 통해 일본이 문화재를 자발적으로 반환할 것을 제안해 왔으나, 일본 측이 그러한 주장을 한다면 한국 측도 법적 견해를 밝히겠다고 강하게 응수하였다.[8]

이후 구보타 발언으로 인해 제3차 회담이 결렬되었고, 회담 재개를 위한 비공식 회담이 이루어지기까지 문화재 반환 문제를 비롯한 모든 논의가 중단되었다.

3. 구두전달사항의 첫 합의까지의 교섭 과정

1) 한국 측의 인도 제안

제3차 회담의 결렬 이후, 문화재 반환 문제가 다시 논의된 것은 1956년 10월 30일에 열린 비공식 회의에서였다. 한국 측이 보물에 관해 언급하자, 일본 측은 "제3차 회담 선에서라면 문제가 없을 것이다. 즉 한국 독립의 축하로서 약간의 고미술품을 기증하겠다"라고 대답하였다.[9] 일본 측은 1957년 2월 12일에 열린 회담에서도 "의무가 아닌 한국 독립의 축하로서 국유의 조선 고미술품을 선물해도 좋다고 생각한다"면서 문화재 반환 문제에 대한 입장을 밝혔다.[10]

---

8) 『제3차 한일회담(1953.10.9.–21) 청구권위원회회의록, 제1-2차, 1953.10.9.–15』,
   프레임 번호 : 1391.
9) 「金公使と会談の件」, 1956年 10月30日, 文書番号 : 1431.

한국 측은 2월 20일의 회의에서 재개될 한일회담의 원만한 진행을 위해 일본 측이 호의적인 제스처를 보여주길 바라며, 일본 측이 자발적으로 고미술품 반환을 제안해 주길 바란다고 말하였다. 이에 대해 일본 측은 한국 관련 문화재 조사에는 상당한 시간이 걸리며, 문부성 측을 설득시킬 필요가 있다고 대답하였다. 한국 측은 문화재 조사에 시간이 걸린다면 추상적인 방침이라도 좋으니, 그것을 제의해 주길 바란다며 일본 측의 자발적인 문화재 반환을 다시 제안하였다.[11]

일본 측은 2월 21일의 회의에서 "한국 독립을 축하하는 일본 국민의 기분을 표명하기 위해 일본 정부가 소유한 약간의 한국 출토 고미술품을 기증할 용의가 있다"는 내용을 기시 노부스케(岸信介) 외무대신이 언급할 생각이 있다고 말하는 한편, 이를 위해 문부성 측을 설득할 필요가 있다고 덧붙였다. 한국 측은 기증은 곤란하며 반환할 것을 제안하였으나, 일본 측은 반환은 곤란하며 일본에게는 반환의 의무가 없다고 응수하였다. 이에 대해 한국 측은 다시 인도로서 문화재를 받고 싶다고 말하자, 일본 측은 hand over라면 고려해 볼 수 있을지도 모른다고 대답하였다.[12] 이후 한국 측은 "약간"을 보다 구체적인 표현으로 할 것, 형식은 구두 상의 표현이 아닌 "회담의 의제와는 별도로 일본 정부가 소유한 한국 출토 고미술품으로서 한국에게 인도할 수 있는 것에 대해 목록이 작성되는 대로 가능한 한 빨리 건네 줄 용의가 있다"라는 의사록을 작성할 것을 제안하는 한편, 일본 국민이 한국의 독립을 축하한다는 내용에는 강하게 반대하였다.[13]

---

10) 「金公使と会談の件」, 1957年 2月12日, 文書番号 : 680.
11) 「金公使と会談の件」, 1957年 2月20日, 文書番号 : 680.
12) 「金公使と会談の件」, 1957年 2月21日, 文書番号 : 680.
13) 「日韓会談問題別経緯－文化財問題」, 1962年 10月1日, 文章番号 : 535.

2) 일본 측의 구두전달사항 제출

일본 측은 2월 23일에 열린 회의에서 "한일회담의 의제와는 별도로, 양국 간의 정식국교수립 시 일본국민의 축의를 표명하기 위해, 일본 정부는 정부가 소유한 한국 출토 고미술품에 대해 한국에게 인도할 수 있는 것을 한국 정부에게 건넬 것을 고려한다"라는 안을 고려하고 있다고 말하였다. 한국 측은 정식국교수립이나 일본 국민의 축의 등과 같은 표현은 필요 없으며, "한일회담의 의제와는 별도로, 일본 정부는 정부가 소유한 한국 출토 고미술품에 대해 한국에게 인도할 수 있는 것을 한국 정부에게 건네려고 한다"라는 표현을 제안하였다.[14]

이후 몇 차례의 논의가 진행되었으며, 일본 측은 3월 18일에 지금까지 논의되었던 전면회담 재개와 관련된 몇 가지 합의문서안을 한국 측에게 제출하였고, 한일 양국은 이를 바탕으로 회담 재개를 위한 교섭을 진행하게 된다. 문화재 반환 문제에 대해서는 "the agenda of the Japan-Korea talks, the Japanese Government would like to hand over to the Korean Government, at an early possible date, those objects of ancient art of the Korean origin which are in the possession of the Japanese Government and which it finds practicable to deliver to Korea"라는 구두전달사항이 제시되었다.

한일 양국은 6월 13일에 두 차례의 교섭을 갖고, 이 교섭의 합의내용을 바탕으로 6월 16일의 합의문서안을 작성하였다. 문화재 반환 문제에 대해서는 3월 18일의 구두전달사항에 대한 논의가 이루어졌

---

14) 「金公使と会談の件」, 1957年 2月23日. 文書番号 : 680.

다. 한국 측은 인도 의사를 나타내는 표현인 "would like to hand over"를 "will turn over"로 수정할 것을 주장하였다. 그러나 일본 측은 문화재 반환 문제와 관련하여 국내 절차가 까다롭기 때문에 한국 측과 논의 끝에 "would like to hand over"로 정한 것이었고, "would like to"로도 일본 측의 견해가 충분히 드러나기 때문에 원안대로 하겠다고 응수하였다. 한국 측이 일본 측 의견에 동의하지 않자, 일본 측은 "will"에도 "would like to"와 같은 의미의 용법이 있으므로 "will"로 해도 된다면서 최종적으로 한국 측의 의견에 동의하였다.[15]

이어 한국 측은 인도 시기와 관련된 표현인 "at an early possible date"에 대해 그 의미가 약하므로 "as soon as possible" 또는 "as soon as practicable"로 수정할 것을 주장하였다. 그러나 일본 측은 이에 대해 강하게 반대하였고, 한국 측이 이를 받아들여 원안대로 하게 되었다. 또한 한국 측은 "which it finds practicable to deliver to Korea"를 "of which the immediate transfer is possible"로 수정할 것을 요구하였고 일본은 이에 동의하였다.[16]

문화재 원산지와 관련된 표현인 "those objects of ancient art of the Korean origin"에 대해 한국 측은 "those Korean art objects"로 수정할 것, 그리고 문화재 소유자와 관련된 표현인 "in the possession"에 대해 앞에 "now"를 표기할 것을 주장하였고, 일본 측도 동의하였다. 이상과 같은 논의를 거쳐 합의된 구두전달사항은 다음과 같았다.[17]

---

15) 「六月十三日, 大野次官, 金韓国大使会談要領 (その二)」, 1957年 6月13日, 文書番号 : 686.
16) 위와 같음.
17) 위와 같음.

Oral Statement

Aside from the agenda of the overall talks between Japan and the Republic of Korea, the Government of Japan will turn over to Korea, at an early possible date, those Korean art objects now in its possession of which the immediate transfer is possible.

구두전달사항과 관련된 논의에 있어서 한국 측은 일본 측의 인도 의사를 보다 명확하게 할 것, 인도 시기를 가능한 한 빠른 시기로 할 것, 그리고 원소유자가 한국이었다는 것을 보다 부각시키려고 하였다. 한편 일본 측은 한국 측의 요구에 대체로 동의하였지만, 인도 시기에 대해서는 문부성의 반대와 국내 여론도 고려해야 했기 때문에 강하게 반대하였다.

6월 15일과 6월 16일에는 6월 13일에 합의된 내용을 바탕으로 구두전달사항을 비롯한 합의문서안에 대한 수정 논의가 이루어졌다. 6월 15일의 회의에서 한국 측은 먼저 구두전달사항의 일본어 표현인 "되도록 빠른 시기에"를 "되도록 빨리"로 수정할 것, 그 표현의 앞에 "한국에게"를 넣을 것, "즉시 인도하는 것이 가능한 것"을 "직접 인도하는 것이 가능한 것"으로 수정할 것을 일본 측에게 요구하였다. 일본 측은 일본어를 정문(正文)으로 하는 것을 조건으로 한국 측의 요구에 동의하려고 하였으나, 한국 측은 일본어는 필요하지 않다고 응수하였다. 일본 측은 외무대신이 일본어로 전달하는 것이 권위가 있으며, 영문은 어디까지나 번역에 지나지 않는다고 주장하였으나, 한국 측은 이에 응하지 않았다. 한편 일본 측은 "immediate"의 가장 적당한 말은 "즉시"라고 설명하였고, 한국 측도 이에 동의하였다.18)

---

18) 「三宅参事官, 崔参事官会談要領」, 1957年 6月15日, 文書番号 : 111.

4. 구두전달사항의 최종합의까지의 교섭 과정

1) 구두전달사항 합의문서에 대한 한국 측의 수정요구

6월의 교섭을 통해 구두전달사항을 비롯한 8개의 합의문서가 작성되었고, 제3차 회담 이후 중단되었던 한일회담이 재개될 것처럼 보였다. 일본 측은 1957년 6월 16일로 예정되어 있었던 기시 수상의 방미 때까지 합의문서에 서명하려고 하였으나, 한국 측이 이에 응하지 않았기 때문에 한일 양국은 합의문서 수정에 대한 논의를 다시 진행하게 되었다.

한국 측은 6월 17일에 기시 수상의 방미 전까지 합의문서를 처리하지 못한 것에 대해 유감으로 생각하고, 국무회의에서 심의하고 있으므로 결정이 나올 때까지 시간이 필요하다고 설명하는 한편,[19] 6월 25일에는 합의문서에 관한 몇 가지 수정을 요구하였다. 이는 한국 정부가 주일대표부에게 보낸 6월 22일자 훈령에 따른 것이었는데, 구두전달사항과 관련해서는 다음과 같은 내용이 제시되어 있었다.

Oral Statement

The Government of Japan will turn over to Korea, at an early possible date, those Korean art objects now in its possession of which the immediate transfer is possible, and for the later transfer of the said objects discussion and settlement will be made at the formal talks.

---

19) 「六月十六日 大野次官と金韓国大使との会談要領等」, 1957年 6月17日, 文書番号
: 686.

이것은 6월 13일에 합의된 구두전달사항과 비교해 보았을 때 상당히 수정된 것이었다. 구두전달사항의 첫 부분인 Aside from 이하의 문장이 삭제되는 한편, and for the later transfer 이하의 문장이 마지막 부분에 새롭게 추가되었다. 한국 정부는 마지막 부분을 추가하는 것으로 재개될 회담에서 문화재 반환 문제를 논의하겠다는 의지를 일본 측에게 강조한 것으로 볼 수 있다.

한국 측이 요구한 합의문서 수정에 대해 일본 측이 응하지 않았고, 이로 인해 약 한 달간 교섭이 중단되었으나, 7월 23일부터 교섭이 재개되었다.[20] 구두전달사항과 관련된 교섭은 7월 31일에 진행되었다. 일본 측은 "미술품 인도에 관한 Oral Statement에서 Aside from 이하를 삭제한 이유는 무엇인가", "이 문제도 김-나카가와 회담에서 여러 가지 경위가 있었으나 원안과 같이 된 것이다", "미술품 문제는 agenda에 없다. 지금까지의 경위로 말한다면 그 점은 큰 변경이 된다. 귀측의 수정으로 이 문제는 정식 회담의 의제가 되는 것이다"라며 한국 측의 수정 요구를 거부하였다.[21]

이후 8월 20일에 두 차례에 걸쳐 교섭이 진행되었다. 한국 측은 오전에 열린 첫 번째 교섭에서 인도될 문화재 이외의 것들도 전면회담에서 논의할 것을 밝혔다. 그러나 일본 측은 이를 반대하면서, 오후에

---

20) 일본 측은 비공식 회담의 재개 경위에 대해 "(필자 주: 한국 측이) 수정을 요구한 것 중에는 단순한 자구 수정에 그치지 않고, 결정된 실질적인 내용을 손대는 것도 있었기 때문에, 우리 측은 이에 응할 수 없다는 태도를 취했다. 그 후 7월 16일에 한국 측은 사무당국과 기술적인 자구 수정만을 얘기하고 싶다는 취지를 제안해 와서, 우리 측은 그 점을 이해하고 7월 23일에 사무절충을 재개"하였다. 이를 통해 한국 측의 수정요구에 응하고 싶지 않다는 일본 측의 입장을 알 수가 있다. 「総理訪米後の日韓交渉の経緯」, 1957年 9月 4日, 文章番号 : 1522.

21) 「板垣アジア局長, 三宅参事官と柳公使, 崔参事官会議要領」, 1957年 7月 31日, 文章番号 : 108.

열린 두 번째 교섭에서 "Aside from the agenda of the overall talks between Japan and the Republic of Korea, the Government of Japan will turn over to the Republic of Korea, at an early possible date, those Korean art objects now in its possession which it find spracticable to deliver to Korea"라는 새로운 안을 제시하였다. 그러나 이 안은 6월의 합의문서와 별반 차이가 없었고, 한국 측의 수정 요구가 거의 배제되었기 때문에 한국 측은 이를 받아들일 수 없었다. 또한 한국 측은 전면회담에서 논의될 청구권에는 고미술품, 즉 문화재 반환 문제도 있기 때문에, 일본 측이 한국 측의 수정안을 받아들일 것을 요구하였다. 그러나 일본 측은 구두전달사항은 전면회담의 의제와는 별개의 문제로 문화재 반환 문제를 다뤄야 할 것이며, 한국 측이 계속해서 수정을 요구한다면 구두전달사항을 철회하자고 강하게 응수하였다. 결국 구두전달사항 수정에 관한 논의는 합의에 이르지 못하였다.

2) 구두전달사항의 최종합의

구두전달사항을 비롯한 6월의 합의문서 수정 논의가 고착된 상황에서, 김유택 주일대사와 후지야마 아이이치로(藤山愛一朗) 외무대신 간의 회담이 11월 27일에 열렸고, 이 회담의 결과가 최종 합의에 이른 12월 29일 회담의 토대가 되었다. 이 회담에서 한일 양국은 서로의 입장에서 한 발씩 물러서면서도 문화재 반환 문제와 청구권 문제 등 자신들의 입장을 각각 관철시키려고 하였다. 한국 측은 "일본 측이 문화재 및 퇴거강제에 관한 한국 측의 수정안을 그대로 받아들인다면, 청구권 수정안에 대해서는 약간의 자구의 수정을 생각해도 괜찮다"고 제안하였고, 일본 측은 "청구권에 대해서는 한 개, 두 개의 작은 자구 수정 이외에는 일절 응할 수 없다. 그러나 한국 측이 청구권에 관한 6월의 원안을 받아들인다면, 문화재 및 퇴거강제에 관한 자구의 수정을 생각해도 된다"라고 제안하였다.22)

12월 29일에 열린 회담에서 한일 양국은 위와 같은 제안에 동의하면서 일본 측은 청구권 문제를 제외한 억류자 석방 문제 및 전면회담 재개에 관한 6월의 합의문서에 대해 한국 측의 수정 요구를 모두 받아들였고, 한국 측은 청구권 문제와 관련된 구상서와 합의 의사록 제4조, 공동 발표를 받아들이기로 하였다.23) 한편 문화재 반환 문제에 관해서는 한국 측의 요구가 받아들여져 아래와 같은 구두전달사항이 합의되었다.24)

Oral Statement

The Government of Japan will turn over to the Republic of Korea, at an early possible date, those Korean art objects now in its possession of which the immediate transfer is possible, and for the later transfer of the said objects discussion and settlement will be made at the overall talks.

한일 양국은 12일 31일에 구두전달사항, 전면회담의 의제를 정하는 합의의사록, 석방될 재일한국인의 처우에 관한 부속양해, 억류자 상호석방에 관한 각서, 전면회담 재개에 관한 각서, 구보타 발언과

---

22) 「十一月二七日の藤山外務大臣と金大使との会談要領」, 1957年 11月29日, 文書 番号 : 115.
23) 『제4차 한일회담 예비교섭, 1956-58 (V.2 1957)』, 프레임 번호 : 1730.
24) 『제4차 한일회담 예비교섭, 1956-58 (V.3 1958.1-4)』, 프레임 번호 : 1977.

대한청구권 철회에 관한 구상서, 공동 커뮤니케 등 8개의 합의문서
에 서명하였다. 이에 따라 제3차 회담을 결렬시킨 구보타 발언과 일
본의 역청구권 문제가 해결되었고, 1958년 3월 1일에 전면회담의 재
개가 합의되었다. 문화재 반환 문제에 대해서는 구두전달사항을 바
탕으로 일본 측이 문화재를 인도하기로 하였다.

5. 구두전달사항에 관한 한일 양국의 인식

한일 양국은 위와 같은 교섭 과정을 거쳐 합의된 구두전달사항과
제4차 회담 개최 직후 인도된 106점의 문화재에 대해 각각 반환과
기증으로 다르게 해석하였다.

한국 정부는 구두전달사항 등 합의된 사항의 이행과 전면회담 재
개를 위한 실무위원회 개최를 주일한국대표부에게 지시하였는데, 문
화재 반환 문제에 관해서는 "일본이 구상서약에 의하여 반환할 한국
예술품의 목록을 1958년 2월 1일까지 확보하도록 하되…", "예술품
의 실제 반환에 있어서도 1958년 2월말까지를 제1차 기한으로 하
되…"로 문화재를 반환받을 것을 지시하였다.25) 한국의 언론 또한
"97종의 문화재, 일본측서 반환",26) "문화재 일부 반환",27) "일본, 4
백종의 목록도 한국에 전달—문화재 97종 우선 반환"28) 등 구두전달
사항을 통한 문화재의 인도를 반환으로 해석하였다.

---

25) 앞의 문서, 프레임 번호 : 2041~2042.
26) 『동아일보』, 1958년 4월 18일.
27) 『경향신문』, 1958년 4월 18일.
28) 『조선일보』, 1958년 4월 18일.

한국 정부의 이러한 인식이 공식적으로 나타난 것은 1958년 6월 13일에 열린 외무부 관계자의 기자회견에서였다. 외무부 관계자는 기자들의 질문에 대해, 한일 양국이 한국미술품의 반환에 대해 구두로 합의하였다, 일본 측의 요청으로 인해 그것을 공표하지 않았다, 106점의 미술품은 주일한국대표부에 보관되어 있다, 일본 측이 제출한 489점의 미술품 리스트를 포함한 문화재 반환 문제는 전면회담에서 논의된다고 답변을 하는 한편, "일본 측은 한국의 미술품을 '기증'으로써 한국에게 인도하였고 앞으로도 그렇게 한다고 말하고 있다. 한국 정부는 이 의견을 인정하는가"라는 질문에 대해 "아니다, 우리가 소유한 권리로서 요구하고 있다"고 말하였다. 즉 한국 정부는 106점의 문화재를 반환의 의미로서 인도받은 것이었다.

반면 일본 정부의 인도에 대한 해석은 기증 또는 증여였다. 1957년 12월 30일에 열린 임시각료회의에서 마쓰나가 도(松永東) 문부대신은 구두전달사항에 대해 "'인도'는 '증여'의 의미로 해석한다. 따라서 증여 품목, 수령 등은 일본 측이 선택·결정하는 것으로 해석한다"[29]고 발언하였고, 대장성도 1958년 4월 15일에 106점의 문화재 인도에 대해 "1957년 12월 31일, 한국에 대한 구두전달사항을 바탕으로 일본 정부가 소유한 한국 미술품에 대해… (중략) … 표본용 물품으로서 한국에게 양여할 수 있는 것으로 해석한다"고 생각하였다.[30]

이러한 인식은 106점의 문화재가 인도된 이후 열린 국회에서도 확인할 수가 있다. 이타가키 오사무(板垣修) 아시아국장은 에 참의원 외무위원회(1958년 5월 31일)에서 문화재 인도에 대해 "일본 측은 호의적인 제스처로서 약간의 것을 상대방에게 증여한다는 것으로 구두의

---

29) 「韓国関係文化財参考資料」, 文化財保護委員会, 1958年 2月6日, 文書番号 : 567.
30) 題目なし, 1958年 4月15日, 文書番号 : 1118.

신사협정을 맺은 것인데…", "한국이 독립을 했고, 그에 대한 하나의
선물로써 일본 측은 호의로 약간의 것을 증여한다는 의사결정이 내
려졌던 것이었다"라고 답변하였다.[31] 즉, 외무성, 문부성, 대장성 등
일본 정부는 106점의 문화재를 기증의 의미로서 한국 측에게 인도했
던 것이다.

이처럼 한일 양국은 구두전달사항과 이를 통해 인도된 106점의 문
화재에 대해 각각 반환과 기증이라는 상반된 해석을 하였던 것이었다.

6. 맺음말

본고에서는 이상과 같이 구두전달사항을 중심으로 한일회담 중단
기의 문화재 반환 문제를 검토해 보았다. 그렇다면 구두전달사항은
한일회담의 문화재 반환 문제, 그리고 한일회담에 있어서 어떠한 의
미가 있는 것일까.

먼저 구두전달사항은 회담 중단기 이후의 문화재 반환 교섭에서
결정적인 역할을 하였다. 본문에서 검토하였듯이 한국 측의 강력한
요구에 의해 "그 외의 한국 미술품의 인도에 대해서는 전면회담에서
토의·논의하기로 한다"라는 표현이 구두전달사항에 삽입되었고, 이
를 바탕으로 제4차 회담에서 문화재소위원회가 개최되었다. 이후 문
화재소위원회는 제7차 회담까지 개최되었으며, 이외에도 제5차 회
담 때부터 개최된 전문가 회의, 그리고 그 개최가 무산되기는 하였으
나 제6차 회담 때의 특별 위원회의 합의 또한 같은 의미로 해석할

---

31) 『第28回国会参議院外務委員会会議録』, 1958年 5月31日.

수가 있다.

그리고 한국 측이 제6차 회담에서 인도를 제안한 것도 이 구두전달사항을 바탕으로 한 것이었다. 한국 측은 제4차 회담에서 제5차 회담까지 다시 반환을 주장하였지만, 제6차 회담을 진행하면서 인도를 제안하였다. 한국 측은 제6차 회담 개최 이전에 문화재 반환 문제 해결 방법의 선택지로써 인도를 상정하고 있었고, 제2차 김종필－오히라 회담(1961년 11월 12일)과 예비교섭(1961년 12월 21일)에서 구두전달사항의 인도를 명목으로 하여 문화재를 반환함으로써 문화재 반환 문제를 해결하자고 일본 측에게 제안하였다. 이후 인도는 반환의 방법으로써 한국 측의 문화재 반환 문제 해결의 기본적인 방침이 된다. 이처럼 구두전달사항은 문화재 반환 문제를 논의하는 틀과 그 해결 방법의 밑바탕이 되었다는 점에서 문화재 반환 문제에 있어서 매우 중요한 의미를 지닌다.

다음으로 구두전달사항은 이후의 한일회담에 있어서 한일 양국이 각각 자국의 입장을 설명할 수 있는 해결 방식을 예상할 수 있게 하는 최초의 공식 합의였다. 한일회담의 큰 특징으로 위와 같은 해결 방식을 들 수가 있는데, 기본관계문제의 큰 쟁점이었던 제2조 구조약 무효확인문제에 있어서 한국 측은 모든 조약이 당초부터 무효라고 해석한 반면, 일본 측은 과거의 조약들은 합법이며 한국이 독립한 시점부터 무효가 되었다고 해석하였다. 청구권 문제에 대해서는 일본 측이 제공한 5억 달러에 대해 한국 측은 청구권 문제를 해결하기 위해 받은 자금이라고 해석하는 반면, 일본 측은 청구권과는 관계없으며 경제협력자금으로써 5억 달러를 제공한 것이라고 해석하였다. 문화재 반환 문제에 대해서도 1,400여 점의 문화재 인도에 대해 한국 측은 반환이라고 해석한 반면, 일본 측은 기증이라고 해석을 하였다. 이와 같이 자국의 입장을 설명할 수 있는 해결 방식에 관한 최초의 공식 합의가 구두전달사항이었던 것이다. 이러한 측면에서 볼 때, 문화재 반환 문제가 한일회담의 타결을 좌지우지하는 결정적인 의제는 아니었지만, 기본관계문제, 청구권 문제 등의 쟁점과 연결된다는 점에서 중요한 의미를 갖는다고 볼 수 있다.

/ 엄태봉

일본의 태평양 도서국 외교

'태평양·섬 정상회의(PALM)'를 중심으로

1. 들어가며

전후 일본 외교를 한마디로 표현한다면 '전방위 외교(全方位外交: All Directions Diplomacy)'라 할 수 있다. 1957년에 발표된 '외교청서'를 통해 일본은 UN 중심외교, 서측 진영의 일원, 아시아 외교를 강조하면서 어느 특정 국가 및 지역, 이념에 편중되지 않는 전방위 외교를 추구하였다.[1] 이러한 일본 외교의 전통을 생각하였을 때 전방위 외교의 대표적인 사례로 들 수 있는 것이 태평양 지역을 중심으로 한 도서국(島嶼國)을 대상으로 한 외교 정책이다.[2] 이러한 일본의 '태평양 도서국 외교'를 잘 나타내고 있는 것이 1997년부터 2018년까지 3년마다 일본에서 개최되고 있는 '태평양·섬 정상회의(Pacific Islands Leaders Meeting: PALM)'이다.

---

1) 外務省, 『わが外交の近況』, 外務省, 1957.
2) 태평양도서국포럼(Pacific Islands Forum: PIF)은 1971년에 독립 후 얼마 지나지 않아서 태평양의 도서국과 호주, 뉴질랜드가 참가해서 발족시킨 지역협력기구이다. 사무국은 피지의 수도 수바(Suva)에 위치해 있다. 본 연구에서 '태평양 도서국'은 PIF 소속 국가 중 호주, 뉴질랜드를 제외한 도서국을 말한다. 호주, 뉴질랜드는 태평양 도서국의 '역외국'으로 분류한다.

일본은 사방이 바다로 둘러싸인 '해양국가'이기 때문에 과거부터 바다를 통한 국가 발전의 길을 찾아왔다. 전후 일본의 요시다 노선 (吉田路線)은 평화헌법의 제한 속에 '통상국가' 일본의 모습을 제시하였는데 그 중심에는 바다를 통한 교역이 있었다. 또한 1990년대 이후 보통국가화의 흐름에서 에너지 수송의 안전을 확보하기 위한 해양수송로(예를 들어 남중국해 등) 확보는 일본의 국가이익에 직결되는 문제였다. 특히 2012년 다시 정권을 잡은 아베(安倍晉三) 정부는 해양의 중요성을 강조하고 있다. 아베 수상 본인이 취임 직전에 발표한 논문에서 인도-일본-미국(하와이)-호주로 이어지는 '다이아몬드 안보 구상'을 통해 지금의 '자유롭고 개방된 인도태평양 전략'의 기본 구상을 밝힌바 있다.3) 여기에는 일본의 보통국가화를 추구하면서 '적극적 평화주의'에 기반한 국제공헌의 확대를 기본적으로 해양전략을 통해 실현하겠다는 인식이 존재한다.

한국 내에서 일본의 태평양 도서국 외교에 관한 기존 연구는 현대송, 박영준의 연구가 대표적이다.4) 현대송은 일본의 대태평양 도서국 외교를 일본의 ODA 정책과의 연관성 차원에서 분석하고 있고, 박영준은 남태평양 지역의 전략적 중요성이 재인식되면서 한중일 3국의 남태평양 도서국에 대한 외교경쟁 양상과 향후 한국의 전략적 대응방안을 제시하고 있다.

---

3) Shinzo Abe, "Asia's Democratic Security Diamond", *Project Syndicate*, December 27, 2012, https://www.project-syndicate.org/commentary/a-strategic-alliance-for-japan-and-india-by-shinzo-abe?barrier=accesspaylog (2019년 1월 5일 검색).

4) 현대송, 「일본의 해양 정책: 태평양 도서국과의 관계를 중심으로」, 『Ocean and Polar Research』 제35권 4호, 2013, 355-371쪽.; 박영준, 「동아시아 국가들의 태평양 쟁탈전: 한국, 일본, 중국의 남태평양 도서국가 외교」, 『Ocean and Polar Research』 제35권 4호, 2013, 373-381쪽.

본 연구는 전후 일본의 태평양 도서국 외교를 제1차-8차까지의 PALM을 분석사례로 설정하여 설명하는 것을 목적으로 한다. 제2장에서는 태평양 도서지역에 대한 설명과 이 지역에 대한 일본의 남태평양 정책을 살펴본다. 제3장에서는 1997년부터 2018년까지 개최된 PALM을 네 시기로 구분해서 분석한다. 제1시기는 제1-2차(1997, 2000) PALM이며 태평양 도서국과의 관계 증진을 통한 일본 외교의 지평 확대를 위한 시작이라고 할 수 있다. 제2시기는 제3-4차(2003, 2006) PALM이며 태평양 도서국에 많은 영향을 끼치는 호주와 뉴질랜드의 정식 참여를 통한 확대기로 규정한다. 제3시기는 제5차(2009) PALM이며 일본이 '태평양환경공동체' 구상을 통해 일본과 태평양 도서국의 대등한 파트너십을 모색한 시기이다. 제4시기는 제6-8차 (2012, 2015, 2018) PALM이며 이전까지 환경, 개발원조 분야의 협력에서 중국을 견제하고 북한 위협에 공동 대응하는 안보 분야 협력으로 일본과 도서국 간의 일체감을 확산시키려는 시기이다. 마지막 결론 부분에서는 일본의 PALM을 통한 태평양 도서국 외교가 한국이 추진하고 있는 신남방정책에 주는 함의를 제시하고자 한다.

2. 일본의 태평양 도서국 외교

1) 태평양 도서지역

태평양 도서지역은 약 3만 5천년 전부터 사람이 정착해서 살기 시작했고, 대항해시대인 16세기부터 세계사에 등장하였다. 1962년 사모아의 독립을 시작으로 차례차례 여러 독립국가가 탄생하였다. 태평양 도서지역은 12개 국가와 2개 지역으로 구성된다. 약 600만 명

(면적 약 46만㎢)인 파푸아뉴기니부터 1,500명 정도인 니우에(면적 약 260㎢)까지 인구, 면적도 다양하다. 언어는 영어를 공용어로 사용하는 국가가 많지만, 수많은 언어, 민족·부족이 존재한다. 또한 소득 수준도 주요 산업과 천연자원의 유무에 따라 경제개발협력기구(OECD)의 개발원조위원회(DAC) 분류에 의한 고중(高中)소득국부터 후발개발도상국(LDC)까지 차이가 있다. 정치체제도 입헌군주제, 공화제, 대통령제가 있으며, 지방제도도 팔라우와 같이 전통적인 수장 제도가 존재하는 국가도 있다.

이처럼 태평양 도서지역은 정치, 사회, 경제적으로 다양하다. 이 지역은 이전부터 멜라네시아, 폴리네시아, 미크로네시아 등 3개 지역으로 구분되어 왔지만, 반드시 인종·문화적으로 3개 지역으로 구분되는 것도 아니다.

일본과 태평양으로 연결되어 있는 태평양 도서국에는 사회적 제도와 관습 등 여러 공통점이 발견되는데 예로부터 일본과 태평양 도서국 사이에는 다양한 인적 교류가 있었다. 메이지 이후에는 노동이민자로서 수많은 일본인이 태평양 도서지역으로 건너갔다. 특히 일본의 위임통치를 경험한 미크로네시아 지역에는 일본에서 유래한 물품과 일본어가 지금도 남아있다.[5]

태평양 도서국의 정상과 각료는 빈번하게 일본을 방문하고 있으며, 2014년 7월에는 아베 수상이 파푸아뉴기니를 방문하였다. 일본과 남태평양 지역은 전후 오랜 기간에 걸쳐 우호관계를 구축해왔고, 남태평양 도서국들의 일본에 대한 호감도도 매우 높다. 그 배경에는 미크로네시아를 중심으로 한 전전(戰前)의 위임통치 시대부터 계속된 역사적

---

5) 外務省, 「日本と太平洋の島国」, 2018, https://www.mofa.go.jp/mofaj/files/000068954.pdf (2019年 1月 5日 検索).

인 관계와 제2차 세계대전 이후 독립한 도서국에 일본이 사회·경제 인프라 정비를 지원한 정부개발원조(Official Development Assistance: ODA) 외교를 들 수 있다. 또한 일본은 '태평양 도서국 리더 교육지원 프로그램(Pacific Leaders' Educational Assistance for Development of State: Pacific-LEADS)'과 같은 프로그램을 통해 청소년 교류도 활발히 진행하고 있다.

일본 입장에서 태평양 도서국이 중요한 이유는 다음과 같이 열거할 수 있다. 첫째, 역사적으로 친일적인 국가들이다. 앞서 언급했듯이 일본과 도서국들 간의 활발한 인적 교류로 대체로 많은 사람들이 친일적이다. 미크로네시아 지역을 중심으로 다수의 일본계 주민들이 존재하고 대통령을 비롯해 정재계에 지도자를 배출하고 있다. 둘째, 국제사회에서 일본의 파트너이다. 유엔을 비롯해 국제사회에서 다양한 조직과 활동에서 일본의 입장을 지지하고 있다. 셋째, 자원(수산, 광물, 에너지 등)의 중요한 공급지이며 해상수송로이다. 중서부 태평양 수역은 일본의 참치, 다랑어 등 어획량의 60%를 차지하는 중요한 어장임과 동시에 자원의 중요한 수송로이다.[6]

즉, 태평양 도서국은 일본에게 있어 어업, 목재 등 공급지일뿐만 아니라 중요한 해상교통로이다. 무엇보다 귀중한 지구공공재인 '태평양'을 일본과 공유하고 있다는 점이 중요하다. 또한 유엔에서 13표를 갖는 등 국제기구에서도 일정한 발언권을 가진다는 점에서 일본의 외교정책에서 중시하지 않을 수 없는 대상이다.[7]

---

6) 外務省,「日本と太平洋の島国」, 2018, 2쪽, https://www.mofa.go.jp/mofaj/files/000068954.pdf (2019年 1月 5日 檢索).

7) 기타오카 신이치(北岡伸一)는 일본이 유엔 안보리 상임이사국이 되기 위한 접근법으로 기존의 경제협력을 중심으로 한 조용한 접근법이나 인간 안보라는 개념이 평화의 정착에 있어 중요하다고 강조한다. 기타오카 신이치 지음(조진구 옮김),

반면에 일본이 인식하고 있는 태평양 도서국이 직면하고 있는 어려움과 과제, 즉 3개의 취약성은 다음과 같다. 첫째, 국토가 협소하고 분산되어 있다는 점이다. 인구가 적기 때문에 국내시장이 작고, 국토가 광대한 해양에 흩어져 있다. 둘째, 국제시장으로부터 떨어져 있다는 점이다. 태평양 도서국은 지리적 특성상 주요 국제시장에서 멀리 떨어져 있기 때문에 수송 비용이 많이 든다는 약점이 있다. 셋째, 자연재해와 기후변동 등 환경 변화에 취약하다. 지구온난화에 따른 해수면 상승의 영향을 받기 쉽고, 지진이나 태풍 등 자연재해가 많이 발생한다.[8]

일본은 태평양 도서국이 직면하고 있는 다양한 문제를 정상 레벨에서 의견 교환을 통해 긴밀한 협력관계를 구축하면서 일본과 태평양 도서국 관계를 강화하기 위해 1997년부터 3년마다 정상회의(PALM)를 개최하고 있다.

2) 일본의 남태평양 정책

일본은 전전인 1920년부터 45년에 걸쳐 당시 국제연맹의 위임으로 태평양 섬들을 통치하였다. 일본은 태평양 국가들 중에서 팔라우 공화국, 미크로네시아 연방, 마셜제도 공화국이 존재하는 일대를 '남양(南洋)'이라고 부르며 자신들의 통치 아래에 놓았다. 당시 일본인들은 '남양'을 무대로 다양한 경제활동을 전개하였다. 미크로네시아 연방의 초대 대통령이었던 도시오 나카야마(Tosiwo Nakayama) 대통령, 팔라우 공화국의 5대 대통령인 구니오 나카무라(Kuniwo Nakamura)

『유엔과 일본외교』, 전략과 문화, 2009, 77쪽.

8) 外務省, 「日本と太平洋の島国」, 3쪽.

대통령과 같은 일본계 인사가 주요 리더가 되었다. 지금도 지역 인구의 약 20%가 일본계이며 역사적 인연이 깊다.

　일본이 태평양 도서국과 협력을 추진하는 이유는 이들 국가들이 일본과 '해양국가'로서의 '정체성'을 공유하고 있기 때문이다. 일본은 바다로 둘러싸인 '해양국가'이다. 일본이 경제적으로 번영하기 위해서는 해양을 이용한 교류 및 무역이 필요하다. 특히 자유무역에 기반한 경제발전, 지구환경 보전, 에너지 확보라는 조건은 다른 국가들과의 관계를 중시할 수밖에 없게 만드는 이유이다.

　이러한 사정은 태평양 도서국도 마찬가지이다. 이러한 '해양국가'라는 공통의 사정을 안고 있는 국가들을 상대로 공통의 문제에 대처하면서 협력을 강화해나가는 것이 일본의 이익으로 이어진다. 무엇보다 일본이 중국이나 북한과 같은 대륙 국가들과 상대할 때는 상당한 심리적 긴장을 벗어날 수 없지만, 태평양 도서국과의 협력 증진은 이러한 긴장을 완화하는 역할도 제공한다. 과거 사쿠라다 준(桜田淳) 게이오대 교수는 타이완을 거쳐 과거 '남양'이라 불린 국가들을 잇는 라인이 일본의 새로운 '생명선'이 될 것이며, 이러한 생명선을 보전하려는 시도가 일본의 외교정책에서 중요하게 될 것이라고 예상하였다.[9]

　1960년대 이후 태평양 도서국이 차례차례 독립하면서 일본은 태평양 외교의 일환으로 태평양 도서지역과의 관계 강화를 전개해 나간다. 일본 외무성은 태평양 지역의 일원으로서 태평양 도서국의 안정과 번영을 위해 인적 교류 등을 통한 우호 증진과 함께 경제·기술 협력 등을 통해 적극적으로 지원한다는 인식을 나타내고 있었다(外務省戦後外交史研究会 1982, 213).[10] 그렇지만 1980년대 이전까지 일본

---

9) 櫻田淳, 「『太平洋·島サミット』を成功させよ」, 『産経新聞』 2000.3.25.
10) 外務省戦後外交史研究会編, 『日本外交30年: 戦後の軌跡と展望』, 世界の動き

외교에서 태평양 도서 지역은 어업자원 확보라는 점을 제외한다면 그다지 중시되지 않았다.[11]

1980년대 이후 일본은 신냉전 체제 아래 미국과의 관계 강화를 추진하면서 '환태평양'이라는 지역의 협력관계 강화 움직임을 보였다. 특히 1982년에 취임한 나카소네(中曽根康弘) 수상은 이 지역에 대한 적극적인 외교자세를 보였다.[12] 특히 구라나리(倉成正) 외무상은 1987년 1월에 태평양 도서국 중 하나인 피지를 방문하여 '태평양미래사회를 향하여'라는 연설을 통해 향후 일본의 '대양주외교 5원칙(일명 '구라나리 독트린')'을 발표하였다. 전후 최초의 태평양 도서지역에 대한 외교정책이라 할 수 있는 구라나리 독트린은 향후 일본의 태평양 도서국에 대한 기본정책을 표명한 것으로 ①도서국의 독립성과 자립성의 존중, ②지역협력 측면적 지원, ③태평양지역이 '평화롭고 안정된 지역'으로 계속될 수 있도록 협력, ④경제적 번영을 위한 지원, ⑤인적 교류의 촉진 등을 표명하면서 태평양 도서국으로부터 많은 지지를 얻었다.[13] 또한 일본은 1989년부터 남태평양 포럼(South

---

社, 1982.

11) Rix, A., "Japan's Foreign Aid Policy: A Capacity for Leadership?", *Pacific Affairs*, Vol. 62, No.4, Winter, 1989~1990, 461~475쪽; Tarte, S., *Japan's Aid Diplomacy and the Pacific Islands*, National Centre for Development Studies, Research School of Pacific and Asian Studies, Australian National University, 1998.

12) 나카소네는 이전부터 해양국가 일본이라는 의식이 머리 속에 있었고, 이런 의미에서 태평양국가들과의 연계가 중요하다고 인식하고 있었다. 또한 태평양 협력을 주장한 것은 한중, 아세안과의 관계 강화를 완수하고, 다음 차례로 태평양으로 협력관계를 역점을 옮긴다는 의미가 있었다고 말한다. 中曽根康弘, 『中曽根康弘が語る戦後日本外交』, 新潮社, 2012, 396~397쪽.

13) 사사카와평화재단(笹川平和財団)은 1988년 8월에 구라나리를 의장으로 한 '태평양도서국회의'를 개최하면서 PALM 형성의 기반을 다졌다.

Pacific Forum)과 역외국과의 정책을 협의하는 '남태평양 포럼 역외국 대화'에 제1차 회의부터 참가하였고, 이후 부대신급 대표를 매년 파견하였다.

이러한 일본의 태평양 도서지역에 대한 관심은 최근 아베 정부에서도 계속되고 있다. 아베 정부는 2014년부터 2년간을 목표로 아베 수상이 남태평양 국가들을 방문한다는 방침을 세웠다. 아베 수상은 2014년 7월에 뉴질랜드, 호주 및 파푸아뉴기니를 방문하였다. 특히 아베 수상의 파푸아뉴기니 방문은 1986년 나카소네 수상의 피지, 파푸아뉴기니 방문 이후 29년만의 현직 수상 방문이었다.[14]

한편 태평양 도서지역은 일본 천황[15]이 제2차 세계대전의 격전지였던 장소를 방문하는 '위령 외교'의 중요한 지역이다. 평소 '국제친선은 사람과 사람의 상호이해'라는 생각을 갖고 있는 아키히토(明仁) 천황은 '전후 70년 위령'의 의미로 2015년 4월 팔라우를 방문하였다. 4월 8일에 열린 팔라우 정부가 주최한 만찬에서 천황은 "(태평양) 전쟁에서 사망한 모든 사람들을 추도하고, 유족이 걸어온 고난의 길을 헤쳐 나가고 싶습니다"라고 말하였다.[16]

이렇게 일본은 태평양 도서국 순방 및 위령이라는 정상 외교와 황실 외교를 통해 태평양 도서국과의 외교관계를 강화하고 있으며, 이러한 관계를 더욱 깊게 하고 있는 것이 바로 '태평양·섬 정상회의'

---

14) 平和・安全保障研究所編, 『再起する日本 緊張高まる東, 南シナ海』, 朝雲新聞社, 2014, 252쪽.

15) 한국 내에서 일왕(日王), 덴노(天皇)로도 표기되는 천황(天皇) 호칭 문제는 여전히 논란의 소지가 많다. 미래지향적 한일 관계를 위한 상대국 존중의 관점에서 저자는 본 연구에서 '천황', '황실'이라는 용어를 사용한다.

16) 천황은 2005년에는 '전후 60년 위령'의 의미로 사이판을 방문하여 일본군 전몰자 및 사이판 희생자를 위령하였다. 北野隆一, 「天皇, 皇后両陛下の外国訪問とおことば」, 『朝日新聞』 2018.10.3.

개최이다.

3. '태평양·섬 정상회의(PALM)'의 전개

1) 일본의 남태평양 외교지평 확대(제1-2차 PALM)

제1차 PALM은 1997년 10월 도쿄에서 개최되었다. 일본이 PALM을 개최하게 된 중요한 계기는 1996년에 있었던 유엔 안전보장이사회 비상임이사국 선거였다. 일본 정부는 태평양 도서지역이 일치단결해서 일본의 비상임이사국 선출을 지지한 것을 확인하고 태평양 도서지역 외교의 중요성을 인식하게 되었다.

또한 당시 일본과 연관된 해양을 둘러싼 문제가 주목을 끌기 시작했다. 특히 어업권을 둘러싸고 한국, 타이완, 중국 등의 진출이 두드러지기 시작했다. 중동으로부터의 석유 수입에 더해 우라늄 원료를 운반하는 중요한 해양수송로로서 인식하게 되었다. 즉 일본 정부는 이러한 식량과 자원 안보 차원에서 태평양 도서지역의 중요성을 재확인하고, 지속적인 관계 강화를 유지하기 위한 회의를 검토하기 시작하면서 당시 하시모토(橋本龍太郎) 수상의 주도로 제1차 PALM이 개최되었다.

제1차 PALM에는 남태평양 포럼의 태평양 도서국 정상 대부분이 참석하였다. 일본 정부도 구라나리 독트린을 주축으로 한 태평양 외교정책을 확인하고, ①태평양 도서국의 경제 현황, ②동지역의 개발·경제협력, ③동지역의 어업관리·지구온난화대책, 핵폐기물처리문제에 대해 토의하였고, 일본과 남태평양 지역의 인적 교류 확대를 추진하기로 결정하는 공동선언을 채택하였다. 무엇보다 하시모토 수상이 PALM을 향후 2–3년마다 정기적이고 지속적으로 개최해나 가기로 약속했다는 점이 중요했고, 이후 일본과 태평양 도서국의 외교관계를 발전시켜 나가는 중심적 역할을 한 회의였다.[17]

　제2차 PALM은 2000년 4월 미야자키(宮崎)에서 개최되었다. 정상회의에서는 '태평양 프론티어 외교'가 제창되었는데 이 외교방침은 일본이 글로벌화에 따른 여러 문제에 대응해야 하며, '청년', '바다', '미래'를 키워드로 포괄적이고 적극적인 대태평양 도서국 외교를 전개해야 한다고 주장하였고, 그 구체적인 대응을 '미야자키 이니셔티브'로 발표하였다.[18] 특히 1차 회의와 달리 모리(森喜朗) 수상이 도서국 정상들과 함께 3일 동안 정상회의부터 관련 행사까지 모두 참석한 점은 각국 정상으로부터 높은 평가를 받으면서 PALM의 중요성을 정상들에게 인식시키는 계기가 되었다.[19]

　'태평양 프론티어 외교'는 일본이 당시 중앙아시아 국가들과 교류 활성화를 추진한 '유라시아 외교'와 함께 일본 외교지평을 확대하였을 뿐만 아니라 지금까지 명확한 해양전략을 갖지 못 했던 일본이 방향성을 제시한 계기가 되었다.

---

17)　黒崎岳大, 「太平洋島嶼国に対するドナー国の外交戦略:『太平洋・島サミット』に見る日本の太平洋島嶼国外交を中心に」塩田光喜編, 『グローバル化とマネーの太平洋』, アジア経済研究所, 2012, 155–156쪽.

18)　黒崎岳大, 「太平洋島嶼国に対するドナー国の外交戦略:『太平洋・島サミット』に見る日本の太平洋島嶼国外交を中心に」, 156–157쪽.

19)　제1차 PALM 당시 하시모토 수상은 국회 심의를 이유로 주최자임에도 불구하고 회의에 참석하지 않았기 때문에 참가국으로부터 비판을 받았다.

〈표 1〉 태평양·섬 정상회의(PALM)의 발자취

날짜	명칭(장소)	특징
1987년 1월	구라나리 독트린 (5원칙) 발표	①독립성·자주성 존중 ②지역협력 지원 ③정치적 안정 확보 ④경제적 협력 확대 ⑤인적 교류 촉진
1997년 10월	제1차 PALM 개최 (도쿄)	
2000년 4월	제2차 PALM 개최 (미야자키)	'태평양 프론티어 외교' 제창과 '미야자키 이니셔 티브' 발표
2003년 5월	제3차 PALM 개최 (오키나와)	지역개발전략 '오키나와 이니셔티브' 중점 5개 분 야에 있어 일·PIF 공동행동계획 책정
2006년 5월	제4차 PALM 개최 (오키나와)	'보다 강하고 번영하는 태평양 지역을 위한 오키 나와 파트너십' 구축과 PIF의 자조노력을 강조한 '퍼시픽 플랜'에 대한 일본의 지원책을 발표
2009년 5월	제5차 PALM 개최 (홋카이도)	①환경·기후변동문제 ②인간의 안전보장 시점 을 감안한 취약성의 극복 ③인적교류 강화에 대해 논의하고, '홋카이도 아일랜디즈 선언'을 채택
2012년 5월	제6차 PALM 개최 (오키나와)	'오키나와 키즈나 선언' 채택, 3년간 최대 5억 달러 지원을 표명
2015년 5월	제7차 PALM 개최 (후쿠시마)	'후쿠시마·이와키 선언: 함께 만드는 풍족한 미 래'를 발표, 향후 3년간 550억엔 이상 지원과 4,000명의 인적 교류지원 시행을 표명
2018년 5월	제8차 PALM 개최 (후쿠시마)	

출처 : 外務省, "日本と太平洋の島国", 참조 및 저자 재구성

2) 호주, 뉴질랜드와의 협조(제3–4차 PALM)

제3차 PALM은 2003년 5월 오키나와(沖繩)에서 열렸고, 중요 5분야에 관한 일·PIF 공동행동계획인 '오키나와 이니셔티브'를 책정하였다. 특히 정상회담이 이들 도서국가들과 낙도(落島) 지역이란 공통점을 갖는 오키나와에서 개최되었다는 점에서 의미가 있었다. 오키나와의 경험은 참가국들이 개발을 추진하는 데 모범 사례로서 평가

되었기 때문이다.

무엇보다 3차 PALM의 가장 큰 특징은 '일본·호주·뉴질랜드에 의한 공동선언'이 채택된 것이다. 이 공동선언은 '오키나와 이니셔티브'를 실현시켜 나가기 위해 3개국이 효과적으로 조정해서 협력해야 할 점을 명시했다는 점이 중요하다. 이들 3개국이 태평양 도서국에 대한 총 원조 규모가 60% 이상을 차지하고 있다는 사실은 3개국 협력에 의한 원조 및 지원의 필요성을 나타낸다. 제2차 PALM까지는 일본과 태평양 도서국 간에 개발을 중심으로 토의가 진행되었고, 정상회의에서도 외무장관이나 차관급을 파견했던 호주와 뉴질랜드가 존재감을 높이려는 의도가 나타났다. 이러한 변화에는 당시 국제정세의 변화에 따른 일호 관계 및 호주의 정책 변화가 있었다.[20]

호주는 남태평양 지역의 안보 정책을 중시하면서 PALM에 대한 관여를 강화하는 정책을 추진하였다. 일본 입장에서도 자위대의 이라크 지원을 수행하면서 호주가 방위를 담당하게 된 것을 계기로 이전까지 자원의 공급지로서 경제관계 중심의 일호 관계에서 외교안보를 중시하는 양국 관계로 발전하게 되었다. 이처럼 호주, 뉴질랜드의 참여가 확대되었지만 그렇다고 이 상황을 태평양 도서국이 호의적으로 생각한 것은 아니었다. 제3차 PALM에서 나우루(Nauru)의 불참과 미크로네시아 등 4개국이 대리참석한 것은 이러한 자세를 나타낸다.

한편, 일본은 1990년대 이후 장기침체가 계속되는 가운데 1991년부터 계속된 ODA 거출액 세계1위 지위를 2001년에 미국에 양보하게 되었다. 이와 같은 재정 상황에서 ODA 지원의 새로운 방침을 나타내는 용어가 '원조협조'와 '선택과 집중'이었다. 이러한 방침은 '원조

---

20) 黒崎岳大, 「太平洋島嶼国に対するドナー国の外交戦略:『太平洋・島サミット』に見る日本の太平洋島嶼国外交を中心に」, 157쪽.

협조'라는 관점에서 호주, 뉴질랜드와의 원조지원에 대한 협조, '선택과 집중'의 관점에서 태평양의 작은 도서국들이 중심이 되면서 '다자간 협조에 의한 광역 지원'이라는 형태로 나타났다.[21]

제4차 PALM은 2006년 5월에 다시 한 번 오키나와에서 개최되었다. 여기에서는 제3차 PALM의 성과인 '오키나와 이니셔티브'에 대한 리뷰와 '보다 강하고 번영하는 태평양 지역을 위한 오키나와 파트너십(이하 '오키나와 파트너십')'을 채택하면서 일본의 지원책을 발표하였다. 특히 제4차 PALM에서는 처음으로 3년 동안 450억엔 규모의 지원이라는 구체적인 지원액을 제시했다는 점이 특징이다.

'오키나와 파트너십'은 PIF의 지역전략인 '퍼시픽 플랜'에 따른 자조노력을 지원하는 것으로서 중점과제로 '경제성장', '지속가능한 개발', '좋은 통치', '안전 확보', '사람과 사람과의 교류' 등 5가지를 설정하였다. 당면 목표로 향후 3년간 총 450억엔 규모의 무상원조를 중심으로 하는 협력을 약속하였다. 실제로 일본의 지원은 수산, 교육, 보건·의료, 운송 등 분야를 중심으로 무상자금협력 및 기술협력(전문가 파견, 연수원 수입 등)을 진행하였다. 최근에는 감염병 대책과 예방접종사업 강화, 폐기물 대책에 대한 협력이 진행되고 있다.[22]

또한 제4차 PALM은 제3차 정상회의에 이어 호주의 존재감이 증가하였다. 특히 '오키나와 파트너십' 채택의 기반이 된 2005년 PIF 총회에서 채택된 '퍼시픽 플랜'은 호주 외교부 출신의 PIF 사무국장의 리더십이 많은 역할을 했다는 점에서 호주, 뉴질랜드의 영향력을

21)　黒崎岳大, 「太平洋島嶼国に対するドナー国の外交戦略:『太平洋・島サミット』に見る日本の太平洋島嶼国外交を中心に」, 157-158쪽.

22)　外務省, 「太平洋島嶼国国別評価報告書」 2009年 3月, 15쪽(第3章), https://www.mofa.go.jp/mofaj/gaiko/oda/shiryo/hyouka/kunibetu/gai/pacific/kn08_01_index.html (2019年1月5日検索).

쉽게 확인할 수 있다. 이러한 움직임에 대해 일본 정부도 태평양 도서지역과의 관계를 생각할 때 호주의 중요성을 재인식하게 되었고, 이 지역의 '안정과 발전을 양국 공통의 이익이며, PALM도 정치분야에서 일호협력의 한 가지 예'라고 인식하고 있었다.[23]

3) 일본과 태평양 도서국의 대등한 파트너십(제5차 PALM)

2009년 5월에 개최된 제5차 PALM은 향후 일본이 태평양 도서국 외교를 어떻게 추진해 나갈 것인지를 나타내는 중요한 계기가 되었다. 제5차 PALM에서는 '태평양환경공동체' 구상이 발표되었고, 'We are Islanders 환경으로 풍족한 태평양'이라는 슬로건 아래 지구온난화 대책, 인간의 안전보장을 중심으로 한 지원, 인간과 인간의 교류 확대라는 3가지 주제에 대해 논의하고 이를 바탕으로 '홋카이도 아일랜더즈 선언'을 채택하였다. 이 선언에서 일본은 환경지원을 위한 68억엔의 기금 설립과 함께 3년간 500억엔 규모의 지원을 약속하였다. 또한 '키즈나(연대) 플랜' 아래 인적 교류사업의 확대 및 다각화, 태평양 도서국 지역에 대한 관광 촉진을 검토하는 '태평양관광촉진 포럼' 설치를 결정하였다.

태평양환경공동체는 2008년 10월부터 2009년 3월까지 총 6차례 열린 '제5차 PALM에 관한 유식자간담회'에서 논의되었다.[24] 특히 4차 간담회에서 일본과 태평양 도서국이 '동등한 파트너(equal parter)'로서 서로가 공동으로 노력하는 틀을 형성하는 '태평양환경공동체'

---

23) 浅利秀樹, 「対豪政策、三つの柱: 包括的な戦略的関係の構築に向けて」, 『外交 フォーラム』, 2006年 6月号, 37쪽.
24) 간담회는 태평양 도서지역과 경제지원 전문가(학자) 3명, 언론계 1명, 기업관계자 1명, NGO 1명 등 총 6명으로 구성되었다.

를 제안하였다.

하지만 '태평양환경공동체'는 언론을 통해 공개되면서 애초에 유식자간담회에서 제안한 의도와 완전히 일치하지 않는 내용으로 알려졌다. 즉, '태평양환경공동체' 구상이 '환경, 지구온난화' 대책과 연관되어 보도되었지만, 이 구상이 제창하고 있는 공동체는 '환경, 지구온난화' 등 기후변동과 같은 환경 문제에만 한정된 것이 아니다. '태평양환경공동체' 구상은 태평양을 공유하는 파트너인 일본과 PIF가 속하는 공동체를 구축하는 것을 목적으로 한다는 점이 중요하다. 특히 '동등한 파트너'라는 점을 중시하고 있다는 것을 배경으로 PIF 역외국이며 지배적 입장을 갖고 있는 호주, 뉴질랜드의 영향력을 감소시키는 지역통합조직을 형성하려고 했다는 점이 중시되고 있다. 또한 일본과 태평양 도서지역이 경제지원을 제공하는 국가와 제공받는 국가라는 일방향적인 관계로 취급되지 않고, 동일한 문제를 공유하는 관계로 하는 것을 중시했다고 이해해야 한다.[25]

하지만 '태평양환경공동체' 구상을 제시하는 과정에서 제5차 PALM에서 제시한 68억 엔에 달하는 PIF 국가들에 대한 기후변동기금이 발표되면서 태평양환경공동체 자체가 지구온난화와 기후변동을 염두에 둔 협의의 '환경문제' 대책을 위한 공동체로 강하게 인식되었다.

4) 중국 견제 중심으로 변용(제6-8차 PALM)

2000년대 이후 중국은 남태평양 국가들에 대한 경제 진출을 활발

---

25) 黒崎岳大, 「太平洋島嶼国に対するドナー国の外交戦略: 『太平洋・島サミット』に見る日本の太平洋島嶼国外交を中心に」, 159-160쪽.

히 전개하고 있다. 즉 중국은 기업 진출을 적극적으로 추진하고 있을 뿐만 아니라 압도적인 경제력을 배경으로 한 원조 공세를 통해 이 지역에 대한 영향력을 확대하고 있다. 2006년부터 2011년까지 5년 동안 중국의 이 지역에 대한 원조 총액은 8억 5,000만 달러에 달하였고, 이는 호주, 미국 다음의 규모이다.[26] 중국의 존재가 남태평양 지역에서의 호주와 미국의 지위를 위협하고 있는 실정이다. 앞서 언급한 제5차 PALM에서 일본은 3년에 걸쳐 총 500억엔의 지원을 표명하였다. 당시 아소(麻生太郎) 수상이 태평양 국가들 중시의 자세를 선명히 한 것은 이들 국가들에 대한 중국의 진출을 견제하면서 역사적, 경제적으로 긴밀한 관계를 유지하려는 목적이 있었다.

'평화의 바다' 태평양은 새로운 질서 형성을 둘러싼 파워게임의 무대가 되고 있다. 원래 태평양 도서지역은 역사적으로 미국과 호주의 영향력이 강했다. 최근 남태평양 지역을 둘러싸고 영향력을 확대하고 있는 중국과 이를 견제하려는 미국, 영국, 일본, 호주 등의 관계가 복잡해지고 있다.

호주 언론은 2018년 4월, 중국이 바누아투(Vanuatu) 공화국의 항만설비를 확장공사하고 있는 가운데 이 설비의 군사기지화를 바누아투 정부와 협의하고 있다고 전했다. 양국 정부의 부인에도 불구하고 특히 호주는 우려하고 있다. 남태평양의 많은 국가들은 중국에 의한 '채무 트랩(debt trap) 외교'로 불리는 대중국 채무의 덫에 빠질 위험성이 높다. 바누아투는 약 2억 호주달러의 대중국 채무가 있다고 전해지는데 이는 바누아투 대외채무의 절반을 차지하며, GDP 대비 22%, 정부재정 대비 74%에 이른다. 채무 반납이 어려워진 바누아투

---

26) 平和·安全保障研究所編, 『再起する日本 緊張高まる東, 南シナ海』, 251쪽.

정부가 중국의 군사기지화를 포함한 다양한 요구를 받아들일 수밖에 없는 상황이 발생할 가능성이 있다(平和・安全保障研究所 2018, 243).

　최근에는 과거에 이 지역과 연관이 깊은 영국도 남태평양 지역에 방위협력, 무역, 투자 분야에서 적극적으로 관여한다는 자세를 나타내고 있다. EU 탈퇴를 앞둔 영국은 남태평양 지역의 3개국에 새로운 고등판무관사무소를 설치하면서 남태평양 지역 회귀를 노리고 있다.[27]

　한편 2012년 12월, 제2차 아베 내각 성립과 함께 정권을 잡은 아베 수상은 2016년 8월 케냐 나이로비에서 열린 제6차 아프리카개발회의(TICAD)에서 '자유롭고 열린 인도태평양 전략(이하 '인도태평양 전략')'을 발표하였다.[28] 일본은 인도태평양 전략에서 쿼드(Quad) 국가, 즉 미국, 일본, 인도, 호주 간 안보 협력 강화를 지지하고 있다. 즉 일본 입장에서 인도태평양 개념은 호주와 준동맹국 수준으로 전략적 연대를 더욱 강화하는 개념이다. 또한 인도태평양 지역의 국제관계에서 강대국간 외교뿐만 아니라 호주와 같은 지역의 유력한 '스윙 스테이트(swing state, 경합국가)'와의 관계를 일본 외교에서 중요하게 생각한다.[29] 일본은 호주와 같은 스윙 스테이트를 자유롭고 개방된, 그리고 규칙에 기반한 질서 형성을 위한 협력 국가로 규정한다.[30]

---

27) 平和・安全保障研究所編, 『激変する朝鮮半島情勢 厳しさ増す米中競合』, 朝雲新聞社, 2018, 243쪽.

28) 外務省, 「TICAD VI開会に当たって・安倍晋三日本国総理大臣基調演説」, 2016, https://www.mofa.go.jp/mofaj/afr/af2/page4_002268.html (2019年 1月 5日 検索).

29) 원래 '스윙 스테이트'는 미국 대선에서 민주당과 공화당의 지지가 백중세일 때 어느 당의 후보도 찍을 수 있는 주(州)를 가리킨다. 일본은 미국과 중국 사이에 끼어있는 국가들(스윙 스테이트)을 묶어서 인도태평양 전략을 선도하려고 한다.

이와 같이 아베 수상은 인도태평양 전략을 추진하면서 호주와의 안보 차원의 협력 강화를 모색하고 있다. 이러한 배경에는 부상하는 중국과 핵실험 및 탄도미사일 시험을 추진하는 북한이 일본의 위협 대상이라는 인식이 존재한다. 따라서 이에 대한 공동의 대응으로서 호주와의 협력 하에 PALM을 통한 지지 확대를 모색하고 있다.

2012년 5월 26일, 오키나와현 나고(名護)시에서 제6차 PALM이 열린 가운데 '오키나와 키즈나 선언'을 채택하였다. 제6차 PALM에는 13개 도서국이 참가한 가운데 '아시아태평양 시프트'를 선명히 한 미국이 처음으로 참가하였다. 정상선언에는 중국을 염두에 두면서 처음으로 의제로 설정한 해양안전보장에 대한 국제법과 해양 룰의 중요성을 강조하였다. 센카쿠 제도를 포함한 동중국해에서 중국 함선이 일본 영해를 침입하고, 남중국해에서 연안국의 자원 탐사를 방해하는 등 해양진출을 추진하는 중국을 견제하려는 목적이 있었다. 영해를 연안으로부터 12해리로 규정한 유엔 해양법조약의 중요성과 도서국과의 방위협력 확대를 강조한 것은 해군함정 방문 등으로 군사적인 존재감을 높이고 있는 중국에 대한 대항조치였다. 당시 노다(野田佳彦) 수상은 회견에서 중국을 포함한 신흥 원조국이 원조의 투명성을 높이는 것이 중요하다고 말하면서 변제 불가능한 액수를 대출해주는 원조 방법을 비판하였다.

미국이 처음으로 참여한 것은 오바마(Barack Obama) 대통령이 2011년 11월 동아시아정상회의에서 남중국해에서 주변국과 마찰을 일으키고 있는 중국에게 해양법조약의 기본이념인 '항행의 자유'를

---

30) 日本国際問題研究所, 「『インド太平洋』地域外交に向けた日本の外交政策への提言」, 2015, http://www2.jiia.or.jp/pdf/resarch/H26_Indo-Pacific/10-recomm endations.pdf (2019年 1月 5日 検索).

내세우면서 동남아시아 국가들도 동조했다. 이에 탄력을 받은 일본
은 PALM에서도 도서국들이 해양안보에서 공동 보조를 맞출 것을
요구한다는 계산이었다. 하지만 정상회의에서 중국을 언급한 정상은
아무도 없었다. 도서국들의 관심은 어업과 관광 촉진을 높이는 것이
며, 경제지원을 받는 중국을 자극하지 않고 싶은 것이 솔직한 심정이
었다. 또한 미국의 참여로 논의가 안보면으로 치우치는 것을 싫어하
는 국가도 있었다.

　2015년 5월 23일, 후쿠시마(福島)현 이와키(いわき)시에서 열린 제7
차 PALM에서는 '후쿠시마·이와키 선언'을 채택하였다. 선언의 중
요 포인트는 다음과 같다. 첫째, 일본은 향후 3년간 550억 엔 이상의
원조를 제공하며, 4,000명의 인재 육성과 인적 교류를 실시한다. 둘
째, 국제법에 따라 해양질서는 유지되어야 한다. 국제분쟁을 무력이
아닌 평화적으로 해결한다. 셋째, 상임·비상임의 의석 확대를 포함
해서 유엔안전보장이사회의 신뢰성을 높인다. 넷째, 국제사회의 평
화와 발전을 위해 제2차 세계대전 이후 일본이 실시한 대응을 평가
한다.

　향후 3년간 추진될 원조 이외에도 중국의 해양 진출을 염두에 두
고 '해양질서 유지'의 중요성을 포함시키면서 중국 '견제'의 목적을
드러냈다. 아베 수상은 정상회의에서 해양의 안전보장에 대해 자유
와 법의 지배, 민주주의 등 남태평양 도서국과 공유하는 가치관을 열
거하면서 "법의 지배에 기반해서 행동하는 것이 중요하다"라고 호소
하였고, 선언에도 국제분쟁을 '무력에 의한 위협과 무력 행사에 호소
하지 않고' 해결하는 방침이 명기되었다. 2012년 선언에도 중국을
견제하는 문장이 있었지만 '무력'이라는 표현은 없었다.

　2018년 5월에는 후쿠시마현 이와키시에서 제8차 PALM이 개최되

었다. 제8차 PALM은 중국으로부터 원조 공세를 받고 있는 태평양 도서국의 대중 경사에 대응하려는 목적이 있었다. 이와 같이 과거에 방재와 환경 분야에서 협력이 집중되었다면 이제는 안보 분야에서도 일본과 도서국가들 간의 일체감을 확산시키려 하고 있다. 특히 제8차 정상회의에서는 '북한에 대한 계속적인 압력'이라는 표현이 포함되었는데 도서국에서 선박 등록을 해서 무역과 어업을 수행하는 북한 선박의 선적등록의 해제 등을 추진한다는 것이다. 또한 불법어업 및 월경 범죄 대책과 관련해서 단속 능력 강화를 위해 일본은 향후 3년간 500명 규모의 인재 육성과 인적 교류를 진행할 계획이다.

이처럼 제6-8차 PALM은 아베 정부의 태평양 도서국 외교가 미국, 호주 등 역외국과의 협력 강화 속에 중국을 견제하고 대북 제재를 유지 및 강화하기 위한 외교적 수단으로 PALM을 활용하고 있음을 보여준다.

4. 맺음말 : 일본의 태평양 도서국 외교가 한국에 주는 함의

이와 같이 오랫동안 계속된 일본 정부의 태평양 도서국 외교에도 불구하고 정작 일본 내의 태평양 도서국에 대한 관심은 매우 적다. 기껏해야 남태평양 지역의 지진이나 태풍과 같은 자연재해나 황실과 수상의 방문 정도이다. 이러한 차원에서 일본 내에서는 태평양 도서국 외교에 있어 다양한 매스미디어의 역할을 강조하면서 일본 정부가 3년에 1번씩 PALM을 개최하고 있지만 태평양 도서국 외교의 중요성을 미디어를 통해 국내외에 널리 어필하지 못 하고 있는 점에 대한 비판의 목소리도 높다.[31]

한국의 태평양 도서국 외교는 일본과 비교하면 더욱 무관심의 외교 영역이라 할 수 있다. 하지만 2018년 12월 문재인 대통령의 뉴질랜드 방문을 통해 신남방정책을 기존의 아세안, 인도를 뛰어넘어 태평양 도서지역에도 확대할 수 있는 계기가 만들어졌다. 특히 한국 정부가 신남방정책을 추진하면서 사람과 사람의 연결, 사람 중심의 번영 공동체를 추구한다는 점은 남태평양 도서국에도 관심의 대상이 되고 있다.

그렇다면 향후 한국이 신남방정책을 태평양 도서지역으로 확대[32]하는데 있어 일본의 태평양 도서국 외교가 주는 함의를 살펴보면 다음과 같다.

첫째, 한국은 태평양 도서국에 커다란 영향을 끼칠 수 있는 일본, 호주, 뉴질랜드 등 역외국과의 협력이 필요하다. 본 연구의 목적이기도 한 일본의 태평양 도서국 외교는 오랜 역사와 경험을 갖고 있다. 또한 호주는 전통적으로 태평양 도서국에 수많은 원조를 제공하고 있는 국가이다. 이러한 국가들의 태평양 도서국 외교를 분석하면서 향후 한국이 태평양 도서국 외교를 전개하는데 있어 협력 관계를 구축할 필요가 있다.

둘째, 미국(일본, 호주)과 중국의 패권경쟁의 틀에서 벗어나야 한다. 최근 아베 정부의 태평양 도서국 외교는 중국에 대한 견제로 경사되면서 미중 패권경쟁의 틀에 갇힌 형세가 되고 있다. 한국은 일본과 같은 해양국가라고 할 수 없으며, 따라서 일본이 추구하는 태평양

31) 平和·安全保障研究所編, 『激変する朝鮮半島情勢 厳しさ増す米中競合』, 245쪽.
32) 이기태는 '확대 아시아' 관점에서 기존의 아세안, 인도를 넘어 남태평양까지 신남방정책의 확대를 주장하고 있다. 이기태, 「아세안 및 APEC 회의의 주요내용과 시사점」, 『안보현안분석』 149호, 2018.11.30., 8쪽.

도서국 외교를 그대로 따라하지 말고 우리 실정에 맞는 부분을 찾아 참조할 필요가 있다. 예를 들어 '태평양·섬 정상회의'와 같은 경우는 한국 외교의 다변화를 위해서는 좋은 참고사항이 되겠지만, 북한에 대한 압력 강화, 중국에 대한 견제, 일본의 유엔 안보리 진출을 위한 지지세력 확대라는 목적을 생각한다면 한국 실정에 맞지 않는 측면도 존재한다.

셋째, 따라서 '사람' 중심의 정책을 중점적으로 실시해야 한다. 현재 태평양 도서국을 둘러싸고 경쟁하고 있는 미국과 중국은 자금 위주의 원조를 중점적으로 실시하고 있다. 일본 역시 막대한 원조 자금을 공여하고 있지만, 앞서 살펴보았듯이 전통적으로 환경, 인간의 안전보장 등을 중시하는 정책도 실시하고 있다. 한국은 미국, 중국, 일본과 같이 막대한 원조 자금을 제공하는데 한계가 있기 때문에 한국만의 장점을 살리는 것이 중요하다. 문재인 정부의 신남방정책은 '사람' 중심의 공동체를 추진하고 있다는 점에서 일본의 환경 및 인간의 안전보장을 하나의 시사점으로 참조할 수 있다.

/ 이기태

한일 관계에서 영토교육의 현재적 의미

경상북도와 시마네현의 독도교육을 중심으로

1. 들어가며

본 연구는 한일 관계에서 영토교육이 어떠한 현재적 의미를 가지고 있는지를 조명하는 것이다. 논쟁의 초점은 한국과 일본의 영토교육 현황을 검토하고, 특히 경상북도(慶尙北道)와 시마네현(島根県)의 독도교육의 사례를 비교 분석하여 그 실태를 정확하게 파악하는 것이다. 특히 본 연구에서는 동북아시아의 올바른 역사적 인식과 지역 공동체적 시민의식이 갖는 보편성을 기반으로 한 영토교육의 이론화 작업을 통해 독도교육의 방향성을 제시하고자 한다. 이는 독도 문제에서 배타적 민족주의 접근 방식을 채택했던 기존의 영토교육을 냉정하게 분석하고, 동북아지역 차원의 지역공동체적 시민주의 관점에서 미래지향적인 한일 관계에 대한 성찰을 바탕으로 바람직한 독도교육에 대한 해법을 모색하려는 시도이다. 그럼으로써 본 연구는 국제관계학 혹은 교육정책학을 연구하는 사회과학자들에게 한일 관계에서 독도교육의 현재적 의미를 더욱 효율적으로 이해하는 데 필요한 지식을 제공하고자 한다.

독도 문제는 순수한 영토문제라기보다 과거사 인식을 둘러싼 한국과 일본의 연속적 갈등과 대립에서 펼쳐지는 실증적 사실(fact)의 다툼이자, 불확증한 논리에 대한 주관적 인식(perception)의 다툼으로 간주할 수 있다.[1] 이러한 다툼들의 명확한 규명은 동북아시아의 구조적 역학관계에서 한일 양국 정부의 정치적 타협으로 인해 배제되거나 혹은 모호하게 고착화되어 버렸다. 주지해야 할 것은 한일 양국이 독도 문제를 지역공동체적 관점에서 벗어나 자국 중심의 사관에 입각한 영토교육을 실시하고 있기 때문에 특정 국가의 사람들을 하나의 가치 체계로 종속시키는 일종의 전제적이고 주관적인 독도교육을 실시하고 있다는 사실이다. 이러한 배타적 독도교육은 양국 관계의 역사적 특수성에서 비롯된 영유권 문제를 둘러싼 한일갈등의 규범 확산과도 밀접한 관련이 있으며, 동시에 자국 중심의 영유권 주장에 내포된 영토 민족주의의 위험을 경계하고 이를 냉철하고 합리적으로 비판할 수 있는 용기를 상실하게 만들고 있다.[2]

2005년 시마네현의 '다케시마(竹島)[3]의 날' 조례 제정은 한국과 일본이 독도교육을 정책적으로 강화시킨 시발점이다. 일본 정부와 시마네현은 2005년을 계기로 초·중등학교 사회과 학습지도요령 및 해설서, 교과서에 '다케시마가 일본의 영토'임을 더욱 명확하게 주장하는 내용을 비중 있게 다루기 시작했다. 이러한 일본의 독도교육에 대한 대응으로, 한국 정부는 제7차 초·중등학교 사회과 교육과정에서 역사교육의 강화를 통해 독도교육을 강화하고 있고, 특히 경상북도에서는 독도 교과서나 수업 모형 개발을 통해 '독도가 한국의 영

---

1) 김영수, 「한일회담과 독도 영유권: 샌프란시스코 강화조약과 한일회담 '기본관계조약'을 중심으로」, 『한국정치학회보』 제42집 4호, 2008.
2) 박창건, 「영유권 문제를 둘러싼 한일갈등의 규범 확산: '다케시마의 날'과 '대마도의 날' 조례 제정을 중심으로」, 『국제정치논총』 제48집 4호, 2008.
3) '다케시마(竹島)'는 일본이 사용하고 있는 독도의 표기이다.

토'임을 논리적으로 발전시키는 독도교육을 체계적으로 시행하고 있다. 그렇지만 한편으로 생각해보면, 한일 양국이 영유권 문제와 연관된 독도교육을 자국 중심의 관점에서 실시하다 보면 양국 국민의 인식 차이는 더욱 벌어져 그 격차를 좁혀 나가기 매우 힘들 것이다. 이는 동북아시아 국가 간의 배타적이고 독점적인 주권을 강조하는 현재의 국가 체제가 수평적이고 다층적인 지역공동체 교육으로 전환되고 있는 시점에서 자국 중심의 독도교육이 과연 바람직한 것인가에 대한 원론적인 고민에 직면하고 있기 때문이다.[4)]

이러한 문제의식의 토대로 본 연구는 배타적 민족주의를 기반으로 한 국가 중심주의 영토교육을 대체할 수 있는 건설적인 독도교육을 모색하는 데 목적을 두고 있다. 논문의 구성은 다음과 같이 전개된다. 먼저 제2장은 영토교육에 대한 기존의 접근 방식들을 체계적으로 고찰하여 합리적이고 보편적인 독도교육을 위한 이론적인 분석틀을 제시한다. 제3장은 한국과 일본이 실시하고 있는 영토교육을 비교·분석하고, 특히 경상북도와 시마네현의 독도교육 현황을 실증적으로 파악한다. 제4장은 한국과 일본이 실행하고 있는 독도교육이 어떠한 현재적 의미를 내포하고 있는지를 논의한다. 마지막으로 제5장은 결론이다.

2. 영토교육 : 배타적 민족주의로부터 지역공동체적 시민주의로

영토교육은 영토에 대한 지식뿐 아니라, 영토에 관련된 사고, 영토

---

4) 진시원, 「동북아 영토분쟁, 중등교육에서 어떻게 가르칠 것인가?: 간도분쟁 사례를 중심으로」, 『한국정치학회보』 제42집 2호, 2008, 436쪽.

에 대한 가치와 태도를 지니도록 하는 교육이다.[5] 이는 국민국가 (nation-state) 체제의 약화와 포스트 민족국가(post nation-state) 체제의 등장, 세계화(globalization)와 지역주의(regionalism)의 확산에서 변형된 '영역성(territoriality)'과 '정체성(identity)'에 대한 국민의 국가의식과 영역의식을 길러주는 데 필수적인 요소로 간주한다. 여기에서 영역성은 개인이나 집단에 의해 지리적 영역(area)에 대해 경계선을 긋고, 이에 대한 통제를 주장함으로써 사람, 현상, 관계들에 침투하고 영향을 미치고 통제하려는 것이다.[6] 또한 정체성은 항상 공간을 매개로 하며 그것이 개인의 차원이든 집단의 차원이든 하나의 자기화한 영역 즉 생존공간으로 표출되어 영역화된 국가 정체성을 강화하려는 것이다.[7] 이러한 영역성과 정체성은 '우리'와 '타자'를 구분하는 규제의 수단으로 사회적 상호작용의 형태로 나타나고, 결국은 집단 구성원의 경계와 의식을 결정하는 영토교육의 중요한 개념들이다.

　기존의 영토교육은 주로 국토애 교육에 관한 것이다. 이는 당위론적이었으며, 맹목적인 충성의 대상으로서 영토 즉 국토를 설정한 공간에 대한 인지능력을 키워주는 데 중점을 두고 있으며, 동시에 영토에 대한 지식과 공간의 특수성과 일반성에 대한 감각, 소속감과 같은 가치를 증진하는 교육이다. 이러한 형태의 영토교육은 국토 공간에 대한 단순히 배열된 사상과 그에 대한 지식에 대해서 관심을 길러주

---

5) 임덕순, 「지리교육에 있어서의 영토교육의 중요성」, 한국지리환경교육학회 2006년 학술대회 요약집, 2006, 11-13쪽.

6) R. D. Sack, *Human Territoriality: Its Theory and History*, Cambridge University Press, 1986, p.19.

7) 남호엽, 「한국 사회과에서 민족정체성과 지역정체성의 관계」, 한국교원대 박사학위논문, 2001, 38쪽.

는 것이 아님에도 불구하고, 내부자성(insideness)보다 외부자성 (outsideness)을 기르는 모습을 보이며, 여전히 영토 속으로 들어가는 교육이 부족한 상태에 있고, 단순히 국수주의적인 맹목적 국토애를 기르는 것에 의존하고 있다는 냉엄한 지적을 받고 있다.[8] 따라서 영토교육은 생활공간으로서 영토 내지 국토에 단순히 사상이 어떻게 배열되어 있는가를 가르치는 것이 아니라 개인, 집단, 국가, 국제사회가 이를 어떻게 받아들이며 이해하는가, 이를 통해 어떤 사회적 공동체의 관계가 이루어지고 있는가, 이들이 인간 개인과 지역 시민의 삶에 어떤 영향을 미치는가에 관심을 두고 시행되어야 한다.

이러한 접근은 국민국가체제에서 자아정체성의 기초가 되었던 민족의 영역성과 정체성이 더 이상 단일한 형태로 운명적으로 주어지는 것이 아니라, 보다 공개적이고 성찰적으로 구성되기를 지향하고 있다. 특히 세계화와 지역주의가 진행될수록 국경이 불분명해지고 지역공동체 사회가 자발적으로 형성되고 있는 현시점에서, 영토교육은 배타적 민족주의로부터 지역공동체적 시민주의를 지향하는 형태로 변형되어 진행되고 있다. 그럼에도 불구하고 동북아시아가 직면하고 있는 영유권 문제를 둘러싼 각국의 영토교육은 배타적 민족주의를 주창하고 영토 내셔널리즘을 강조하는 국민국가의 무비판적인 관제교육이 시행되고 있는 것이 현실이다.[9] 무엇보다도 한국과 일

---

8) 서태열, 「영토교육의 개념화와 영토교육모형에 대한 접근」, 『한국지리환경교육학회지』 제17권 3호, 2009, 204-208쪽.

9) 동북아시아에서 영유권 문제가 쟁점화 되고 있는 대표적 사례는 한국과 일본의 독도 문제, 중국·대만과 일본의 센카쿠열도(尖閣諸島) 주변의 해양자원과 해양교통로 확보문제, 일본과 러시아와의 북방 4개 도서인 하보마이(歯舞), 시코탄(色丹), 구나시리(国後), 에토로후(択捉)의 영토 반환문제 등이다. 本宮武憲, 「領土問題」, 『社会科教育』 第44輯 9号, 2007, 63쪽.

본의 독도 영유권 문제를 둘러싼 양국의 영토교육이 민족주의에 포섭된 애국심의 모체가 된 국토애 교육이 교과과정에서 의무교육으로 이루어져 오고 있다는 점은 주지해야 할 사실이다.10)

독도 영유권 문제를 지역공동체적 시민주의와 연관하여 체계적으로 다룬 영토교육의 선행연구는 거의 없다. 독도교육에 대한 대부분의 연구들은 다음과 같이 세 가지의 영역에서 배타적 민족주의적 관점으로 논의를 전개하고 있다. 첫째는 일국사적 국가 중심의 관점에서 영토교육을 다루고 있는 역사의 영역이다.11) 둘째는 변형적 영역주권의 관점에서 영토교육을 진행하고 있는 지리의 영역이다.12) 셋째는 정치적 통치전략의 관점에서 영토교육을 설명하고 있는 사회의 영역이다.13) 하지만 이러한 논의들은 지나칠 정도로 독도의 영토교육에 대한 의미와 근거를 양국의 주관적 입장에서 설명하고 있기 때문에 이론화 작업에서 고려해야 하는 보편성과 객관성의 결여가 지적되고 있다.

본 연구에서는 미래지향적인 한일 관계에서 바람직한 양국의 대안

---

10) 박선미, 「독도교육의 방향: 민족주의로부터 시민적 애국주의로」, 『한국지리환경교육학회지』 제17집 2호, 2009, 171-172쪽.

11) 권오현, 「일본 정부의 독도 관련 교과서 검정 개입의 실태와 배경」, 『한국지리환경교육학회지』 제13권 3호, 2006.; 김영수, 「한국과 일본 중학교 역사분야 교육과정과 역사 교과서의 독도 관련 내용 비교: 2014년 전후 한일 교육과정과 교과서를 중심으로」, 『독도연구』 제19호, 2015.

12) 이범관, 「독도의 지적재조사가 국익에 미치는 영향 연구」, 『한국지적학회지』 제23권 2호, 2007.; 손용택, 「일본 교과서에 나타난 독도 표기 실태와 대응」, 『교과서연구』, 서울: 한국학술정보, 2010.

13) 박선미·손승호·이호상·안종철·유진상·이효선·전유신, 『독도학습을 위한 교육과정 개발연구』, 서울: 동북아역사재단, 2009.; 심정보, 「일본 시마네현의 초중등학교 사회과에서의 독도에 대한 지역학습의 경향」, 『한국지역지리학회지』 제17권 5호, 2011.

적 독도교육 방안을 모색하기 위해 '지역공동체적 시민주의'란 새로운 접근법을 제시하고 있다. 여기에서 '지역공동체적 시민주의'란 민족국가 체제의 시각과 틀을 벗어나 동북아시아 시민권 개념을 바탕으로 역내 공동체 교육을 강화하여 구성원의 권리와 의무를 행사하고 이행할 수 있는 '동북아인'으로 재탄생시키는 교육적 프로젝트이다. 이는 한일 양국의 중앙정부, 지방정부, NGOs 등이 수평적으로 협치(協治)해서 독도 영유권 문제의 해법 모색에 기여할 수 있는 지역 거버넌스(regional governance)와 지역공동체(regional community)의 성패와도 직결된다. 이러한 맥락에서 지역공동체적 시민주의는 아래의 기본원칙에 입각하여 영토교육이 실행되어야 한다.

첫째는 다각적인 국제관계학의 이론을 소개해야 한다. 국제관계학 이론을 영토교육의 교과과정에 도입하여 세계질서의 구축에 대한 학생들의 자발적인 이해와 사고를 높여, 학생들이 스스로 판단하고 결정해서 외교정책 여론과정에 고민하고 참여하는 지역공동체적 시민의식을 높일 수 있는 자질을 키워야 한다. 이는 현실주의, 자유주의, 구성주의 등과 같은 국제관계학의 이론을 통해 동북아시아의 역학관계를 균형감 있게 이해함으로써, 배타적 민족주의나 정치적 논리에 좌우되지 않고 독도 문제를 바라볼 수 있는 일관성과 객관성을 학생들 스스로 배양하는 것이다.

둘째는 균형적인 교육체계를 강화해야 한다. 영토교육은 자국 중심주의 교육과 국제이해 교육의 균형을 추구하면서 이루어져야 한다. 비록 자국의 자긍심과 공동체 의식 확보를 위해 선의의 민족주의 교육은 필요하지만, 폐쇄적이고 배타적인 자기중심적인 민족주의 교육은 호전적이고 배외적인 제국주의로 전의될 가능성이 있기 때문에 지양해야 한다. 따라서 독도 문제는 자국의 국사와 동북아 지역사가 동등하게 강조되는 동북아 공동체 교육의 관점에서 진행되어야 한다. 이를 위해 '민주평화론'을 기반으로 한 국제이해의 영토교육을 확충해 나가야 한다.[14]

셋째는 공유하는 지역시민 정체성의 확립을 추구해야 한다. 동북아 지역의 평화와 공존을 위해 올바른 민족국가 정체성과 함께 공유될 수 있는 지역시민 정체성이 균형을 이루고 공존할 수 있는 영토교육을 시행해야 한다. 이는 동북아 공동체 구성원이라는 자기 정체성을 지닌 한·중·일 3국은 '지역 시민권' 개념을 기반으로 동북아인으로서의 지역시민 정체성을 발전시키는 것이다. 이러한 맥락에서 독도 문제의 해법은 민족국가 체제의 시각과 틀을 벗어나 동북아 지역시민의 정체성을 강화하여 지역시민의 역할과 책임이라는 측면에서 영토교육을 모색해야 하는 것이다.

3. 한국과 일본의 영토교육 현황 : 경상북도와 시네마현의 독도교육을 중심으로

1) 경상북도의 독도교육

한국의 학교 교육과정에서 영토교육은 사회과를 중심으로 이루어지고 있다. 사회과에서는 우리의 삶의 터전인 국토의 이해를 바탕으로 우리 민족의 역사와 활동에 대한 종합적인 통찰과 체계적인 역사의식을 가지는 것과 한국인으로서의 민족적 정체성과 세계 시민으로

---

14) B. Russett, *Grasping the Democratic Peace: Principle for Post-Cold War*, *Princeton*, NJ: Princeton University Press, 1993.

서의 가치·태도를 갖추는 것을 중요한 학습 요소로 여기고 있다.[15] 또한 영토교육과 관련하여 지리에서는 시간과 공간의 차원에서의 인간 및 국가라는 존재의 존립방식을, 역사에서는 영토의 변천 과정을, 일반사회에서는 국내·외의 법적 정당성을 다루고 있다.[16] 교육과학기술부는 2007년 2월 제7차 교육과정 개정안을 발표했으며, 2010년부터 초·중등학생은 순차적으로 개정된 교육과정에 의해 교육을 받게 되었다. 또한 2011년 '사회과 교육과정' 개정의 필요성으로 사회환경의 변화에 따른 국가 사회적 요구의 반영을 강조하고 있다.[17] 이에 따라 영토를 둘러싼 주변국의 역사 왜곡과 세계화 시대에 주체적으로 대응하기 위한 역사교육의 필요성을 언급하고 있다.

이러한 맥락에서 독도가 행정적으로 속해 있는 경상북도의 독도교육 현황을 구체적으로 파악하는 것은 많은 의미를 가진다. 예를 들면, 2008년 7월 17일 경상북도 교육청은 '독도 바로 알기'를 통해 독도의 진실과 위기를 바로 알려 독도가 대한민국 영토임을 각인시키려는 목적으로 독도교육의 추진 계획을 발표하였다.[18] 2010년 경상북도 교육청의 독도교육 계획의 목적은 2008년 시작된 우리 땅 '독도 바로알기'를 통한 독도교육을 체계적, 지속적으로 전개하여 일본

---

15) 교육인적자원부, 「초중등학교 교육과정」, 교육부고시, 제2007-79호(별책1), 2007(a), 129쪽.

16) 서태열, 「영토교육의 개념화와 영토교육모형에 대한 접근」, 『한국지리환경교육학회지』 제17권 3호, 2009, 201쪽.

17) 교육과학기술부, 「중학교 교육과정 해설2(국어, 도덕, 사회)」, 대한교과서주식회사, 2008.

18) 이 계획을 구체적으로 실행하기 위하여 경상북도 교육청은 교육정책팀, 초등교육과, 중등교육과 소속 장학사 3명을 중심으로 독도수호교육 업무 담당 팀을 신설하였다. 독도수호교육 업무 담당 팀은 '독도 바로 알기' 지도 방향 수립 추진, 독도관련 인정도서 개발, 독도수호교육 관련자료 체계적 정비 등의 업무를 담당하고 있다.

의 독도 영유권 주장에 대한 위기를 바로 알려 독도 사랑 의식을 고
취하는 데 있다. 이와 함께 다양한 교육활동 전개로 독도가 우리 땅
임을 세계에 알릴 수 있는 역량을 강화하며 멀티미디어 자료 활용을
통한 독도교육의 지속적인 전개로 독도수호 의지를 함양하는 데 있
다. 독도에 대한 관심이 높아지면서 2011년 개정 교육과정은 초등학
교 '사회', 중학교 '역사' 과목의 교육과정에 독도 관련 내용을 명기
하면서 독도교육을 강화하기 시작했다. 본 절에서는 2008년 7월 17
일 독도교육추진계획 발표 이후 2018년 현재까지 진행되어 온 경상
북도의 독도교육에 대하여 논의하고자 한다.

첫째는 체계적이고 지속적인 독도교육이다. 체계적이고 지속적인
독도교육을 위하여 경상북도 교육청은 독도 교과서 개발과 이를 바
탕으로 한 독도교육과정 운영, 교사를 대상으로 한 독도교육 강화 연
수, 독도교육 연구학교 운영 등의 정책을 진행하고 있다. 경상북도
교육청은 2009년 2월 9일 교과용 도서 '독도'를 경상북도 교육감 인
정 도서로 개발하였다. 초등학교 5, 6학년을 대상으로 제작한 '독도'
교과서는 1단원 '동해에 우뚝 솟은 독도', 2단원 '우리 땅 독도의 어
제와 오늘', 3단원 '천혜 자원의 보고 독도', 4단원 '독도는 영원한 우
리 땅'의 총 4개 단원, 20차시 분량으로 구성되었다. 경상북도 교육
청은 학교 교육과정 편성·운영 시 초등학교 5, 6학년은 인정 도서
'독도'를 활용하여 교육 관련 교과, 재량 활동, 특별 활동에서 연간
10시간 이상을 확보하여 지도하도록 규정하였다.[19] 이번에 발간·배
부한 인정도서 '독도'는 일본의 독도 영유권 억지 주장과 동해 해저
지명의 일본식 표기 등의 만행을 더 이상 간과할 수 없다는 판단 아

---

19) 경상북도 교육청, 「초등학교 교육과정 편성·운영 지침」, 고시, 제 2008-14호,
2008.

래, 전국 최초로 국가 영토에 관한 교과용 도서를 정규 교육 과정에 적용하도록 '교육과정 편성·운영 지침'에 명시하고 지도 시간 수를 구체적으로 규정한 점에서 매우 큰 의미가 있다.[20]

같은 맥락에서 2012년 4월 경상북도 교육청은 역사 바로 알리기 교육 등을 통해 일본 정부의 역사왜곡에 대한 적극적인 대응책을 마련했다. 이를 위해 도교육청 산하에 역사왜곡대응, 독도교육과정운영, 독도홍보 등 3개 분과로 구성된 독도교육대책위원회를 발족하여 독도교육 강화를 위해 역사 지리 일반사회교육연구회를 통한 교육사회단체와 연계해 독도교육을 체계적이고 지속적으로 전개할 것임을 표명했다. 2013년 2월 경상북도 교육청은 독도 리플릿 3만 부를 제작하여 경상북도 초·중·고교에 배포했다. 이 리플릿에는 독도의 지리, 역사, 자연환경 가운데 핵심적인 부분을 요약해 사진, 그림과 함께 담았다. 경상북도 교육청은 22일 일본 시마네현에서 '다케시마의 날' 행사를 개최하여 일본 정부가 앞장서 독도 문제를 쟁점화시키고 있다는 판단에서 리플릿 배포를 통해 독도 문제를 지속적이고 체계

---

20) 김형동, 「초등학교 독도 교육의 방향」, 『독도연구저널』 제6권, 2009, 34쪽.; 하지만 총 4단원으로 구성된 교과서의 내용을 살펴보면, 일본 제국주의에 대한 경계로부터 변형된 애국적 민족주의적 요소를 쉽게 발견할 수 있다. 특히, 2단원의 내용은 일본의 독도 침탈 계획과 그 과정을 조사해 보고, 일본이 주장하는 독도에 대한 영유권이 왜 억지인지 알아보고 실천을 다짐하는 활동으로 구성되어 있다. 이는 일본의 독도 영유권에 대한 반박 논리를 제공하는 교과서의 내용은 학생들의 감정적 민족주의를 자극할 가능성이 높다고 판단된다. 게다가 국회 국정감사 자료에 따르면 독도 교과서의 내용 중 외교통상부가 경상북도 교육청에 수정 또는 삭제를 요청한 부분이 15곳이나 된다는 것이다. 이런 부실을 통해 '독도' 교과서 개발이 지속적이고 체계적인 교육을 위한 계획적인 정책이라기보다는 즉흥적 정책의 하나라고 판단할 수 있다. 독도교육이 진행되는 재량수업은 교사의 수업 운영 능력에서 성패가 좌우된다고 볼 수 있다. 하지만 학교장과 담당교사만을 대상으로 한 1년에 두 번 진행되는 연수를 통해 효과적인 재량 수업이 이루어질지는 미지수이다. 『매일신문』 2009년 10월 12일 참조.

적으로 대응하고 있다. 특히 2016년 1월 경상북도 출자 출연 기관인 독도재단은 독도와 관련한 다양한 정보를 담은 핸드북을 제작하여 보급했다. 독도의 일반현황과 자연, 생태계, 역사 등을 담은 핸드북은 학교와 민간단체에 무료로 배부되어 독도탐방사업, 홍보행사 등에 활용될 뿐만 아니라 독도교육 이해를 위해 간편하고 편리하게 활용하고 있다.

둘째는 의식고취를 위한 독도교육이다. 의식고취를 위한 독도교육은 구성주의 학습이론에 바탕을 두고 있다. 구성주의 관점에서 학습은 능동적으로 의미를 구성하는 과정으로 학습자가 중심이 되어 개인적 경험에 근거해서 의미를 개발하는 능동적 과정을 거칠 때 비로소 의미 있는 학습이 이루어질 수 있다고 한다.[21] 의식고취를 위한 독도교육은 구성주의 학습이론에 기반을 둔 다양한 교육 활동을 그 예로 들 수 있다. 경상북도 교육청의 주도로 독도 탐방단 운영, 역사왜곡, 규탄대회, 독도교육 체험 활동을 통한 의식고취를 위한 독도교육이 전개되고 있다. 경상북도 교육청은 독도를 둘러싼 영토교육과 역사왜곡 규탄대회 및 성명서 낭독 등의 퍼포먼스를 통한 '독도는 우리 땅'이라는 사실을 알리고 있다. 2008년 8월 학생, 교직원, 학부모 등 3,000여 명이 참가한 첫 규탄대회에서 일본이 우리의 영토를 침탈하는 도발 행위를 중단할 것을 강력히 촉구하고 왜곡된 중학교 사회과 해설서 배포를 중단하고 독도 관련 내용을 정정할 것을 요구했다. 또한 독도는 우리의 영토임을 주지시키고 영토 주권 수호를 위

---

21) Duffy, T. M., & Cunningham, D., "Constructivism: Implications for the design and delivery of instruction", A draft for the chapter in Jonassen(Ed.), *Handbook of Research on Educational Communication and Technology*, New York: Scholastic, 1995.

해 독도교육 관련 활동을 강화할 것을 결의했다. 뿐만 아니라 경상북도 교육청은 독도에 대한 이해를 높여 나라 사랑의 마음을 심어주기 위해 2008년 10월 20일부터 22일까지 2박 3일의 일정으로 시·군을 대표하는 초·중·고 학생 23명을 대상으로 독도 탐방교육을 실시했다. 주요 탐방 내용으로는 울릉도 및 독도의 자연환경과 생태체험, 독도 역사 바로 알기, 독도 박물관 견학, 독도 모형 만들기 등이며, 독도에 입도해서는 결의문 낭독과 만세 삼창으로 우리 땅 독도에 대한 수호 결의를 다졌다.

2010년 10월 경상북도와 울릉 북중학교는 '독도수호 중점학교' 운영을 위한 상호 협약식을 가졌다. 이번 협약식을 통해 경상북도는 울릉 북중학교의 영토교육과 독도체험프로그램 개발 운영에 상호 협력·지원하고, 울릉 북중학교는 교내 독도 자료실 운영과 학습자 중심의 동아리 활동을 활성화하고 학교 홈페이지를 이용한 사이버 독도교육, 독도탐구대회 개최 등과 같은 활동을 통해 의식고취를 위한 독도교육을 구체화할 계획을 발표했다. 2011년 10월 경상북도는 일본의 독도 침탈에 맞서 독도가 대한민국 영토임을 세계에 알리기 위해 영문판 화보집을 독도신문에 소개했다. 여기에는 우리 국민들이 독도에서 생활하며 독도를 이용하고 있는 생생한 모습을 담은 영문판 화보집 'The Story of Dokdo Residents (독도주민들의 이야기)' 발간을 통해 독도 영유권의 실체를 대외적으로 홍보하는 교육자료로 적극 활용하겠다는 취지가 담겨 있다. 2015년 5월 경상북도 울릉군이 관내 청소년들의 올바른 독도 역사인식 확립과 독도교육을 위해 안용복 독도수호역사탐방을 실시했다. 이 역사탐방은 앞으로 독도수호 및 알리미의 역할을 수행할 울릉도 내 청소년들에게 독도의 역사 문화를 올바르게 이해하고 독도영유권 강화와 함께 영토수호 의식을 고취시킬 수 있는 문화적 체험 기회를 제공하기 위해 마련된 독도교육의 일환이다.

셋째는 시공간을 초월한 독도교육이다. 시간과 공간의 제약을 초월하는 정보통신기술의 이점을 이용함으로써 학습자들은 자신의 제한된 환경을 벗어나 사고의 폭을 넓히고 보다 고차원적인 사고 능력을 신장시킬 수 있다.[22] 교육용 프로그램을 이용한 교육, 스프레드시트, 데이터베이스 프로그램 등을 도구로 활용하는 교육, 또는 인터넷 등을 매개로 웹 자료를 활용하여 교육을 하는 형태가 그 예가될 수 있다. 경상북도 교육청은 독도교육체험관을 운영하고 있다. 2009년 10월에 구미도서관에 개관한 독도교육체험관은 독도를 축소한 모형을 비롯한 패널, 터치스크린 등을 설치해 독도의 다양한 모습과 역사를 볼 수 있다. 교육체험관은 현재 구미도서관, 안동도서관, 교육정보센터, 오천 초등학교 독도 문화 발전소 등에서 성공적으로 운영되고 있다. 더욱이 멀티미디어 교육 자료의 개발에도 힘쓰고 있다. 학생용 교과서를 토대로 제작한 CD-ROM 자료는 웹을 통한 학습이 가능한 컴퓨터 그래픽을 가미한 상호작용 중심의 입체화된 개별 학습용 자료로서, 2009학년도에 학생용 교과서와 교사용 지도서에 이어 경상북도 교육감 인정 도서로 승인하여 '독도'에 관한 교수·학습 매체로 제공하였다. 또한 독도교육을 위하여 '독도연구소', '사이버독도', '독도박물관'과 같은 관련 학습 사이트를 활용하도록 권장하고 있다.[23]

---

22) 교육인적자원부, 「초등학교 정보 통신 기술 활용 지도 자료」, 대한교과서 주식회사, 2005.

23) 독도연구소: www.dokdohistory.com: 사이버독도: www.dokdo.go.kr: 독도박물관: www.dokdomuseum.go.kr 등을 참조.

경상북도 교육청은 다양한 방법으로 독도와 관련된 지식 보급에 힘쓰고 있다. 홍보동영상을 제작하여 보급하고 도교육청 홈페이지 및 교육넷에 배너 창을 설치하여 활용하고 있다. 경상북도 교육청에서 실시중인 교육활동으로 '독도지킴이 동아리 활동'이 있다. 학생들이 직접 동아리를 만들어서 독도에 관한 정보를 자신들끼리만 공유하는 것이 아니라 독도 사진전, 캠페인 등 다양한 활동으로 주변 여러 사람들에게 독도의 중요성을 널리 알리고 있다. 작년 독도지킴이 우수학교로 선정된 부산 구덕고 '반크' 동아리는 학생들이 직접 자료를 수집해 '독도, 대한민국의 태양이 뜨는 곳'이라는 교육 자료집을 만들어 부산지역 일선 학교에 배포했으며, 독도 홍보용 UCC를 제작하는 등 온·오프라인을 넘나들며 독도 알리기 활동을 벌였다. 특히 경상북도와 사이버외교사절단 '반크'가 공동으로 운영하는 '사이버 독도사관학교'는 온라인을 통해 독도교육을 실시하고 있다. 경상북도 교육청의 정보통신기술을 활용한 독도교육은 독도 수호에 대한 내용을 홍보하는 데 초점이 맞춰져 있다. 온라인을 통하여 독도 문제에 대해 일본을 포함한 다른 나라의 다양한 시각을 접할 수 있고 이를 통해 사고의 폭을 확장시킬 수 있음에도 불구하고, 오프라인의 활동과 마찬가지로 한국의 독도 수호에 대한 내용만을 주입식으로 강조하고 있다. 이러한 홍보 중심의 활동과 자료 개발에서 배타주의적인 민족주의 성향을 발견할 수 있다.

2) 시마네현의 독도교육

2008년 6월 일본 시네마현 미조구치 젠베에(溝口善兵衛) 지사는 문부과학성 제니야 마사미(錢谷真美) 사무차관을 방문한 자리에서 '독도 문제 해결을 위해서는 학생들 교육이 중요하다'며 중학교 사회과 학습지도요령 해설서에 독도를 일본 영토로 기술해 줄 것을 요구했다. 이에 문부과학성은 2008년 7월 '다케시마에 대해 일본과 한국 사이에 주장의 차이가 있다'며 중학교 사회과 학습지도요령 해설서에 독도 영유권 주장을 명기하는 이유 중 하나로 외무성 홈페이지에 게재된 다케시마 관련 내용을 충실히 교육하기 위한 것이라고 답했다. 더욱이 2009년 12월에는 고교 지리 역사 학습지도요령 해설서에 '독도 영유권을 명시한 중학교 해설서에 기초하여 교육해라'고 지시한 바 있다. 그 결과 중학교는 총 21개 중 4개, 고등학교는 총 112개 중 12개 교과서에 독도 관련 내용이 포함되어 있다. 2012년부터는 중학교 지리 교과서를 비롯한 역사와 윤리 교과서에 독도 영유권 관련 주장을 추가하거나 기존 영유권 주장을 보다 구체화하기 위한 교과서 개정안을 마련했다. 또한 2016년 3월 고등학교 사회과 교과서 검정결과가 발표되었다. 이는 2014년 1월 개정된 고등학교 학습지도요령해설서를 반영하여 기술된 교과서로, 2014년 초등학교, 2015년 중학교와 마찬가지로 독도가 일본 영토라는 기술이 모든 지리 A/B, 일본사 A/B, 현대사회. 정치경제 교과서에 기술되었다.[24]

이러한 독도교육을 총괄하여 2017년 2월 14일 일본 문부과학성은 초·중학교 학습지도요령 개정안을 발표했다. 학습지도요령은 학교 교육의 목표와 내용 등을 정하는 기준으로 교과서 집필과 검정에서 법적 구속력을 갖고 있다. 따라서 이후 초·중학교 교과서는 학습지도요령에 따라 집필되면, 교과서 검정과 채택 등 과정을 거쳐 초등학교는 2020년, 중학교는 2021년부터 학교 현장에 각각 사용될 예정

---

24) 남상구, 「일본 교과서 독도기술과 시마네현 독도교육 비교 검토」, 『독도연구』 제20호, 2016, 8쪽.

이다. 무엇보다도 이번 학습지도요령 개정안은 초중학교 사회과 교과서에 '독도는 일본의 고유영토'라는 내용을 다룰 것을 의무화하고 있다. 문부과학성의 학습지도요령 개정 작업은 2014년부터 시작되었고, 이에 앞서 시마네현에서는 2005년 '다케시마의 날 조례 제정' 이래 지속적으로 독도 학습지도요령에 기재할 것을 정부나 교과서 출판사 측에 요청해 왔다. 시마네현의 요청서를 보면, 독도 기술을 요구한 의도를 알 수 있는데, 초·중·고등학생들에게 독도교육을 시키는 것이 독도에 관한 국민 여론 확산에 매우 중요하다고 판단하고 있다는 점이다. 이처럼 시마네현의 독도 교육은 다음과 같이 논의되고 있다.

첫째는 공격적이고 치밀한 독도교육이다. 시마네현 교육위원회는 교직원의 영토교육에 대한 이해를 돕고 초·중·고교별 학교 수업 참고자료로 활용할 수 있는 핸드북을 제작해 시마네현뿐만 아니라 각 도도부현 교육위원회와 문부과학성에도 보내어 교과 조례 시간은 물론 학급활동 등 다양한 형태로 독도교육을 위한 자료를 확산시키고 있다. 시마네현은 현 내의 356개 초·중학교에서 사회과와 지리, 공민 수업을 통해 독도 영유권 문제를 다루고 있는 일선 학교 교사들이 독도 관련 수업에서, '어떻게 가르쳐야 할지 모르겠다'는 의견을 반영하여, 독도 영유권 문제를 다루기 위한 교원용 지침안을 제작하여 부교재와 함께 배포했다. 시마네현 교육위원회(県教委)는 '독도교육에 관한 학습'을 통해 학생들이 습득해야 할 독도에 관한 지식을 명확히 정리하고 있으며, 초·중·고등학교의 발달 단계에 맞춘 '독도에 관한 학습'을 추진하고 있다. 동 위원회는 2009년부터 현 내의 모든 초·중·고등학교의 사회과 자료로 사용할 독도를 소재로 한 부교재인 DVD를 완성하여 각 학교에 배부를 시작하였다. DVD는 4~ 7

분 분량으로 초등학교 5학년용은 독도의 위치와 과거의 어업 상황을, 중학교 1학년용은 메이지시대에 독도가 시마네현에 편입되었던 것을 전쟁 후에 한국 측이 일방적으로 자국의 영토로 삼은 역사를, 중학교 2학년용은 잠정(暫定)수역으로 인해서 독도 주변에서 어업을 할 수 없게 된 문제 등을 영상으로 알기 쉽게 정리했다. 시마네현 교육위원회 의무교육과는'DVD를 사용함으로서 학생들이 독도 문제에 대해 높은 관심'을 갖기를 바라는 취지에서 기획했다고 밝혔다.[25]

이처럼 시마네현의 독도 교육이 현행 일본 교과서보다 더 집중적이고 치밀할 뿐만 아니라 공립고교 입학시험에는 독도의 일본 영토 편입을 당연시한 문제까지 등장하고 있다. 시마네현 다케시마연구회 제3기 최종보고서에 의하면, 일본사 A/B 학습지도안은 독도교육을 일본사 연간 지도계획의 일환으로 규정하고 학습 목표도 독도 영토 편입 당시 한국의 대응을 정확하게 파악한 후 사료를 토대로 영토편입 목적과 경과를 이해시키도록 하고 있음을 서술하고 있다. 이는 현행 일본 교과서 기술과 달리 일본과 한국의 주장을 견주어 비판하려는 명확한 목적을 갖고 있다. 예를 들면 시마네현 교육위원회는 2014년 처음으로 지역 공립고교 입학 선발 학력시험에 독도 문제를 출제했으며, 당시 일본과 한국의 배타적경제수역(EEZ)의 경계를 묻는 질문에 독도와 울릉도 사이를 정답으로 정하고 학생 93.3%가 맞히도록 유도했다. 또한 2015년 문제는 일본의 영토분쟁 중재 희망기관인 국제사법재판소를 정답으로 유도하는 문제를 제출하기도 했다.

둘째는 생활사를 중심으로 한 독도교육이다. 시마네현은 2007년부터 지금까지 오키노시마초(隱岐の島町) 교육위원회가 제작한 '고향

오키'라는 제목의 교육용 부교재를 활용하고 있다. 이 부교재는 공립 초등학교 5학년부터 중학교 3학년을 대상으로 사용되고 있으며, 독도와 오키섬이 역사적 친밀성을 갖고 있다는 점을 강조하는 내용에 주안점을 두고 있다. 뿐만 아니라 시마네현 교육관계자가 위원으로 있는 'Web 다케시마 문제연구소'가 감수하여 실질적인 독교교육의 주교재로 활용하고 있다. 전체 컬러 130페이지 분량 중 8쪽이 독도에 대한 내용을 담고 있으며 메이지시대부터 쇼와 초기의 독도와 오키섬과의 관계, 영토문제 등에 대해 시마네현 지역에 남아있는 지도와 사진, 자료를 사용해 알기 쉽게 설명한 생활사를 중심으로 한 독도교육이다. 더욱이 2014년 2월 22일 다케시마의 날에 맞춰 시마네현 지역에서 초등학교 교사로 근무했던 동화작가 스기하라 유미코(杉原由実子)가 '메치가 있는 섬'이란 동화책을 발매했다. 시마네현 내에서 출판된 서적을 전국적으로 배포하여 '파도 저편에 일본의 독도가 오늘도 우리를 기다리고 있다'라는 내용을 담아 독도 영유권의 정당성을 일본인에게 알기 쉽게 소개하고 있다.

시마네현 제3청사 2층에 독도 자료관은 생활사를 중심으로 한 독도교육의 중심부이다. 청사 1층은 시마네현의 역사공문서와 행정자료 보관소로 이용되고 있으며, 청사 대로변과 로비에 독도 자료관이란 표지판이 있다. 자료관은 약 50평 규모이며 내부에는 독도가 일본 땅임을 주장하는 각종 시청각 자료가 전시되어 있다. 특히 2개의 독도 모형을 비롯해 1900년대 초 일본 어부들이 독도 근해에서 강치를 포획하던 사진을 전시하고 있다. 뿐만 아니라 시마네현과 다케시마·북방영토 반환요구운동 시마네현 민회의가 공동으로 발간한 '다케시마여 돌아오라'는 한글·영문판 리플릿과 외무성이 발간한 '다케시마 문제를 이해하기 위한 10포인트'등의 책자도 비치되어 있다. 이

리플릿은 한국이 독도에 등대와 초소, 막사 등을 설치해 불법 점거를 하고 있으며, 독도가 역사적으로나 국제법적으로나 일본 영토임이 확실하다고 쓰여 있다. 최근 독도 자료관에서는 아이들에게 시마네현의 관광 캐릭터인 '시마네코'를 접을 수 있는 종이를 무료로 나눠주면서 종이접기 활동으로 독도교육에 활용하고 있다. 이처럼 독도 자료관은 현민들의 생활 속에서 문화콘텐츠를 활용한 독도교육의 장으로 변용되고 있다.

셋째는 중-장기적인 영토반환 전략으로써 독도교육이다. 2008년 5월 20일 일본의 문부과학성이 자국 학생들에게 '독도는 일본의 고유 영토'라고 교육도록 하는 방침에 과거 '다케시마(竹島)의 날'을 제정해 물의를 일으켰던 시마네현에선 기쁨 반, 기대 반의 목소리가 터져 나왔다. 시마네현은 2005년 이후, 일본 정부에 독도 문제를 학습지도요령에 반드시 기재해야 한다며 계속 요구했던 지역이다. 시마네현 청의 한 독도 담당 관계자는 '아직 정부의 공식적인 발표가 없기 때문에 뭐라 말할 수 없다'면서도 '학습지도요령의 해설서에 명기되면 많은 교과서에 독도 문제가 기재될'이라고 밝혔다. 그는 그러면서도 '한국의 반발도 있을 것이지만'이라며 불안감을 나타내기도 했다. 한편 같은 날 문부과학성의 제니야 마사미(錢谷真美) 차관은 기자회견을 통해 '학습지도요령 해설서는 확정된 단계가 아니다'라면서도 '많은 학생들에게 일본의 영토에 대해 정확한 인식을 갖도록 하는 것은 대단히 중요한 문제'라고 주장했다.26)

일본 외무성이 독도 홍보책자를 발행해 물의를 빚고 있는 가운데, 시마네현이 초등학생과 중학생용 독도 영상물을 부교재 형태로 제작

---

26) 『東京新聞』, 2008년 5월 20일자 참조.

하는 등 독도 문제를 둘러싼 한일 간의 갈등이 더욱 심화될 것으로 보인다. 일본 문부과학성은 2010년 2월 '초·중학교 학습지도 요령 개정안'을 발표하면서 일선 학교에서 독도 문제를 일본 영토문제의 하나로 다룰 수 있도록 지시한 바 있다. 시마네현이 독도 관련 부교재를 제작하기로 한 것은 중앙정부 방침을 따르는 조치로 풀이된다. 전문가들은 시마네현의 이 같은 움직임이 앞으로 일본 전역으로 확산될 것으로 전망하고 있다. 시마네현 교육위원회는 2009년 5월 독도가 '일본 땅'이라는 내용을 담은 부교재와 DVD, 지도안 등을 제작·보급해 2010년 신학기부터 현 내의 공립 초·중학교의 90% 이상이 이를 사용하고 있다.[27] 2017년 10월 일본 정부는 독도가 일본 땅이라는 내용이 담긴 초·중학생 대상 교육 자료를 내각관방 홈페이지를 통해 발표했다. 일본 정부는 29일 내각관방의 '영토·주권대책기획조정실' 홈페이지에 영토와 주권에 관한 교육 자료라며 지자체에 만든 자료 2건을 게재했다. 해당 자료는 사이타마(埼玉) 현에서 작성한 영토에 관한 팸플릿과 시마네현에서 만든 '다케시마 학습 리플릿'이다. 시마네 현의 자료는 1930~1950년대 독도에서 일본인들이 강치 사냥을 하는 사진 등과 함께 일본과 독도를 억지로 연결하는 내용을 8페이지에 걸쳐 실었다. 자료는 독도를 '갈 수 없는 섬 다케시마'라고 소개하며 '역사적 사실에 비춰 봐도 국제법상으로 명백하게 일본의 고유 영토'라는 논리를 펼치면서 시마네현의 다케시마의 날 홍보 행사에도 활용됐다.

---

27) 『朝日新聞』, 2010년 2월 22일자 참조.

4. 독도교육의 현재적 의미

독도교육은 국민의 국가의식과 영역의식을 길러주는 것뿐만 아니라 지정학적 동아시아와 세계적 관점에서 다루어져야 할 것이다. 왜냐하면 독도교육은 고정된 틀과 양상의 문제가 아닌 공간적, 시간적으로 끊임없이 가변적인 면에서 지역공동체적 시민주의 관점에서 미래지향적인 한일 관계에 대한 성찰을 바탕으로 실행되어야 하기 때문이다. 그럼에도 불구하고 한국과 일본의 독도교육은 자국 중심의 사관에 입각한 영토교육을 실시하고 있기 때문에 국제사회의 역사적, 정치적, 경제적, 법적, 사회적 환경과의 접속에서 나타나는 구성 요소의 변화와 그 구성 요소의 재배치에 의한 현안의 인식과 설정, 그에 대응 전략에 따른 요소들의 배치가 관계된다는 점에서 가변성을 잠재하고 있는 것이 현실이다. 이는 동아시아가 직면하고 있는 영유권 문제를 둘러싼 각국의 영토교육이 배타적 민족주의를 주창하고 영토 내셔널리즘을 강조하고 있기 때문이다. 이러한 의미에서 한일 양국의 독도교육은 다음과 같은 현재적 의미를 내포하고 있다.

첫째, 국내정치의 영토주권이란 관점에서 독도교육을 강화하고 있다. 일본의 독도에 대한 영유권 주장에 대한 반복과 제도교육에서의 독도교육의 편입은 일본의 영토성에 대한 강화이며, 국수적 회귀이다. 반면 한국은 자국의 지리, 역사를 비롯한 사회과 교육의 내용에 독도교육을 포함하고 있다. 무엇보다도 2014년 4월 일본의 문부과학성이 초등학교 교과서 검정 통과를 발표한 내용 중 '일본 고유의 영토인 독도를 한국이 불법으로 점령했다'라고 알려지면서 이에 대응하여 한국 교육부는 다음과 같이 독도교육 추진 방안을 밝혔다. 첫째는 독도교육 내용체계 개정, 둘째는 독도 교재 개발 및 보급, 셋째는 교원 중심 독도교육실천연구회 운영, 넷째는 독도 관련 연수 및 독도 탐방 교육, 다섯째는 찾아가는 독도전시회 개최 등으로 요약할 수 있다.[28] 이와 연관하여 2014년과 2015년 경상북도 교육과정 편성·운영 지침을 마련해 2016년부터 독도 관련 수업을 교육과정에 포함시키고 자체 제작한 경상북도교육청 교수·학습자료 '독도'와 교육부 독도 부교재 '독도 바로 알기(초6, 중3, 고1)'를 이용해 연간 10시간 이상 지도키로 하는 등의 내용을 담은 독도 운영 계획을 수립했다.[29] 이러한 관점에서 독도교육은 시·공간적 담론의 하나로 재영토화, 장소화를 통해서 이루어지는 국토에 대한 내부적인 지리적 재발견임과 동시에 외부적 경계에 대한 하나의 정체성 구성이며 대응이다. 따라서 독도교육은 애초부터 순수한 교육적 접근을 통해서 이루어지는 장소교육이라기 보다는, 국가가 국제법상의 제한이 없는 한 원칙적으로 배타적 지배를 할 수 있는 장소에 대한 국내정치의 영토주권을 유지하려는 국가적 지식의 전략에 기인하는 속성을 지니고 있다는 점을 간과할 수 없다.

둘째, 역사교육의 교육과정으로써 독도교육을 중시하고 있다. 독도를 둘러싼 양국의 쟁점을 보는 한일 간 인식의 격차 크기는 양국 관계의 성숙도를 나타내는 지표이다. 독도는 한일 양국의 영토 내 셔널리즘을 자극하여 양국 관계를 파국으로 몰고 갈 수도 있고, 과거의 불행했던 역사를 직시하게 될 수도 있다. 이러한 측면에서 일본은 독도와 관련하여 초등학교에서 시각적인 측면, 중·고등학교에서 논리적인 측면을 강조하고 있다. 일본은 주로 근현대사 위주의 독도 교육을 실시하고 있으며, 과거 고등학교 지리와 공민 교과서에 독도를 영

---

28) 김호동, 「우리나라 독도교육 정책의 현황과 과제」, 『독도연구』 제17호, 2014, 297쪽.
29) 『경북일보』, 2016년 4월 10일자 참조.

토문제로 제기하는 수준을 넘어서, 현재 역사 교과서에 내셔널리즘을 강조하는 독도 교육을 실시하고 있다. 이것은 일본이 독도를 영토문제로 제기하는 수준을 넘어, 역사문제로 전면적으로 확대시켰다는 것을 의미한다. 반면 한국은 독도와 관련하여 초·중·고등학교에서 역사적 사실을 강조하면서 주로 전근대와 근대사 중심의 독도 교육을 실시하고 있다. 이는 한국 역사교과서는 독도 관련 역사적 사료만 기술하여 국제법적 논리를 결합하지 못하고 있다는 것을 반증한다. 특히 한국의 독도교육은 동북아 지역의 평화질서와 현상유지를 지키기 위해서 일본의 공격적 내셔널리즘을 대응하고, 미래 지향적인 한일 관계에 적합한 민주시민 의식을 함양하는 독도교육을 논리적이고 체계적으로 실시해야 함에도 불구하고 성과 위주의 역사교육의 교육 과정으로써 실시하고 있는 것이 현실이다.

셋째, 지방 자치권 강화의 논리로써 독도교육을 강조하고 있다. 비록 한일 지방자치권의 메커니즘은 중앙 행정권과 긴밀한 협조관계를 형성하고 있지만, 최우선시 하는 것은 지역주민들로부터의 적극적 민의 형성에서 비롯된다. 이러한 의미에서 경상북도와 시마네현의 독도교육은 한일 양국의 중앙정부에서 수립된 영토교육과 연계된 지방 자치권의 강화를 위한 정치적 이벤트의 일환으로 나타나고 있다. 예를 들면 시마네현 지방정부의 독도 교육정책의 씽크-탱크인 죽도문제연구회의 제언은 독도에 관한 일본 교육정책의 청사진이라고 해도 과언이 아니다.[30] 이를 바탕으로 2017년 2월 9일 일본 내각관방 영토 주권 대책기획조정실과 시마네현 오키노시마초(隱岐の島町) 등이 공동으로 독도가 일본 땅이라는 주장을 담은 홍보 포스터를 제작

---

30) 이우진, 「'죽도문제연구회'의 독도교육에 대한 비판적 검토: 학습지도안을 중심으로」, 『일본사상』 32호, 2017, 191쪽.

했다. 시마네현은 이 포스트를 전국 지방단체 및 교육위원회에 배포하여 자국 영토를 정확하게 이해할 수 있도록 독도교육에 적극 활용할 방침을 세웠다. 더욱이 시마네현 교육위원회는 '독도에 관한 학습'과 '독도학습 검토회'를 통해 학생들이 습득해야 할 독도교육에 관한 지식을 명확히 정리하고 있다.[31] 같은 맥락에서 경상북도는 2012년부터 다양한 독도사랑 교육을 통해 학생들이 독도가 우리 영토임을 명확히 인지할 수 있도록 독도 탐방연수와 도내 초·중·고 110개교에서 독도 지킴이 동아리 운영, 독도 사랑 정보검색 대회, 독도 사랑 UCC 대회 등을 통해 지역주민들의 적극적인 독도교육 참여를 강화하고 있다.

5. 맺음말

지금까지 한국과 일본의 영토교육 현황을 검토하고, 특히 경상북도와 시마네현의 독도교육의 사례를 비교 분석하여 그 실태에 대한 사례를 논의하였다. 본 연구에서는 독도 문제를 과거사 인식을 둘러싼 한국과 일본의 연속적 갈등과 대립에서 펼쳐지는 실증적 사실의 다툼이자, 불확증한 논리에 대한 주관적 인식의 다툼으로 독도교육에 어떻게 투영되고 있는지를 조명하는 데 초점을 맞추었다. 한일 양국은 독도교육을 지역공동체적 관점에서 벗어나 자국 중심의 사관에 입각한 영토교육을 실시하고 있을 뿐만 아니라 특정 국가의 사람들을 하나의 가치 체계로 종속시키는 일종의 전제적이고 간주관적인

---

31) 송휘영, 「일본 시네마현 독도정책의 동향과 방향」, 『한국정치외교사논총』 제36권 (2), 2015, 81~84쪽.

관점을 채택하고 있다. 이러한 배타적 독도교육은 양국 관계의 역사적 특수성에서 비롯된 영유권 문제를 둘러싼 한일갈등의 규범 확산과도 밀접한 관련이 있으며, 동시에 자국 중심의 영유권 주장에 내포된 영토 민족주의의 위험을 경계하고 이를 냉철하고 합리적으로 비판할 수 있는 용기를 상실하게 만들고 있다는 점을 부인할 수 없다.

한국의 독도교육 목표는 독도가 역사·지리·국제법적으로 우리 영토인 근거를 정확하게 이해함으로써, 우리 영토에 대한 올바른 수호 의지를 갖추는 것이다. 이에 교육부는 동북아역사대책팀을 만들어 독도교육의 현황과 문제점을 분석하고 독도교육의 강화에 대한 의지를 밝혔다. 여기에서 종합적인 독도교육을 위해 독도교육통합위원회를 출범시켰다. 동 위원회는 독도와 관련한 초·중·고교 교육과정 및 해설서, 교과 학년별 교과서의 서술 방향 등을 총괄 심의해 결과를 교과별 교육과정심의회와 교과용 도서편찬심의회에 제출하여 의견을 권고하는 역할을 하고 있다. 2008년 이후 경상북도 교육청에서 교과서를 개발하고 독도 관련 학습 목표와 학습 요소를 제시하고 수업자료를 제공함으로써 독도교육을 체계적이고 지속적이며, 의식 고취에 중점을 두고, 시공간을 초월해서 진행하려는 움직임이 있다. 하지만 이러한 방향을 제시해 주는 독도교육의 패러다임이 부재한 상태에서 일본의 독도 도발이 불거져 나올 때 마다 행사나 대회를 중심으로 일회적이며 감정적으로 대응하는 현상을 발견할 수 있다.

반면 일본의 독도교육은 영토 분쟁화를 홍보하여 이를 일본이 공동으로 국제사법재판소에 제소하도록 논리적 기반을 만드는 것이 목표이다. 2008년 2월 일본 외무성 홈페이지에 '독도 문제를 이해하기 위한 10개의 포인트'를 게재하면서부터 일본 정부에 의한 독도 영유권 주장이 공세적으로 제기되었다. 이를 바탕으로 일본 정부는 내각부에 '영토대책실'을 설치하면서 내각부 홈페이지와 수상관저 홈페이지 '독도 문제에 대하여'를 게시하는 등 적극적인 독도관련 정책기조를 설립했다. 이에 대내적 교육 홍보를 담당하는 문부과학성도 2014년 1월 중고학습지도요령 해설서 개정과 4월 초등학교 사회과 교과서 검정결과 발표를 통해 '독도는 역사적·국제법으로 일본 고유의 영토'이며 '한국이 불법점거 중이다'라는 것을 알리기 시작했다.32) 같은 맥락에서 시마네현의 독도교육은 초·중·고의 학교 교육뿐 아니라 현 전체를 대상으로 포괄적 접근을 하면서 영토교육 대상은 초·중·고 학생과 교사, 일반인이며, 교육목적을 달리하는 차별적 교육 접근을 하고 있다. 또한 자료전시를 통한 영토관(領土館) 등 관련 시설을 통한 체험교육과 '다케시마의 날'을 통한 한 계기와 참여 실행 교육적 접근을 병행하고 있으며, 지자체에서는 해당 학교를 중심으로 시범 및 향토교육을 통한 향토애를 배양하는 교육방법적 접근을 하고 있다. 이는 일본이 지리와 공민 등 다양한 시각에서 사회과 전체로의 공격적이고 치밀하며, 생활사 중심에 초점을 맞추고, 중-장기적인 영토 반환전략 등과 같이 다면적인 접근을 하고 있다는 것을 의미한다.

이상에서 살펴보았듯이 본 연구는 배타적 민족주의 접근 방식을 채택했던 기존의 영토교육을 냉정하게 분석하고, 동북아지역 차원의 지역공동체적 시민주의 관점에서 미래지향적인 한일 관계에 대한 성찰을 바탕으로 바람직한 독도교육에 대한 해법을 모색하려는 시도하였다. 이러한 시도는 한일 양국이 지향하는 독도교육의 실체를 정확하게 분석하고 예측하는 데 커다란 기여를 하고 있다. 그럼에도 불구

---

32) 곽진오, 「독도와 한일관계: 일본의 독도인식을 중심으로」, 『일본문화학보』 제26호, 2010.

하고 한국과 일본의 독도교육이 자국 중심의 사관에 입각한 영토교육을 실시하고 있기 때문에 현안의 인식과 설정, 그 대응 전략에 따른 정치적 요소들의 배치에 따라 전개되고 있는 것은 아쉬운 점이다. 이러한 상황적 논리로 설명하고 있는 독도의 정치화는 본 연구의 한계로 지적될 수 있으며 한일 관계에서 독도교육의 이론화를 기반으로 한 실체적 논의 과정은 향후 과제로 남겨 두겠다.

/ 박창건

일본 공립학교 민족학급을 둘러싼
새로운 국면과 대응

재일코리안 민족교육을 지탱하기 위한 방안 도출 필요성과 한국의 역할

1. 들어가며

재일코리안[1]은 이제 6세대의 출현을 맞이하고 있다. 세계 740만 재외동포들 가운데 이들의 지위는 매우 특수하다고 할 수 있는데 한마디로 '디아스포라적 이민 경위를 가진 유일한 한국 국적 집단'으로 요약할 수 있다. 이들의 또 다른 특징으로는 거주국 일본에서 '무권리의 외국인' 신분으로 묶여 권익신장 측면에서 한계가 있다는 점이다. 여타 재외동포들이 점차 거주국에서 주류사회 진출이나 모국과의 가교 역할 수행을 해내고 있는 것과는 정반대로 재일코리안은 갈

---

1) 본고에서는 일본으로 이주하여 정착한 한민족 총체를 가리키는 용어로 '재일코리안'을 사용하기로 한다. 한계가 있기는 하나, 이들의 에스니시티(ethnicity) 만큼 구성원 각기가 지닌 정치성까지 아우를 수 있는 최선의 용어라고 판단한 데 비롯된다. '재일조선인'이 역사적 존재로서 한반도에서 일본으로 건너간 이주자를 가리키는 용어라는 점에 대해 필자 또한 동의하는 바이다. 그러나 이 용어 속에 북한·총련의 지지라는 정치적 함의가 섞여 있다는 점 또한 부정할 수 없다. 따라서 '재일조선인'을 다양한 정치적 속성을 두루 아우르는 총체라는 함의를 지닌 용어로 사용하기에는 무리가 있다. 한편, 순수하게 역사적 존재만을 가리키는 경우에는 '조선인'을 사용할 것이며, '재일동포,' '재일한국인' 등의 용어도 문맥에 따라 사용할 것이다.

수록 그 존재감이 희미해지고 있다.

학술적 관심사로 볼 때도 역시 재일코리안의 특수성이 드러난다. 주류사회 진입에 성공한 재외동포를 대상으로 하는 연구주제가 '정계 진출', '모국을 활용한 커리어패스(career path) 구축' 등 미래지향적인 데 반해 재일코리안을 대상으로 하는 그것은 변함없이 '정체성(identity)'과 관련된 주제가 여전히 다수를 차지하고 있다. 특히 역사는 재일코리안을 고찰하는 데 빼놓을 수 없는 분야다. 구 종주국에서 사는 무권리의 외국인이라는 특징을 지닌 재일코리안의 출발점 자체가 역사적 경위로 인한 것이기 때문이다. 대한민국은 이들의 지위가 논의될 때마다 교섭 당사자의 한 측이었던 점을 잊어서는 안 될 것이다.

본고의 주제인 민족학급 또한 역사적 배경에 관한 논의가 선결되어야 할 것이다. 민족학급은 해방 직후 한반도 귀환을 전제로 우리말과 문화, 역사를 가르친 약 600개의 자생적 조선인학교에 그 뿌리가 있다. 1948년 미군 통치 하에서 일본 정부는 경찰력을 동원하여 이들 학교를 강제 폐쇄시킨 이른바 한신교육투쟁(阪神教育鬪爭)이 일어났으며, 이 투쟁은 민족학급이 탄생하게 된 직접적 계기가 되었다. 조선인 측이 조선인학교 강제폐쇄에 거세게 반발하자 이를 견디다 못한 일본 당국은 조선인 측과 각서(覺書)를 교환하였다. 이를 근거로 관서(關西)지방을 중심으로 제한적으로나마 일본 공립 소중학교 안에서 민족교육이 허용되었고 그 운영형태로 민족학급과 공립 조선인학교가 생긴 것이다. 그러나 후자는 1966년까지 모두 폐지되고 말았다.[2]

---

2) 공립 조선인학교에 관해서는 マギー智子(2014), 『在日朝鮮人教育の歷史: 戰後日本の外國人政策と公教育』, 北海道大學大學院博士論文에서 상세히 다루고 있다. 여타 재외동포들에 비해 현저히 떨어지는 재일코리안의 한국어 능력을 탓하는 한국

일본 공립학교 안에서 매주 겨우 1-2시간 방과 후에 민족교육을 제공하게 된 민족학급 또한 일본 정부의 소극적 대응으로 일관된 탓에 점차 쇠퇴하여 1970년대 초 시점에서 11 곳까지 줄어들었다. 그러나 이후 민족학급을 위한 노력은 재일코리안 공통의 권익운동으로서 공론화되기 시작되어 오늘날 그 수가 190개를 상회하는 등 양적 성장을 이루어냈다. 그러나 1970년대부터 새로이 설치된 민족학급 현장을 지켜온 민족강사들이 제도적으로 급여를 받게 된 것은 이보다 20년 이상 지난 시점 부터였다. 이 배경에는 처우개선을 위해 이념 차이를 넘어 단결한 재일코리안 사회 공통의 권익을 대변하여 일본 교육당국과의 끈질긴 협상을 거듭해온 이른바 행정교섭의 노력이 있었다. 이 같은 경위가 있는 만큼 재일코리안의 정체성 논의에는 뿌리로서의 한반도와 더불어 재일코리안 스스로의 고된 이주사가 함께 반영되고 있다. 이점이야말로 이들의 역사성 이해가 선결되어야 할 이유라고 할 수 있다.

이 같은 인식을 바탕으로 행해지는 교육을 재일코리안들은 민족교육이라고 부른다. 다문화교육이나 국제화교육 등의 개념만으로는 영위할 수 없는 이들 나름의 역사나 가치관이 투영되고 있다는 점에 주의를 기울여야 할 것이다. 그러나 민족학급 초창기부터 오늘날에 이르기까지 그곳을 다니는 아이들의 이름, 즉 '본명(민족명)을 부르고 쓰는 운동(本名を呼び名乗る運動)'[3]조차 전진과 후퇴를 거듭하고 있는 것이 재일코리안이 살고 있는 일본 사회의 현실이다.

인은 이 같은 역사적 배경을 알고 이들을 바라봐야 할 것이다.
3) 현직 민족강사로서 민족학급을 주제로 학위논문을 펴낸 홍리나는 이를 '본명 지도'라고 부르고 있다. 홍리나, 「문화적 저항으로서의 재일동포 민족학급 : 히가시오사카시 공립소학교의 사례를 중심으로」, 한국학중앙연구원 한국학대학원 석사논문, 2015, 106쪽.

최근 나타난 한 가지의 변수는 최근 높아진 한국 정부의 정책적 관심이다. 후술하겠지만 재일코리안 민족교육의 지원책을 강구하기 위한 논의가 박근혜 정부 시절 재외동포정책을 논의하는 자리에서 공식 의제로 거론되기까지 했던 것이 이를 입증해 준다. 그러나 이를 긍정적으로 받아들일 수 있을지에 대해서는 세심한 검토가 필요할 것이다. 특히 모국과 재일코리안 간의 인식과 수요 사이에 어떠한 괴리가 존재하는지를 검토해 보아야 할 것이다. 본고는 이에 대해서도 논의해 보고자 한다.

민족학급과 관련된 선행연구는 다수 존재한다. 이들 가운데 최근 주목할 만한 성과로는 당사자적 입장에서 민족강사로서 근무한 홍리나(2015)의 연구를 들 수 있다. 그는 자신의 근무지역 민족학급을 중심으로 한 사례연구를 시도했으며, 시대 변화에 걸맞은 가치관 변화나 교육방식 개발 필요성 등을 주장한다. 그가 전제하는 앞 세대 상황에 관한 논의는 송기찬(1998)[4]의 연구에 바탕하고 있다. 또한, 일본 정부의 교육정책을 중심으로 민족학급을 논의한 연구로는 김대성(1996)[5]을 들 수 있으며, 정희선(2006)[6]은 재일코리안 교육운동의 역사적 성과의 일환으로 민족학급에 대한 고찰을 시도한 바 있다. 한편, 홍리나와 마찬가지로 장래 민족학급 운영에 대한 대안을 논의한 논고로는 다문화교육의 관점에서 접근한 황지윤(2011)[7]을 들 수 있

---

4) 송기찬, 「민족교육과 재일동포 젊은 세대의 아이덴티티 : 일본 오사카의 공립초등학교 민족학급의 사례를 중심으로」, 한양대학교대학원 석사논문, 1998.
5) 김대성, 「재일한국인의 민족교육에 대한 연구」, 건국대학교 일반대학원 박사학위논문, 1996.
6) 정희선, 「재일조선인의 민족교육운동 연구」, 강원대학교 박사학위논문, 2006.
7) 黃止玩, 「日本の公敎育における在日コリアンの民族學級の意義と可能性: 多文化敎育という視點からみた在日コリアンの民族敎育」, 『日本近代學研究』第31輯, 2011, 173-190頁.

다. 본고는 황지윤의 주장에 동의하면서 보다 다양한 영역을 고찰해
볼 필요성이 존재한다는 문제의식 아래 논의를 하게 될 것이다.

본고의 연구방법으로는 자료분석과 더불어 2016년 6~8월에 일본
각지에서 실시한 민족학급 이해당사자들에 대한 심층인터뷰(in
depth interview) 내용 분석이 사용될 것이다. 본고의 구성은 다음과
같다. 2장에서는 민족학급 현황에 대해 논의할 것이다. 3장에서는 2
장의 논의를 바탕으로 앞으로 민족학급에서 추진되는 교육에서 어
떠한 영역이 다루어져야 할 것인지에 관하여 재일동포사회의 여건
변화를 전제하여 논의할 것이다. 그리고 4장에서는 지원자 역할을
수행하고자 하는 한국 정부의 민족교육에 대한 인식과 재일코리안
당사자들의 그것 사이에 어떠한 괴리가 존재하는지에 대해 논의할
것이다.

2. 민족학급 현황

앞서 언급한 내용과 더불어 민족학급의 특징이란 일본 공교육 안
에서 추진되고 있는 유일한 재일코리안 민족교육 형태라는 것이다.
여기서는 오늘날 민족학급이 어떠한 문제를 직면하고 있는지를 검토
해보고자 한다. 이에 앞서 민족학급 현황을 살펴보고자 한다.

민족학급은 대부분 일본 관서지역에, 2016년 시점에서 190여 개[8]

---

8) 오사카시는 2016년도, 오사카부(사카이시 2개 학교 제외)는 2015년도 자료. 여타
지자체(교토 4곳, 고베 2곳, 후쿠오카 1곳, 아이치 1곳, 나라현 1곳)는 필자가 2016년
도 기준으로 파악한 수치. 大阪市教育委員会, 「平成28年度大阪市民族学級状況」,
2016.; 大阪府教育委員会, 「府内民族学級・朝文研などの状況」, 2015.

가 존재한다. 이들 가운데 대부분이 오사카시(大阪市, 106개 학교)9)와 오사카시를 제외한 오사카부(80개 학교)10) 안에 집중되어 있다. 그 외에 민족학급이 존재하는 지역으로는 효고(兵庫), 교토(京都), 아이치(愛知), 후쿠오카(福岡), 나라(奈良) 등을 들 수 있다.

운영형태는 지역마다 차이가 있다. 지자체가 현장에서 교육을 담당하는 민족강사들의 고용주가 되며 오사카시와 오사카부 사이에서 급여 조건 등에 차이가 있기는 하지만 45명 정도가 근무하고 있으며, 세 가지 신분으로 구분된다. 첫째, 그동안 오사카부가 고용하다가 2017년에 오사카시 등 각 시로 고용주가 바뀐 무기한 고용의 상근강사(일본인 정교사에 준하는 직급이지만 관리자 승진이 없음)가 2016년 시점에서 11명(부비〈府費〉민족강사)11)이 있으며, 둘째, 2016년 시점에서 오사카시내 15명, 인근 히가시오사카시(東大阪市) 4명이 비상근촉탁직(시비〈市費〉민족강사), 셋째 그 나머지가 시간강사 신분이다. 시비민족강사 총 19명의 처우는 대체로 상근강사에 비해 1/2-1/3 수준의 보수를 받고 있어 생계를 유지하기가 어려운 상황이다. 특히 강의 시수에 따라 월 3-5만 엔 선의 처우를 받고 있는 시간강사들의 경우, 편의점 아르바이트를 비롯한 각종 부업에 종사하는 이들이 적지 않다. 또한, 상근강사(부비민족강사. 현재는 각 시로 고용이관)를 제외한 나머지 민족강사들은 1명 당 3-4개 학교를 순회하면서 민족교육을

---

9) 재일코리안 학생이 재학 중이어서 민족학급이 설치되고는 있으나 참가하는 학생이 없어 활동 정지된 상태의 학교 3곳 포함.

10) 활동이 정지된 1개 학교 포함.

11) 오사카유신회(大阪維新の會)가 집권당인 오사카부는 민족학급의 지위 저하를 노려 그동안 고용해온 민족강사들의 고용주체를 오사카시를 비롯한 각 시로 이관했다. 행정개혁의 일환이라는 명분으로 추진된 이 제도변경으로 민족강사들의 처우 악화가 우려되고 있는 상황이다.

담당하고 있고 이로 인해 학생지도나 학부모들과의 소통, 일본인 교사들과의 관계성 구축 측면에서 불리한 여건에 놓여 있다.

이 같은 오사카 민족학급의 오늘날 모습이지만 그 험난한 역사[12]를 떠올려본다면 그래도 비약적 발전이라고 할 수 있다. 조선인학교가 강제 폐쇄된 1948년에 일본 공립학교 안에 설치된 형태로 시작된 이후, 민족학급은 일본 교육행정과 일선학교의 무관심과 비협조로 인해 1970년대 초까지 11개만이 간신히 살아남을 정도로 크게 위축했다. 이를 재흥(再興)시킨 데 있어서는 1972년 이후 민단계에 비해 월등히 뛰어난 교사양성이나 민족학교 운영 노하우를 갖춘 총련계 인사들의 역할이 지대했다. 같은 해 남북공동선언으로 통일 논의가 활발해지는 상황에서 당초 남북(민단-총련)이 공동으로 대응하려는 움직임이 있었으나, 결국에는 북측 인사만 현장을 지키게 되어 이후에도 주축이 되었다. 이들과 부락해방운동, 일교조(日敎組) 구성원을 비롯한 일본인 교사들과의 공조로 (자주형 또는 1972년형) 민족학급이 수적으로 증가했고 이 연장선상에 있는 민족강사들은 나가하시강사단(長橋講師團, 현 오사카시강사단)을 결성해 오늘날까지 권위를 인정받은 상태로 명맥을 유지하고 있다. 이 권위의 원천은 이들 민족강사가 20년이 넘도록 무급으로 교육현장을 지켜온 데 비롯된다.

민족학급이 활성화된 또 하나의 이유는 1984년 이후 민족교육운동이라는 명분 아래 이념을 초월하여 다양한 속성을 지닌 재일코리안들이 단결했기 때문이다. 무엇보다도 민단-총련이라는 정치논리와 거리를 둔 것이 활성화의 원동력이 되었다. '중립계'라고 할 수 있는 민족교육연락회(民族敎育連絡會), 민족교육의 존속을 촉구하는 모임(民族

---

12) 민족학급의 통사적 이해를 위해서는 イルムの会, 『金ソンセンニム : 済州島を愛し民族教育に生きた在日一世』, 新幹社, 2011 참조 바람.

學級の存續を求める會) 그리고 후에 나가하시강사단도 합류하는 등 그 동안 각기 독자적으로 활동해온 여러 단체들이 범 민족교육운동체인 민족교육촉진협의회(民族教育促進協議會, 이하 민촉협)로 규합한 것이다.[13] 민촉협은 2003년에 해산될 때까지 오사카 교육행정과의 단체교섭이라는 활동방식을 정착시켜 민족학급의 수적증가와 민족강사의 처우개선 등에서 많은 성과를 올렸다. 자체적인 민족교육 운영노하우가 취약한 민단(오사카중앙본부)의 역할은 행정교섭과 모국연수 기회제공 등 측면지원에 국한되고 있다. 그래도 민족교육을 담당하는 문교국장직을 줄곧 민족강사 출신 인사들이 맡아왔기에 민족강사, 운동체 등과의 소통이 오늘날까지 이루어져 온 것으로 볼 수 있다.[14]

오사카 외 지역에서는 효고(兵庫), 교토(京都), 아이치(愛知), 후쿠오카(福岡), 나라(奈良) 등에서 민족학급 또는 이와 유사한 형태의 교실이 운영되고 있다. 교토에서는 오사카와 유사하게 교토시가 비상근강사로 4–5명 정도의 민족강사를 고용하여 2개 소학교[15]에서 민족

---

13) 민촉협 활동은 1972년 7·4 남북공동성명을 계기로 하는 1972년형 민족학급의 탄생과 수적확대, 민족강사의 처우개선 등 민족학급 활동의 질적 개선 등의 성과를 거둔 재일코리안 공통의 정치운동으로 확산되었다. 또한, 1991년 재일한국인의 법적지위 및 처우에 관한 각서 서명 시에 민족교육에 관한 재일코리안의 요구사항이 제3조 제1항(조문은 주석 20 참조)에 명기되어 민족학급 수를 늘리는 데 역시 명분을 부여했다. 이처럼 재일코리안 민족교육운동은 재일코리안의 다른 운동과 마찬가지로 남북관계, 한일관계와 직접적인 연관관계에 있는 것을 알 수 있다.

14) 오늘날 민단의 역할은 일본사회에서 대한민국을 대변하는 창구 역할이라고 할 수 있다. 그런데 2014년도부터 한국 정부가 거출하기 시작한 민족교육지원금의 집행기관이 교육부가 관할하는 오사카한국교육원이 된 것을 비롯해 민단의 역할이 불분명한 것도 사실이다. 민단의 역할 재정립이 필요한 시점인 것으로 여겨진다.

15) 2000년대까지 3개 소학교에서 운영되고 있었으나(民團新聞, 2004년2월25일), 이들 가운데 2개가 2012년 합병되어 코리아민족교실(コリアみんぞく教室)이라는 명칭으로 민족학급이 운영되고 있다. 京都市地域·多文化交流ネットワークサロン, 「京都市地域·多文化交流ネットワークサロン通信」第12号, 2015.4.30., 4–5頁.

학급이 운영되고 있는데 총련의 영향이 짙고 방과후수업이 아니라 정규수업으로 진행된다는 점이 특징이다. 이와 대조적으로 아이치와 후쿠오카는 민단의 후원으로 운영되고 있다.

한편, 효고는 고베시 나가타구(神戸市長田區) 소재 두 곳 소학교에서 2004년과 2010년에 민족학급이 탄생(부활)했다. 이는 일본 학교에서 빈번히 일어나는 민족차별을 고심한 재일코리안 학부모들이 모여들어 구성된 고베 재일한국·조선인 아동생도보호자 모임(神戸在日韓國·朝鮮人兒童生徒保護者の會)의 운동성과이다. 그러나 민족강사 두 명에 대한 인건비 예산조치가 전혀 없어 이들은 무보수로 일하고 있다. 재일한국·조선인 아동생도 보호자 모임 대표 김신용(金信鏞)은 사재를 털어 2014년에 고베코리아교육문화센터(神戸コリア教育文化センター)16)를 설립하여, 고베시로부터 민족학급 사업을 위탁받아 운영하고 있다.

다음으로 학생 수를 살펴보기로 한다. 입수 가능한 자료가 오사카(1개 지자체 제외)에 한정되기는 하나, 민족학급 활동에 참여하고 있는 학생 수는 2016년 초 기준으로 오사카시 1,956명, 오사카부 1,116명으로 총 3,072명이다.17) 여기에다가 타 지역이 추가가 되면 3,100-3,200명 선으로 보는 것이 타당할 것이다.

주목해야 할 것은 이들의 국적상황이다. 학생들 가운데 한국 국적(조선적 포함)은 1,225명인 반면에 일본 국적은 2,716명18)으로 이제

---

16) 『讀賣新聞』, 2014年 8月 26日.
17) 일부 민족학급에서는 순수 일본인 학생의 참여를 허용하는 사례도 있어 이들이 통계에 포함되어 있다. 大阪市敎育委員會, 앞의 자료.; 大阪府敎育委員會, 앞의 자료.
18) 개인정보보호 강화 등의 영향으로 학교 측이 파악하지 못함으로 인해 누락된 일본 국적 재일코리안 학생 수가 상당할 것으로 보여 실제 민족학급 활동의 대상자 수는

한국 국적 보유율은 31%로 1/3이하 수준에 머물고 있다.[19] 그러나 한일 더블(double)인 학생들 대부분이 한일 (잠재적) 이중국적자라는 점을 간과해서는 안 될 것이다. 부모 중 한 쪽이 한국 국적인 경우에도 절차를 몰라 주일 한국공관에 출생신고를 하지 못했거나 그러한 필요성을 느끼지 못해 굳이 신고하지 않은 경우가 잦기 때문이다. 한편, 필자가 실시한 민족강사들을 대상으로 한 인터뷰에서도 확인되었듯이 시대 변화를 반영하여 뉴커머 학생들이 민족학급을 다니고 있는 사례도 파악되고 있다.

다음으로 민족학급을 둘러싼 일본 행정체계를 오사카의 사례를 중심으로 살펴보기로 한다. 민족학급 활동은 일본 공교육에서 추진되는 만큼 각 지자체 교육위원회(교육청에 해당)가 설치 및 운영의 결정권자이다. 1992년 한일 정부 간의 이른바 재일한국인3세 지위협정(한일 법적 지위 협정에 의거한 협의결과에 관한 각서)에서 민족교육에 관한 언급[20]이 있어 오늘날 민족학급 설치에 대한 법적·행정적 제약은 사라졌지만 그렇다고 재일코리안 당사자 측이 요구하지 않는 한 교육위원회 측이 자발적으로 나서서 개설해 주는 일은 없다. 그러기에 당사자인 재일코리안들의 민족학급에 대한 지속적 관심과 의의

통계상 수치보다 훨씬 많을 것이다.

19) 이들 중 대부분은 잠재적 한일 이중국적자로 보는 것이 타당하다. 잠재적이라고 표현한 것은 일본인과 혼인한 한국국적 재일코리안 가정의 자녀들이 부모양계주의에 따라 한국국적을 취득할 수 있기 때문이다. 그러나 부모가 한국 출생신고 방법조차 모르거나 이를 꺼려함으로 인해 오로지 일본국민으로만 등록되고 자녀들 스스로도 그렇게 인지하는 경우가 대부분이다.

20) 동 조항 조문은 다음과 같다. '일본사회에서 한국어 등 민족의 전통 및 문화를 보지(保持)하고 싶다는 재일한국인사회의 희망을 이해하며, 현재 지방자치체의 판단에 따라 학교 과외에서 행해지고 있는 한국어나 한국문화 등의 학습이 앞으로도 지장 없이 이루어지도록 일본국정부로서 배려한다.'

인식 그리고 실천이 열쇠를 쥐고 있다고 할 수 있다.

일선 학교에서는 이른바 외국인담당교원(외담〈外擔〉)으로 불리는 외국인학생을 돌보는 역할이 부여된 보직교사가 일본인 정교사들 중에서 배정된다. 외담의 주된 역할이란 외국인 및 루츠(roots, 외국에 뿌리가 있다는 뜻)학생들을 민족학급 활동 참여로 이끄는 일이다. 외담은 교과담임으로 학생들의 일상을 책임지는 입장에 있기 때문에 민족강사에게는 중요한 정보 공급원이자 파트너이기도 하다. 교장과 이들의 의지와 역할은 민족학급 활성화 여부에 직결된다고 해도 과언이 아니다.

일부 지자체에서 휴면상태인 경우도 있지만 오사카에는 외국인교육을 지원하기 위한 기능으로 오사카부외국인교육문제연구회(大阪府外國人敎育問題硏究會, 부외교)와 각 시 단위 외국인교육문제연구회(시외교)가 있는 것도 특징이다. 일본인 정교사들 중에서 전임자가 선출되어 작은 조직의 경우 시 전체에서 1명, 부외교 같은 경우에는 수명이 사무국을 구성하고 있다. 1990년대까지만 해도 부외교/시외교의 중심 사업은 재일코리안을 대상으로 하는 민족학급이 대부분이었으나, 시대변화를 반영하여 최근에는 중국인, 필리핀인 등 다국적화된 민족학급이나 일본어보충수업, 모국어교실 등으로 그 영역이 확대되고 있으며, 일본인 학생들까지 대상으로 포함하여 국제이해교육을 추진하는 경우도 적지 않다.

한편, 갈수록 중요시되고 있는 것이 루츠교원이라고 불리는 재일코리안 교사들이다. 루츠교원이란 혈통적으로 재일코리안의 뿌리가 있는 일본국적 정교사 또는 한국국적 상근강사들을 가리키는 용어다. 홍리나의 연구에 따르면 루츠(roots)라는 용어가 정착된 것은 1970년대 알렉스 헤일리의 소설을 드라마화하여 일본에서도 방영됐던 미국 TV드라마 〈뿌리〉의 영향이 크다.[21] 오늘날 오사카부·시 합

쳐서 400명 정도가 재직 중이며, 이들의 국적은 절반이 한국국적, 나머지 절반이 일본국적인 것으로 파악되고 있다.[22] 한국국적 상근 강사 약 200명 가운데 65%가 본명(민족명)을 사용하고 있어 학생들에게는 가시적이고 긍정적인 롤모델이 되고 있다는 것이 재일코리안 민족교육운동의 중심에 있는 곽정의 민족교육을 촉진하는 모임(民族敎育をすすめる會) 대표와 김광민 코리아NGO센터(コリアNGOセンター) 사무국장의 공통된 인식이다. 또한, 2016년 시점에서 필자가 파악한 바로는 2명의 루츠교원들이 부외교, 시외교에서 활동하고 있었으며, 장차 교육위원회에서 관리직으로서 민족학급을 지탱하고자 하는 의지를 보이는 이도 있었다.[23] 일본 국적자이자 정교사인 그는 어렸을 때 민족학급에서의 원체험(原體驗)을 바탕으로 교사가 되기를 결심하였고 루츠학생 지원을 목적으로 하는 민족학급 활성화를 위해 활발한 활동을 펼치고 있다.

이처럼 뿌리 교원들의 존재로 이제 체제 안에서도 재일코리안이 민족학급을 위하여 활동을 할 수 있게 되었고, 갈수록 이들의 역할이 중요해질 것으로 보인다.

3. 세대변화에 대처하기 위한 교육적 영역

여기서는 일본 사회와 재일코리안 사회 내부의 여건 변화에 따라

21) 홍리나, 앞의 논문, 26-28쪽.
22) 곽정의에 대한 인터뷰, 오사카, 2016년 7월 13일; 김광민에 대한 인터뷰, 오사카, 2016년 7월 16일.
23) 일본국적 루츠교원 김평송(가명)에 대한 인터뷰, 오사카, 2016년 7월 11일.

새로이 수요가 대두되고 있는 교육적 영역에서 일어나고 있는 움직임에 대해 논의해 보고자 한다.

1) 국제이해교육

민족학급은 재일코리안, 특히 오사카를 비롯한 관서지역 재일코리안에게 있어서는 차별적 여건에의 저항적 정체성을 확인케 해주는 상징이라고 해도 과언이 아니다. 따라서 오랫동안 재일코리안 민족교육의 중심에는 차별에 맞서 자신을 긍정적으로 받아들여 살아가기 위한 정체성 확립문제가 늘 중심에 위치해 왔고, 지금도 크게 변화가 없다. 2015년 지식인들이 모여 발간한 재일코리안 오피니언지의 이름이 『항로(抗路)』라는 것도 상징적이다.

재일코리안의 정체성 확립을 일본인 측 관점에서 본다면 자신이 영위하는 일상생활에서 타자로서의 재일코리안의 존재를 인지하며 존중하는 일 정도로 해석할 수 있을 것이다. 이는 민족학급 활동에서 '본명을 부르며 쓰는(呼び名乗る)운동'이라는 형태로 실천되어 왔다. 즉 일본인 입장에서는 재일코리안을 하여금 민족명의 존재를 인지하고 이를 사용케 하는 것을 당연한 일로 받아들였으며, 자신과 타자가 함께 사회를 구성하고 있다는 인식을 일본 사회를 하여금 갖게 한다는 것이다. 이 같은 활동은 유네스코(UNESCO)가 1974년부터 주장하기 시작한 국제이해교육의 과제가, 이보다 앞서 일본 공교육 현장에서 이미 출현해 있었던 것으로 간주할 수 있다.

1974년 11월 제18회 유네스코 총회는 가맹국에 대해 「국제이해, 국제평화를 위한 교육 및 인권 및 기본적 자유에 대한 교육에 관한 권고(The Recommendation Concerning Education for International

Understanding, Cooperation and Education Relating to Human Rights and Fundamental Freedoms)」를 내렸다.[24] 이는 국제이해교육에 대한 유네스코 차원의 인식과 오늘날까지 통용하는 국제이해교육의 기본적 틀을 제시한 원전(原典)이라고 할 수 있다. 이 권고가 목적하는 바, 즉 국제이해교육을 실천하기 위해서는 첫째, 교육이란 「평생교육」 차원으로 인식되어야 할 것이며, 둘째, 「인권」과 「기본적 자유」에 대한 서로 다른 사회적·정치적 체제를 갖는 여러 국민·여러 국가들 간의 우호관계 유지 원칙에 입각하여 「인권」과 「기본적 자유」는 「국제이해」와 「국제협력」 그리고 「국제평화」와 일체불가분이어야 한다는 것이다.[25]

UNESCO는 「인권」과 「기본적 자유」 두 가지와 「국제이해」와 「국제협력」 그리고 「국제평화」 세 가지 간, 총 여섯 가지의 조합(2×3)적 개념을 묶어서 「국제교육(international education)」으로 부르기로 제창했다. 이들 여섯 가지 조합들 가운데 국제이해교육에서 핵심적 이념이 되는 것은 「인권」과 「(국제)평화」의 조합이다. 이 전제 없이 타민족, 타문화에 대한 지식과 인식만을 축적한다는 것은 오히려 타민족, 타국민에의 우월감 또는 열등감을 낳을 가능성을 배제할 수 없기 때문이다.[26]

민족학급의 존재가 재일코리안이라는 타자를 일본 공교육 안에서

---

24) UNESCO, 'Recommendation concerning Education for International Understanding, Co-operation and Peace and Education relating to Human Rights and Fundamental Freedoms,' General Conference, 18th Session, Paris, November 19, 1974.

25) 島久代, 「國際理解教育の理念と本質」, 『千葉大學教育學部研究紀要』 第39卷, 第1部, 1991, 181-183頁.

26) 위의 논문, 183쪽.

가시화시키고 이들과의 소통과 공생이라는 적극적 실천 과제를 직면
케 한다는 것이 일본 주류사회 측에서 바라본 국제이해교육과 민족
학급 간의 관계성이라고 할 수 있을 것이다. 실제로 재일코리안 다주
(多住)지역인 오사카시 이쿠노구(大阪市生野區) 소재 오사카시립 미유
키모리소학교(御幸森小學校)처럼 민족학급 활동의 연장선상에서 유네
스코스쿨(UNESCO Associated Schools Project Network) 인가를 받은
사례도 있다. 그런데 2016년 10월 시점에서 세계 약 10,000개 유네
스코스쿨들 가운데 약 10%에 해당하는 982개가 존재하는 일본27)에
서 가장 오래된 (일본 정부가 1952년 일방적으로 외국인 취급하기 시작한
경위가 있지만) 외국인집단인 재일코리안 대다수가 오늘날에 이르기
까지 차별이 두려워 자신의 이름조차 쓰지 못하고 있다는 것은 아이
러니한 일이 아닐 수 없다. 이쿠노구 소재 소학교에서 민족강사로 일
하며 민족교육운동의 중심에 서 온 곽정의의 증언에 따르면 2016년
시점에서 그의 소속하교 학생들의 민족명 사용률은 0%라고 한다.28)
이 같은 현실은 일본 공교육에서 추진되는 국제이해교육이 앞서 지
적한 문제점을 앓고 있음을 여실히 드러내고 있을 뿐만 아니라 민족
학급이 지향하는 긍정적 정체성 함양이라는 원초적 과제조차 여전히
해결되지 못하고 있다는 사실을 인지케 해준다.

　　오사카시, 오사카부의 집권당인 오사카 유신회의 압력으로 오사카
교육당국은 2018년 이후 민족학급이라는 명칭 사용을 금지하여 '국
제이해교실' 등의 명칭을 사용케 할 방침을 내세우기 시작했다. 이

---

27) 일본에는 2018년 7월 시점에서 1,148개 학교가 유네스코스쿨 인증을 받고 있다.
　　ACCU, 「ユネスコスクールへようこそ」http://www.unesco-school.mext.go.jp/e
　　ng?nc_session=n982edramd1tfk8ghds35esba0 (2019년 1월 20일 검색)
28) 곽정의, 앞의 인터뷰.

같은 움직임은 인권교육이 소외된 채 이루어지는 국제이해교육으로 인해 민족교육의 본질을 희석시켜 소수자 자녀들의 정체성 함양에 도움을 주지 못하는 방향으로 전개될 우려가 있다. 이에 대한 재일코리안 측의 대응책 마련이 절실한 시점을 맞이하고 있다고 할 수 있을 것이다.

2) 시민권교육

그럼에도 불구하고 민족학급을 둘러싼 여건에는 많은 변화가 일어나고 있다. 첫째, 한국국적(조선적자 포함) 학생 수의 감소이다. 재일코리안 한국국적 및 조선적 재일코리안 대다수를 차지하는 특별영주자는 2017년 말 현재 329,822명[29]으로 전년 대비 2.7%가 감소했으며, 일본인보다 고령화된 인구구성으로 인해 감소 속도가 갈수록 빨라질 것으로 예상된다. 또한, 앞서 언급한 한일 간 혼인으로 태어난 아이들의 국적이 일본국적으로만 등재되어 있고 귀화자도 늘어나고 있다. 앞서 본 바와 같이 민족학급을 다니는 재일코리안 자녀들 중 3분의 2가 일본국적자이다. 민족의 함의가 '외국인'으로부터 이제 '(일본)국민인 소수자'로 변화하고 있는 것이다.

이 같은 현상은 민족학급 현장에서 새로운 수요를 낳고 있다. 이는 바로 주권자로서 필요한 소양으로서의 시민권교육(citizenship education)이다. UNESCO는 시민권교육에 대해 사회에 관한 결정에 참여하는 명확한 사고를 가지며, 계몽된 시민이 되기 위한 교육이라고 정의하고 있다.[30] 이는 국가기관에 관한 지식이나 법의 지배

---

29) 法務省入國管理局(2018.3.27.), 「平成29年末現在における 在留外國人數について(確定値)」.

30) UNESCO(1998), 'Citizenship Education for the 21st Century,' http://www.une

가 사회적 또는 인간적 관계에 적용된다는 인식을 갖게 하는 교육, 즉 주권자로서의 교육을 의미하게 된다.

그런데 시민권교육 차원에서 볼 때, 민족학급의 상황이란 무권리 상태에 놓여 있는 외국인인 재일코리안 민족강사들이 일본 주권자가 될 학생들을 가르쳐야 한다는 것이라고 설명할 수 있다. 이 같은 상황이 모순적이라고 할 수밖에 없는 또 다른 이유는 민족강사 대부분의 국적이 존재하는 한국조차 2012년까지 재일코리안의 참정권을 제한해왔다는 사실 때문이다. 거주국에서도 모국에서도 시민권으로부터 소외되는 '완전한 무권리상태'를 형성케 하는 데 대한민국이 한 몫을 해 온 것이다.[31] 여하튼 현 시점은 학생들의 국적상황 변화에 따라 시민권이 함의하는 권리와 의무 등에 대해 이를 경험해 보지 못한 민족강사들이 어떻게 가르쳐야 할지에 관한 고민과 실천이 필요하게 된 상황이라고 할 수 있다.

한편, 앞서 언급한대로 민족강사가 아닌 정교사들 가운데 재일코리안이 증가되고 있는 현상이 갈수록 두드러지고 있다. 이들은 흔히 '루츠(roots)교원'이라고 불린다. 이들 가운데 민족학급을 비롯한 민족교육 진흥을 위해 일하고 있는 김평송(가명)은 다음과 같이 말한다.

제가 일본국적으로 있다는 것은 교육위원회에 들어갈 수도 있고 교장을 맡을 수도 있다는 것을 의미합니다. 되도록 빨리 승진해서 동포

---

sco.org/education/tlsf/mods/theme_b/interact/mod07task03/appendix.htm# text (2019년 1월 20일 검색)

31) 이와 유사한 상황에 놓여 있는 소수민족 집단으로는 쿠르드(Kurd)족 정도를 들 수 있을 것이다. 그러나 이들도 2015년 터키에서 정당을 가지고 국정선거에 참여했고 2017년에는 이라크 내 쿠르드인 자치구의 독립을 둘러싸고 주민투표가 실시되는 등 참정권을 행사한 경험을 갖게 되었다.

아이들의 민족교육을 체제 안에서 지원해 주는 것이 제 역할이라고
생각합니다.[32]

　이 같은 발상을 시민권교육 차원에서 접근해 본다면 주권자로서 자
신이 가지고 있는 주권을 에스니시티교육 기회 확대를 위해 적극적으
로 행사하겠다는 의지로 이해할 수 있다. 이제 갈수록 국적이 다양화
되는 재일코리안들 사이에서 대부분 루츠교원들 또한 고립된 채 정체
성 갈등에 시달려 온 경우가 적지 않다. 그런 의미에서 김평송의 사례
는 민족교육의 필요성을 여실히 드러내고 있다고 볼 수 있을 것이다.

3) 다문화교육

　다음으로 들 수 있는 것은 일본 사회 내 외국인 인구의 증가와 다국
적화가 진행되는 상황에서 어떻게 재일코리안을 위한 민족교육 기회
를 확보해 나가느냐와 관련된 문제이다. 이는 다문화화에의 적응과
대응을 통해 획득해나가고자 하는 움직임이며 일부 민족학급에서 발
견된다. 필자가 벌인 현장조사에서는 이 같은 문제의식과 실천은 주
로 재일코리안 소수지역에서 발견된다는 특징을 찾을 수 있었다.[33]
　오늘날 일본이 추진하고 있는 다문화공생정책의 세부내역을 살펴
보면 재일코리안이라는 역사적 경위를 지닌 정주외국인의 존재가 대
부분의 경우 도외시되고 있음을 알 수 있다. 일본 총무성이 2006년
에 각 지자체에 의한 다문화공생정책 책정시 지침으로 펴낸 '지역에
서 다문화공생추진플랜에 관하여(地域における多文化共生推進プランに

---

32) 김평송(가명)에 대한 인터뷰, 오사카, 2016년 7월 11일.
33) 도쿄학예대학 Korea연구실(2017.2.), 「재일동포 민족교육 실태 심화조사 및 정책
　　방향 제시」, 2015년도 재외동포재단 용역사업 중 Ⅳ장 민족학급 참조.

ついて)'를 보면 다문화공생이란 "국적이나 민족이 다른 사람들이 서로의 문화적 차이를 인정하고 대등한 관계를 구축해나가면서 지역사회 구성원으로 함께 살아가는 것"으로 규정되어 있다.[34] 그러나 다문화공생플랜의 세 가지 세부영역, 즉 커뮤니케이션 지원, 생활지원, 다문화공생 지역 만들기 중 그 어느 것에서도 재일코리안의 존재가 명확히 전제된 사례는 없다. 또한, 2016년 10월 다문화공생 사례집 작성을 위한 워킹그룹이 회의자료로 제시한 '다문화공생사례집 응모사례 일람(多文化共生事例集應募事例一覽)'에서도 58개 사례 중 재일코리안이 포함된다고 볼 수 있는 사업은 오사카부와 오사카시가 추천한 3, 4개에 불과하다.

이와 관련된 논의로는 일본의 외국인 수용이 시대적 흐름이나 국제정세변화에 따른 소극적 대응의 결과로 보는 이진원의 논의를 참고할 수 있다. 그는 일본 외국인정책의 특징에 대해 단일민족신화에서 비롯된 강한 폐쇄성에서 비롯된 것이라는 견해를 내놓은 바 있다.[35] 또한, 황지윤도 일본에서는 다문화교육의 함의가 국제이해교육, 이문화교육 등과 혼동되어 명확치 않다며 문제시하고 있다.[36] 요컨대 일본에서는 재일코리안을 비롯한 소수자를 둘러싼 교육문제가 다문화교육의 중핵을 이룬다는 인식이 결여된 탓에 다문화교육의 이념이 체계화되기가 어려운 것이다.

재일코리안 측은 이 같은 상황에 현실적으로 대응하기 위해 나름의 노력을 기울이고 있다. 예를 들어 다문화공생정책의 지침이나 법

34) 總務省自治行政局國際室長(2016.3.27.),「地域における多文化共生推進プランについて(總行國第79號)」.

35) 이진원(2013.2.),「전후 일본의 외국인 정책의 흐름」,『일본학보』제94집, 215-230쪽.

36) 黃止玩, 앞의 논문, 181쪽.

조문의 취지를 자신에게 유리하게 해석(読み替え)함으로써 다문화공생정책 대상에 재일코리안을 포함시킬 수 있도록 시도하고 있는 사례 등을 찾아볼 수 있었다.

오늘날 민족학급은 중국, 필리핀, 브라질 출신자 등 일본으로 새로이 건너온 이들의 존재가 갈수록 부각되고 있음에도 불구하고 일본 교육현장은 다문화교육의 토양이 충분히 마련되어 있지 못하고 있는 상황이다. 다문화공생정책의 상당부분이 일본어교육에 편중되어 있다는 특징으로도 알 수 있듯이 다문화교육 영역에서 다양성 수용 등 가치관 형성에 관한 교육은 매우 취약하다. 일본인 교사들 중에 신규 외국인 학생들에게 일본어교육을 수행하는 인재들은 있어도 다문화교육에까지 대처할 수 있는 인재를 찾기가 어렵다. 따라서 한민족의 소양을 가르치는 민족강사들이 현실적으로 여타 외국인 학생들의 정체성교육까지 짊어지고 있는 경우가 적지 않다. 필자에 의한 조사에서는 민족강사들이 이를 적극적으로 수행함으로써 조성된 신뢰를 바탕으로 재일코리안을 위한 민족학급 개설을 이루어낸 사례를 소수지역에서 발견할 수 있었다. 즉 재일코리안 민족교육 기회를 확장하는 데 다문화교육이 발판이 된다는 것이다. 이 같은 현장 상황에 대해 오사카 외곽지역 소학교에 근무하는 홍명근(가명)은 다음과 같이 말한다.

> 저는 다문화 민족학급으로 운영하고 있어요. (재일코리안이) 수적으로 적어서 말이에요. 필리핀, 중국, 한국에서 온 뉴커머 아이들. 필리핀에서 중도에 들어와서 모국어도 정착되지 못한 상황에서 일본으로 건너온 거죠. 중국에서 온 아이에게는 중국어가 모국어이기 때문에 지금 일본어를 지도하고 있고요. 그런데 일본어를 가르친다고

해서 일본을 좋아하게 되지는 않거든요. 한국에서 온 (뉴커머) 아이
도 그렇고요. 무엇보다 적극적으로 공부하려 하지가 않아요. 그래서
(일본어를) 가르쳐대는 것보다는 일본 친구들이 자신을 받아들일 것
인지, 선생님들이 열심히 중국어로 의사소통하려 할 것인지, 혹은 존
중해 줄 것인지…. 먼저 일본을 좋아하지 않고서는 공부할 마음도 안
생기거든요.[37]

한편, 홍명근은 비록 일본국적을 취득한다 할지라도 차별로부터 자
유로워질 수 없기 때문에 동포들끼리 처지를 공유할 수 있는 만남의
터전으로서의 민족학급이 여전히 필요하다며 다음과 같이 주장한다.

이제는 (한민족의) 뿌리만 있는 아이들밖에 없잖아요. (부모 중) 어
느 한쪽이 일본인이란 말이에요. 점점 힘들어지거든요. (민족으로부
터) 도망칠 수 있으니까요. 흥미가 떨어지고 나면 "친구들이랑 놀고
싶어. 나는 일본 사람이라 상관없어"라는 거예요.
그래서 이런 아이들에게 제가 설득해서 "그래도 오렴"이라고 말하
지요. 그런데 아이들의 얘기를 듣다보니 (부모 중에 한국인이 있어서)
집을 빌리는 것도 어렵기도 하고 할머니가 김치를 담그기도 하시고….
생활 실태는 자이니치란 말이에요, 일본 국적이라 해도.[38]

요컨대 어렵사리 확보하게 된 민족교육이 필요한 것은 일본국적
을 가진 귀화자나 더블(double)도 마찬가지라는 것이다. 민족교육의
대상이 '외국인'에서 '국민'으로 변화되었을 뿐 소수자를 대상으로
한다는 측면에서는 조금도 변화가 없기 때문이다. 재일코리안의 국

---

37) 홍명근(가명)에 대한 인터뷰, 오사카, 2016년 7월 12일.
38) 위의 인터뷰.

적이 일본 국적자가 다수가 되었다고 해서 일본 사회에 동화된다는 안일한 논의나 주장은 이 같은 현실 앞에 설득력을 잃을 수밖에 없는 것이다.

4) 커리어교육

1960년대부터 민족학급에서 실천되어온 진로교육은 취업차별에 대응하기 위한 사회운동적 측면이나 재일코리안 학생들에게 취업 시에 정체성을 드러낼 것을 지도하는 등 차별 극복과 정체성 확립에 중점을 두어 왔다.[39] 하지만 시대변화에 따라 취업차별이 점차 사라지고 있는 상황에서 이제 다양한 직업에 대한 선택지가 재일코리안에게도 열려 있음을 적극적으로 알릴 필요성이 대두되고 있다.

그러나 기존의 협소한 선택지 안에서 직업관을 형성해온 기성세대가 교육현장에 서 있는 상황에서는 이 같은 문제의식이나 인지가 부족한 상태가 지속될 수밖에 없다. 이로 인한 폐해란 학생들이 자신의 가능성에 대해 과소평가하기에 이르게 된다는 점에 있다. 결국 정체성을 긍정하기가 어려워진다는 것이다. 소수자에 대한 커리어교육이 편견과 스테레오타입의 완화에 기여한다는 주장[40]은 미국 등 외국에서는 재정조치까지 강구되고 있는 점 등을 감안할 때 커리어교육의 역할에 대해 고민해 볼 필요성이 있는 것으로 보인다.

재일코리안 민족교육에서 직업관 형성에 대한 인지도가 낮은 문제

---

39) 1972년형 민족학교를 지원해온 일본인 교사들이 중심이 되어 발족된 재일코리안 민족교육지원조직인 전조교 오사카(全朝教大阪)의 기관지 『むくげ』에는 이 같은 고민과 실천에 관한 논고가 여러 차례 등장한다. 한 예로 印藤和寛, 「小中高の連携と在日朝鮮人兒童生徒の進路」, 『むくげ』 第42号, 1995.8.25.

40) 福地守作, 『キャリア教育の理論と實踐』, 玉川大學出版部, 1995, 183頁.

와 관련해서는 롤모델(role model) 부재 문제도 들 수 있다. 이는 교육현장에 있는 민족강사들마저 어떤 직업에 재일코리안들이 종사하고 있는지 제대로 알지 못하고 있다는 것을 의미하기도 하고 더 나아가서는 재일코리안 사회 전반의 활력 약화로도 이어질 수 있는 문제이기도 하다. 일본국적자 증가에 따라 모국 정치가 긍정적이든 부정적이든 더 이상 유대관계 형성에 도움을 줄 수 없는 상황에서는 이같은 논의가 활성화되지 않고서는 더 이상 민족교육을 받을 당위성을 호소하는 데 설득력을 확보해나가기가 어려울 것이다.

따라서 민족교육을 받고 재일코리안으로서의 정체성을 확립한다는 것이 어떠한 진로로 이어질 수 있을 것인가에 관한 다양한 대안이 마련되어야 할 것이다. 또한, 직업군 별로 인적 네트워크를 형성케 해 주는 것은 업계 내 위상 강화뿐만 아니라 재일코리안이 현실적으로 어떠한 직업에 종사할 수 있으며, 배제되고 있는지를 점검하는 일로도 이어질 수 있다. 이를 통해 어떤 과제(취업차별)를 극복해나가야 할지를 파악함으로써 공통의 과제를 도출하는 데 기여하게될 것이다.

4. 민족교육을 둘러싼 재일코리안과 한국 정부 간의 인식 괴리

이번 조사에서 필자가 벌인 심층인터뷰에서 30명이 넘는 대상자들이 공통적으로 호소한 문제점이란 "한국(인)은 우리를 모른다/몰라준다"는 것이었고 여기에는 "어차피 이해할 수도 없다"는 체념도 섞여 있었다. 이 같은 재일코리안들의 인식은 모국과의 접촉이 조금이라도 있는 이들 사이에서 더욱 확고했다. 민족교육을 둘러싼 재일코리안과 모국 간의 관계를 논하는 데 있어서는 이러한 인식에서부터 출발해야 할 것이며, 이점이야말로 여타 재외동포들과는 다른 접근이 필요한 까닭이기도 하다.

이 같은 인식괴리 문제를 논의하기 위하여 우선 민족교육이라는 개념에 대해 살펴보기로 한다. 민족교육이라는 용어는 학술적 측면 뿐만 아니라 사회전반에서 널리 사용되고 있어 마치 공통의 인식이 존재하는 것처럼 인식되고 있기 때문이다.

이점이 바로 문제의 출발점이 된다. 민족교육의 함의가 모국과 재일코리안 각기에게 어떻게 다가오는지에 대해 신중히 검토해 보아야 할 것이다. 이점이야말로 한국 측에서 각종 시책들을 제공해왔음에도 불구하고 재일코리안들로부터 긍정적 평가를 얻지 못해 온 근본적 원인이기 때문이다.

먼저 민족교육에 대한 사전적 정의부터가 양측 간에서 현저히 다르다는 점을 확인할 수 있다.

(한국) 민족의식을 토대로 민족주의의 관념에 입각하여 민족문화만이 문화의 구체적·전체적인 생명체라고 보는 입장의 교육. (두산 백과사전)

(일본) 식민지·반식민지 민족이나 소수민족의 독립과 해방을 위한 교육을 가리키는 경우가 많아 이들 민족의 저항의식이나 해방에 대한 원망(願望)이 담겨져 있는 경우가 많다. (世界大百科事典 第2版, 밑줄은 필자에 의함)

이들 정의에서 확인할 수 있는 것은 한국적인 정의에서 '민족의식'이란 자명한 것이며, 구성원들 간에서 공유되고 있다는 것을 전제로 논의가 시작된다는 점이다. 내국인은 물론 재일코리안 중에서도 이민 역사가 짧고 자발적으로 일본으로 건너간 뉴커머도 이 같은 인식을 공유한다고 보는 것이다. 그런데 재일코리안은 이미 윗세대부터가 이 같은 '민족의식'을 갖지 못한 상황이다. '민족의식'이 자명하지 않은 상황에서는 '민족주의 관념'에 입각할 수도 없고 '민족문화'를 갖지 못한 상황에서는 '문화의 구체적·전체적인 생명체라고 보는 입장'을 이해할 수도 없다. 따라서 '민족교육'도 불가능하다고 할 수밖에 없다. 요컨대 이 같은 개념에 입각하는 한 '민족교육'을 재일코리안에게 적용시키려는 것 자체가 불가능하다는 것이다.

다음으로, 한국적 민족교육 정의와는 달리 일본에서 통용하는 민족교육이란 일본 사회에서 전형적인 이민족 소수자인 재일코리안의 존재를 염두에 둔 것이라는 점이다. 물론 사전적 정의인 만큼 재일코리안만을 전제할 수는 없으나 일본 사회에서 '식민지·반식민지 민족이나 소수민족의 독립과 해방'을 시도했다는 기술로부터는 재일코리안이라는 존재가 일본 사회에서 널리 인지되고 있음을 알 수 있다. 또한, 재일코리안의 '민족의 저항의식이나 해방에 대한 원망(願望)'이라는 독자성을 찾으려 하는 정체성도 동화압력이 강한 일본 사회에서는 부정적으로나마 인식되고 있으며, 이 점이 바로 차별과 반감의 원인이 되고 있기도 한 것이다.

한국에서 통용되는 민족교육은 공통인식에 기초하여 확실한 정체성으로 구성원들을 통합시키는 수단인데 반해 재일코리안에게는 일본 사회에서 독자적 존재로서의 정체성 회복을 통한 자존감 제고를 위한 수단으로 요약할 수 있다. 이 같은 차이로 인해 한국식 민족교육을 재일코리안에게 적용시킬 때 서로가 이질감을 느끼지 않을 수 없는 것이다. 이에 대해 오사카시립대학 교수 박일(朴一)은 한국식

민족교육을 '국민화교육'이라고 규정하면서 다음과 같이 우려를 나타낸다.

> 국민화교육에서 조국의 한국·조선인이 이상형으로 상정되는 한, 언어·문화·생활양식 측면에서 탈'민족화'된 재일코리안은 언제까지나 이들보다 민족적으로 '열등한 존재'로 인식된다는 문제가 발생한다. 이때 재일코리안 자신의 에스닉한 존재의의가 고려되는 일이 없는 채 조국의 한국·조선인과는 다른 독자적 삶도 부정 받게 된다. 그러나 민족분쟁이 다발하는 작금 다민족국가의 사례를 통해서도 알 수 있듯이 다양한 민족이나 에스닉 집단을 하나의 '국민'이라는 틀로 통합시키고자 하는 시도에는 한계가 있다.[41]

한국식 해석에 따른 '민족교육' 개념에서는 자명한 민족성을 갖추지 못한 재일코리안의 존재가 결락될 수밖에 없고 '국민화교육'에서는 '덜된 국민'이 될 수밖에 없다. 또한, 이들은 '국민화' 내지 통합의 대상일 뿐 역으로 국민의 함의에 영향을 미칠 수 있는 존재도 아니다. 박일은 '국민화교육'에 바탕을 둔 민족교육이 재일코리안에게 어떻게 부정적으로 다가가는가에 대해 논하면서 이를 어떻게 극복해나가야 할 것인가와 관련된 대안을 다음과 같이 주장한다. 이는 모국과 재일코리안 간의 관계를 수직적 상하관계가 아니라 대등하고 수평적 관계로 변모시켜야 한다는 것으로 이해할 수 있다.

> 이 같은 맥락으로 이해해 본다면 모국과의 동일성이 추구되는 국민화교육으로는 재일동포의 에스닉한 독자적 존재의의, 즉 '재일로서의 긍지(在日としての誇り)'가 감안되거나 한국인의 정체성 형성과정에

---

41) 朴一, 『〈在日〉という生き方』, 講談社選書, 最終章, 1999.

서 반영되는 일도 없다. 이 같은 상황에 변화를 줄 수 있는 것이 재일
동포 민족교육에 대한 개념 수립과 한국사회에서 재일동포의 존재가
어떻게 감안될 것인가 하는 고민이라고 할 수 있다. 이들 양측에 대한
노력이 병행되어야만 민족교육도 성과를 거둘 수 있을 것이다.[42]

수직관계가 개선되지 못한 채 모국과 재일코리안이 만나게 되면
어떠한 현상으로 나타날까? 이와 관련하여 필자가 인터뷰한 한 재일
코리안 청년은 다음과 같이 자신의 경험으로 인한 트라우마를 토로
한 바 있다.

> 저는 어학연수로 캐나다를 갔다 왔는데 그때 만난 한국인들이 저를
> 보고 '가짜 한국인(Fake Korean)'이라고 하더라고요. 반족발이라고
> 하고 싶었나 본데 너무 큰 충격을 받았어요.[43]

이처럼 내국인이 재일코리안을 'Fake Korean'으로 간주하는 인식
의 이면에는 국민과 민족이 일치한다는 편협한 민족 개념이 깔려 있
다. 일본식 민족 개념 또한 이와 마찬가지이므로 재일코리안은 여기
서도 배척된다. 재일코리안 입장에서 볼 때 이중의 소외감을 느끼지
않을 수 없는 것이다.

최근 민족교육에 대한 적극 지원으로 정책을 변경한 한국 정부가
선의로 한국어와 문화를 배울 기회를 제공한다고 할지라도 대상자인
재일코리안이 놓여 있는 여건에 대한 이해가 결락된 상태로는 부정

---

42) 위의 책.
43) 재일코리안 청년(익명)에 대한 인터뷰, 오사카, 2014년 7월 2일. 민족강사 신홍균
　　(가명)에 대한 인터뷰(오사카, 2016년 7월 9일) 내용 중에도 이와 유사한 내용이
　　있었다.

적으로 인식될 수밖에 없다. 일본 사회에서 일상적으로 느끼고 있는
동화 압력과 유사한, 즉 자신의 존재를 부정하는 또 하나의 위협으로
다가갈 수 있기 때문이다.

'국민화교육'의 문제점은 이에 그치지 않는다. 재일코리안의 국적
상황 변화에 따른 일본국적자들이 모조리 배제되기 때문이다. 박일
은 이렇게 지적한다.

> 국민화교육의 대상이 해당국 국민으로 한정되어버린다는 문제가
> 발생한다. 국민화교육의 대상이 한국·조선적을 갖는 사람들을 가리
> 키는 한 그 민족교육이란 한국·조선적의 견지를 전제로 행해진다. 그
> 결과 민족교육의 대상은 한국·조선적을 갖는 재일코리안으로 한정될
> 것이며, 17만 명에 달하는 귀화자=일본적 코리안이나 코리안 재패니
> 즈(한국·조선계 일본인)는 거기서 빠지고 만다. 이래서는 매년 수 만
> 명 규모로 팽창해나가는 일본적 코리안이나 코리안 재패니즈 등 다양
> 화하는 재일코리안의 실태에 대응할 수 없다.[44]

이 같은 문제의 원인이 되는 한국 정부의 재일코리안에 대한 인식
은 외교부가 해마다 집계하는 재외동포 통계에서도 여실히 나타나고
있다. 일본을 제외한 각국 재외동포 통계에 거주국 국적 소지자가 포
함되는 것과 대조적으로 재일코리안만 일본 국적자를 제외시키고 있
기 때문이다. 이 같은 관행의 이면에는 재일코리안 사회에 남북이 공
존한다는 점이나 구 종주국 일본의 국적을 취득하는 행위를 '배신'으
로 간주해 온 민족단체들의 행태가 크게 작용되는데 이에 대해서는
별도의 논고에서 다루고자 한다. 여하튼 한국 정부는 국가논리로부

---

44) 朴一, 앞의 책.

터 탈피하고 확장된 재외동포 개념으로부터 재일코리안만을 배제시켜, 이들을 여전히 낡은 '국민화' 틀 안에 가둬 두고 있는 것이다.

한국과 재일코리안 간의 인식괴리의 증거는 이에 그치지 않는다. 한국 정부와 재일코리안 간의 민족교육을 둘러싼 인식괴리는 2014년부터 시작된 민족학급을 지원하기 위해 한국 정부가 국가예산을 거출하고 있는 이른바 민족교육지원예산의 집행기관인 오사카한국교육원과 민족교육 현장관계자들 간의 인식 괴리에서도 여실히 드러나고 있다.

재일동포 학생을 대상으로 한국의 말과 글, 문화와 역사를 수업... 한국인의 정체성 확립에 기여 (오사카한국교육원 자료)[45]

일종의 저항을 위한 민족교육 (코리아NGO센터 김광민 사무국장)[46]

인간으로서의 존엄성을 회복하고 자존감을 끌어올리기 위한 터전 (사카이시립 쇼린지소학교 박리사 민족강사)[47]

오사카한국교육원 측이 내놓은 민족교육 개념 중에서 나타나는 '한국인'이라는 용어 속에 과연 일본국적 재일코리안의 존재가 포함되어 있는지에 대한 의문을 지울 수 없다. 또한, 당사자들이 내놓은 '저항'과 '존엄성,' '자존감'과 같은 단어로 상징되는 재일코리안의 치열한 내적 갈등에 대한 인지의 흔적을 찾아보기도 어렵다. 이제 30%대에 그치고

---

45) 오사카한국교육원(2016), 「2016 오사카한국교육원 운영계획서」.

46) 김광민에 대한 인터뷰.

47) 朴理紗による発言, 民族教育フォーラム 2016, 大阪市 生野區民センター, 2016. 9.10.

있는 한국국적 소지자만을 전제할 수 없는 여건을 반영하여 새로운 개념 정립과 이에 입각한 실천이 요구되고 있는 것이다.[48]

5. 맺음말

'재일동포 민족교육 지원강화'라는 한국 정부의 정책 전환은 2015년 6월에 개최된 제24차 재외동포정책실무위원회를 비롯하여 박근혜 정부 시절 여러 차례 제기되었다. 재외동포를 거주국과의 가교 역할을 수행할 수 있는 국가자산으로 간주하는 인식 변화와는 대조적으로 재일코리안은 가교는커녕 그 존재 자체가 위협 받고 있다는 문제의식에 비롯된 것이며, 교육부나 재외동포재단과 같은 이 문제를 담당하는 정부부처 또는 산하기관에 국한되지 않은, 범 정부 차원의 인식이었던 점을 이해할 수 있다.

그런데 이 같은 국내 논의와는 대조적으로 일본 현지에서는 한국 정부가 군림하는 낡은 구도가 유지되고 있다는 것을 필자를 포함한 재일동포 민족교육 실태조사에 참여한 연구자들은 우연한 기회로 확인할 수 있게 되었다. 이는 재일코리안 민족교육에 다년간 관여해온 한 공관관계자의 발언에서 여실히 드러났다. 2016년 11월 외교부 산하 재외동포재단이 주최하여 도쿄 민단 중앙본부에서 열린 재일동포 민족교육 강화를 위한 실태조사 결과보고 석상에서 당시 한 교육부 파견 고위관계자는 "1996년 이후 이미 다 만들어졌던 내용인데 왜 또 같은 걸(조사결과) 내 놓는가?" 등 연구 결과 전반에 대해 비판을

---

48) 재외동포정책실무위원회, 「제24차 재외동포정책실무위원회 회의자료」, 2016.6.17., 11쪽.

쏟아냈다. 민족학급 실태에 관한 필자의 연구결과에 대해서는 송기찬(1998)의 연구성과를 거론하며 비판이 이루어졌다. 그러나 Ⅰ장에서 거론한 바와 같이 송기찬이 전제했던 시기에서 한 시대가 지난 민족학급 상황을 연구한 홍리나(2015)는 논의했듯이 오늘날 상황은 전혀 다를 뿐만 아니라, 지금까지 필자가 논의해 온 바와 같이 다양한 변수에 대응해 나가야 하는 시점을 맞이하고 있다고 역설한다. 이 전직 공관관계자의 비판은 역설적으로 적어도 그가 재일코리안 민족교육과 관여해 온 20년 동안 질적으로 일체 개선되지 않았다는 사실을 반증해 준 셈이다.

책임연구자였던 이수경은 이와 관련하여 동 실태조사 최종보고서에서 "1996년 이후 이미 만들어져 있었다는 민족교육 기관이나 프로그램 운영을 전담하는 기구나 조직이 왜 우리(연구진, 필자 주)에게는 보이지 않았는지 지금도 이해가 되지 않는다"고 지적했다.[49] 그는 또한 "현장의 요구에 성실하게 대응하지 않고, 눈에 띄지 않을 만큼 기구나 조직의 역할이 멈추어 있었다면, 민족교육이 시대의 변화에 맞추어 발전했을 리가 없다"고도 비판한다.[50]

지금까지 본고에서 논해온 바와 같이 재일코리안 민족교육, 이 중에서도 일본 공교육 안에서 추진되고 있는 민족학급을 둘러싼 여건은 급변하고 있다. 원초적 문제인 민족차별이 사라지지 않는 상황임에도 불구하고 새로운 과제들이 속속 대두되고 있으나 이에 대한 대처와 논의는 거의 이루어지지 못하고 있다. 본고는 이 같은 논의 중 일부에 해당하는 교육적 영역에 대한 수요와 한국-재일코리안 간의

---

49) 도쿄가쿠게이대학 Korea연구실, 「재일동포 민족교육 실태 심화조사 및 정책방향 제시」, 2015 재외동포재단 조사연구용역보고서, 2017, 598쪽.
50) 위의 보고서.

인식 괴리 문제를 제시했으며, 이에 앞서 간략히 민족학급의 역사와 현황을 제시했다.

재일코리안 측 또한 이제 모국의 정책기조 전환이 있었고 예산지원이라는 새로운 지원이 이루어지고 있다는 사실에 능동적으로 대응해나가야 할 것이다. 그런데 "(한국)교육원이 (민족교육)지원금을 쥐고 있으니…"라는 현장관계자들의 체념으로부터는 재일코리안과 현지공관 간의 관계가 여전히 수직적 상하관계로 인식되고 있음을 엿볼 수 있다. 이 같은 인식이야말로 조속히 개선되어야 할 것이다. 한국정부가 재일코리안 위에 군림하며 수년마다 교체되는 예산집행권자의 의향에 현장관계자들이 순종해야만 하는 것은 아니다. 재일코리안 공통의 민족교육운동 연장선상에 있는 민족학급의 이해당사자들에게 이 같은 태도는 용납되지 않을 것이다. 민주사회의 일원으로서 정보 공유를 촉구하며 민족교육이라는 재일코리안 공통의 이익과 관련된 문제를 공론화함으로써 정체성 회복에 대한 필요성과 문제의식을 제고해 나가기 위한 의지와 실천이 따라야 할 것이다. 본고가 이 같은 논의를 활성화하는 데 일조가 되었으면 하는 바람이다.

/ 김웅기

제3부

한국과 일본의 화해,
그리고 미래

'대통령 탄핵 사태'를 보는 일본 언론의 시각

논단의 분석을 중심으로

1. 들어가며

   2017년 3월 10일 오전 11시에 시작한 헌법재판소의 탄핵심판 선고는 22분 만에 "대통령을 파면한다"는 주문으로 끝났다. 재판관 8명의 전원 일치에 따른 결정이었다. 이로써 2016년 10월 하순부터 시작된 '최순실 국정농단' 사태에 따른 박근혜 대통령 퇴진을 둘러싼 공방은 일단락되었고, 곧이어 치러진 5월 대선을 거쳐 현재는 새 정부가 들어섰다.

   숨 가쁘게 이어진 일련의 정치적 변동에서 한국 언론의 역할은 막중했다. 최순실의 국정개입, 국정농단을 보여주는 '사실들'을 찾아 그 실상을 폭로한 것은 언론이었고, 정치적 성향의 차이를 넘어 정부의 책임을 추궁하며 대통령 퇴진을 외치는 시민들의 직접 행동에 힘을 보탠 것도 언론이었다.

   국회의 탄핵소추안 가결과 헌재의 탄핵 결정이 내려지기까지 수차례의 대규모 촛불집회가 열릴 때마다 한국 언론은 그것을 긍정적으로 보도했고, 일부 언론은 국회 및 헌법재판소가 촛불 민심을 제대로 수용한다면 각각 탄핵소추안 가결과 탄핵 인용 쪽으로 결정이 나야 한다고 주장했다.

한국에서 언론이 이끌고 시민이 합류하여 일궈낸 '촛불혁명' '시민혁명' '명예혁명'이라고 부르는 이번 대통령 탄핵 사태를 일본에서는 어떻게 평가하였을까? 일본 언론은 이번 사태의 원인에 대해서는 어떤 분석을 내놓았을까? 그리고 그것은 각 매체의 정치적인 성향과는 어떠한 관계가 있을까? 또한 신문을 중심으로 한 일반적인 저널리즘과 잡지, 단행본을 중심으로 한 전문적인 논단 간에는 어떠한 차이가 있을까?

본 논문은 이 물음에 대한 답을 구하기 위해, 일본의 언론계가 '대통령 탄핵 사태'1)를 어떻게 다루었는지를 살펴보았다. 분석을 위한 본 논문의 시각은, 신문을 중심으로 하는 '저널리즘'과 잡지 및 특파원 출신자들의 현지 보고 등을 중심으로 하는 '논단'으로 나누어 살펴보는 것이다. 신문 저널리즘은 중도파 신문을 중심으로 구성되어 있으나, 우파 신문은 논단과 교집합을 이루면서 그것과 혼연일체적인 특징을 갖고 있으며, 이와 같은 구도는 한국에 관한 보도와 논평에서 매우 두드러지는 일본 언론의 구조적 특징이기 때문이다. 특히 후자를 중심으로 혐한론이 지속되고 있는 가운데, 이번 한국의 '탄핵 사태'가 이러한 일본 언론의 한국 관련 담론에 어떤 영향을 미쳤는지를 살펴보려면, 저널리즘과 논단을 구분해서 비교해 보는 관점이 필요하다.

분석대상으로 삼은 주요 매체는 크게 세 가지로 대별된다. 첫째, 일본의 대표적 전국지 및 지방지인 아사히신문(朝日新聞/이하 '아사히'), 마이니치신문(毎日新聞/이하 '마이니치'), 도쿄신문(東京新聞), 이

---

1) 이하 이 글에서는 최순실 국정농단 및 박근혜 대통령 탄핵의 과정과 결과를 모두 아울러 '탄핵 사태'라 부르기로 한다.

들 중도지와는 정치적 성향에서 큰 차이를 보이는 우파지 요미우리신문(読売新聞, 이하 '요미우리')과 산케이신문(産経新聞/이하 '산케이')이다.[2] 이들 신문 저널리즘(이하 '저널리즘')은 일본 언론이라는 공론장의 '바깥쪽'을 차지하며 속보성을 중시하는 대중지라 할 수 있고 대외적으로는 일본 언론을 '다테마에(建前)'적으로 대표한다고 볼 수 있다. 둘째, 주한 특파원 경험을 가진 소위 '지한파(知韓派)' 일본 기자들이 쓴 최근의 한국 관련 리포트들이다. 주한 특파원들의 출신 언론사는 아사히, 마이니치, 닛케이(日経), 산케이, 지지쓰신(時事通信) 등 다양한 정치적 성향을 망라한다. 또 탄핵으로 이어지는 사태 발생 직후 일본에서 출간되어 화제를 모은 도서들도 이 범주에 포함시켰다. 이들 잡지와 단행본을 중심으로 하는 일본의 논단(이하 '논단')은 공론장의 '안쪽'에 위치하면서 내용의 심층성과 전문성, 정파성을 추구하는 일본 언론의 '혼네(本音)' 부분에 해당한다고 하겠다.

우리는 이 연구를 통해 일본의 언론을 구성하는 저널리즘과 논단이 한국의 정치변동을 어떻게 보고 있는지를 다층적이고 입체적으로 살펴볼 수 있을 것이다.[3] 그 결과를 토대로 일본 언론이 한국 관련

---

2) 일본 신문의 정치적 성향 구분에 관해서는 한국의 저널리즘 및 학계의 일반적인 평가를 따랐다.

3) '박근혜 사태'에 대한 중도파 잡지의 비평은 극히 드물었다. 중도파 신문과 중도파 잡지의 조응관계는 아사히신문과 이 신문의 인터넷잡지인 『WEB論座』가 보여준 논조의 유사성을 제외하고는 뚜렷이 나타나지 않은 반면, 우파 신문과 우파~극우파 잡지의 조응은 뚜렷했을 뿐만 아니라, 중도파 신문, 통신사 출신의 특파원 경험자들 마저도 우파~극우파 잡지의 논조와 유사한 시각을 보였다. 실제로 일본의 진보~중도에 해당하는 월간 『世界』와 『中央公論』 같은 잡지에서는 2016년 11월~2017년 4월까지 '박근혜 사태' 관련 기사가 거의 없었던 데 비해, 『WiLL』, 『Hanada』와 같은 우파~극우에 해당하는 월간지의 관련 평론은 압도적으로 많았다. 따라서 본고에서 주로 다룬 잡지는 『Hanada』와 같은 우파 잡지에 국한될 수밖에 없었음을 밝혀둔다.

사안을 다루는 방식이 무엇이며, 신문 저널리즘의 '다테마에(建前)'만
이 소개되기 쉬운 한국 사회에서 일본 언론의 '혼네(本音)'에 해당하
는 논단이 그들의 입론을 어떻게 구성하는지, 그 인식론적 배경을 파
악하는 것은 중요하다고 생각된다. 향후 한국이 일본의 대한 전략과
그 밑그림을 파악하는 데에 유효할 것이기 때문이다.

2. 일본 저널리즘이 본 '탄핵 사태'

2.1. 중도파 신문의 '박근혜 책임론'

중도파 일본 신문의 이번 사태에 관한 입론의 중요한 특징 가운데
하나는 이 모든 사태의 원인과 책임이 일차적으로 박근혜 대통령에
게 있으며, 탄핵 인용 결정이 내려지기 전에 이미 국민의 지지를 잃
은 상황에서 대통령으로서 더 이상의 직무 수행이 불가능하다는 주
장을 전개했다는 점이다. 이것은 한국 언론의 시각과 유사하다.

중도파 신문들은 박근혜-최순실의 유착과 국정개입 문제가 이번
사태를 초래한 직접적인 계기이지만, 근본적으로는 박근혜 정권 4년
동안의 국정 운영 스타일이 국민의 지지를 잃게 만든 중요한 원인임
을 지적한다. 아사히는 사태 초기부터 박근혜 대통령의 통치 스타일
문제를 강하게 비판한 바 있다.

도쿄신문(東京新聞)은 박근혜 대통령이 비서관과 각료들과도 개별
적으로는 거의 만나지 않고, 기자회견도 극히 드물어 의사소통을 결
여한 '불통'이라 비판받아왔음을 지적하면서, 중요 안건을 특정한 지
인이나 측근들과만 상담하는 밀실협의를 계속한 것은 시대의 변화를
완전히 잘못 읽은 행태라고 비판했다.[4]

국회에서 탄핵소추안이 가결되자 이미 이들 중도파 언론은 헌재의 결정을 기다리기 전에 박근혜 대통령이 조기 사퇴를 하거나, 적어도 자신의 거취 문제에 대해 국민 앞에 의사를 명확히 밝혀야 한다고 강조했다. 마이니치는 한국의 정상화를 위해서는 대통령의 조기 사임이 필요하다고 하였고, 아사히는 진퇴에 대한 대통령의 확실한 견해 표명을 주문했다.

> "사법의 장에서 박 대통령의 권리는 존중되어야 하겠지만, 대통령의 임기는 2018년 2월까지이다. 탄핵이 기각된다 하더라도 남은 시간은 매우 짧고, 지도력의 회복은 어렵다. 사심을 버리고 조속히 사임의 결단을 해야 한다."(방점 ; 인용자)5)

헌법재판소의 탄핵 결정에 대해서는 대부분의 중도파 신문들이 탄핵 결정을 수긍하는 논조를 보였다. 마이니치는 헌법재판소의 탄핵 결정에 대해 여론의 탄핵 지지가 압도적 다수여서 탄핵 결정은 불가피했을 뿐 아니라, 그것은 절차적으로도 사태의 수습을 위해 필요한 것이었고, 한국 민주주의의 승리라는 견해를 피력했다.6) 아사히 또한 이번 탄핵은 "민중의 압도적인 행동이 '절대권력'이라 불리던 대통령의 교체를 가져온 것"이며 이는 "한국형 민주주의의 또 하나의 도달점"이라 평가했다.7)

---

4) 「社説 '韓国・朴大統領を罷免 民主政治を立て直す時'」, 『東京新聞』, 2017年3月 12日.
5) 「社説 朴氏の弾劾案可決 正常化へ早期の辞任を」, 『毎日新聞』, 2016年12月10日.
6) 「社説 朴大統領罷免 挫折乗り越え安定望む」, 『毎日新聞』, 2017年3月11日.
7) 「社説 朴大統領罷免 国政の安定化が急務だ」, 『朝日新聞』, 2017年3月12日.

2) 우파신문의 '민심독주론'

우파 신문은 이번 탄핵 정국이 촛불시위 즉 '민심'에 의해 만들어진 것으로, 국회와 사법기관이 민심의 눈치를 본 결과라는 시각을 피력했다. 이것은 한국 언론 및 일본의 중도파 신문들과 확연히 다른 시각이다.

산케이는 사태 직후인 11월 초순, 이번 사태가 북한의 핵과 미사일에 대처하기 위해 한국이 미일 양국과의 협력을 강화하던 중에 일어났고, 한일 관계 또한 서서히 개선되고 있던 중에 일어난 일임을 강조하면서, 만일 박근혜 정권이 약체화될 경우 안전보장상의 타격이 클 것이므로 박근혜 대통령이 설명책임을 다하여 "사태를 잘 이겨내야 한다"고 주장했다.[8] 또한 산케이는 박 정권의 대북 정책−북한에 의한 핵실험, 탄도 미사일 발사 등의 도발에 당면하여 대북 강경자세를 강화하고 개성공단의 조업정지를 결정한 것 등−은 한국이 미일과 보조를 맞추어 독자 제재를 실시한 것이라고 평가하면서, 중국의 반대에도 주한 미군을 위한 고고도미사일방위시스템(THAAD) 배치를 결정하고, 한일 간 군사정보포괄보호협정(GSOMIA)의 협의 재개도 희망하고 있다는 점을 들어, 현 시점이 한미일 협력체제의 중요성이 증가하고 있는 시기라는 점을 재차 강조한다. 또한 한일 관계에서는 위안부 문제에 관한 '최종적이고 불가역적인 해결'이라는 한일 간 합의를 깨지 않도록 박근혜 대통령이 책임을 져야 할 것이라고 하면서, 정권운영의 투명성을 높이겠다는 결의를 밝히고 국민이 납득할 수 있도록 사죄와 설명을 다 해 "난관을 극복해야만 한다"고 하였다.[9]

---

8) 「主張 朴大統領の窮地 日米韓連携に支障来すな」, 『産経新聞』, 2016年11月2日.
9) 「主張 朴大統領の窮地 日米韓連携に支障来すな」, 『産経新聞』, 2016年11月2日.

산케이는 국회의 탄핵소추안 가결 직후의 사설에서, 소추안 가결의 최대 요인은 "박 씨 지인의 국정개입사건"이며 "국민의 큰 분노를 초래한 무분별함을 박 씨는 맹렬히 반성해야 한다"고 하였지만, 현 정국에서 "친북, 반미세력이 기세를 올리고 있는 것은 확실"하며, 이에 대처하기 위해서 한국의 보수세력은 현 사태가 "당파적으로 행동해서는 대처할 수 없는 국난임을 깨달아야 한다"고 주장한다. 이 사설에서 산케이가 강조한 것은 "위안부 문제를 둘러싼 일본과의 합의 등, 외교, 안전보장을 포함한 박 씨의 정책 전부가 비판받고 부정되어서는 안 된다"는 점이었다.10)

마찬가지로 헌법재판소에서 탄핵 결정이 내려졌을 때에도 산케이는 박근혜 정권의 모든 정책을 부정하려는 한국 여론에 우려를 표하면서 "어떤 정권이 탄생하든지 일본과의 약속은 지켜져야 하며" 그것은 곧 한국의 국제적인 신용을 좌우하는 문제라고 강조하였다. 또, "국제정세를 돌아보지 않고, 대중영합적인 발언을 경쟁하는 듯한 대통령선거를 전개하는 것은 무책임하고 어리석은 짓"이라며 한일 군사정보포괄보호협정과 고고도미사일 방위시스템의 한국 배치를 의문시하는 좌파계 후보에 대해 부정적인 시각을 드러냈다.11)

요미우리는 산케이보다 더 선명하게 탄핵에 대해 부정적인 입장을 밝혔다. 이 신문은, 한국 국회의 탄핵 소추가 여론에 영합해서 이루어졌고, 소추의 사유가 합당하지 못하다는 점을 지적한다. 또한 헌법재판소의 탄핵 인용 결정에 대해서는 사설의 제목에서부터 '사법부의 지나친 정치결정이 아닌가'라며 "헌법재판소가 대통령 파면을 바라는 국민들의 소리에 아첨하여 권력을 행사했다면, (그것은 ; 인용

---

10) 「主張 朴大統領弾劾 保守勢力は立て直し急げ」, 『産経新聞』, 2016年12月10日.
11) 「主張 朴大統領罷免 危機回避へ冷静さ回復を」, 『産経新聞』, 2017年3月12日.

자) 과한 것이다"라고 지적했다.[12]

3월 하순에 박근혜 전 대통령의 구속이 결정되자, 산케이도 요미우리와 같은 견해를 강도 높게 제시한다.

> "열광적인 '여론'이 독주를 하며 행정과 사법을 넘어서는 권력이 되어 나라를 자신들 마음대로 움직이고 있다는 인상을 부정할 수 없다. (중략) 일련의 사건이 표면화한 지난 가을 이후, 서울에서는 매 주말마다 대통령 퇴진을 바라는 대규모 집회가 열렸다. 탄핵과 수사에 여론이 큰 영향을 미친 것은 틀림이 없다."(방점 ; 인용자)[13]

이처럼 헌재가 탄핵 인용 결정을 내린 것도, 한국의 검찰이 박 전 대통령에 대한 구속영장을 청구한 것도, 법원이 이것을 받아들인 것도, 모두 탄핵을 바라는 여론과 박 전 대통령의 구속을 바라는 여론에 영합한 결과라고 해석했다.

3. 중도파 저널리즘의 '탄핵 사태' 분석

1) '탄핵 사태'의 원인 분석

중도파 신문들이 주목한 것은 한국 정치의 제도적인 문제와 한국 사회가 당면한 사회경제적인 문제였다. 대통령에게 권력이 과도하게 집중되는 제왕적 대통령제의 문제와 심화되는 사회경제적 불평등이 그것이다.

---

12) 「朴大統領罷免 司法の行き過ぎた政治決定か」, 『読売新聞』, 2017年3月12日.
13) 「主張 朴前大統領逮捕 世論が全てを決めるのか」, 『産経新聞』, 2017年4月1日.

아사히는 한국에서 대통령의 친족이나 지인들이 연루되는 금전수수사건이 빈발했음을 상기시키면서 이번 사건이 한국의 통치구조상의 결함과 무관하지 않음을 지적한다.

> "수많은 문제의 뿌리는 대통령에게 권력이 집중되기 때문이다. 사법기관과 방송국 등 각계 대표의 임명권을 독점하고 있다. 이권을 노리는 자들이 대통령 주변에 모여들고 그 경쟁의 승자와 패자 사이에 분단이 벌어지는 폐해가 계속되어 왔다."(방점 ; 인용자)14)

아사히에 따르면, 한국은 민주화 30년을 맞은 현재, 관료기구는 안정적으로 기능하고 있고, 민간부문의 공적 역할도 커졌기 때문에, 예전처럼 대통령이 모든 것을 관장하는 통치 시스템은 더 이상 한국에 적합하지 않다. 이는 한국의 정당들이 앞당겨진 대선을 맞아 후보선출에만 열을 올릴 것이 아니라, 정치의 제도설계를 어떻게 수정할 것인지 그 대책을 마련해야 한다는 주장으로 이어진다.15)

마이니치도 민주화 이후의 한국에서 임기 말 스캔들이 안 생긴 대통령이 없었다면서, 그 배경에는 대통령에 대한 과도한 권력의 집중 문제가 있다고 지적한다. 한국의 대통령은 예산안과 법안의 제출 등 광범위한 권한이 주어져 있고, 거기에 더해 유교의 영향을 반영한 강한 서열의식 때문에 대통령은 가부장적인 권위까지 가진다는 것이다. 따라서 대통령에 가까운 인물은 공적인 직함의 유무와는 관계없이 권세를 떨칠 수 있었고, 이러한 구도는 민주화 이전부터 온존되어 온 것이라고 분석한다. 따라서 한국이 한층 성숙한 민주주의를 지향

---

14) 「社説 朴槿惠氏逮捕 韓国の悪弊断つ契機に」, 『朝日新聞』, 2017年4月1日.
15) 「社説 朴槿惠氏逮捕 韓国の悪弊断つ契機に」, 『朝日新聞』, 2017年4月1日.

한다면 권력을 분산시키는 헌법 개정이 필요하다고 제언한다.[16]

한편, 중도파 신문들은 이번 사태의 일차적 원인은 박근혜의 실정 (失政)과 최순실 게이트이지만, 그 배경에는 부진한 경제, 사회적 불평등의 확산, 청년실업의 심각화 등 현재 한국 사회에 누적되고 있는 사회적 불만이 있음을 지적한다.

2) 탄핵 과정에 대한 평가

중도 신문들은 이번의 촛불시위가 한국 민주화 운동의 연장선상에 있으며, 한국 민주주의의 성숙을 보여주는 행위라며 긍정적으로 평가했다. 이러한 평가는 아사히신문에서 선명하게 드러난다. 아사히 는 한국이 지난날의 군사독재에서 벗어나 민주화를 쟁취한 지 30년 을 맞았다고 하면서, 이번 사태는 "한국 민주주의의 또 하나의 도달점"으로서 "역사에 남을 것"이라고 평가했다.

도쿄신문은 한국의 촛불시위가 "일본과는 차원이 다른 행동력"을 보여주었고, "생활에 뿌리를 내린 데모가 정치를 바꾼다"고 평가하면서,[17] 이번 사태의 궁극적 원인은 현재 한국의 민주정치가 가지고 있는 모순 때문이라고 분석한다. 즉 민주화 실현으로부터 약 30년이 지난 현재, 청와대에는 낡은 강권체질이 남아 있는 반면, 여론은 부정(不正)을 엄격하게 추급하려 한다는 것이다. 이 가운데 후자의 행동이 대통령의 탄핵을 가져왔다고 소개하면서, 이것은 약 30년 전의 군부 독재를 무너뜨린 '87년 민주화'를 계승하는 것이라고 해석한다.

한편, 마이니치는 민주화로부터 30주년을 맞이한 해에 대통령이

---

16) 「社説 朴氏の弾劾案可決 正常化へ早期の辞任を」, 『毎日新聞』, 2016年12月10日.

17) 「元SEALDsメンバーが見た韓国デモ '抗議の声で政治変わる'」, 『東京新聞』, 2016年11月30日.

탄핵된 이번 사태는, 한국 정치사에서 매우 큰 '좌절'이라고 진단했다. 국민이 뽑은 대통령을 강제퇴진 시킨 것은 한국 사회로서는 '마이너스'라는 해석인데, 대통령 직접 선거는 민주화를 통해 쟁취한 최대의 성과였기 때문이라는 것이다. 그러나 마이니치는 전문가의 견해를 통해 탄핵 제도가 갖는 '민주주의의 수호'라는 적극적인 의의를 소개하면서, 이번 사태에서 탄핵 여론과 헌재의 탄핵 결정이 갖는 긍정적인 측면도 부각시켰다.[18]

3) 한일 관계에 대한 전망

중도파 신문들은 이번 사태로 한국의 권력 공백과 혼란이 계속될 경우 한국은 물론 일본과 동아시아의 안보에도 부정적인 영향을 미칠 것이기에, 탄핵 이후의 새 정권은 안보 정책의 지속을 통해 외교적 불안정성을 최소화해야 한다고 주장했다. 또한, 일본 정부 역시 한미일 공조체제의 공고화와 한일 관계 개선의 흐름을 유지하기 위해 일본이 할 수 있는 역할을 해야 한다고 제언한다.

아사히는 이번 사태로 인해 2015년 말의 위안부 문제 합의에 바탕을 둔 재단의 운영과 군사정보보호협정의 체결교섭 등의 행방이 불투명해질 것을 우려했고, 북한의 행동에도 경계를 늦추지 말아야 한다고 언급했다.[19] 이 신문은 헌재의 탄핵 결정이 나온 직후에는 일본 정부에 대해 다음과 같이 주문한다.

---

18) 「韓国大統領罷免 朴氏の職権乱用、認定 隠蔽姿勢を問題視」, 『毎日新聞』, 2017年3月11日.
19) 「社説 朴槿恵大統領 政治の閉鎖性、脱却を」, 『朝日新聞』, 2016年11月1日.

　　"일본 정부는 소위 소녀상이 부산 일본총영사관 앞에 설치된 것에 대한 대항조치로서, 2개월 이상이나 주한대사 등을 일시귀국 시켰다. 하지만 한국에서는 앞으로 정치논의가 만개할 것이다. 대사 등을 빨리 임지에 복귀시켜 새 정권이 탄생할 때까지 정보수집과 대화 채널 만들기에 만전을 기해야 한다."[20]

　　마이니치도 탄핵소추안 가결 직후, 한국을 둘러싼 상황이 장기의 국정공백을 허용하지 않는다면서, 한국의 국정 공백은 지역 정세에 마이너스로 작용할 것이라고 우려했다. 헌재의 탄핵 결정 직후에는 한국에서 박 정권의 업적을 전부 부정하려는 풍조가 강해지고 있다고 지적하면서 특히 외교와 안전보장정책에 대해서는 지속성이 중요하다는 것을 강조한다.

4. 일본 논단의 '탄핵 사태' 분석

1) '탄핵 사태'의 원인 분석

　　일본의 논단은 이 사태가 한 정치가의 일회성 정치 스캔들이 아니라, 한국인, 한국 사회, 한국 문화의 총체적인 모순을 상징하는 사건이라고 보았다. 또한 이 사태는 한국근세사와 근현대사의 연속성을 보여주는 것이고, 그 연속성의 핵심 고리는 유교문화의 폐단이라고 지적한다.

---

20) 「社説 朴大統領罷免 国政の安定化が急務だ」, 『朝日新聞』, 2017年 3月 12日.

(1) 전근대적 '정치(情治)'와 유교문화

우파 논단이 '탄핵 사태'의 원인으로 지목하는 것은 '법과 원칙에 선행하는 사적 감정으로서의 인정(人情)이 좌우한다'는 의미의 '정치(情治)', '속인주의(屬人主義)'이다. 이것은 '효'를 '충'보다 우위에 두는 조선 사회의 유교적 질서에서 발원하는 것으로, 가족주의의 형태로 현대 한국 사회에서 여전히 중시되는 가치이며, 그것이 사회적으로 확대되면 '인맥사회', '연고주의'를 낳고, 그것의 폐단은 '법과 원칙의 무시'라고 분석한다. 정치(情治)와 가족주의의 극단적인 부작용은 권력의 사물화(私物化)이며, 그것이 가져오는 결과는 국가와 사회 보다는 자신과 일족만을 위하는 '멸공봉사(滅公奉私)'라는 것이다. 이번 사태는 한국에서 흔히 볼 수 있는 이 '멸공봉사'의 한 사례이기에, 이와 같은 한국의 역사적, 문화적 배경이 바뀌지 않는 한, 비슷한 사태의 발생은 되풀이될 것이라고 분석한다.

사와다 가쓰미(沢田克己)[21]에 따르면, '탄핵 사태'를 '제왕적 대통령'이나 '한국 대통령의 강대한 권력'의 문제로 보는 것은 본질에서 벗어난 논의이다. 문제의 본질은 "제도나 규칙보다도 개인적 관계가 우선시되는 속인주의"이며 이것이야말로 대통령으로의 권력 집중을 낳고 있기 때문이라는 것이다. 한국 정계에서 정당의 이합집산과 당명 변경이 빈번히 반복되는 것도 바로 속인적인 정치문화 때문이며, 따라서 제도를 바꾼다고 해서 권력집중이 없어질 리는 없다고 분석한다.[22]

마키노 요시히로(牧野愛博)[23] 역시 같은 시각에서, 한국은 정치 리

---

21) 사와다 가쓰미(沢田克己)는 마이니치신문의 논설위원. 8년간의 서울특파원 생활을 지냈고, 2013~2014년은 서울지국장을 역임.
22) 沢田克己, 『文在寅とは何者か』, 祥伝社, 2017, 82-83쪽.

더가 바뀔 때마다 정당도 이름을 바꾸어왔고, 가장 오래 지속된 민주
공화당(1963~1980)도 17년 역사에 지나지 않으며, 새누리당의 전신,
한나라당도 불과 15년 밖에 견디지 못했다고 지적한다.24) 미네기시
히로시(峰岸博)25)도 한국에는 사적인 인간관계나 사교가 긴밀하여
때로는 약속이나 규칙, 시스템보다도 인간관계나 감정이 더 중시되
는 현상, 즉 법치가 아니라 '情治'라는 현상 때문에 권력자를 둘러싼
스캔들이 일어나기 쉽다고 지적한다.26) 한국사회는 혈연, 지연, 학
연이 중요하게 작용하는 '고네(コネ)사회', '청탁사회'라는 것이다.27)

　　한국의 역대 대통령 가운데 '우리'와 '남'에 대해 같은 기준을 적용
하며 원리와 원칙을 지킨 사람은 단 한 사람도 없다는 비판28) 역시
결국 법과 원칙보다는 사정(私情)이 앞서는 정치(情治)가 제도 이전의
문화의 문제로 존재하고 있음을 의미한다. 또한 대통령 등 권력자 자
신이 부정에 직접 관여하지 않았다 하더라도, 한국에서 권력형 범죄
가 끊이지 않는 것은 오히려 법률적인 권한을 가지지 못한 자들이 권
력형 범죄를 일으키기 때문인데, 그것은 법률에 씌어져 있지 않은 사
안에 대하여 대통령의 의향을 미루어 짐작('忖度') 한 결과이며, 그것
또한 속인적인 정치문화 때문이라는 것이다.29)

　　'사람에 대한 다정한 마음'이란 뜻을 가진 '정(情)'은 한국인의 대표

---

23) 마키노 요시히로(牧野愛博)는 현재 아사히신문의 서울지국장.

24) 牧野愛博, 『ルポ絶望の韓国』, 文春新書, 2017, 25쪽.

25) 미네기시 히로시(峰岸博)는 닛케이신문의 전 서울지국장, 현재는 닛케이신문 편
집위원.

26) 峰岸博, 『韓国の憂鬱』, 日経プレミアシリーズ, 2017, 26쪽.

27) 위의 책, 26쪽.

28) シンシアリー, 『朴槿恵と亡国の民』, 扶桑社, 2017, 193-194쪽.

29) 沢田克己, 『文在寅とは何者か』, 祥伝社, 2017, 85-86쪽.

적인 정서의 하나로 꼽히는 것이지만, 여기서는 '우리'라 불리는 관
계에서 규칙을 무시해도 되는 이유가 됨으로써 '우리'라는 관계의 굴
레로 작용하게 되며, 그것이 한국 사회에 무거운 그늘을 드리운다는
것이다.[30] 여기서 말하는 '우리'는 가족, 일족 등 공적인 조직과 대
비되는 사적 관계와 그 집단을 가리키며, 정치(情治)가 일으키는 공
적인 조직의 사물화(私物化)와 그로인한 오직(汚職) 행위의 주체로 지
목된다.

> "지금도 유교사회인 한국은 국가보다 일족이 중시되는 나라이다.
> 가족이 국가나 군대, 공적 조직, 회사를 사물화(私物化)하고 있는 것
> 이다. 한국의 역대 대통령을 떠올려 보면, 재임 중 어김없이 대통령의
> 일족이 오직(汚職) 사건을 일으키지 않았던가."[31]

이자와 모토히코(井沢元彦)에 따르면, 이것은 한국이 진정한 의미
의 '공(公)'이라는 것을 성립시키지 못한 사회임을 의미하는 것으로,
이는 일본 사회와 한국 사회의 가장 큰 차이점이다.[32] 무로타니 가
쓰미(室谷克実)[33]는, '공(公)' 개념의 부재가 '멸사봉공'(滅私奉公)이 아
닌 '멸공봉사(滅公奉私)'를 낳는다면서, 이처럼 '국난에 준하는 사태'
에 직면해서도 한국은 대통령도 야당도 경제위기에 대한 대응 등 '멸
사봉공'은커녕, 나라야 어찌되든 간에 자신들이 권력을 잡기 위한
'멸공봉사'뿐이었다고 지적한다.[34]

---

30) シンシアリー, 『朴槿恵と亡国の民』, 扶桑社, 2017, 116-118쪽.

31) 井沢元彦, 「韓国人はなぜ日本人を憎むのか」, 『月刊Hanadaセレクション絶望の
韓国、悲劇の朴槿恵』, 飛鳥新社, 2017, 76쪽.

32) 위의 글, 76-77쪽.

33) 무로타니 가쓰미(室谷克実)는 지지쓰신사(時事通信社)의 전 서울특파원.

(2) 과도한 권력지향성과 사회적 분단

논단은 '탄핵 사태'의 근본 원인이 근세 이래 유교 문화의 폐단에 있다고 보았다. 이들은 한국 사회 전체에 퍼져있는 한국인의 과도한 권력지향성, 권력을 가진 집단과 그렇지 못한 집단 간의 심각한 분단, 권력 쟁취를 위한 양 진영 간 투쟁이 낳는 분열과 갈등의 '상태화(常態化)'를 지적한다.

위로는 정치가 집단에서부터 아래로는 평범한 일반인에 이르기까지 한국 사회 전체에 팽배한 '권력지향성'이 결국 법치주의를 저해한다는 것이다.

> "일본에서는 국회와 수상 관저가 있는 나가타초(永田町)의 동정을 몰라도 서민의 삶에는 아무런 영향이 없다. 한국은 권력자의 일거수 일투족이 서민의 생활을 좌우한다.(중략) 한국인의 정치지향은 인치(人治)를 다른 말로 표현할 것일 뿐이다. 한국에서는 사람이 바뀌면 모든 게 바뀐다. 제도, 법률은 그대로인데도 말이다."[35]

오사와 후미모리(大沢文護)는 위와 같은 말을 인용하면서, 한국인들은 주변 강대국에 둘러싸여 재산과 생명을 위협받는 긴장감 속에서 살아왔고, 주변의 변화에 적응하지 못하면 도태되는 환경이라 권력자의 동향에 특히 민감하게 반응하는데, 그런 사고방식은 한국의 정치, 경제, 사회 등 모든 분야에 널리 그리고 깊이 뿌리박힌 것이어서 '법치'로의 전환은 결코 쉽지 않을 것이라고 전망한다.[36]

---

34) 室谷克実, 『崩韓論』, 飛鳥新社, 2017, 29쪽.
35) 지동욱의 책 『한국의 족벌·군벌·재벌』(中公新書, 1997)에 나오는 말. 大沢文護, 「朴大統領罷免で韓国は'人治'から'法治'へ変われるか」, 『毎日新聞経済プレミア』, 2017年3月14日에서 재인용.

한국인의 권력지향성은 기회가 된다면 자신이 '권력자가 되는 것'을 지향한다는 것도 포함한다. 조선 시대의 지배자 '양반'에 필적하는 사회적 신분을 현대 한국 사회에서도 수많은 사람들이 갖고자 한다는 것이다. 그 사회적 신분이라 함은 '정치임용(political appointee)'에 해당하는 정부 고위직은 물론, 국회의원 등 권력을 가진다고 생각되는 직업들을 가리킨다.

마키노(牧野)는 한국민들이 최순실의 국정농단에 대한 분노의 배경에 '양반문화에 대한 동경'과 '일반인들의 권력지향성'이 있다고 지적한다. 뚜렷한 학식도 공적 직함도 없는 최순실, 스스로의 실력과 노력으로는 명문대 진학이 불가능했을 정유라, 펜싱 선수 출신이라고 하지만 풍속업계의 호스트였다는 고영태, 문화부의 차관이라지만 정통 관료 출신이 아닌 김종, 엘리트 검사 출신이라지만 초라한 집안에서 나와 정략결혼으로 출세한 우병우의 예를 들면서, 이들의 대단할 것 없는 자질과 배경이 한국인들의 분노를 더욱 자극했다고 분석한다.

> "한국 사람들이 몸서리치도록 격분한 것은 "전혀 대단할 것 없는, 자격 없는 놈들이 불공정한 방법으로 양반 노릇을 하고 있다!"라는 사실이었다."[37]

그리고 이것은 시민들의 박 대통령에 대한 분노, 즉 "왜 그런 관계 없는(자격 없는 ; 인용자) 놈들에게 국정을 농단하게 했는가"[38]와 동전의 양면을 이룬다는 것이다.

---

36) 大沢文護, 「朴大統領罷免で韓国は'人治'から'法治'へ変われるか」, 『毎日新聞経済プレミア』, 2017年3月14日.
37) 牧野愛博, 『ルポ絶望の韓国』, 文春新書, 2017, 43쪽.
38) 위의 책, 45쪽.

　이렇게 일반인들도 강한 권력지향성을 갖는 한국 사회는 유교사상
의 영향으로 모든 분야에서 권력을 가진 집단('위')과 그렇지 못한 집단
('아래')이라는, '둘로 나누어진 세계'로 구성되어 있고, 집단 간의 권력
의 이동은 있을지언정 '세상을 낮게 하기 위한 개혁은 없다'는 주장도
나온다.[39] 이러한 시각에서 보면 이번 '탄핵 사태'는 "민주주의도 개
혁도 아닌, '상과 하의 반전'이 되풀이 된 것에 불과"한 것이다.[40]

2) 탄핵 과정에 대한 평가

(1) '탄핵'은 법치가 아닌 '인치(人治)'

　일본의 논단은 탄핵 결정 자체에 대해서도 매우 부정적이었다. 일
부 논자들은 애초에 이 사태가 탄핵을 받을 만한 사안이 아니라는 의
견을 보였고, 자신들이 뽑은 대통령을 탄핵시킨다는 것은 매우 부끄
러워할 일이라는 의견도 나왔다. 무엇보다도 여론과 일부 국민의 시
위가 사법부에 압력으로 작용한 상황을 부정하기 어렵다는 점에서
헌법재판소의 탄핵 결정은 독립적인 판단이라고 볼 수 없고, 그런 이
유에서 이번 사태의 타결 방법은 '법치주의'에 맞지 않다는 것이다.
바로 그 때문에 이번 사태는 한국 민주주의의 '위기'라고 진단한다.

　미네기시는 한국의 여론과 촛불시위가 대통령 퇴진을 요구하는 모
습을 "달려들어 대통령을 끌어내리려는 광경"이라고 표현하며, 일본
인들이 갖는 가장 큰 의문은, "애초에 박근혜를 대통령으로 뽑은 것
은 자신들이라는 의식은 없는가?"라는 점이라고 지적한다.[41] 긴비

---

39) シンシアリー, 『朴槿恵と亡国の民』, 扶桑社, 2017, 89-90쪽.

40) 위의 책, 230쪽.

41) 峰岸博, 『韓国の憂鬱』, 日経プレミアシリーズ, 2017, 31쪽.

레이(金美齡)도 "그렇게까지 해서 박근혜를 끌어내리면 자국의 상황이 좋아지느냐"면서 "박근혜 대통령은 한국인 자신이 선택한 리더"이며 "문제의 근원은 대통령 한 사람에게 있는 것이 아니라, 한국 사회전체에 있다"고 지적한다.[42]

촛불시위라는 의사표시는 다양한 논자들에 의해 '광장의 정치', '혁명을 기대하는 정치', '민중 전체주의', '포퓰리즘', '성투(聲鬪)문화' 등으로 비하되면서, 이것은 한국 정치문화의 후진성을 보여주는 사례가 된다.

> "한국에서는 대 집회와 데모로 대통령을 끌어내리려는 '광장의 정치'가 전개된다. 한국의 좌익세력은 법률과 선거에 기반을 둔 정권의 '정통성'을 뒤집기 위해 '광장의 운동'이 갖는 힘으로 '정통성'을 과시한다. 그러나 이것은 '룰 오브 로(rule of law)'를 따르는 민주주의가 아니다."[43]

일본의 논단에서는 애당초 '탄핵 사태'가 대통령을 탄핵시킬 만한 사유가 되지 않는다는 의견도 산견된다. 그 대표 격은 사쿠라이 요시코(桜井よしこ)와 니시오카 쓰토무(西岡力)이다. 이들은 대담에서 "박근혜 씨는 탄핵에 걸맞는 죄를 지은 것인가라는 의문이 있다"(사쿠라이(桜井))고 하였고, "박 대통령이 최순실과 관련이 있었다 하더라도 정치책임의 범주이지 법률위반은 아니다"(니시오카(西岡))라고 하면서, "국회에서 소추하려면 사실관계를 먼저 수사해야 하는데, 특별

---

42) 金美齡, 「朴槿恵最大の過ちは'反日'です」, 『月刊Hanada』 2月号, ワック出版, 2017, 75쪽.
43) 重村智計, 「嫌われる女 朴槿恵とヒラリー」, 『月刊Hanada』 1月号, ワック出版, 2017, 87쪽.

검찰이 수사를 시작하기도 전에 탄핵소추를 해버렸다"(니시오카(西岡))는 점을 문제로 지적했다.[44]

탄핵감이 아닌 사안이 헌재에 의해 탄핵된 것은 '민심' 때문이며, '민심'은 헌법 위에 군림하는 '국민정서법'이 되어 한국 사회를 움직인다는 분석도 산견된다. 가도타 류쇼(門田隆将)는 '탄핵 사태' 이전까지는 대통령의 심정을 미루어 헤아리던 검찰이 사태 이후에는 청와대와 싸우지 않을 수 없게 되었다고 하면서, 그것 역시 "국민정서법이 헌법에 우선하는 나라임을 증명한 것"이라고 지적한다.[45]

이들은 '국민정서'의 강렬함이 부풀려진 시위참가자의 숫자로 표현되었고, 그것이 '국민정서'가 '국민정서법'으로 작용하는 중요한 메커니즘이었다고 해석한다. 미네기시(峰岸)에 따르면 박근혜의 실각에는 미디어가 행한 역할이 컸는데 그 핵심은 탄핵 요구 집회의 참가자 수 '100만인'을 미디어가 유포시켰기 때문이라는 것이다.[46]

미네기시(峰岸)에 따르면, 박근혜의 정치생명을 끊은 것은 야당이 아니라 한국의 '민심'이었고, 이 민심이라는 말에는, 여론과 민의와는 다른 '정의'(justice;인용자)의 뉘앙스가 있다고 지적한다.[47] 사와다(沢田)에 따르면, 한국인과 일본인은 법률에 대한 감각이 매우 다르다. 일본은 조문에 적혀 있는 문면을 중시하는 데 반해, 한국은 '무엇이 올바른가'를 문제로 삼는다는 것이다. 한국은 조약과 같은 국제협정에 대해서도 똑같은 접근법을 취하며, 도덕적으로 올바르지 않

---

44) 桜井よしこ・西岡力, 「緊急対談朝鮮半島最悪のシナリオ」, 『月刊Hanada』 5月号, ワック出版, 2017, 58쪽.

45) 加藤達也・門田隆将, 「あな恐ろしや'クネビーム'」, 『月刊WILL』 2月号, ワック出版, 2017, 52쪽.

46) 峰岸博, 『韓国の憂鬱』, 日経プレミアシリーズ, 2017, 33쪽.

47) 위의 책, 36쪽.

으면 사후에라도 바르게 고치는 것이 정의라는 발상이 한국인들에게
는 강하다는 것이다.[48)]

(2) '촛불'은 민주주의와 무관

논단은 탄핵 결정이 법치주의에 따른 것이 아니었듯이, 그것을 초
래한 '촛불시위' 또한 민주주의와는 무관한 것이라는 평가를 내린다.
무로타니(室谷)에 따르면 한국은 "'세계가 칭찬하는 촛불혁명' 같은
보도로 자아도취에 빠져"있지만, 한국인들은 "데모와 데모크라시의
구별도 하지 못한"다는 것이다.[49)]

박근혜 퇴진을 외친 촛불시위가 민주주의와 연결 지워 설명될 수
없는 이유를 일본 논단에서는 크게 두 가지로 꼽고 있다. 첫째는 이
시위가 국민 일반의 의사를 순수하게 대표하는 것이 아니라는 점, 둘
째는 시위의 참가자들을 추동한 것은 '한(恨)'과 '르상티망'[50)]이라는
한국인 특유의 부정적 정서와 왜곡된 심리이지 법치주의와 민주주의
에 대한 신념이 아니라는 것이다. 따라서 이번 촛불시위는 87년 민
주화 항쟁 이후 30년의 역사를 갖는 한국 민주주의 운동의 연장선에
있는 것이 아니며, 오히려 2002년의 한일 월드컵이 낳은 '광장문화'
와 유사한 현상이거나 2008년의 광우병 논란 당시의 '쇠고기 데모'
와 같은 비이성적인 집합행동에 불과하다는 것이다.

일본 논단이 촛불시위를 파악하는 구도 속에는 주동자와 협력자,
추수자(追隨者), 그리고 이들 뒤에서 모습을 드러내지 않고 영향력을

---

48) 沢田克己, 『文在寅とは何者か』, 祥伝社, 2017, 206쪽.
49) 室谷克実, 『崩韓論』, 飛鳥新社, 2017, 11쪽.
50) ressentiment. 프리드리히 니체의 용어로, 약자가 강자에 대해 갖는 원한, 복수심
   및 그로 인해 울적한 심리상태를 가리킨다.

행사하는 배후세력이 있다. 주동자는 '친북좌익세력', 협력자는 '야당과 미디어', 추수자는 '일반시민', 배후세력은 '북한'이라는 조합이다. '친북좌익세력'은 다시 '혁신계 노동조합과 시민단체를 필두로 하는 반정부단체', '민노총' '통합진보당의 지도부 혹은 그 일부' 등으로 다양하게 풀이되고 협력자인 '야당' 세력 쪽에는 서울시도 관계가 있다고 보았으며, 배후세력으로는 '북한'이 지목된다. 이들이 이러한 관점에서 촛불시위를 바라보는 이유로는, 공식적인 미디어 보도를 통해서는 촛불시위 관련 비용의 출처를 알 수 없다는 점과 시위의 규모와 내용이 조직적 지원을 전제로 하지 않고서는 불가능한 수준의 것이었고, 북한의 대내선전방법과 유사하다는 점을 든다.[51]

시게무라(重村)는 "한국 정치의 저류에는 친북좌익세력과 보수세력의 대립과 항쟁이 있다"고 설명하면서, 한국 좌익의 저류에는 "북한에 대한 동경"이 있고, 유교적 관념론은 '북한의 정통성'에 매력을 느끼게 한다고 분석한다. 또 재벌 오너 등의 '가진 계층'에 대한 빈곤층의 불만과 반발도, 좌익을 지지하는 요인이라는 분석이다.[52]

미네기시(峰岸)에 따르면, 혁신계노조와 시민단체의 목표는 일반시민으로 참가자를 확대하고 '시민집회'를 '인상지우는 것'이었다. 이들 노조와 단체는 스마트폰으로 집회 참여를 권유하며 촛불집회 참가자를 확대하면서 스스로는 무대 뒤편에 서서 회장에 설치하는 거대 화면의 무대장치에서부터 참가자가 손에 들 촛불, 박근혜를 규탄하는 다양한 플래카드까지 준비했다는 것이다. 일반시민이 가지는

---

51) 桜井よしこ・西岡力, 「緊急対談朝鮮半島最悪のシナリオ」, 『月刊Hanada』 5月号, ワック出版, 2017, 57쪽.
52) 重村智計, 「デモの資金を誰が出したのか」, 『月刊Hanada』 2月号, ワック出版, 2017, 110쪽.

'데모=과격, 위험'이라는 이미지를 희석시키고 폭넓은 시민을 반박 (反朴) 운동에 끌어들이기 위해 이들 단체는 '과격한 항의 스타일'을 봉인했고, 시민집회의 체재(體裁)를 전면에 내세우며 '소프트 노선'을 연출했다고 분석한다.[53)]

또한 일본 논단이 보는 촛불시위는, '스스로 책임을 지려는 행동' 이 아니라, 사태의 원인과 자신은 아무런 관련이 없다고 보는 책임 회피, 남을 원망하고 남을 탓함으로써 불만스러운 현실에서 벗어나 보고자 하는 '한(恨)'과 '르상티망'의 국민정서에서 나온 행동이었다. 따라서 촛불시위는 '제대로 된 개혁'과는 무관한 '군중심리'이며 '민 주주의'와는 상관이 없는 '수에 의한 폭력'[54)]이고, 박 대통령의 탄핵 은 '그녀만 없어지면 모든 것이 해결된다'는 '망상적 아집'[55)]이었다 고 평가한다.

3) 한일 관계에 대한 전망

(1) '탄핵'과 '반일'의 상동성(相同性)

논단은 향후 한일 관계의 악화는 '필연적'인 것이며 그 이유는 '탄 핵'을 가져온 한국사회의 작동방식과 반일감정이 본질적으로 같기 때문이라고 보았다. '법과 원칙'보다 '올바름'을 우선시하는 유교문 화와 정의를 독점하는 '민심', 그러한 '민심'에 의해 좌우되는 정부와 의회와 사법부라는 구도 아래에서, '반일'의 정치적 올바름이 일본이 라는 타자에 대한 무조건적 독선으로 작용하기 때문이며, 이러한 구

---

53) 峰岸博, 『韓国の憂鬱』, 日経プレミアシリーズ, 2017, 98-99쪽.
54) シンシアリー, 『朴槿恵と亡国の民』, 扶桑社, 2017, 114쪽.
55) 위의 책, 125쪽.

도와 경향성은 현실보다는 이상을 좇는 좌파 정권에서 더욱 강해질 것이라는 분석이다.

사와다(沢田)는 한국 사법부의 여론에 대한 "눈치 보기"는 "과잉"해 보이며, 실제로 한국의 사법은 2010년대에 들어와 한일 관계에 부정적 영향을 미치는 주요 요인이라고 지적한다.[56] 그 대표적인 사례로 꼽히는 것은 단연 헌재의 위안부 관련 결정이다. 헌법재판소는 2011년, 한국 정부가 위안부 문제해결을 위한 외교노력을 다하지 않고 있는 것을 '위헌'이라 판단함으로써, "외교현안으로서는 오랫동안 극히 낮은 우선순위에 있었던 위안부 문제를 최대의 현안으로" 만들었다는 것이다.[57] 또 대법원은 그 이듬해 전전(戰前)에 일본기업에서 일했던 전 징용공들이 일본 기업을 상대로 미불 임금의 지급 등을 요구한 소송에서 "국교정상화 때 체결된 한일청구권협정의 효력을 부정하는 판단"을 내렸고, 이 판단이 판례로 확정될 경우에는, "한일 경제관계에 매우 중대한 타격을 주게 될 것"이라고 전망했다.[58] 마루야마 가즈야(丸山和也)도 이 재판에서 한국 법원이 배상명령을 내린 것은 '청구권 협정에 의해 개인청구권은 소멸되었다'는 한국 정부의 기존 입장을 뒤집은 것이나 다름이 없고, "국제적인 약속을 국내법으로 뒤집는 언어도단의 판결"이라 지적한다.[59]

사와다(沢田)는 위안부 문제, 전시징용자 문제에 이어 대마도(對馬島)의 절에서 도난당한 불상을 일본에 되돌려 주는 것을 인정하지 않

---

56) 沢田克己, 『文在寅とは何者か』, 祥伝社, 2017, 204-205쪽.

57) 위의 책, 205쪽.

58) 위의 책, 206쪽.

59) 丸山和也, 「韓国には一銭も払う必要なし!」, 『月刊Hanadaセレクション絶望の韓国、悲劇の朴槿恵』, 飛鳥新社, 2017, 161-162쪽.

은 2017년 1월의 대전지방재판소의 판결은 일본인이 이해하기 어려운 한국 사법부 판결의 '결정판'이라 지적한다.[60] 그러면서 이와 같은 판결이 나오는 역사적 배경에 김영삼 전 대통령의 시대의 '역사바로세우기' 정책 등이 있고, 그것은 '올바름'을 추구하는 유교 전통에 의거한 것이라고 설명한다. 군부에 의해 억압되어 있던 전통의식이 1987년의 민주화에 의해 되살아났고, 한국 사회에서는 '올바르지 못한 과거는 바르게 뜯어고쳐야만 한다'는 의식이 강해졌다는 것이다.[61] 거기에다 민주화 이전까지 '권력의 시녀'였던 한국 사법부의 특수한 사정이 덧붙여져, 민주화 이후 현재 한국의 사법부는 잘못된 과거와의 단절을 위해 '올바름'을 중시하는 사회 여론의 눈치를 보는 경향이 있다는 것이다.[62]

미네기시(峰岸)는 비슷한 관점에서 1987년 민주화로 인해 '관(官)'의 힘이 약해지고 '민(民)'의 힘이 강해져 2000년대 이후는 비정부조직(NGO)이나 시민단체의 발언력이 커졌고 그들이 반정권운동의 중핵이 되었다고 소개한다. 위안부 문제에서 반일운동을 견인하는 것도 시민단체이며, 이들 시민단체와 박근혜 대통령을 탄핵으로 몰아간 반 정권단체는 '저류에서 연결'되어 있다는 것이다.

논단은 "한국 사회의 이 '반일이라는 민심'의 유래 또한 궁극적으로는 유교문화 때문"이라 분석한다. 이자와(井沢)에 따르면 한국인이 일본인을 증오하는 이유는 유교라는 종교가 만들어낸 편견 때문이라고 지적한다.[63] '한국은 형, 일본은 동생'이라는 편견은 '형'이 '동생'

---

60) 沢田克己, 『文在寅とは何者か』, 祥伝社, 2017, 210쪽.
61) 위의 책, 207쪽.
62) 위의 책, 207-208쪽.
63) 井沢元彦, 「韓国人はなぜ日本人を憎むのか」, 『月刊Hanadaセレクション絶望の

에게 지배당했다는 사실을 사실 그대로 받아들일 수 없게 만들며, 그로 인한 증오의 감정은 한국에서 유교문화가 사라지지 않는 이상 바꿀 수가 없다는 것이다.[64]

유교 사상과 반일이라는 증오 감정의 관계는 '역사'를 매개로 하여 설명된다. 유교 사상은 역사의 날조도 서슴지 않는 '반(反)자연, 인위의 사상'이어서 한국인은 식민지시대라는 자신들의 '전사(前史)'를 전(全)부정하려 하며,[65] 한국은 왜곡된 역사를 교육시켜 증오를 날조하고 그를 통해 국민의 단합을 도모하려 한다는 것이다.[66]

(2) 일본의 독자적 대비 강조

논단은 한국의 정치변동을 북한과 관련된 반체제 운동의 성격을 띠는 것으로 규정하면서 그 파장은 한일 관계의 악화에 그치지 않고 대북한 '전선(戰線)'의 남하를 가져와 일본의 안전보장에 직접적인 영향을 가져올 것이라고 내다보았다. 또한 중도파 저널리즘이 '탄핵 사태' 발생에 대해 내부적 요인을 중시한 데 비해, 논단에서는 한국을 둘러싼 국제관계를 중시하면서 외부요인('외세')에 의한 음모의 가능성을 지적하기도 한다. 이러한 시각은 한국의 정치변동을 '동란(動亂)'의 가능성으로 확대 해석하면서 일본에 대한 실질적인 위협으로 해석하는 여지를 키우는 것으로 보인다.

한편, 한국의 '반일'은 변화가능성이 매우 희박한 변수라는 관점으로 인해, 일본은 한국을 중요한 독립적 변수의 하나로 여기는 종래의 시각에서 벗어나 '일본을 최우선으로('Japan first')' 여기며 한국의 사정과 한국과의 관계에 구애됨이 없이 독자적으로 일본의 안위를 위한 노력을 해나가야 한다는 주장이 개진된다.[67] 이러한 주장은 조선의 독립 가능성이 부정적이기 때문에 자신들의 '생명선'[68] 확보를 위해서는 조선을 지배하지 않을 수 없다고 한 19세기 후반~20세기 초 일본 제국주의의 논리와 유사한 논법이다. 그래서인지 일본 논단은 '탄핵 사태'를 다룬 대부분의 논의들에서 그 제목을 '절망의 한국', '한국의 비극', '망국', '붕한(崩韓)' 등 부정적 극단적 단어들로 표현했고, 이는 19세기 말~20세기 초 일본의 논단이 조선/대한제국을 형용하며 사용했던 표현들과 매우 유사하다.

오선화(吳善花)는 이번 사태가 '노무현의 망령'을 부활시키고, 젊은 이들을 중심으로 하는 친북세력의 약진을 가져와 아시아의 파워 밸런스가 변화할 것이라고 예측한다. 큰 충돌 없이 유지해 오던 한미일과 북/중 사이의 힘의 균형이 깨지게 되면 '예기치 못한 사태'가 일어날 수 있기 때문이라는 것이다.[69] 긴비레이(金美齡)는 한국의 분규와 데모를 반길 세력은 북한이며, 북한은 '탄핵 사태'가 초래한 한국의

---

67) 예컨대 古谷経衡,「まずはジャパンファーストでいい」,『月刊WiLL』 2月号, ワック出版, 2017.; 高山正之・加藤清隆,「'助けず・教えず・関わらず'韓国には'非韓三原則'でいけ」,『月刊WiLL』 2月号, ワック出版, 2017.

68) 일본의 독립과 대외 팽창을 연결시키는 논리로서 1890년에 총리대신 야마가타 아리토모(山県有朋)가 제시한 외교정략론에서 나온 용어. 야마가타는 일본의 국토인 주권선을 지키기 위해서는 주권선의 안위와 밀접한 관계가 있는 구역인 생명선 혹은 이익선을 보호하는 것이 필수적이라고 주장했고, 그 생명선은 구체적으로는 한반도를 가리켰다.

69) 吳善花,「崔父娘が甦らせた'廬武鉉の亡霊」,『月刊Hanada』 2月号, ワック出版, 2017, 57쪽.

혼란상을 보며 '박장대소'했을 것이라고 지적한다. 북한이 노리는 것은 한국인들의 적개심이 북한이 아닌 한국의 정권에게 쏠리는 것이기 때문이라는 것이다.[70]

논단은 북한에 대한 이와 같은 생각을 공유하면서 북한과 함께 한미일과 힘의 균형을 이루고 있는 중국은 '탄핵 사태'와 어떤 관련이 있을까라는 점으로 추론을 확대한다. 가네코 히데토시(金子秀敏)는 이번 사태의 발단이 된 추문에 불을 붙인 것은 중국일 것이라고 추정한다. 최순실의 국정농단의 증거가 된 태블릿PC가 JTBC에 의해 입수된 과정이 불투명하며 매우 부자연스럽다는 사실과, 그 발생 시점이 한국 내 사드배치 문제를 둘러싸고 한중간 정상 회담이 결렬된 시점과 겹친다는 점, 중국의 미디어도 한국 대통령의 스캔들을 초기부터 대대적으로 보도했다는 점 등을 꼽으면서, 한국의 사드 배치 결정에 중국이 반발하자 중국에 진출한 한국의 대기업들이 박근혜 정권의 퇴진을 바라게 된 것이 아닐까라고 추측한다.[71] 가네코(金子)는 박근혜 대통령이 탄핵된 직후 "시간은 걸리겠지만 진실은 반드시 밝혀질 것"이라고 한 말을 인용하면서, 그가 말한 "진실"은 사드 문제 등을 둘러싼 동북아시아의 국제관계 속에 한국을 놓고 보면 그 한 단면이 보여 오지 않겠는가라고 지적한다.[72]

나아가 일본의 논단은 한국 사회가 엄중한 안보 상황 속에서도 국

70) 金美齡, 「朴槿惠最大の過ちは'反日'です」, 『月刊Hanada』 2月号, ワック出版, 2017, 75쪽.

71) 金子秀敏, 「朴大統領醜聞に火をつけたのは中国か米CIAか」, 『毎日新聞〈経済プレミア〉』, 2016年12月10日.; 金子秀敏, 「韓国"政治空白"で忍び寄る「朝鮮半島核戦争」の悪夢」, 『毎日新聞〈経済プレミア〉』, 2017年3月24日.

72) 金子秀敏, 「韓国"政治空白"で忍び寄る「朝鮮半島核戦争」の悪夢」, 『毎日新聞〈経済プレミア〉』, 2017年3月24日.

내의 정변에만 관심이 쏠려 있는 점을 정상적이지 못한 것으로 간주하면서, 한국의 이러한 현실을 대북 '전선'의 남하로 인식하고, 그에 따른 일본의 독자적인 대비책 강구를 강조한다. 니시오카(西岡)는 남북으로 분단된 한반도는 여전히 휴전상태이며, 정치, 사상, 역사인식이라는 무기를 써서 치러지는 전쟁의 무대는 38도선에서 점점 내려와 한국의 중추부에까지 내려왔다고 진단한다.[73] 사쿠라이(桜井)도 같은 시각에서, 이번 "소동"의 본질이 "사상적으로도 정치적으로도 (한국이 북한에 의해 ; 인용자) 점령되기 시작했다"는 것이라고 규정하면서,[74] "만일 북한에게 넘어간 것과 마찬가지의 좌익정권이 탄생하면, 전쟁의 최전선이 대마도까지 내려오게" 된다고 말한다.[75]

5. 나오며

본고에서는 한국 사회가 '역사의 전진' '민중의 승리'라고 자부하는 '탄핵 사태'의 경과를 두고 일본 언론은 어떠한 시각을 보여주었을까를 살펴보았다. 중도파 신문은 이 사태의 원인과 탄핵 결정에 대해 한국 언론과 유사한 시각을 나타낸 반면, 우파 신문과 논단의 경우는 그와는 상반된 견해를 보였다. 중도파 신문은 그 원인이 박근혜의 실정(失政)과 제왕적 대통령제라는 권력구조상의 문제, 확대되는 사회경제적 불평등 때문이라 보았고, 탄핵을 이끌어 낸 촛불시위는 한국

---

73) 桜井よしこ・西岡力, 「北の策謀でソウルは今や革命前夜」, 『月刊Hanada』2月号, ワック出版, 2017, 86쪽.
74) 위의 글, 87쪽.
75) 위의 글, 97쪽.

민주화 운동의 연장선에 있다고 평가했다. 또 이번 사태로 인해 한미일 공조체제 유지에 차질이 생겨서는 안 된다는 입장에서 한국은 물론 일본 정부의 외교적 노력까지 주문했다.

반면, 우파 신문과 논단은 '탄핵 사태'의 근본 원인이 한국의 전근대적 유교 문화의 산물인 '정치(情治)', '속인주의' 때문이며, 최고 권력자의 축출로 향후 이와 같은 정변이 되풀이되는 것을 막을 수는 없다고 보았다. 또한 정치(情治)는 이번 사태의 해결 과정에서도 법치와는 배치되는 결과를 가져왔다고 비판한다. '정치적 올바름'을 내세운 '민심'과 시위라는 형태로 표출된 '공분(公憤)'이 정당하지 못한 '수(數)의 폭력'으로 사법부의 판단을 압박했기 때문에 '민주주의의 위기'를 초래했다는 것이다. 또한 촛불시위는 북한을 배후로 한 반정부 단체가 주도면밀하게 기획하고 일반 시민이 '부화뇌동'을 한 순수하지 못한 운동이었으며, 일반인의 대규모 참가는 '한(恨)'과 르상티망이라는 한국인의 공통된 심리와 왜곡된 정서가 그 기저에 깔려있음을 드러낸 것에 불과했다고 분석한다.

일본의 논단은 한국의 상황과 미래를 비관하면서 '탄핵 사태' 이후의 한일 관계 역시 근본적으로 비관적일 수밖에 없다고 전망한다. 그 이유는 한국 사회의 '반일'이 탄핵을 가져오는 메커니즘과 동일하다고 보기 때문이다. 예나 지금이나 일본을 '아래'로 여기는 유교적 발상에서 벗어나지 못하는 현대 한국은, 일제 지배의 역사를 전(全)부정하는 역사 왜곡을 자행하면서 '가해국 일본'에 대해 자신들만의 '정치적 올바름'을 절대화하고 관철하려 하기 때문이라는 것이다. 또 이번 사태 이후 일본의 대처법에 대해서는, 이번 사태로 대북 전선이 남하했다는 인식 아래, 종래의 외교 프레임에서 벗어나 일본의 독자적인 대비책을 강구해야 한다고 주장한다.

일본 논단의 이와 같은 '비관적 한국론'에서 드러나는 인식론적 배경으로는 다음의 두 가지를 들 수 있다. 첫째, 한국의 '전근대성'의 강조, 둘째, 한국 민주주의에 대한 회의와 불신이 그것이다. 한국의 현대사를 전근대 조선사와의 연속성 속에서 바라보고 있으며, 그 연속성의 핵심적 고리는 '유교 문화'라고 분석한다. 전통 유교 문화에서 생겨난 사회의 과도한 권력지향성과 그로인한 갈등과 분열의 속성은 오히려 한국의 법치와 민주주의의 성숙을 저해하고 있다는 것이다. 그리고 한국의 이러한 '전근대성'과 미성숙한 '민주주의'는 정권교체로 해결될 일과성의 문제가 아니며, 더욱이 이번 사태로 인해 야기될 정권교체는 한국 사회의 종북화를 가속화시켜 한국의 내정은 물론, 한일 관계 및 일본의 안위에도 심각한 악영향을 미칠 것이라고 내다보았다.

아베 정권하 우경화가 가속화하고 있는 일본에서, '탄핵 사태'를 대대적으로 다룬 언론은 저널리즘 보다는 논단이었다. 한국 경험이 길고 한국을 잘 아는 주한 특파원 경험자들의 체험적 수기(手記)조차도 출신 언론사의 정치적 성향과는 무관하게 매우 동질적인 내용으로 논단의 한국론을 구성했다. 이러한 일본 논단의 한국 비평이 혐한 서적들과 공명하면서 향후 한일 관계에 대한 부정적인 전망과 더불어 한국과의 대결 자세를 주문하는 방향으로 대(對) 한국관의 주류를 형성해 가고 있는 듯하다. 그런 점에서도 우리 사회는 중도파 신문이라는 일본 언론의 '다테마에(建前)'와 논단이라는 '혼네(本音)'를 구별하는 눈을 가지고 일본의 한국관을 정확히 살펴나가야 할 것이다.

/ 박선영

한일 소외계층 아동복지 정책의 현황과 과제

교육복지 정책 사례를 중심으로

1. 들어가며

본 연구의 목적은 한국과 일본의 소외계층 아동 지원을 위한 복지 정책을 상호 비교하여 향후 우리나라의 아동복지 정책 방향에 관한 시사점을 도출하는 데 있다.

우리나라는 근대사회 이후 교육을 통해 사회계층 이동에 대한 믿음이 넓게 퍼져갔고, 보다 높은 학력을 획득하기 위해 노력해 왔다. 그러나 1997년 외환위기 이후 실업률이 증가하면서 빈곤 현상이 심화되어 거주지와 계층이 서로 분화되는 현상이 나타나기 시작하였다. 이러한 계층 분화는 지역별로 교육격차가 발생하는 주요 원인이 되었으며 더 나아가 빈곤의 대물림 현상과 사회적 배제가 보편화되기 시작하면서 양극화의 문제가 더욱더 심화되었다. 따라서 사회계층간 불평등 현상을 극복하는 강력한 사회복지정책과 함께 교육계의 변화를 촉구하는 목소리도 높아졌다. 이러한 시점에 1999년 김대중 정부는 생산적 복지를 내세우며 중산층과 서민의 생활을 향상시키기 위한 인간개발중심의 복지, 인권과 시민권으로서의 복지, 사회적 연대로서의 복지 등을 강조하였다(대통령비서실 삶의 질 향상기획단, 2002). 정부 차원에서는 교육 불평등 문제를 교육평준화 정책의 조율이 아닌 교육의 수월성 강조와 차별화 전략에 의존하여 해결하고자 하는 한편, 열악한 교육환경 지역을 중심으로 교육의 형평성 보장과 사회통합의 필요성이란 명분하에 특별한 교육지원정책으로 보완하고자 하였다(강순원, 2012).

이와 같이 교육적으로 지원하는 복지가 계층이동의 사다리 역할을 할 수 있을 것이라는 인식 속에 교육복지의 개념[1]이 등장하고 그 관심은 점차 높아지고 있다. 우리와 유사한 일본의 경우 1990년 이후 경제 위기로 인한 실업률 증가와 가족 지원체계의 붕괴가 문제되고, 인구고령화 등 급격한 사회변화에 직면하게 됨에 따라 소득격차가 확대되면서 빈곤아동 출현에 대한 관심이 고조되었다. 빈곤아동 증가의 우려와 함께 2004년에 아동의 빈곤대책 추진에 관한 법률을 제정하고 각 부처 간의 협력적 노력을 강조하였다. 특히, 중등교육 기회를 통해 자신의 잠재적 능력을 발견하고 주체적이고 자율적으로 삶의 질을 높이며 살아갈 수 있도록 빈곤아동을 대상으로 교육적으로 지원하는 복지제도를 제시하고 있다. 이는 우리나라와 매우 유사하다. 하지만 그 대처 방식에 있어 우리나라와 다소 차이를 보이고 있다. 따라서 본 연구에서는 한국과 일본의 소외계층 아동을 지원하기 위한 교육복지 지원의 정책 차이점을 정책추진 배경, 사업 추진 목적, 법적 근거, 운영주체, 지원 대상, 정책 현황 및 주요 성과 측면을 상호 비교하고 향후 어떻게 체계적이며 적극적으로 소외계층 아동 지원을 위한 정책을 추진하는 것이 바람직한 것인지에 대한 대안을 제시하고자 하였다.

---

1) 교육복지란 모든 국민이 자신의 잠재적 능력을 충분히 발휘할 수 있도록 기회를 부여하는 것으로 '교육적 삶의 가치와 교육적 의미'를 경험하고, 삶의 질을 향상시키며 살아갈 수 있도록 하는 것이다(안병영·김인희, 2009).

2. 한국의 교육복지 정책

교육복지의 개념이 최초로 등장한 것은 1995년 5·31교육개혁으로 볼 수 있으나, 구체적인 교육복지 정책이 실현된 것은 2004년 참여정부이다. 참여정부는 2004년에 '참여정부 교육복지 5개년 계획'을 발표하면서 종합적이고 구체적인 교육복지 정책을 추진하기 시작하였다. 정책목표를 살펴보면 국민기초 교육수준 보장, 교육부적응 해소, 교육여건 불평등 해소, 복지 친화적 교육환경 조성으로 제시되어 있다. 이를 통해 교육기회의 보장과 교육격차 해소에 적극적으로 주력하였음을 알 수 있다. 특히 교육복지 정책 계획과 교육안전망 정책 과제를 추진하면서 지역 간 교육격차 해소를 위해 도시저소득 밀집지역 및 농산어촌 지역의 소외계층 아동을 대상으로 '교육복지투자우선지역 지원 사업'을 실행한 점은 특징적이다. 그 밖에도 방과후학교사업, 지역아동센터, 희망스타트, CYS-Net, 청소년 방과후 아카데미 등 교육복지관련 사업이 시행되었다(박주호, 2014). 참여정부에서 적극적으로 추진된 교육복지 정책은 이명박 정부에서도 지속적으로 전개되었는데, 이명박 정부는 학력 수준 향상과 교육격차 완화, 가난 걱정 없이 다닐 수 있는 학교, 교육복지 지원체제 구축, 건강한 학생 안전한 학교, 선진화된 유아교육과 특수교육 보장, 평생 공부할 수 있는 학습 환경 조성을 추진하는 등 다양한 교육복지 대책을 마련하였다(박주호, 2014). 다문화 학생 교육지원, 탈북청소년 교육지원, 창의 경영학교, Wee프로젝트, 농산어촌·전원학교 사업 등도 이 시기에 추진된 정책이다. 2013년 박근혜 정부는 이명박 정부의 교육복지 정책 방향을 기반으로 꿈과 끼를 키울 수 있는 학교 교육 정상화, 고른 교육기회 보장을 위한 교육비 부담 경감, 미래 인재

양성을 위한 능력중심사회 기반 구축이라는 교육복지 핵심과제를 제
시하였다. 2017년 3월에는 교육부에서 '경제사회 양극화에 대응한
교육복지 정책의 방향과 과제'를 발표하여, 소외계층의 교육기회를
실질적으로 보장하기 위한 정책적 지원 계획을 제시하기도 하였다
(교육부, 2017). 2017년 5월 출범한 문재인 정부는 100대 국정과제로
'내 삶을 책임지는 국가'의 슬로건을 표방하여 국가가 책임지는 보육
과 교육을 목표로 유아에서 대학까지 교육의 공공성 강화, 교실혁명
을 통한 공교육 혁신, 교육의 희망사다리 복원, 고등교육의 질 제고
및 평생·직업교육 혁신, 미래 교육 환경 조성 및 안전한 학교 구현
을 제시하였다(국정기획자문위원회, 2017).

　이와 같이 그동안 역대정부마다 다양한 교육복지 정책을 추진하였
지만 소외계층을 주요 대상으로 지속적으로 추진된 정책은 '교육복
지우선지원사업'이 가장 대표적이다. 본 사업은 현재까지 운영 중이
며 사업대상은 교육급여수급권자, 차상위계층, 한부모가정, 다문화
가정, 특수교육대상자, 탈북학생 등이 참여한다. 교육복지우선지원
사업을 시행하고 있는 학교와 대상 학생 수의 현황을 살펴보면 다음
〈표1〉와 같다. 교육복지우선지원사업 전체학교 수가 2017년 3,301
교로 초등학교 54.5%, 중학교 39.1%, 고등학교 6.4% 순이며, 유치
원의 경우 2017년에는 서울에서만 실시하고 있다. 〈표 1〉에서 제시
한 바와 같이 교육복지우선지원사업 전체학교 수가 2014년 1,828교
에 비해 2017년 3,301교로 55.4%로 증가하였으며, 고등학교는 3.7
배, 초등학교 2배, 중학교 1.5배순으로 증가하였다.

〈표 1〉 교육복지우선지원사업 현황(2003년도–2017년도)/(단위: 개)

연도	유	학교				계
		초	중	고	소계	
2017	160	1,799	1,290	212	3,301	3,461
2014	193	903	860	65	1,828	2,021
2013	244	894	876	63	1,833	2,077
2012	257	906	831	64	1,801	2,058
2011	188	670	681	5	1,356	1,544
2010	297	296	234	4	534	831
2009	375	300	234	4	538	913
2008	196	187	132	3	322	518
2007	195	187	132	3	322	517
2006	97	103	61	3	167	264
2005	66	50	32	–	82	148
2003	34	29	16	–	45	79

* 2017.10월 기준
출처 : 중앙교육복지연구지원센터(2017)

교육복지우선지원사업 만족도 현황은 다음 〈표 2〉에서 나타난 바와 같이 학생, 학부모, 교사 모두 만족도가 90% 이상으로 높은 수준으로 나타났다.

〈표 2〉 교육복지우선지원사업 만족도 현황(초, 중)

(단위: %)

대상	년도	만족도
학생	2015	91.4
	2016	90.0
	2017	92.6
	2018	93.1
학부모	2015	91.2

	2016	90.4
학부모	2017	92.3
	2018	94.3
	2015	96.1
교사	2016	92.7
	2017	94.5
	2018	96.0

* 만족도 조사는 서울, 경기, 인천, 부산, 대전, 울산, 제주,
충남, 광주에서 조사된 내용을 바탕으로 재구성한 것임.
출처 : 송지훈, 유기웅, 임현정(2018)

3. 일본의 교육복지 정책

2000년대 후반에 발간된 빈곤연구에 관한『子どもの貧困白書』(2009)
를 보면 일본의 버블경제가 붕괴된 1990년대 중반부터 빈곤아동의
비율이 점차 증가하면서 본격적인 사회문제로 대두되었음을 알 수 있다.
일본의 언론들도 동 기간 동안에 다양한 보도를 통해 각 지방자치 단체의
'무보험 아동문제'와 '취학지원'에 대한 격차를 보도함으로써 아동복지
에 대한 열악한 상황을 지적하기도 하였다. 이러한 일련의 상황은 일본
정부로 하여금 아동 빈곤 실태를 조사하고 공표하도록 유도하였으며
정치권에 대한 관심을 환기시켰다.

빈곤아동이 사회적 이슈로 대두되자 후생노동성은 2009년 10월에
일본의 빈곤율을 공표하였다(厚生労働省, 2009). 후생노동성의 발표
자료에 의하면 2009년 일본의 빈곤율은 16%이며 이 가운데 17세 이
하의 아동의 빈곤율이 15.7%로 나타났으며, 빈곤율과 아동 빈곤율이
함께 증가하였다고 발표하였다. 또한 문부과학성의 조사에 의하면
2012년에 취학원조를 받은 아동과 학생은 총 155만 명으로 공립 초

중학교를 다니는 아동의 15.6%를 차지하고 있다. 이러한 조사 자료
들은 2004년 '아동의 빈곤대책 추진에 관한 법률(이하 빈곤아동 대책
추진 법)'의 시행의 근거가 되었다. 새롭게 만들어진 법률이 그동안
추진되어왔던 아동복지법(1947년 제정), 엔젤플랜(1994년 시행), 신엔
젤플랜(2000년 시행) 등과 차별되는 점은 모든 아동이 출생 가정의 경
제적 형편에 영향을 받지 않고 건강하게 성장할 수 있는 환경을 보장
하며 교육 평등의 기회를 보장하는 정책이라고 간주 할 수 있다는 것
이다. 즉 교육과 복지의 관점을 아우르는 정책이라 할 수 있다.

한편 2009년 후생노동성이 발표한 일본의 아동 빈곤율은 16%로서
OECD 회원국 34개국 중 25위로서 하위권에 속해 있었으며, 문부과
학성 조사(2013)에 의하면 생활보호 수급가정의 고등학교 진학률은
2012년 98.6%에서 2013년 90.8%로 감소하였고, 전국학력조사(国立
教育政策研究所, 2013)에서도 생활보호 수급가정 아동은 일반 가정보
다 낮은 수준의 학업성취도를 보이고 있다는 조사 결과를 발표하였
다. 이러한 일련의 배경으로 인해 일본 정부는 아동성장의 가변 변수
로 작용하는 환경을 재정비하고 학업의 기회를 공평하게 부여하기
위한 계획을 추진하게 되었다. 이른바, 일본의 빈곤아동에 대한 사
회적 관심을 높이고 빈곤의 세습으로 인한 교육격차 발생을 차단하
기 위해 2014년 '아동 빈곤대책 추진에 관한 골자'를 재정하여 구체
적인 지원방법을 모색하였다. 동 법률은 중앙정부 및 도도부현(都道
府県)이 빈곤아동에 대한 대책 수립을 전제로 하며, 당해 대책들은
일본 내각부(内閣府) 정책총괄관을 중심으로 정책 비전과 목표, 정책
의 방향 및 기본방침을 설정하여 정부와 지방의 개혁이 일체형이 되
어 강력하게 추진되고 있다. 그 밖에도 각 도도부현에서 추진 중인
시책과 사례는 내각부 홈페이지에 공개되고 있다. 또한 내각부에서

는 2015년 10월 '아동의 미래응원국민운동'을 실시하고 동 년 12월 '아동의 빈곤대책회의'를 개최하여 '모든 아동의 안심과 희망을 실현하는 프로젝트'를 추진하여 빈곤아동에 대한 본격적인 정책이 전개되었다.

2014년 빈곤아동 대책 추진법이 시행되어 동 법 8조 1항에 근거하여 아동 빈곤대책에 관한 골자가 추진되었다. 아동 빈곤에 관한 골자는 아동의 미래가 태어난 환경에 의해 좌우되지 않고 빈곤의 연쇄를 방지하고, 필요한 환경정비와 교육의 기회 균등을 지원하는 아동의 빈곤 대책을 종합적으로 지원하는 방침이다. 빈곤아동 대책 추진법에 관한 골자는 〈표3〉에서 제시된 바와 같이 아동의 교육적 및 생활 지원뿐만 아니라 보호자에 대한 지원도 제시되었다.

〈표 3〉 아동의 빈곤대책 추진에 관한 골자

① 교육지원	취학 지원, 학자금 지원, 학습의 지원 등
② 생활지원	빈곤 상황에 있는 아동 또는 그 보호자를 대상으로 생활에 관한 상담, 사회적 교류의 기회 제공 등
③ 보호자에 대한 취업지원	빈곤 상황에 있는 아동의 보호자를 대상으로 취업훈련 실시, 취업 알선 등
④ 경제적 지원	각종의 수당 등의 지급, 융자금 지원 등

출처: 湯沢(2013) 재구성

빈곤아동에 대한 구체적인 교육지원은 '아동의 빈곤 대책에 관한 골자'를 바탕으로 살펴보면 첫째, 학교기관을 기반으로 종합적인 아동의 빈곤대책을 시행하는 것이다. 학교기관을 창구로 복지 관련 기관, NPO, 자치회 등과 네트워크를 구축하여 지역 내 학습 및 생활에 대해 지원한다. 당해 체계를 원활하게 추진하기 위해 '스쿨소셜워커'를 학교에 배치하고 있다. 특히, 교토부(京都府, 2015)에서는 전 학교에 스쿨소셜워커를 배치하고 있다. 둘째, 빈곤의 연쇄를 방지하기 위해 유아교육 무상화를 추진하고 있다. 셋째, 취학지원을 하고 있다. 의무교육에 대한 충실한 취학지원을 위해 고등학생 장학제도 등을 통해 빈곤아동의 경제적 부담을 최소화하고 있다. 교토부에서는 빈곤아동에게 문부과학성에서 지원하는 '고등학교 취학지원금' 외에 '고등학생 수학지원금'을 활용하여 '사립 고등학교 안심 수학지원사업'을 실시하고 있다. 이 사업은 수업료 면제를 추진하여 고등학교 중퇴율을 감소시킨(2008년 4.0%에서 2013년 1.3%) 성과를 이루었다. 넷째, 대학진학에 대한 교육기회를 제공하고 있다. 빈곤아동에게 고등교육의 기회를 보장하는 장학금을 지원하고, 국공사립 대학생과·전문학교 학생 등에 대한 경제적 지원을 하고 있다. 다섯째 생활궁핍 세대 학습지원 사업을 하고 있다. 구마모토현(熊本県, 2015)에서는 한부모가정의 초·중학생을 대상으로 지역학습지원을 하고 있다. 지역학습지원은 민간단체, NPO, 사회복지법인 등에게 위탁하여 운영하며 퇴직한 교원 및 지역주민, 대학생의 자원봉사로 빈곤 가정 학생들에게 학습 지도를 하는 사업이다. 여섯 번째 그 외의 교육지원으로 학생의 네트워크 구축, 야간 중학교 설치 촉진, 아동의 식생활과 영양상태 관리, 다양한 체험활동의 기회를 제공한다.

일본의 빈곤아동 대책 추진 법은 아동의 장래가 태어난 환경에 의해 좌우되지 않도록 환경을 정비하고 교육의 기회균등을 제공하는 것을 목적으로 관계 각료가 대책회의를 하여 빈곤대책에 관한 골자를 의무화시켰다. 또한 구체적인 정책을 집행하도록 정부와 지방자치단체의 역할과 책임이 명시되어 있다. 정부는 '아동의 빈곤대책 회의'를 내각부에 설치하고, 후생노동성과 문부과학성은 성청간 적극적인 연계로 종합적인 대책을 원활하게 시행할 수 있도록 하였다. 기본적 시책에 관해서는 교육비 지원, 사회보장 확충, 영유아기부터의 조기대응, 빈곤아동과 학부모에 대한 지원시스템의 구축, 학부모의 취업지원, 아동의 빈곤에 관한 실태조사 및 연구를 실시하는 등이다. 이와 같이 일본은 빈곤아동의 문제 해결을 위해 중앙정부와 지방자치단체의 책무를 명확히 하여 이에 대한 대책을 강구한 점에 대해 매우 큰 의미를 가진다.

〈표 4〉 아동의 빈곤대책 추진에 관한 성과

정책지표		빈곤아동		전 세대 수 (정책실시 후)
		정책실시 직전	정책실시 후	
생활보호 대상자 고등학교 진학률		90.8	92.8	98.8
생활보호 대상자 고등학교 중퇴율		5.3	4.5	1.5
생활보호 대상자 대학 등 진학률		32.9	33.4	73.2
한부모가정의 보호자 취업율	모자 가정	80.6	80.6	64.4
	부자 가정	91.3	91.3	81.6
스쿨소셜워커 배치 수		1,008명	1,399명	
스쿨상담사 배치율	초등학교	37.6	58.5	
	중학교	82.4	88.4	
아동의 빈곤율		16.3	16.3	16.1

출처: 内閣府(2016)「子供の貧困対策」

빈곤아동에 대한 정책효과는 〈표4〉와 같다. 표에서 제시한 바와 같이 빈곤아동 대책 추진법 골자에 관한 정책을 실시한 직후 대부분의 정책지표에서 효과가 나타나고 있음을 알 수 있다. 일본의 빈곤아동 대책 추진법이 시행되기 전 일본의 아동 빈곤율은 16.3%였으나 사업 시행 후의 아동 빈곤율은 16.1%로 다소 감소되었다. 학교를 중심으로 빈곤아동이 처한 어려움을 발굴하고 지원하는 역할을 하는 스쿨소셜워커 및 스쿨상담사의 배치 수는 본 사업 직후 증가하였음을 알 수 있다.

4. 한국과 일본의 교육복지 정책 비교

한국과 일본의 소외계층 아동을 위한 교육복지 정책을 추진배경, 법적근거, 목적 및 목표, 운영 주체, 대상, 정책현황, 정책성과의 다각적인 측면에서 비교하였다. 본 연구에서는 소외계층 아동을 위한 교육적 복지의 측면에서 접근하였기 때문에 한국의 교육복지우선지원사업과 일본의 아동 빈곤대책 사업을 비교하였다.

추진배경 및 목적에는 한국과 일본 모두 소외계층 아동의 교육의 불평등 및 교육 기회보장을 제공하여 빈곤의 대물림 발생을 막고 복지국가를 실현하고자 하는 것이다. 특히 일본의 경우 소외계층 아동의 교육적 지원뿐만 아니라 부모의 취업지원을 중시하여 빈곤의 대물림 현상을 방지하고 있다. 일과 보육의 양립, 경제적인 문제 등 한부모가정이 처한 다양한 과제에 대응하여 생활지원 및 취업지원 정책을 중시하고 있다. 정책의 법적 근거 측면에서는 한국의 교육복지우선지원사업의 경우에는 교육부 소관인 초·중등교육법 시행령에 근거하여 추진되고 있는 반면에 일본은 문부과학성과 후생노동성 협력을 통해 발의 된 아동의 빈곤대책 추진에 관한 법에 근거하고 있으며 법률 및 골자에서 제시한 교육지원, 생활지원, 부모의 취업지원, 경제적 지원 등을 전개하기 위해 지역사회를 기반으로 사회복지행정 및 교육행정, 노동행정 등 유기적인 연계가 추진되고 있다. 운영주체는 한국의 경우 초중고 단위학교가 담당을 하고 있으며, 학교장, 교감, 부장교사, 일선교사, 교육복지사가 교육복지우선지원사업 프로그램을 추진한다. 일본은 국가의 책임을 명확하게 하여 내각부에서는 아동의 빈곤 대책회의를 설치하였으며 회의의 회장은 내각총리이며 문부과학성과 후생노동성 그 외 관계 행정기관이 아동의 빈곤 대책에 관해 논의한다. 또한 47개 도도부현은 아동의 빈곤대책 추진계획을 의무화하고 있다. 빈곤아동의 학력보장에 있어서는 일선학교를 기반으로 지역의 관련 복지기관과의 연계를 통해 학습지원을 중시하고 있다. 아동의 학습지원의 시행은 생활보호자 자립지원법과 연동되어 최근에는 후생노동성의 행정으로 학습지원을 전개하고 있으며 이러한 정책동향과 함께 각 지역에서는 시민과 민간단체가 추진하는 무상의 공부방(學習塾)이 확대되고 있다. 대상에는 한국과 일본 모두 소외계층 전 아동을 대상으로 하고 있으나 한국의 경우 국민기초생활보장수급자, 한부모가정 보호대상, 차상위계층, 북한이탈주민, 다문화가정, 위기 및 결손가정, 학교부적응학생 등을 대상으로 하고 있다. 한국은 국민기초생활보장수급자를 기본적인 전제조건의 대상자 중심으로 지원하고 있으나 위기 및 결손가정, 학교부적응학생 등 대상자의 선정 기준의 유연성이 확보되어 있다. 일본은 생활보호대상자 세대, 한부모가정, 아동양육시설의 아동 등을 대상으로 하고 있으며 대상자 선정 기준은 소외계층에 한정되어 있다. 정책현황 및 성과에 있어서 한국은 시범 사업의 성격으로 시작된 교육복지우선지원사업은 초기에는 사업의 필요성 및 사업의 완성도 향상을 위한 연구들이 주를 이루어졌다면, 이후에는 사업의 내용의 체계화 및 사업 내용이나 프로그램 개발에 대한 연구가 이루어졌다. 학교를 기반으로 교육복지우선지원사업의 성과 평가로는 학생들의 자존감 및 학업 수행 능력에 긍정적인 영향을 미치며, 저소득층 학생들에 대한 교사의 관심과 기대를 높인다는 다수의 연구가 진행되어왔다. 그

러나 최근에는 10여 년 간 지속적으로 교육복지우선지원사업이 실시
되면서 지속적인 사업의 성과에 대한 확인과 사업의 변화의 필요성
이 제기되면서 사업의 확대와 발전, 체계화 등의 성과 검증의 필요성
이 제기되고 있다. 일본은 아동의 빈곤대책 추진에 관한 골자를 중심
으로 이에 대한 성과지표를 중앙단위에서 개발하여 내각부 홈페이지
에 공개하고 있으며, 47개 도도부현 또한 아동의 빈곤대책 추진 계
획에 성과지표를 관리하고 효과를 검증하고 있다. 이와 같이 한국의
경우는 교육복지우선지원사업이 중앙정부에서 추진되어 왔으나
2012년 지방으로 사업이 이양되면서 각 지역에서 성과지표 및 관리
가 이루어지고 있다. 일본은 각 도도부현에서 사업이 집행되고 있으
나 중앙단위에서 성과지표를 개발하고 관리하고 있다. 이상의 내용
을 표로 정리하면 〈표5〉과 같다.

〈표 5〉 한국과 일본의 교육복지 정책 비교

구분	한국 (교육복지우선지원사업)	일본 (아동의 빈곤대책 사업)
배경 및 목적	·교육의 불평등 및 기회보장 ·빈곤의 대물림 현상 방지	·교육의 불평등 및 기회보장 ·빈곤의 대물림 현상 방지
법적근거	·교육부 소관인 초·중등교육법 시행령	·문부과학성과 후생노동성의 소관으로 아동의 빈곤대책 추진에 관한 법 제정
운영 주체	·17개 시도교육청 ·초중고 단위학교	·47개 도도부현 ·47개 도도부현은 아동의 빈곤대책 추 진 계획 의무화 ·초중고 단위학교
대상	·국민기초생활보장수급자 ·한부모가족 보호대상, 차상위계층 ·북한이탈주민, 다문화가정 ·위기 및 결손가정, 학교부적응학생	·생활보호대상자 세대 부모 ·소외계층의 전 아동

| 정책현황 및 정책성과 | ·사업초기에는 사업의 필요성 및 사업완성도 향상을 위한 연구가 다수
·사업 중기에는 사업 내용의 체계화 및 사업 프로그램 개발에 관한 연구 다수
·사업후기에는 사업 성격의 변화와 재구조화 및 성과 검증 필요성 제기
·저소득층 학생의 학업 수행 능력에 긍정적인 영향 및 저소득층에 대한 교사의 관심 증대
·17개 시도교육청의 자율적인 성과평가 | ·중앙단위에서 성과지표 개발 및 관리
·47개 도도부현에서 아동의 빈곤대책 추진 계획에 성과지표 관리 및 효과 검증
·사업 직후 아동의 빈곤율이 다소 감소
·스쿨소셜워커 및 스쿨상담사의 배치 현황 증가 |

5. 맺음말

본 연구의 목적은 한국과 일본의 소외계층 아동을 위한 교육복지 정책을 비교 검토하고 시사점을 도출하는 데 있다. 이를 위해 한국의 교육복지우선지원사업과 일본의 아동 빈곤대책 사업을 비교연구 하였다.

연구결과 한국과 일본에서는 1990년 경제 위기를 배경으로 빈곤아동에 대한 관심이 높아졌으며, 정부에서 문제를 해결하기 위해 적극적으로 개입을 했다는 공통점을 발견할 수 있었다. 또한 몇 가지의 차이점도 발견할 수 있었다.

우선 한국에서는 교육부를 중심으로 초중등교육법을 개정하고 교육부 훈령을 제정하여 사업을 전개한 반면, 일본은 문부과학성과 후생노동성이 공동으로 노력하여 아동의 빈곤대책 추진에 관한 법 제정을 추진하고 시행했다는 점이다. 이 부분에 있어서는 한국과 다르게 법제정을 한 후 사업이 시행되었다는 점에서 사업의 지속성을 확보 할 수 있다. 또한 문부과학성과 후생노동성의 공동의 노력은 교육과 복지의 관계를 어떻게 바라보고 해석하는가에 따라 여러 가지 시 각이 존재하지만 교육 그 자체가 바로 복지적 측면의 성격을 지니고 있기 때문에 교육과 복지를 동일한 개념(김인희, 2006; 성기선 외, 2009)으로 사업이 전개 되었다고 볼 수 있다.

또한 우리나라는 교육을 통한 계층이동의 가능성에 관심을 둔 반면, 일본은 아동의 빈곤율 감소를 정책 목표로 제시하고 있다. 그 밖에도 운영상 우리나라는 시도교육청에서 사업을 운영하고 있다. 시도교육청 중심으로 사업이 전개되는 것에 주목하여 보면 학교를 중심으로 사업이 전개되고 자체평가를 하고 있다. 반면 일본은 지방자치단체를 중심으로 사업을 운영 관리하여 학생이 당면한 빈곤 문제를 학교뿐만 아니라 지방자치단체에서도 관심을 두고 지방차지단체에서 정책 목표의 성과를 평가하고 있다는 점에서 차이가 난다. 대상 측면에서도 우리나라는 빈곤아동 뿐만 아니라 도움이 필요한 소외계층 아동으로 그 범위를 확대하고 있으나 일본은 빈곤아동에 초점을 두고 있다. 두 나라 모두 경제적, 사회적, 문화적 환경의 차이가 있기 때문에 무엇이 더 바람직한 것인가에 대한 논쟁은 분명히 존재한다. 그러나 한일의 교육복지 정책은 소외계층 아동들에게 교육의 기회를 보장하고 계층이동의 가능성을 가지는데 매우 중요한 역할을 수행한다는 점에서 국가적인 차원에서 관심을 가지고 행·재정적인 지원이 집중적으로 이루어져야 한다.

/ 임현정

혁신주체 측면에서 본 일본의 마을만들기

1. 들어가며

한국과 일본은 수도권에 인구와 자원이 집중되어 있어 수도권 대 지방이라는 대립구도가 일반화되고 있다. 다시 말해서 수도권 이외 의 지역은 특성이 무시된 채 모두 지방으로 통칭되고 있는 것이다. 여기에 더해 지방은 수도권과 유리되어 있는 특성 외에도 사회 전반 에서 나타나고 있는 문제점들이 동시에 나타나고 있어 이중적인 어 려움에 처해 있다. 인구감소, 저출산·고령화, 과소화, 산업구조 변 화, 글로벌화로 인해 지방에서 사람이 떠나면서 생산력이 저하되고 일자리가 없어져 남아있는 주민들의 일상생활의 질도 저하되고 있 다. 이로 인해 지역격차, 지방소멸, 공동체 붕괴, 과소마을 등이 해 결해야 할 사회문제로 부상하고 있다.

한국과 일본은 지역격차를 시정하고 균형발전을 이루기 위해 정부 가 지역개발 정책을 주도해 왔지만, 지역경제의 지속 가능한 발전으 로 이어지지 못했다.[1] 일본은 한국보다 먼저 산업화 과정을 거치면 서 현재의 사회현상을 먼저 경험하였다. 이를 해결하기 위해 1980년

---

[1] 김종걸·전영수, 「지역발전」, 『경쟁과 협력의 한일관계』, 서울: 논형, 2016, 166-167쪽 참고.

대부터 정부주도에서 벗어나 주민주도 마을만들기 운동의 경험을 축적하고 있다. 1990년대부터는 일본 정부와 민간 연구소도 고도성장기와 버블기의 대규모 공공건설을 통한 분배방식, 정관재(政官財) 이익유도정치에 의한 지역정책에 대해 한계를 인식하게 되었다. 이에 주민주도에 의한 마을만들기의 중요성에 초점을 맞추어 지역 리더에 관한 조사와 연구를 시작하였다.[2] 일본의 주민주도형 마을만들기 경험은 하드웨어적인 지역개발에서 벗어나 마을만들기 운동을 시작하고 있는 한국에 교훈을 줄 수 있다고 판단된다.

본고의 연구목적은 혁신주체의 역할 측면에서 3가지 유형의 일본의 마을만들기 사례분석을 통해 한국에 시사점을 제시하는 것이다. 주체를 형성하는 과정은 변화의 시대에 지역과 생활을 지키기 위한 21세기 마을만들기 운동이라고 한다.[3] 이러한 사례분석은 마을만들기 주체의 형성을 모색하고 있는 한국에 참고가 될 수 있다는 점에서 의미가 있다고 할 수 있다.

각각의 분석대상으로는 효고현(兵庫県)의 농촌 사사야마시(篠山市) 마루야마지구(丸山地区), 산촌 오카야마현(岡山県)의 산촌 마니와시(真庭市), 지방 중핵도시 가가와현(香川県)의 중핵도시 다카마쓰시(高松市) 마루가메정 상점가(丸亀町商店街)를 선정하였다. 선정이유는 주민주도로 마을을 재생시켜 성공한 사례로 알려진 지역이기 때문이다. 또한 필드워크는 물론이고 문헌참고의 유용성도 고려하였다.

---

2) 대표적인 연구는 NIRA연구소(1990)의 「내발적 산업형성에 관한 조사연구」, 중소기업백서(2006)의 「마을의 활성화를 위한 관계자 연계와 리더십」, 내각부(2007)의 「지역의 인재 형성과 지역재생에 관한 조사연구 보고서」가 있다. 또한 총무성 산하 '지역활력 창조에 관한 전문가회의(2008.11.-2010.8.)'에서 지역활성화의 요인은 '인재의 존재'라고 하였다.

3) 田代洋一編(2004), 『日本農村の主体形成』, 東京: 筑波書房, 3-4쪽.

2. 혁신주체의 역할

본고에서 거론하는 혁신주체로서의 리더의 역할은 첫째, 혁신·융화형 리더 활동(혁신·융화형 활동, 마을 유토피아)이다. 혁신·융화형 리더는 기존의 관행을 변화시키는 혁신가적인 자질과 주민의 협동과 화합을 중시하는 자질 모두를 갖추고 있고, 마을 만들기를 통해 자신의 마을 유토피아를 실현시킨다. 둘째, 학습조직·네트워크 활용(학습조직·비전 공유, 인적·조직 네트워크)이다. 리더는 학습조직을 통해 지역주민이 직면하는 문제와 생활상의 필요에 따르는 요구(need)뿐만 아니라, 계발되어 있지 않은 잠재적인 희망(want)을 이끌어 낸다.[4] 그리고 이 두 가지에 의미를 부여하여 비전(vision)을 제시한다.[5] 다시 말하면, 혁신주체로서의 리더는 지역주민들이 개인의 삶만이 아니라 공동체에서 활동을 통하여 성취할 수 있는 삶의 의미를 제시한다. 네트워크는 주체를 역동적, 횡단적으로 형성→확산→연대→계승시킨다.[6] 셋째, 방법론으로서의 내발적 성장 선택(문제의식, 내발적 성장 주도)이다. 혁신주체는 마을이 사회문제 해결의 공간이라는 문제의식을 갖고 정부주도형 지역개발의 폐해와 실패를 자각하고

---

[4] 齊藤義明, 『日本の革新者たち』, 東京: ビー・エヌ・エヌ新社, 2016, 127-129쪽 참고.

[5] 무엇이 필요한가? → 무엇을 원하고 있는가? → 어떻게 사는 것이 의미 있다고 여기나?

[6] 주체형성은 구조직을 기반으로 마을이 직면하는 문제와 비전을 공유하면서 신조직을 만드는 것이다. 주체확산은 형성된 주체가 특정한 테마별로 전문 조직을 구성하여 일을 분담하는 것을 의미한다. 주체연대는 마을의 모든 조직이 사업 목적에 따라 연계하여 새로운 조직을 만들어서 협력의 시스템을 구축하는 것이다. 주체의 연대를 위한 시스템화에는 기초지자체의 역할이 크다. 주체계승은 마을만들기에 젊은 세대가 참여하거나 교육, 연구 등을 통한 지속 가능성이다.

지역발전을 위한 방법으로 지역 내에서 이익이 재투자·순환되는 내발적 성장을 주도한다.

본고는 마을만들기 성공을 위한 〈표 1〉 혁신주체의 역할에 마루야마지구, 마니와시, 마루가메정 상점가 사례를 대입하여 분석한다. 또한 마을만들기 담당자와의 현지 인터뷰, 사전·사후 질문지, 현지 제공자료 등을 참고하여 사례를 보다 구체적으로 살펴보았다.[7]

〈표 1〉 혁신주체의 역할

혁신·융화형 리더 활동	학습조직·네트워크 활용	방법론으로서의 내발적 성장 선택
·혁신·융화형 활동 ·마을 유토피아	·학습조직·비전공유 ·인적·조직 네트워크	·문제의식 ·내발적 성장 주도

출처: 필자작성

3. 일본사례를 통해 본 혁신주체의 역할

1) 마루야마지구 리더

농촌 사사야마시는 2016년 4월 현재 인구가 42,741명이며, 고령화율은 동년 2월 32.8%이고 농업이 주요 산업이다. 사사야마시가 직면한 문제는 저출산·고령화, 빈집증가, 합병으로 인한 재정적자, 농업 후계자 부재, 쇼핑난민 등이다. 이러한 가운데 사사야마시 주민들은 2005년부터 2주일에 한 번씩 토요일에 볼런티어 고(古)민가 재생운

---

7) 본고는 스미토모재단(住友財團)의 일본학 조성사업에 선정되어 2016년 6월 27일부터 7월 3일까지 분석대상 지역을 필드워크하여 마을 만들기 관련 담당자 약 45명을 대상으로 인터뷰하였다.

동을 하고 있다. 2007년부터는 '사사야마에 와서 살자' 운동을 꾸준히 이어오고 있다. 이러한 운동을 마을만들기 사업과 연계하여 일자리 창출, 관광 활성화, 이주자도 증가시키고 있다.[8] 사사야마시 마루야마지구 리더이면서 현재 '일반사단법인 NOTE(이하: NOTE)'의 대표인 긴노 유키오(金野幸雄)[9]는 사사야마시 부시장 시절부터 에도・메이지(江戸・明治) 시기에 만들어진 고(古)민가가 있는 풍경을 좋아했고, 건축학 전공을 살려 빈집 고(古)민가 재생사업을 하고 있다. 다음은 마루야마지구 혁신주체의 구체적인 활동을 살펴본다.

(1) 소외자산에서 활용자산으로

긴노의 혁신적인 활동은 소외자산이었던 빈집 고(古)민가를 활용자산으로 바꾸었다는 점이다. 지방자치체는 대부분 빈집에 대해 주변에 악영향을 미치는 유해한 스톡(stock)이라는 인식을 갖고 집 소유자에게 철거를 권유하거나 강제철거를 조례로 제정하고 있다. 그러나 그는 빈집이 된 고(古)민가에 150년 전통의 역사성과 일본적 풍경, 느린 삶의 가치 등을 부여하여 활용자산으로 바꾸었다. 경영전략적 방법으로 서브리스(sub-lease)[10]를 도입하여 고(古)민가를 재생하였다. 이러한 방식에 의해 주민이 'NPO법인 취락마루야마(이하: 취

---

8) 篠山市政策部創造都市課, 「空き家活用と定住促進の取り組み」, 2016, 1~21쪽.
9) 1955년 도쿠시마현(德島県)에서 태어났다. 도쿄대학(東京大学) 공학부 토목공학과를 졸업하였다. 효고현 마을만들기과 직원, 사사야마시 부시장(2007~2011)을 거쳐 현재 NOTE 대표로서 사사야마시를 거점으로 고(古)민가 재생, 농촌지역 재생에 나서고 있다.
10) 중간지원조직(NOTE)이 빈집 소유자로부터 무상으로 집을 일정기간(10년) 빌려서 고정자산세, 자금조달, 건물보수 등을 하여 다시 사업장 관리나 경영 등을 사업자(지역주민)에게 임대한다.

락NPO)'를 결성하여 고(古)민가를 직접 경영하게 함으로써, 주민을 지역경제의 주체로 성장시켰다.

그는 사사야마시가 2015년에 일본유산과 유네스코 창조도시로 지정되고, 미슐랭(Michelin) 2016년 효고 특별판에 게재된 점을 살려 '창조농촌 사사야마'라는 브랜드 가치를 알리는 작업을 하고 있다.[11] 인터뷰에서 만들고 싶은 마을에 대해 질문하자, "유럽 사람들이 고풍스러운 일본의 풍경을 즐길 수 있게 사사야마시 전체를 고급 호텔로 만들고 싶다"는 희망을 밝혔다.

(2) 마루야마지구 학습조직과 고(古)민가 재생운동 네트워크 활용

긴노는 사사야마시 부시장으로 재직할 당시 2008년 9월부터 2009년 3월에 걸쳐 마을주민, 전출자, 관서학원 대학생 등과 함께 마을만들기의 방향성, 경관정비 계획의 책정 등과 관련하여 주민을 대상으로 7회의 워크숍을 개최하였다. 또한 고(古)민가 재생 전문가 등 강사를 초빙해 농가민박, 야생동물 피해대책 등 5회의 학습회도 병행하였다.[12] 이러한 학습조직을 통해 주민들은 마을에 대해 자부심을 갖게 되었고 객관적인 평가도 할 수 있게 되었다.

긴노는 주민, 고(古)민가 재생운동, 젊은 이주자 등을 통해 인적·조직 네트워크를 형성하고 있다. 도토안(陶々菴)의 대표 이마무라 도시아키(今村俊明)는 고(古)민가에서 연주회, 히나인형(雛人形)과 도자기 전시회 등을 개최하고 있다. 또한 마루야마지구의 조나이카이(町内会, 주민조직) 회장 사코다 나오미(佐古田直実)는 취락NPO의 대표를

---

11) 篠山市, 「ミシュランガイド2016兵庫特別版に篠山市の店舗が掲載」, 2015.
12) NPO法人集落丸山+一般社団法人ノオト, 「LLP丸山プロジェクトの概要」, 2009, 4쪽.

맡고 있다. 취락NPO의 사무국장 사코다 준코(佐古田純子)는 대학졸업 이후 고향으로 돌아왔다. 사사야마시 직원이었던 요코야마 노부요시(横山宜致)는 긴노와 함께 고(古)민가 재생과 마을 만들기 교육 활동을 하고 있다. 젊은 이주자들은 출장요리를 하거나 술집, IT회사를 경영하고 이주상담사를 하면서 인적 네트워크를 형성하고 있다.

　조직 네트워크의 과정을 살펴보면, 마루야마지구 주체형성의 기반은 고(古)민가 재생운동, 취미활동 조직, 조나이카이이다. 특히, 조나이카이의 취락NPO 결성과 NOTE 설립에 의해 마을만들기 주체가 형성되었다. 이어서 취락NPO와 NOTE가 유한책임사업조합(LLP)을 결성해 역할을 분담한 것을 계기로 주체가 확산되기 시작하였다. 취락NPO는 경영과 노동력을 제공하고, NOTE는 시민펀드의 창설·운영, 은행에서의 자금조달 등을 맡았다.[13] 더 나아가 취락NPO와 NOTE는 고(古)민가 재생운동 조직인 마치나미야나미(町なみ屋なみ)연구소, ROOT와 연대하여 관서지방(関西地方)의 빈집재생 모델로 성장하고 있다.

(3) 고(古)민가 재생으로 지역활성화

　긴노가 마을만들기에 나서게 된 사회적 요인은 사사야마시 부시장 당시 고이즈미(小泉) 정권의 합병정책과 행정주도의 대형 공공건설로 사사야마시에 많은 재정적자가 발생했기 때문이다. 이러한 행정주도에 의한 지역개발은 주민들에게 피해만 준다는 것을 인식하게 되었다. 그리고 중앙정부의 무계획적인 주택정책으로 인한 빈집증가 문제와 행정이 빈집을 해체의 대상으로 여기는 것에도 문제의식을 갖

---

13) 위의 보고서, 2쪽.

게 되었다. 긴노는 빈집증가가 사회와 마을의 문제이고 해결의 주체
는 주민이라는 생각을 갖고 고(古)민가를 활용하여 주민들을 지역경
제, 지역사회의 주체로 성장시키고 있다. 그는 마을만들기에서 가장
중요한 것은 창조적 인재와 커뮤니티 재생이라고 하면서, 이를 위해
오늘도 고(古)민가 재생, 젊은 이주자 유치, 지역의 매력 향상을 위해
고군분투하고 있다.

2) 마니와시 리더

산촌 마니와시는 2016년 4월 현재 인구가 47,469명이며, 고령화
율은 동년 10월 현재 37.6%이고 임업이 주요 산업이다. 마니와시가
직면한 문제는 인구감소, 고령화, 교부세 특례조치 폐지, 일자리, 인
구유출, 제재업 쇠퇴 등이다.[14] 특히 제재업의 쇠퇴로 삼림자원을
활용해 왔던 지역경제가 침체되었다. 그러나 마니와시는 삼림자원을
지역자산으로 발굴하고 연구하여 마니와시를 바이오매스 에너지 혁
명의 최첨단 마을로 만들고 있다.

현재 '21세기 마니와 학습모임(21世紀真庭塾, 이하: 마니와 학습모임)'
회장이면서 (주)메이켄공업(銘建工業)[15] 대표인 나카시마 고이치로(中
島浩一郎)[16]와 주요 리더들은 상공회의소 청년부 출신의 지역기업인

---

14) 真庭市, 「里山資本主義真庭の挑戦―日本の農産村のモデルを目指して―」, 2016,
　　1-16쪽.
15) 1923년에 설립되었고 집성재, 제재업, 바이오매스 부문 사업을 하고 있다.
16) 1952년 오카야마현 마니와시 가쓰야마 출생이고, 요코하마 시립대학(横浜市立大
　　学) 문리학부를 졸업하였다. 1976년에 (주)메이켄공업에 입사하여 2004년부터 대
　　표이사를 맡고 있다. 바이오매스 투어-마니와와 마니와 바이오매스 리파이너리
　　(refinery) 사업추진협의회의 사무국장을 맡았다. 현재, (주)마니와 바이오매스 발
　　전소 대표이사, 마니와 학습모임의 회장이다.

이며 가업을 잇기 위해 고향으로 돌아온 세대이다. 이들은 일찍이 행정주도에 의한 마을만들기에 문제제기를 하였고 마니와 학습모임을 기반으로 활동하였다. 지역기업, 행정맨, 삼림조합 등 다양한 분야의 리더와 연계하여 환경마을과 에너지 자립 등 마을의 공적(共的) 이익을 위해 헌신하고 있다. 다음은 마니와시 혁신주체의 구체적인 활동을 살펴본다.

(1) 사양산업을 바이오매스 첨단산업으로

석유 에너지가 수입되고 글로벌화로 인해 값싼 수입목재가 들어오면서 마니와시에 있는 제재소의 도산이 속출하자, 마니와시는 전기나 석유 등 외국에서 들어오는 에너지에 의존하지 않는 에너지 자립을 목표로 내세우고 있다.[17] 나카시마는 일찍이 삼림이 약 80%를 차지하는 곳은 에너지 자립이 가능하다고 판단하였다. 그는 폐기물로 여겼던 톱밥, 간벌재, 밑동부리 등 삼림자원을 활용해 사양산업이었던 목재산업을 바이오매스 최첨단 산업으로 바꾸고 있다.

2013년에 (주)메이켄공업과 마니와시, 지역의 임업·제재업 조합 등 9개 단체가 공동 출자하여 (주)마니와 바이오매스 발전소를 설립하여, 2015년 4월부터 가동을 시작하였다. 나카시마는 이 회사의 설립 프로젝트를 담당하였고, 현재 대표이사를 맡고 있다.[18] 발전소의 출력은 1만KW이고 풀 가동시에는 연간 발전량이 7만 9,200MW가 된다. 이는 일반가정 22,000세대분에 해당되며 마니와시 전체가 사용하는 전력의 반을 충당할 수 있다.[19] 그의 마을 유토피아는 바이

17) 藻谷浩介·NHK広島取材班, 『里山資本主義』, 東京: 角川書店, 2013, 38쪽.
18) 위의 책, 45쪽.
19) 山陽新聞(2015.4.10.), 「「真庭バイオマス発電所」が完成 出力1万キロワット、国

오매스 타운과 바이오매스 투어이다. 이를 위해 고부가가치 바이오매스 산업 연구를 계속 추진하며 마니와인의 도전을 계속 이어가고 있다.[20]

(2) 21세기 마니와 학습모임

마니와 학습모임은 1993년에 30-40대 지역기업인과 행정직원 등이 결성하여 2002년에 NPO법인이 되었다. 결성 초기부터 목질산업과 환경을 테마로 전문가와 관료를 초빙하여 세미나를 개최하고 인적·조직 네트워크를 형성하였다. 1997년 10월 10일에는 환경 마을만들기 심포지엄에서 '2010년 마니와인의 하루(2010年の真庭人の一日)'를 선언하였다. 이러한 비전은 2010년이 되기 전에 실현되었다.

나카시마의 주요 인적 네트워크는 양조장 대표 고(故) 쓰지 긴이치로(辻均一郎)[21]와 가쓰야마정 행정직원이었던 니에다 아키라(二枝章), 콘크리트 제품과 토목건축공사를 하고 있는 (주)란데스의 대표 오쓰키 다카유키(大月隆行) 등이다. 이들은 마니와 학습모임을 통해 함께 비전을 만들고 주민과 고향으로 돌아온 예술가, 학자, 전문가, 정부와 지방자치체 관료 등과 폭넓은 인적 네트워크로 마을만들기를 하고 있다.

內最大級」.

20) 毎日新聞(2016.1.18.), 「21世紀の真庭塾·岡山」.

21) 1949년에 태어나서 2012년에 고인이 되었다. 마니와시 가쓰야마 출생으로 게이오대학(慶應大學)을 졸업하였다. NPO법인 가쓰야마·거리위원회 대표이사, 마니와 학습모임 거리재생부회 등의 회장을 맡았다. 양조장의 6대 당주이기도 하다. 그의 마을 유토피아는 산업과 문화, 생활이 균형을 이루는 마을이다. 가쓰야마 마을만들기로 일생을 보냈다. NPO勝山·町並み委員会, 『のれん越しに笑顔がのぞく勝山』, 岡山: 吉備人出版, 2010, 102-103쪽.

조직 네트워크의 과정을 살펴보면, 상공회의소 청년부가 기반이되어 마니와 학습모임이라는 마을만들기 주체가 형성되었다. 리더들은 마니와 학습모임을 쓰레기 제로를 목표로 하는 제로에미션부회와거리재생부회로 분화시켜 조직 네트워크 즉, 주체가 확산되는 계기를 만들었다. 제로에미션부회를 기반으로 2003년에 연대 네트워크플랫폼 마니와를 조직하였다. 그 결과 2개의 지역기업, 바이오매스연구소, (주)마니와 바이오매스 발전소 등이 만들어졌다. 거리재생부회는 2005년 NPO법인 가쓰야마·거리위원회를 결성하여 2006년에가쓰야마 문화관 히시오(ひしお)를 개장하였고, 바이오매스 투어—마니와로 발전하였다. 이와 같이 마니와 학습모임은 주체의 형성, 확산, 연대를 넘어 결성 당시부터 표방한 연구와 인재양성을 현재도 실행하고 있어 주체의 계승으로 발전하고 있다.

(3) 에너지 자립이 지역의 활력으로

나카시마가 마을만들기에 나서게 된 사회적 요인은 일본의 버블경기가 무너지고 경제가 침체하면서 과거의 정부주도형 경제발전의 틀이나 가치관이 기능하지 않게 된 데에 있다. 그의 문제의식은 마을뒷산에 있는 에너지를 사용하지 않고, 왜 바다 건너온 석유를 사용하는가이다. 나카시마와 리더들은 정부의 에너지 정책에 수동적으로대응할 것이 아니라, 신석기 시대부터 물려받은 산의 나무를 이용하여 에너지 자립과 환경 마을만들기를 하자는 목표를 세웠다.

이를 실현하기 위해 2010년에 바이오매스 산업 창출을 목표로 세웠다. 지역기업의 리더들은 마니와시 내외의 연구기관, 대학, 민간기업등과 함께 바이오매스 기술에 관한 공동연구 및 개발을 추진하였다.

또한 인재육성을 위하여 바이오매스 라보, 바이오매스 리파이너리 사업추진협의회와 같은 거점시설을 세웠다.[22] 이러한 혁신주체의 활동은 마니와시가 2014년에 발표한 '마니와 바이오매스 산업도시(産業杜市)'[23] 프로젝트의 기반이 되었다.[24] 이처럼 나카시마의 내발적 성장방식은 에너지 자립, 이산화탄소 삭감, 임업·목재산업 진흥, 고용창출, 지역인재 육성, 관광 활성화 등 지역의 활력을 가져오고 있다.[25]

3) 마루가메정 상점가 리더

중핵도시 다카마쓰시의 인구는 2016년 7월 현재 약 428,800명이며, 이곳에 위치한 마루가메정 상점가는 가가와현 지방상권의 중심지이다. 상인과 토지 소유자의 대부분은 고령화되어 있다. 마루가메정 상점가가 직면한 문제는 세토오하시(瀬戸大橋) 건설로 인한 소비자의 혼슈(本州)로의 유출, 다카마쓰시 외곽에 대형 쇼핑몰의 진입, 빈 상점의 증가, 주민전출, 중앙 상점가의 통행량 격감 등이다. 1988년 상점가(주민 104명, 157점포) 상인들은 다카마쓰성이 축성된지 400주년 기념식을 계기로 앞으로 100년 이후 마루가메정 상점가가 지금처럼 존속할까라는 위기감을 공유하게 되었다. 이들은 버블경기가 한창일 때 현재 '마루가메정 상점가 진흥조합(이하: 진흥조합)' 이사장

---

22) 藻谷浩介·NHK広島取材班, 앞의 책, 2013, 43쪽.

23) 杜市란 단어의 의미는 都市와 같은 발음을 빌려와 '풍부한 자연과 지역자원을 활용한 사람과 환경에 우호적인 마을만들기'를 지향하는 마니와모델을 상징하는 신조어다. 전영수, 「과소지역의 지속가능성 탐색—지역재생으로서 마니와(真庭)모델—」, 『일본학보』 제109집, 2016, 303쪽.

24) '마니와 바이오매스 산업도시'의 4가지 프로젝트는 다음과 같다. ①마니와 바이오매스 발전 사업 ②목질 바이오매스 리파이너리 사업 ③유기폐기물 자원화 사업 ④산업관광 확대 사업. 真庭市, 「真庭バイオマス産業杜市構想」, 2016, 1–7쪽.

25) 真庭市, 앞의 보고서, 2016, 17–40쪽.

후루카와 고조(古川康造)26)를 중심으로 학습조직 등을 통해 버블경기 붕괴 이후를 대비하기 시작하였다. 현재 마루가메정 상점가는 주민 주도에 의한 상점가 재개발을 성공시켜 지방상권 성공사례로 소개되고 있다. 다음은 마루가메정 상점가 혁신주체의 구체적인 활동을 살펴본다.

(1) 토지의 공적(共的) 활용 도입

후루카와는 상점가 재개발에서 가장 어렵고 협의하기 힘든 점으로 토지 소유자인 주민들의 토지에 대한 애착이 강하다는 점을 들었다. 그는 토지문제 해결을 위해 정기차지권(定期借地權) 제도를 활용하였다. 이 제도는 재개발을 하더라도 토지 소유자가 토지를 60년간 '다카마쓰 마루가메정 마을만들기 주식회사(이하: 마을만들기 회사)'에 빌려주는 식으로 토지를 그대로 소유할 수 있어서 가장 어려웠던 토지에 대한 소유권 문제를 해결할 수 있었다. 토지의 소유권과 이용권을 분리함으로써 토지의 사적(私的) 소유권을 공적(共的) 소유권으로 바꾸는 효과를 가져왔다. 이는 이윤을 창출하지 않는 공공성을 필요로 하는 마을만들기 운영에 큰 영향을 주었다.

후루카와의 마을 유토피아는 고령자, 장애인 등 사회적 약자를 위한 복지·의료 마을만들기이다.27) 이를 실현하기 위해 그는 재개발

---

26) 1957년 가가와현 다카마쓰시 마루가메정 출생이다. 리쓰메이칸대학(立命館大学) 정경학부를 졸업하였고 오사카시에 있는 부품상사에 취직했다가 고향으로 돌아와 가업인 전기상점을 하였다. 1987년에 상공회의소 청년회의소에 가입하고 이사장을 하였다. 2007년부터 진흥조합 이사장으로 활동하고 있다. 고령화 사회에 대처하고 새로운 형태의 지방자치조직을 만들기 위해 중심시가지 재생을 하고 있다. 中小機構, 『中小機構調查研究報告書』 第5券 第3号(通号22号), 2013, 21-27쪽.

27) 재개발에 의해 생선시장, 온욕시설, 보육원, 고령자 복지시설, 고령자용 임대주

의 하드웨어적인 면과 함께 소프트웨어적인 면에서 의식주(醫食住)에 주목하고 있다. 예를 들어, 의료시설(医)은 재개발 빌딩 4-5층에 위치하고 있고, 병원 위에는 400호의 맨션이 있어 대부분 고령자인 입주자들은 병원시설에 들어갈 필요 없이 치료를 받을 수 있다.[28]

(2) 진흥조합 학습조직과 도쿄위원회

후루카와는 상점가 활성화를 위해 진흥조합 청년회에서 공부·연구회를 조직하여 주민을 대상으로 설문조사와 함께 다른 지역의 상점가 재개발 실패사례를 조사하였다. 이후 대규모 쇼핑몰의 출점을 규제하던 대점법(大店法) 규제완화가 시작된 1990년부터 진흥조합은 약 20년 동안 외부에서 도시계획, 중소상업, 유통, 금융, 법률, 정책 등의 전문가를 초빙해 도쿄위원회[29]를 개최하였다.

또한 1990년부터 A구역이 완성되는 2006년까지 16년간 약 1,000회 정도 토지 소유자 회의(주 1-2회)를 계속하였다.[30] 이러한 활동을 통해 혁신주체들은 생활의 재생, 상점가 의료체계, 주민주도 등 재개발의 목표와 비전을 함께 만들었다.

후루가와를 중심으로 전 진흥조합 이사장 고(故) 가니와 유키오(鹿庭幸男)와 진흥조합 상무 아카시 데루오(明石光生), 정기차지권 제도를

택, 방재거점 등 도시기능을 설계하여 실행하고 있다. 街元気,「高松丸亀町商店街再開発」, 2016, 1쪽.

28) HOME PRESS(2015.7.1.),「超高齢化時代の街づくりのヒント「医食住」の住まい方を探る」.

29) 도쿄에서 개최하기 때문에 '도쿄위원회'라고 부른다. 정식명칭은 '다카마쓰 마루가메정 타운 매니지먼트 위원회(TMO)'이다. TMO는 1998년 중심시가지 활성화법에 의해 시정촌(市町村)의 상업 관계자가 조직하는 기관이다.

30) 総務省,「高松市高齢化社会に対応した持続可能な新しいスタイルの都市形成をめざして」, 2008, 5쪽.

제안한 외부인재 사이고 마리코(西鄕眞理子) 등이 인적 네트워크를 형성하고 있다. 조직 네트워크의 과정을 살펴보면 상점가 조나이카이, 다카마쓰시 상공회의소 네트워크가 주체형성의 기반이 되었다. 이를 통해 진흥조합이라는 마을만들기 주체가 형성되었다. 그러나 진흥조합은 중소기업 공동사업을 할 수 있지만 부동산사업, 재개발사업의 중심 조직이 될 수 없다.[31] 진흥조합은 이러한 제도적 제약과 정기차지권 도입을 위해 1998년에 마을만들기 회사를 설립하였다. 또한 재개발 구역별로 1번가, 2번가, 3번가 주식회사를 만들었다.

다시 말하면, 진흥조합은 제도적 제약을 극복하고 주민의 당사자성이 반영될 수 있도록 스스로 변화하면서 조직을 중첩적으로 만들었다. 이는 주체가 역동적, 횡단적으로 확산되었다고는 할 수 없다. 그럼에도 리더들이 인적·조직 네트워크화를 활발히 할 수 있었던 점은 주위 농촌과의 직거래, 젊은 상인과 작은 공장 유치 등 기존의 관행을 개선해 진흥조합만의 폐쇄성에서 벗어났기 때문이다.

(3) 지역 커뮤니티와의 100% 합의

후루카와가 마을만들기에 나서게 된 사회적 요인은 고령화, 대점법의 규제완화로 인한 대형자본의 교외 진출, 버블경기로 인한 지가 상승과 하락, 이로 인한 업종편중 등이다. 그는 지방경제의 침체를 해결하기 위해서는 마을만들기가 주민주도로 이루어져야 한다는 문제의식을 갖고 있었다. 따라서 재개발의 목표를 '상점가 재생'을 넘어 마을주민이 다시 돌아와서 생활할 수 있도록 '생활의 재생' 즉, 커

---

31) 田中滋夫, 「組合事業からみたまちづくり市民事業への展望」, 『まちづくり市民事業』, 京都: 学芸出版社, 2011, 257쪽.

뮤니티 재생으로 세웠다.

후루카와는 상점가 재개발 초기부터 토지 소유자와 100% 합의를 추구하였다. 이는 재개발 과정에서 주민이 떠나면 지역 커뮤니티 붕괴로 이어진다는 신념이 있었기 때문이다. 아무리 우수한 리더가 있고 행정지원이 있더라도 지역 커뮤니티가 붕괴하면 개발은 불가능하다고 인식하였다. 그는 마을만들기 회사에 다카마쓰시의 주식 출자 비율은 5%로 낮추고, 진흥조합의 출자비율은 95%로 높였다.[32] 이는 진흥조합이 세운 비전과 주민의 당사자성, 공공성이 반영될 수 있도록 제도적 장치를 함으로써 주민주도에 의한 내발적 성장을 위한 조건을 만든 것이다. 그는 제도와 구조가 목적을 달성할 수 있게 한다는 방법론을 갖고 있었다.

4. 맺음말 : 한국에의 시사점

본고는 혁신주체의 역할 측면에서 일본의 농촌 마루야마지구, 산촌 마니와시, 중핵도시 마루가메정 상점가 등 3가지 유형의 마을만들기 사례를 살펴보았다. 그 결과, 혁신주체로서의 리더들은 마을이 사회문제를 해결하기 위한 공간이라는 명확한 문제의식을 갖고 내발적 성장 방식을 택했다는 것을 알 수 있었다. 내발적 성장 방식과 네트워크는 주민, 지역기업, 기초지자체, NPO, 협동조합 등 다양한 주체들을 형성→확산→연대→계승시켜 마을만들기 사업과 운동을 지속 가능하게 한다. 특히, 마니와시는 연구와 교육을 통해 주체의 계승

---

32) 高松丸亀町商店街振興組合, 「高松丸亀まちづくり戦略」, 2016, 53-54쪽.

까지도 성공적으로 이끌고 있었다. 마을만들기는 주체형성을 위한 사람만들기이며 네트워크 운동이다. 주체형성은 마을만들기의 성공과 실패를 좌우할 만큼 매우 중요하다.

　주체형성의 측면에서 한국에의 시사점을 제시하고자 한다. 첫째, 정부는 리더를 육성하고 발굴하여 인재은행을 만든다. 인재은행에 등록되어 있는 지역리더와 관료, 전문가가 학습조직 등을 통해 주민들이 인적·조직 네트워크를 이룰 수 있도록 지원한다. 둘째, 정부는 기초지자체의 자원배분 권리를 확대한다. 지방분권 강화를 통해 의무의 분배만이 아닌 자원분배도 해서, 지역리더와 지역기업이 내발적 성장을 이끌 수 있는 환경을 조성한다. 셋째, 정부는 인적·물적·정보 지원을 혁신해야 한다. 정부는 단기간에 끝나는 보조금만을 지원할 것이 아니라 지원방식을 혁신해야 한다. 예를 들면, 마을만들기 사업과 대학을 연결하거나 전문가를 파견한다. 또한 일본의 지역협력부활대처럼 청년들이 기초지자체 소속으로 과소마을을 돕는 인적지원 제도를 만들어 청년의 일자리 창출도 하고 지역을 활성화시킨다.[33] 넷째, 기초지자체는 지역리더의 정책제안을 적극적으로 검토한다. 지역리더가 제안하는 마을만들기 정책, 주민의 생업이나 사업, 지역자산과 관련된 부서를 기초지자체에 설치한다. 이는 기초지자체가 중앙정부의 정책에 매몰되지 않고 지역리더, 주민조직, 지역기업과 함께 마을을 경영해야 한다는 자립적인 아이디어를 가져야 가능해진다.

/ 김혜숙

---

33) 오다기리 도쿠미 저, 부혜진·정유경 옮김, 『농촌은 사라지지 않는다』, 서울: 한울, 2018, 149-158쪽.

김대중-오부치 공동선언 이후의
한일 관계(1998~2017)

1. 들어가며

한일협력의 필요성은 지리적 인접성과 정치·경제·사회·문화적 유사성을 넘어 보다 현실적인 이유에 기반한다(박철희 2008a). 냉전기 한국과 일본의 협력이 반공이데올로기에 기반한 한미일 연대를 구축하기 위한 정치·안보적 이유가 중심이었다면, 탈냉전기에 들어서는 경제·사회 분야까지 협력의 분야가 더욱 확대되었다. 그러나 한일 관계는 지난 수십 년간 과거사 문제 등으로 인한 갈등요인이 발생할 때마다 어려움을 겪어왔다. 이로 인해 한일 관계를 다루는 대부분의 연구들은 한일 관계는 협력과 갈등을 반복하는 독특한 패턴을 형성해 왔다고 전제하고 있다. 그러나 한일 양국의 사회문화적 인적 교류가 증가하고, 한국 사회에서의 일본문화와 일본 사회에서의 한국문화에 대한 접근성이 점차 용이해지는 등 양국 관계는 협력과 갈등의 반복만으로 설명하기 어려운 부분이 존재한다. 오히려 과거사 문제에 관한 양국의 감정적 거리감이 멀어지는 반면, 사회문화적 친밀감은 두터워졌다고도 볼 수 있다. 한일 간 과거사 문제가 주요 외교 현안이 되어 양국 관계가 악화될 때에도 인적 교류는 지속되었고, 한국에서의 일본문화와 일본에서의 한국문화에 대한 접근과 수요는 꾸준히 이어져 왔기 때문이다. 따라서 협력과 갈등의 반복적 패턴이 한일 관계 전반을 규정한다는 전제가 양국 관계 전 영역에서 성립한 다고 보기는 어렵다.

   이에 본 연구에서는 독특한 역사적 배경과 민족적 감정을 가진 한 일 관계에 대한 평가는 보다 세부적으로 나누어져야 함을 주장하고 자 한다. 이를 위해, 양국 간 가장 우호적인 관계를 형성했다고 평가 되는 1998년 '21세기의 새로운 한·일 파트너십 공동선언(이하, 김대 중-오부치 공동선언, 공동선언) 이후부터 현재까지 약 20년간의 한일 관계를 공동선언 당시 채택된 행동계획을 기준으로 정치적 영역과 비정치적 영역으로 나누어 살펴볼 것이다. 1998년 공동선언은 양국 이 지향해 나가고자한 미래 모습이며, 행동계획은 이를 실현시켜 나 가기 위한 구체적인 틀이자, 현재의 양국 관계를 형성하는 중요한 기 준과 지침을 마련하였기 때문이다.

2. 1998년 김대중─오부치 공동선언 : 새로운 한일 관계를 위하여

   1965년 국교정상화 이후 한일 관계는 1998년 김대중 대통령과 오 부치 총리의 "21세기의 새로운 한일파트너십 공동선언"을 기점으로 새로운 전환점을 맞이하였다. 1990년대 들어 더욱 증대된 한일협력 의 필요성에도 불구하고, 위안부 문제의 대두, 일본 보수 인사들의 반복되는 망언, 한일어업협정 파기 등으로 인해 한일 관계는 매우 경색되어 있었다. 이러한 상황에서 양국 정상이 서명한 공동선언은

1965년 국교정상화 이후 한일 관계를 총괄하고 새로운 시대의 비전을 제시한 역사적 의의를 갖는다.[1] 공동선언은 과거사에 대한 역사인식을 비롯하여 정치, 안보, 경제, 인적·문화교류, 글로벌이슈 등 5개 분야 원칙을 포함한 11개 항으로 구성되어 있다. 구체적으로, ①일본의 과거사에 대한 역사인식과 반성, 사죄의 표현, ②자유민주주의, 시장경제라는 한일 양국의 이념과 가치, ③대북정책에 대한 인식 공유 및 지지 표명, ④양자 간 협력의 발전을 아시아·태평양 지역, 국제사회 전체의 평화와 번영으로 확대 및 진전시켜 나가는 등의 내용이 포함되었다. 이 가운데서도 특히, 1965년 한일협정에서 충분히 다루지 않은 역사문제에 대한 일본의 인식과 반성, 사과를 진전된 형태로 이끌어 냄으로써 양국 관계의 새로운 길을 여는 계기를 마련하였다. 이는, 공동선언 이전에 발표된 고노담화(1993.8)에서의 위안부 문제에 대한 일본군 및 정부의 직·간접적 관여 인정과 무라야마담화(1995.8)에서의 아시아 각국에 대한 일본의 식민지배 및 침략 사죄의 연상선상에서 사죄의 대상과 주체, 표현 등을 보다 명확히 하는 등(최희식 2017, 135-136) 일본의 반성과 사죄 표명 등이 축적되고, 한일역사화해와 과거사 문제 해결을 위한 논의가 집대성되어 나타난 것이라 볼 수 있다. 이와 같은 일본 총리의 명확한 사죄 표명과 한국 대통령의 진지한 수용 및 상대국이 이룩한 발전과 성과에 대한 상호간 긍정적인 평가는 한일 양국이 역사화해의 길로 함께 나아가는 진전된 모습을 보여주었다.

이와 더불어 공동선언과 함께 채택된 "21세기의 새로운 한일파트너십을 위한 행동계획(이하, 행동계획)"에는 '양국 간 대화채널의 확

---

1) 공동선언에 대한 보다 상세한 평가에 대해서는 양기호(2017), 니시노 준야(2017) 참조.

충’, ‘국제사회에서의 평화와 안전을 위한 협력’, ‘경제 분야에서의 협력관계 강화’, ‘범세계적 문제에 관한 협력강화’, ‘국민교류 및 문화교류 증진’ 등 5개 분야의 43개 항목의 구체적인 협력사업이 제시되었다. 구체적으로, ‘양국 간 대화채널의 확충’에는 △정상간 교류의 긴밀 정례화, △외무장관 및 여타 각료 간 교류의 긴밀화, △각료간담회, △의원교류(의원연맹활동 포함), △초임 외교관의 상호파견, ‘국제사회의 평화와 안전을 위한 협력’에는 △국제연합에서의 협력, △군축 및 비확산 문제에 있어서의 협력, △한·일 안보정책협의회, △한·일 방위교류, △다자간 지역안전보장 대화에 있어서의 협력, △남북관계 개선 및 한반도의 평화와 안정 유지를 위한 협력, △대북정책에 관한 한·일 정책협의의 강화, △북한 핵무기 개발 억지를 위한 협력, △아시아 유럽 정상회의(ASEM)에 있어서의 협력, ‘경제 분야에서의 협력관계 강화’에는 △자유롭고 번영된 세계 경제의 실현을 위한 협력, △양국 간 경제 분야에서의 협력관계 강화, △대한국 경제지원, △한·일 투자교류, △한·일 어업협정, △한·일 이중과세방지협약, △무역확대 및 산업기술 분야에서의 협력, △산업교류 추진, △과학기술 분야에서의 협력, △정보통신 분야에서의 협력, △컴퓨터 2000년 문제에 관한 협력, △지적소유권분야에서의 협력, △전자상거래분야에서의 협력, △농업분야에서의 협력, △노사정 교류의 활성화, △사회보장분야에서의 협력, △자연 재해 및 인적 재해 경감을 위한 협력, △양국 경제인 교류의 확대, ‘범세계적 문제에 관한 협력 강화’에는 △환경 분야에서의 협력, △원조 분야에서의 협조, △원자력의 평화적 이용 증진을 위한 협력, △범죄인 인도조약 체결 교섭의 개시, △국제조직범죄 대책에서의 협력 강화, ‘국민교류 및 문화교류의 증진’에는 △2002년 월드컵과 이를 계기로 한 국민교류 사업, △한·일 국민교류의 촉진, △청소년교류 확대, △학술교류, △지역 간 교류, △문화교류의 내실화 등이 제시되었다.

이상의 행동계획은 정치, 경제, 사회, 문화 등의 각 영역에서 한일 간의 전방위적 협력을 강화해 나가겠다는 의미로 해석할 수 있다. 즉, 협력의제의 구체화를 통해 다방면의 중층적이고, 복합적인 한일 관계의 진전을 표방하고, 한일협력의 틀과 토대를 마련하려 한 것이다(최은미 2018, 12). 이처럼 행동계획은 사회 전 영역을 총망라하고 있는데, 주요 실천사항을 다시 분류해 보면, 정치적 영역(정치·외교·안보)과 비정치적영역(경제·사회·문화)로 재범주화 할 수 있다. 정치적 영역에는 "양국 간 대화채널의 확충"과 "국제사회에서의 평화와 안전을 위한 협력", "범세계적 문제에 관한 협력 강화"이 해당되며, 비정치적 영역에는 "경제 분야에서의 협력관계 강화", "범세계적 문제에 관한 협력 강화", "국민교류 및 문화교류의 증진"이 포함된다. 다음 3장에서는 이러한 분류에 기반하여 지난 20년간 양국이 노력해온 한일협력의 모습이 실질적으로 어떠한 양상으로 전개되어 변화해 왔으며, 그 과정에서 나타난 특징은 무엇인지 알아보고자 한다.

3. 한일 관계 20년의 변화(1998~2017) : 정치적 영역의 퇴보와 비정치정 영역의 발전[2]

1) 정치·외교: 양국 간 대화채널의 확충

양국 간 대화채널의 확충을 위해 구체적으로 정상간 교류의 정례

---

2) 본 장은 최은미(2018)의 일부를 수정·보완하였음.

화(연 1회 이상), 외무장관 및 여타 각료 간 교류의 긴밀화, 각료간담
회, 의원교류(의원연맹활동 포함), 초임 외교관의 상호파견(연수 교류)
이 주요사업으로 제시되었다. 양국 대화채널의 가장 대표적인 정상
간 교류에 대해 알아보면, 한일 양국의 정상회담은 1998년부터 꾸준
히 이어져 왔으나, 시기별로 차이가 나타나는 것을 알 수 있다. 구체
적으로, 각 정권별 정상회담 개최는 김대중 정부에서는 총 15회, 노
무현 정부에서는 총 11회, 이명박 정부에서는 총 23회, 박근혜 정부
에서는 총 5회 등으로 나타났다. 이 중 다자회의 계기가 아닌 양국
간의 정상회담 개최현황(국빈, 공식, 실무방문)을 살펴보면 그 차이는
더욱 뚜렷하다. 각 정권별 6회, 5회, 6회, 0회 개최되었는데, 이를
통해 김대중, 노무현, 이명박 대통령 시기에 정상간 소통에 기반한
대일외교가 활발히 이루어졌으나, 박근혜 정부에 들어서 그러한 노
력이 현저히 저하되었음을 알 수 있다. 양국 정상간 상호방문 또한
각 정권별 10회, 7회, 14회, 1회로 그 차이가 뚜렷하다.3) 연간 1~2
회 이상 이루어지던 정상회담은 2007년, 2010년에는 이루어지지 않
았고, 2012년부터 2019년 3월 현재까지 본격화4)되지 않고 있다. 물
론 과거에 비해 국제사회에서 다자회의가 증가하였고, 다자회의 계

---

3) 3자회담 등을 제외한 한일 양자 간 외교장관회담은 김대중 정부에서는 31회(1998
　년 8회, 1999년 5회, 2000년 6회, 2001년 2회, 2002년 10회), 노무현 정부에서는
　36회(2003년 6회, 2004년 9회, 2005년 8회, 2006년 6회, 2007년 7회), 이명박
　정부에서는 28회(2008년 4회, 2009년 7회, 2010년 8회, 2011년 7회, 2012년 2회),
　박근혜 정부에서는 12회(2013년 2회, 2014년 2회, 2015년 6회, 2016년 1회, 2017년
　1회) 개최되었다. - 〈외교백서〉 각 년도 참조.
4) 2011년 한국 대통령의 방일 이후 사실상 멈춰 있던 한일 정상간 셔틀외교는 2017
　년 문재인 대통령 취임 이후, 복원에 합의하였고(2017년 7월 7일 G20 정상회의
　계기 개최된 첫 양자회담), 이후 동방경제포럼(2017.9), 평창올림픽(2018.2), 한일
　중정상회담(2018.5), 유엔총회(2018.9) 계기 한일정상회담이 이루어졌으나, 아직
　까지 공식적인 상호방문은 이루어지고 있지 않음.

기 양자 정상회담이 이루어지기도 하며, 정상회담이 개최가 곧 양국 관계가 좋다는 의미로 해석하기에는 추가적으로 고려해야 할 사항들이 많지만, 양국방문에 의한 정상회담이 갖는 상징성과 정상간 소통을 통해 대화와 신뢰를 구축해 나간다는 점에서 그 중요성과 의미는 결코 작지 않다.

한편, 한일·일한의원연맹활동이 포함된 의원교류와 초임외교관 상호파견 또한 긍정적인 발전을 이루었다고 보기 어렵다. 의원연맹은 한일 양국 정치인들의 세대교체, 정부의 대일강경책에 따른 지원 및 지지 약화, 여론 악화 등으로 인해 과거 양국 간 현안문제 해결과 의제 창출자로서의 역할이 상당부분 축소되었고,[5] 초임외교관 상호파견의 경우, 김대중-오부치 공동선언 이후 1999년부터 2001년까지 한시적으로 실시된 뒤 중단되었다가 2012년에서야 재개[6]되었다. 요약하면, 정치·외교적 측면에서 한일 간 대화채널은 확충되었다고 보기 어렵고, 오히려 1998년 이후, 시기에 따라 혹은 각 정권별 대일외교 기조 및 정책에 따라 확장과 축소의 변곡이 나타났다고 볼 수 있다.

2) 안보: 국제사회의 평화와 안전을 위한 협력, 범세계적 문제에 관한 협력

안보분야에서의 한일협력은 '국제사회의 평화와 안전을 위한 협력', '범세계적 문제에 협력강화'로 나타나고, 한반도 및 국제사회에서의 평화증진을 위한 북한문제 해결과 초국경적 위협에 대한 양자

---

5) 한일의원연맹활동에 대해서는 이원덕 외(2013) 참조.

6) 2015년 3월 21일, 한일중 3국 외교장관회의 계기 한일외교장관회담에서 2015년 도부터 확대 실시하는데 합의였으나, 2002년부터 2011년간 중단되었다는 점에서 꾸준히 발전해 왔다고 평가하기 어렵다.

및 다자간 협력을 목표로 한다. 안보분야에서의 협력 이행여부는 북한문제 해결에 대한 양국의 대북정책과 국경을 넘는 범세계적 문제에 대한 양국의 협력여부를 통해 알 수 있다. 먼저 대북정책에 있어 한일 양국은 북한의 개혁개방을 지향하고, 대화를 통한 해결이 중요하다는 인식을 공유하였다. 이러한 공동의 인식하에 한일안보정책협의회(1998), 한일공동해난구조 훈련(1999), 대북정책조정그룹(TCOG) 회의를 통한 대북화해 및 협력정책 등이 일관성 있게 추진되었다. 그리고 이와 같은 김대중 정부의 대북정책은 2000년 6월 남북정상회담, 2002년 북일평양공동선언 등으로 이어졌다. 그러나 노무현 정부에 들어서 동북아균형자론으로 인한 마찰과 한일 역사갈등으로 인해 한일 안보협력은 큰 진전을 이루지는 못하였다. 더욱이 제2차 남북정상회담에도 불구하고 북한핵실험, 미사일발사, 납치자문제 등이 불거지면서 대북정책을 둘러싼 한국과 미일간의 갈등이 커져갔다. 그러나 이명박 정부에 들어서 한미일 안보협력이 복원되었고, 한일 정상은 대북제재 추진과 한일 국방교류 확대에 합의하였다. 이명박 정부 초기에 한일 간에 추진된 국방교류의향서 합의, 대량살상무기확산방지구상(PSI) 훈련에의 공동 참가, 군사정보보호협정(GSOMIA) 및 상호군수지원협정(ACSA) 체결 등의 시도는 우방국가 상호간에 추진할 수 있는 중간 수준의 안보협력을 제도화하는 성격이었다. 또한 한미일 3국간의 외교안보담당 장관 및 차관급 회의가 수시로 개최되었다(박영준 2015, 160-161). 이와 더불어 북한핵실험(2009.5), 천안함 침몰사건(2010.3), 연평도 포격사건(2010.11) 등으로 남북관계가 크게 악화됨에 따라 한미일 안보협력이 강화되었다(양기호 2017. 162). 그러나 2012년 체결 예정이었던 한일정보보호협정 및 상호군수지원협정에 대한 국내 시민단체들의 반발이 거세지고, 역사문제 발발 등으로 인한 양국 관계 악화로 인해 한일안보협력은 차질을 빚기 시작하였다. 더욱이 한일 양국 정권이 교체되며, 일본에서는 아베 내각을 중심으로 역사수정주의 입장 강화와 한국에서는 박근혜 정부에서 일본의 태도에 대한 원칙론적 대응과 과거사 문제 해결을 전제로 한 대일외교정책을 중시하면서 양국의 안보협력은 큰 진전을 이루기 어려웠고, 오히려 축소되는 양상을 보였다.

한편, '범세계적 문제에 관한 협력강화'에 있어 한일 양국은 ARF, ASEAN+3, EAS, APEC 등에서 지구적 차원의 협력을 추진해왔다. 구체적으로, 대량살상무기 폐기, 테러 대책, 해적 퇴치, 질병 보건, 자연재해, 개발협력과 원조 등에서 상호협력을 모색해 왔다. 일례로, 2010년 한중일 정상회담에서 '비전 2020' 채택을 통한 글로벌 거버넌스의 가능성 모색 및 동북아 FTA 체결과 경제통합 추구, 기후변화와 환경보호 협력 확대, 인적 교류 증진, 마약퇴치 등 지속적으로 협력 해 나갈 것에 합의하였다(양기호 2017, 166-168). 이처럼 범세계적 문제는 비전통안보협력의 형태로 한일 양자협력을 넘어서 다자협력의 형태로 느리지만, 꾸준히 이루어져 왔다.

이상을 요약하면, 정치적 영역에서의 협력은 정치·외교 분야의 정상급·고위급 차원의 대화채널을 확충하고, 유지한다는 측면에서 볼 때 큰 진전을 이루지 못하였다. 오히려 양적·질적 교류가 줄어들고, 퇴보되었다고 해도 과언이 아니다. 한편, 안보분야는 양국이 공통으로 직면한 범세계적 문제에 대해서는 느리지만, 꾸준히 협력을 이루어 가고자 한 반면, 북핵위협 등 눈앞에 당면한 위협에 대해서는 국제정세 변화와 대북정책 및 대일·대한국정책 기조 변화에 따라 불안정한 결속력의 양상을 보였다.

3) 경제: 경제 분야에서의 협력 공감대 형성

한국에게 있어 일본과의 경제협력은 1997년 IMF 외환위기 극복을 위한 필수적인 과제였다. 경제 분야에서의 협력을 위한 구체적인 행동계획으로는 자유롭고 번영된 세계 경제의 실현을 위한 협력, 대한국 경제지원, 한·일 투자교류, 한·일 어업협정, 한·일 이중과세방지협약, 무역확대 및 산업기술 분야에서의 협력과 산업교류 추진, 과학기술 분야·정보통신 분야·컴퓨터 2000년 문제·지적소유권분야· 전자상거래분야·농업분야·사회보장분야에서의 협력, 노사정교류의 활성화, 자연 재해 및 인적 재해 경감을 위한 협력, 양국 경제인 교류의 확대 등이 제시되었다.

공동선언 이후, 한일 양국은 한일투자협정체결(2002), 한일FTA 교섭 및 논의, 한일 경제파트너십 형성 등을 위해 노력하였고, 괄목할만한 성과를 이루었다. 특히, 이명박 정부에 들어서는 경제협력 중심의 실용외교를 전개하여 경제각료회의, 기업인교류를 활성화하고, 무역·투자 등 협력방안에 대해 광범위하게 논의하였다. 비록 한국의 대일무역의존도 저하와 한일 기업 간 경쟁 격화 등으로 인해 협력이 정체되었다는 주장도 있으나, 한일 양국은 상호에게 여전히 높은 무역순위와 비중을 차지하고 있는 중요한 교역 상대국이고, 상호협력의 중요성에 대한 공감대를 형성하고 있다.

4) 사회·문화: 국민교류 및 문화교류의 증진

사회·문화 분야에서의 협력을 위한 구체적인 행동계획으로는 2002년 월드컵과 이를 계기로 한 국민교류 사업, 한일 국민교류의 촉진, 청소년 교류 확대, 학술교류, 지역 간 교류, 문화교류의 내실

〈그림〉 한일 양국 상호 관광객 수, 100엔대 원화 환율(1998~2017)

(단위: 명, 원)

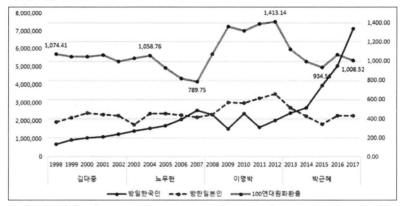

출처 : 한국관광공사(www.visitkorea.or.kr), 일본정부관광국(www.jnto.go.jp), 한국은행경제통계시스템(http://ecos.bok.or.kr/) 자료 재구성

화 등이 제시되었다. 이상의 행동계획은 양국 간 인적 교류를 확대하겠다는 것으로 지난 20년간 괄목할만한 성과를 보였다. 2017년 한일 양국의 상호 인적 교류는 약 945만 명에 이르렀으며, 2018년에는 1,000만 명을 돌파하였다. 위 그림에서 보는 바와 같이, 그러나 양국 간 상호방문객 수의 격차가 매우 크고, 지나친 편중현상이 나타나고 있다. 2017년도를 기준(양국 인적 교류 약 945만 명 중, 방한 일본인 약 231만 명, 방일 한국인 약 714만 명)으로, 방일 한국인의 수가 방한 일본인의 수의 약 3.2배에 달하지만, 일본의 전체 인구가 한국의 전체인구의 약 2.5배7)에 달하는 점을 고려할 때, 양국 방문객의 실질적 격차는 약 8배에 달한다고 볼 수 있다. 주목할 만한 점은 인적 교류 1,000만 시대에 양국 간 이와 같은 편중현상이 나타나고 있는 이유

---

7) 2017년도 기준. 일본 127,484,450명, 한국 50,982,212명, -IMF 통계자료.

와 한일 양국의 갈등사안이 대두되었을 때의 방문객 수의 변화이다.

먼저 생각해 볼 수 있는 원인은 환율이다. 실제로 환율의 증감은 〈그림 1〉에 나타난 바와 같이 방한 일본인 수의 증감과 매우 유사한 패턴을 보이는 것을 알 수 있다. 또 다른 원인으로 한일 관계가 양국 관광객 변화에 미치는 영향을 살펴보면, 한일 관계가 매우 좋지 않았다고 평가되는 2005년 노무현 대통령의 대일신독트린 발표, 2012년 이명박 대통령의 독도 방문, 2015년 위안부합의 이후에도 오히려 증가하는 양상을 보였다. 이는 곧 한일 양국의 갈등요인이 한국인의 일본 방문에 영향을 미치는 주요변수로 작용하지는 않는다는 것을 의미한다.[8] 한편, 일본인의 경우, 한국을 방문하는 전체 외국인 수가 증가함에도 불구하고, 한국을 방문하는 수가 전반적으로 감소하는 양상을 보이는데, 그 원인으로는 전체 출국자의 수의 감소 및 환율의 영향 외에도 양국 간 갈등사안이 미치는 영향이 한국인의 일본 방문보다 크게 나타나는 것으로 추측해 볼 수 있다.

이와 같은 양국간 방문객 수의 실질적 차이에도 불구하고, 인적 교류는 5개 분야 가운데 가장 큰 성과를 보였다고 평가할 수 있다. 특히, 2002년 한일월드컵 공동개최 이후 한일 양국은 시민교류, 문화교류, 지자체 간 교류 등을 통해 활발한 교류를 증진시켰다. 또한, 대중문화 개방[9]으로 한국에서의 일본문화, 일본에서의 한국문화는

---

8) 한국의 일본 방문객 수의 증가는 양국 간 갈등사안으로 인한 대일감정 악화와는 큰 차이를 찾기 어려웠다. 오히려 엔저현상으로 인한 여행부담 감소, 한일 간 저비용 항공사(LCC) 및 취항노선증대(2014년 10월 661개 노선 중, LCC 134편(20.3%)에서 2018년 5월 전체 1,130편 중 703편 (62.2%)로 증가) 등이 관광객 수에 큰 영향을 미쳤다고 볼 수 있다. - 방한 일본시장 및 일본인의 여행수요 변화의 원인에 대한 보다 자세한 설명은 조아라 외(2015) 참조.

9) 일본 대중문화 개방은 총 4차에 걸쳐 시행되었고, 1차(1998.10) 일본어판 만화, 한일 공동제작 영화와 4대 국제영화제 수상작, 2차(1999.9월) 영화, 비디오의 개방

이제 일시적 붐을 넘어 양국 문화의 한 부분을 차지하게 되었다.

이상을 정리하면, 비정치적 영역 중, 주로 경제·사회·문화 영역에서의 협력은 전반적으로 발전된 형태로 이루어져 왔음을 알 수 있다. 경제 분야에서의 협력은 지나치게 편중되어 있던 한국의 대일무역의존도를 정상적인 수준으로 변화시켰고, 양국은 경제협력을 위한 구체적인 논의를 진전시켰다. 비록 한일 FTA 등 아직 결실을 맺지 못한 채 정체된 사안도 있지만, 협력의 틀 안에서 공감대를 형성하였고, 꾸준히 검토되고 있다. 이와 같은 비정치 영역에서의 교류와 협력은 양국 사회의 저변으로 확대되어 양국 관계를 지탱하는 흔들리지 않는 기반을 형성하는 데 기여하였다고 볼 수 있다.

4. 한일 관계의 변화 : 정치적 영역과 비정치적 영역의 불균형성

이러한 현상들을 종합해 볼 때, 한일 관계에 영향을 미치는 과거사 문제 등 갈등요인과 양국 간 경제·사회·문화·심리·인적 교류와의 연관성은 높지 않다고 할 수 있다. 최장집(2008)은 한일 양국 간 나타나는 이와 같은 현상에 대해 한 관계의 증진이 다른 영역에 긍정적으로 작용하지 않음으로써 비대칭성, 비상응성의 특징을 갖는다고 주장하였다. 즉, 경제관계의 밀접함이 사회심리적 거리감을 줄이거나, 인적·문화적 교류의 확대를 가져온 것도 아니며, 마치 각 수준

범위 확대, 2,000석 이하 규모의 실내공연장에서 일본 가수의 콘서트 허용, 3차 (2000.6) 연극, 영화, 일본 가수의 콘서트 전면 개방, 음악CD, 게임소프트웨어, TV 프로그램 제한적 개방되었으며, 2001년 제4차 개방 예정이었으나, 양국 간 외교적 마찰로 인해 2004년에 이루어졌다.

은 어떠한 차단막에 가로막혀 독자적인 관계 구조를 갖고 있는 것처럼 보인다는 것이다(최장집 2008, 23-24). 실제로 비정치적 영역에서의 한일교류의 각 수치들은 한일 양국 간 갈등요인이 중요한 변수로 작용한다고 보기 어려운 결과를 나타내었다. 바로 여기에 한일 양국 상호인식과 교류, 협력의 불일치, 불균형성이 나타난다. 박철희(2008b) 또한 탈냉전기 한일 관계의 전개는 일반대중의 수준에서 인적 교류의 확대 등 긍정적 요소가 확산되고, 화해와 교류 협력의 기운이 성장하는 것과 달리, 정치적 수준에서는 다른 양상이 나타나는 이중적인 모습이 보여진다고 지적한 바 있다.

요약하면, 지난 20년간 한일 양국 간 비정치적 영역에서의 교류와 협력은 진전된 형태로 발전되어 온 반면, 정치적 영역에서의 협력은 이에 상응하지 못하는 형태로 전개되어 왔고, 일면에서는 퇴보되었다고 해도 과언이 아니다. 이로 인해 위안부 문제, 독도 문제, 역사교과서 문제 등으로 대표되는 과거사 문제가 외교현안으로 등장할 때, 양국의 정치적(외교·안보영역) 관계는 매우 불안정한 양상을 보였다. 이와 같은 현상의 원인은 1965년 국교정상화 과정에서 충분히 다뤄지지 못한 양국의 역사적 상흔이 한일 관계 저변에 깔려있는 상황에서 문제의 해결과 갈등의 극복에 접근하지 않은 채, 우회적인 양상의 협력형태를 지향해 왔던 데에 있다. 실제로 본 연구에서 분석의 틀로 삼은 한일 양국이 합의한 43개의 행동계획은 한일 간 내재해 있는 문제 해결에 대한 접근이라고 보기 어렵다. 오히려 양국 간 민감한 문제들에 대한 해결 혹은 극복이 아닌, 거부감이 적고, 협력하기 쉬운 분야에 집중한 것이라 볼 수 있다.

결국 흔히 통설로 여겨지는 한일 관계 불안정성은 보다 정확히는 정치적 영역에서의 갈등의 부침(浮沈)을 의미한다. 그리고 이러한 양상의 심화는 지난 20년간 성과를 이루어내지 못한 양국 간 외교 대화채널의 확충과 안보영역의 협력약화, 갈등관리를 위한 메커니즘 구축 실패와 무관하지 않다. 그리고 그 결과, 침잠(沈潛)되어 있던 한일 간의 갈등사안은 봉합이 해제된 채, 양국 관계를 지배하는 프레임으로 작용하는 경향이 강해졌다고 볼 수 있다.

5. 나오며

한일 양국 관계는 '멀고도 가까운 이웃나라'라는 모순적 표현에서 나타나듯, 한단어로 규정하기 어렵다. 지리적으로 인접해 있고, 동아시아 유교권 내의 문화적 공통점, 심리적 유대감을 가지고 있음에도 불구하고, 과거 식민지배의 경험으로 인한 반목과 갈등, 대립의 역사가 화해와 청산의 과정을 거치지 못한 채 지속되고 있기 때문이다. 이에 본 연구에서는 한일 관계를 새로운 발전의 궤도에 올린 것으로 여겨지는 1998년 김대중-오부치 공동선언 이후부터 현재까지 약 20년간(1998~2017)의 한일 관계를 공동선언에서 채택된 행동계획을 중심으로 정치적 측면과 비정치적 측면으로 나누어 실질적인 변화 양상을 살펴보고, 그 성격을 규명하고자 하였다.

연구 결과, 정치적 영역에서의 협력은 정치·외교 분야의 정상급·고위급 차원의 대화채널을 확충하고, 유지하고자 했던 계획은 진전을 이루지 못하였음을 알 수 있었다. 정상 간의 신뢰구축과 소통은 줄어들었고, 정례화의 약속은 지켜지지 않았다. 안보분야는 양국이 공통으로 직면한 범세계적 문제에 대해서는 느리지만, 꾸준히 협력을 이루어 가고자 한 반면, 북핵위협 등 눈앞에 당면한 위협에 대해서는 협력은 미중경쟁과 북핵위협 증대 등 국제정세 변화와 대북정책 및 대일·대한국정책 기조 변화에 따라 오히려 후퇴하는 양상을 보였다. 반면, 비정치적 영역, 즉, 경제·사회·문화 영역에서의 협력은 상대적으로 발전되는 양상을 보였음을 알 수 있었다. 경제 분야에서의 협력은 지나치게 편중되어 있던 무역의존도를 정상적인 수준으로 변화시켰고, 양국은 경제협력을 위한 구체적인 논의의 진전과 협력의 공감대를 형성하였다. 또한, 사회·문화 분야에서의 교류와 협력은 이미 사회 저변으로 확대되어 하나의 문화로 자리 잡았다.

이상에서 알 수 있듯이, 한일 관계는 지난 20년간 정치적 영역과 비정치적 영역이 다르게 변화해 왔고, 비대칭적·비상응적 불균형의 관계를 형성해 왔다. 또한, 양국 간의 갈등사안은 비정치적 영역에서의 교류보다 정치적 영역에서의 교류에 큰 영향을 미쳤다. 그러나 한일 양국은 갈등을 지속적으로 관리할 수 있는 관계를 형성하지 못하였다. 주지하듯이, 한일 양국의 갈등과 대립요소에도 불구하고, 양국은 상호간 협력이 불가피하다. 그럼에도 불구하고 양국간 협력은 과거사 문제가 발발할 때마다 가로막히며 발전된 형태의 관계를 형성하지 못하였다. 이는 곧 지난 20년간 양국 관계가 국민교류와 문화교류 중심으로 이루어졌으며, 협력을 저해하는 갈등요소를 관리할 수 있는 메커니즘을 마련해 놓지 못하였음을 의미한다. 결국 1965년 국교정상화 과정에서 봉합되었던 양국 간의 역사문제가 1998년 공동선언의 과정에서 또 다시 충분히 다루어지지 못한 채 남게 된 것이다. 그리고 이러한 결과가 한일 양국 관계의 분야별 발전 정도의 비대칭성을 가져왔다고 볼 수 있다.

본 연구에서는 한일 관계를 평가할 때, 영역별로 나누어 보다 세분화해서 살펴보아야 함을 주장하고자 하였다. 그리고 구체적으로 갈등의 부침(浮沈)이 두드러지는 정치적 영역과 상대적으로 영향을 덜 받는 비정치적 영역으로 나누어 살펴보아야 함을 주장한다. 이러한 주장을 뒷받침하기 위해 정치·경제·사회·문화 등 각 영역에서의 변화를 살펴보고자 하였음에도 불구하고, 본 연구가 한일 관계 관련 연구에 중요한 전환점이 되거나, 큰 통찰력을 주는 연구라 하기에는 미진한 부분이 많다. 더욱이 한국 정부의 변화에 따른 구분을 적용함에 따라 일본 정부의 변화까지 함께 고려하지 못한 부분에서 오는 한계를 인정하지 않을 수 없다. 그러나 복잡하고, 독특한 한일 관계를 규명함에 있어 지난 한일 관계 역사상 가장 우호적이었다고 평가되는 1998년 김대중-오부치 공동선언 이후 20년을 되돌아보고 한일 관계의 변화양상을 시기별·분야별로 조망 및 분석하며, 한일 관계를 바라볼 때, 사회 전 영역을 통틀어 하나로 규정할 것이 아닌 보다 세부적으로 나누어 접근해야 한다는 점을 확인하고 있다는 점에서 의의를 찾을 수 있을 것이다.

/ 최은미

참고문헌

❙한일 간 리스크 관리의 정치 / 김영근

[한국어 문헌 및 주요 참고 자료]

김영근, 「재난과 안전혁명 이론: '휴마트파워' 기반의 위기관리 거버넌스 모델과 일
　　　본의 교훈」, 『일본연구』 제30집, 글로벌일본연구원, 2018, 311-333쪽.
_____, 「재해 리질리언스-포스트 위험사회의 안전지수」, 『일본연구』 제29집, 고려
　　　대학교 글로벌일본연구원, 2018, 333-356쪽.
_____, 「휴마트 공공외교와 한일안전공동체 구상」, 『한일협력』 2018년 가을호,
　　　2018, 82-90쪽.
_____, 「아시아·태평양지역의 중층적 경제협력 구도와 일본의 경제적 리스크 관리」,
　　　『한일경상』 제74권, 한일경상학회, 2017, 163-194쪽.
_____, 「한국의 재해문화와 안전교육에 관한 대학의 역할 : 일본 3·11 후쿠시마의
　　　교훈」, 『일본연구』, 글로벌일본연구원, 2016.
_____, 「아시아적 재난과 안전공동체를 생각한다」, 『청년, 아시아를 상상하다』, 글
　　　로벌콘텐츠, 2016.
_____, 「日本の震災復興と国際協力: トランス・ナショナリズムと現場力(일본의 재
　　　해부흥학과 국제협력: 트랜스내셔널리즘과 현장력)」, 『아태연구』, 국제지역
　　　연구원, 2016.
_____, 「한일 간 위기관리의 정치경제학」, 『일본학보』 제100집, 2015, 159-179쪽.
_____, 「한일 외교의 현황과 관계개선을 위한 과제」, 『한일협력』 2014년 여름호,
　　　2014, 38-47쪽.
_____, 「전후(戰後)의 재해 거버넌스에 관한 한일 비교 분석」, 『한일군사문화연구』
　　　제17집, 한일군사문화학회, 2014, 33-60쪽.
_____, 「일본의 진재학과 재해부흥의 역(逆)이미지: 한국형 위기관리 모델의 시론」,
　　　『한림일본학』 제24집, 한림대학교 일본학연구소, 2014, 141-66쪽.
_____, 「아베노믹스의 정치경제학 : 미일 통상교섭과 일본의 구조개혁을 중심으로」,
　　　『일본학보』 제98집, 2014.
_____, 「북한 개발 모델의 성공조건에 관한 시론 : 개성공단의 장애요인 및 활성화

방안을 중심으로」, 『평화학연구』 제10권 4호, 세계평화통일학회, 2009, 75-104쪽.

김영근·야마 요시유키·가와무라 가즈노리·전성곤 저, 『재해 리질리언스: 사전부흥으로 안전학을 과학하자』, 한국학술정보, 2018.

김영근·조명철 엮음, 『일본의 전쟁과 평화』, 인터북스, 2014.

김영근·편용우 옮김, 『재난에서 살아남기 : 엄마와 아이가 함께 보는 안전 매뉴얼 만화 2』, 이상, 2016.

김진영, 「김대중 정부의 대북정책 : 정경분리 원칙과 상호주의 원칙을 중심으로」, 『영남국제정치학회보』 제1집, 1998, 7-14쪽.

동북아역사재단 엮음, 『갈등을 넘어 화해로-동북아역사재단 6년의 활동과 지향』, 동북아역사재단, 2012.

박철희, 「일본의 대외정책 결정패턴의 변화 : 반응형 국가 모델에 대한 비판적 고찰(제6장)」, 『일본 대외정책의 분석』, 한울, 2006.

야마모토 저, 김영근 옮김, 『국제적 상호의존』, 논형, 2014.

천자현, 『화해의 국제정치 : 국가간 화해의 유형과 가해국 정책결정 요인 연구』, 연세대학교 정치학과 대학원 박사학위 논문, 2012.

한국오코노기연구회 엮음, 『新한일관계론 : 과거에서 미래로』, 오름, 2005.

한상일·김영작 외, 『일본형 시스템 : 위기와 변화』, 일조각, 2013.

현대일본학회 엮음, 『21세기 한일관계와 동북아시아의 새로운 비전』, 한울, 2007.

[일본어 문헌 및 주요 참고 자료]

松尾秀哉·臼井陽一郎編, 『紛争と和解の政治学』, ナカニシヤ出版, 2013.

朝日新聞(Asahi-Shimbun).

日本経済新聞(Nihonkeizai-Shimbun).

[영어 문헌 및 주요 참고 자료]

Calder, Kent, "Japanese Foreign Economic Policy Formation: Explaining the Reactive State", *World Politics*, Vol.40, No.4, 1988, pp.517-541.

Kim, Young-Geun, "Reciprocity in South Korean Security Policy vis-à-vis North Korea and the United States", *Asian Perspective*, Vol.37 No.2, 2013, pp.183-208.

Lee, Dong-Sun and Sung-Eun Kim, "Ties That Bind? Assessing the Impact of Economic Interdependence on East Asian Alliances", *Pacific focus : Inha Journal of International Studies*, Vol.26, No.2, 2011, pp.206-235.

Keohane, Robert, "Reciprocity in International Relations", *International Organization*, Vol.40, No.1, 1986, pp.1-27.

▮ 명칭의 국제정치 / 김숭배

국민대학교 일본학연구소·동북아역사재단 편, 『한일회담 일본외교문서 12』, 선인, 2010.

김명섭, 「전쟁명명의 정치학: "아시아·태평양전쟁"과 "6·25전쟁"」, 『한국정치외교사논총』 제30집 2호, 한국정치외교사학회, 2009, 71-98쪽.

김명섭·김숭배, 「20세기 '전후보상' 개념의 형성과 변용: 한국과 일본 간의 보상문제를 중심으로」, 『한국과 국제정치』 제25권 3호, 경남대학교 극동문제연구소, 2009, 33-63쪽.

김숭배, 「존 포스터 덜레스(John Foster Dulles)의 신념과 한·일관계의 양가성」, 『국제정치논총』 제57집 2호, 한국국제정치학회, 2017, 207-242쪽.

나가사와 유코, 「일본 패전 후의 한반도 잔여주권(殘余主権)과 한일 '분리': 신탁통치안 및 대일강화조약의 '한국포기' 조항을 중심으로(1945~1952)」, 『아세아연구』 제55권 4호, 고려대학교 아세아문제연구소, 2012, 55-85쪽.

申圭植 著, 閔丙河 譯, 『韓國魂』, 博英社, 1974.

여운홍, 『夢陽 呂運亨』, 靑廈閣, 1967.

유진오, 『憲法解義』, 一潮閣, 1949.

이영록, 『우리 헌법의 탄생: 헌법으로 본 대한민국 건국사』, 서해문집, 2006.

Hara, Kimie, *Cold War Frontiers in the Asia-Pacific: Divided Territories in the San Francisco System*, Routledge, 2007.

Holsti, K. J., *Peace and War: Armed Conflicts and International Order, 1648~1989*, Cambridge University Press, 1990.

Stettinius, Edward R. Jr.; edited by Walter Johnson, *Roosevelt and the Russians: The Yalta Conference*, Doubleday & Company, 1949.

海野福寿, 『韓国併合史の研究』, 岩波書店, 2000.

外務省, 『サン・フランシスコ会議議事録』, 外務省, 1951.

_____, 『小村外交史』, 原書房, 1966.

_____, 『日本外交文書: 第43巻 第1冊』, 外務省, 1961.

_____, 『日本外交文書: サンフランシスコ平和条約 対米交渉』, 外務省, 2007.

_____, 『日本外交文書: サンフランシスコ平和条約 調印・発行』, 外務省, 2009.

小代有希子, 『1945 予定された敗戦: ソ連侵攻と冷戦の到来』, 人文書院, 2015.

細谷千博, 『サンフランシスコ講和への道』, 中央公論社, 1984.

三浦陽一, 『吉田茂とサンフランシスコ講和 下巻』, 大月書店, 1996.

국회회의록 시스템, http://likms.assembly.go.kr/record/

한국언론진흥재단, http://www.mediagaon.or.kr/

▌문명의 외연화와 지배의 정당성 / 송석원

福沢諭吉, 『清英交際始末』, 慶応義塾編, 『福沢諭吉全集 2』, 東京: 岩波書店, 1969.

_____, 「通俗国権論」, 慶応義塾編, 『福沢諭吉全集 4』, 東京: 岩波書店, 1970.

_____, 「朝鮮の交際を論ず」, 慶応義塾編, 『福沢諭吉全集 8』, 東京: 岩波書店, 1970.

_____, 「朝鮮新約の実行」, 慶応義塾編, 『福沢諭吉全集 8』, 東京: 岩波書店, 1970.

_____, 「朝鮮の変事」, 慶応義塾編, 『福沢諭吉全集 8』, 東京: 岩波書店, 1970.

_____, 「朝鮮政略」, 慶応義塾編, 『福沢諭吉全集 8』, 東京: 岩波書店, 1970.

_____, 「西洋人と支那人と射利の勝敗如何」, 慶応義塾編, 『福沢諭吉全集 9』, 東京: 岩波書店, 1970.

_____, 「求る所は唯国権拡張の一点のみ」, 慶応義塾編, 『福沢諭吉全集 10』, 東京: 岩波書店, 1970.

_____, 「朝鮮政略は他国と共にす可らず」, 慶応義塾編, 『福沢諭吉全集 13』, 東京: 岩波書店, 1970.

_____, 「支那軍鑑捕獲の簡便法(漫言)」, 慶応義塾編, 『福沢諭吉全集 14』, 東京: 岩波書店, 1970.

_____, 「支那の大なるは恐るゝに足らず」, 慶応義塾編, 『福沢諭吉全集 14』, 東京: 岩波書店, 1970.

_____, 「土地は併呑す可らず国事は改革す可し」, 慶応義塾編, 『福沢諭吉全集

14』, 東京: 岩波書店, 1970.

福沢諭吉, 「破壊は建築の手始めなり」, 慶応義塾編, 『福沢諭吉全集 14』, 東京: 岩波
書店, 1970.

＿＿＿＿, 「改革の目的を達すること容易ならず」, 慶応義塾編, 『福沢諭吉全集 14』,
東京: 岩波書店, 1970.

＿＿＿＿, 「支那朝鮮両国に向て直に戦を開く可し」, 慶応義塾編, 『福沢諭吉全集 14』,
東京: 岩波書店, 1970.

＿＿＿＿, 「井上伯の渡韓を送る」, 慶応義塾編, 『福沢諭吉全集 14』, 東京: 岩波書
店, 1970.

＿＿＿＿, 「旅順の殺戮無稽の流言」, 慶応義塾編, 『福沢諭吉全集 14』, 東京: 岩波書
店, 1970.

＿＿＿＿, 「日清の戦争は文野の戦争なり」, 慶応義塾編, 『福沢諭吉全集 14』, 東京:
岩波書店, 1970.

＿＿＿＿, 「我に挟む所なし」, 慶応義塾編, 『福沢諭吉全集 14』, 東京: 岩波書店, 1970.

＿＿＿＿, 「私金義捐に就て」, 慶応義塾編, 『福沢諭吉全集 14』, 東京: 岩波書店,
1970.

＿＿＿＿, 「奉天霊場の安危如何」, 慶応義塾編, 『福沢諭吉全集 15』, 東京: 岩波書
店, 1970.

＿＿＿＿, 「朝鮮問題」, 慶応義塾編, 『福沢諭吉全集 15』, 東京: 岩波書店, 1970.

＿＿＿＿, 「福沢一太郎 福沢捨次郎宛 明治19年10月25日」, 慶応義塾編, 『福沢諭吉
全集 18』, 東京: 岩波書店, 1971.

＿＿＿＿, 「小田部武宛 明治28年7月27日」, 慶応義塾編, 『福沢諭吉全集 18』, 東京:
岩波書店, 1970.

＿＿＿＿, 「内には忍ぶべし外には忍ぶべからず」, 慶応義塾編, 『福沢諭吉全集 19』,
東京: 岩波書店, 1971.

＿＿＿＿, 「内地旅行 西先生の説を駁す」, 慶応義塾編, 『福沢諭吉全集 19』, 東京:
岩波書店, 1971.

＿＿＿＿, 「宗教の説」, 慶応義塾編, 『福沢諭吉全集 19』, 東京: 岩波書店, 1971.

김호섭·이면우·한상일·이원덕, 『일본 우익 연구』, 서울: 중심, 2000.

송석원, 「신문에서 보는 제국 일본의 국가이상 : 메이지 시대를 중심으로」, 現代日本
學會, 『日本研究論叢』 31집, 2010.

야스카와 주노스케, 이향철 역, 『후쿠자와 유키치의 아시아 침략사상을 묻는다』,

서울: 역사비평사, 2011.

천꽝싱, 백지운 외 역, 『제국의 눈』, 서울: 창비, 2003.

鹿野政直, 『近代日本思想案内』, 東京: 岩波書店, 1999.

木村雅昭, 『国家と文明システム』, 京都: ミネルヴァ書店, 1993.

佐藤能丸, 『明治ナショナリズムの研究 : 政教社の成立とその周辺』, 東京: 芙蓉書房, 1998.

失言王認定委員会, 『大失言』, 東京: 情報センター出版局, 2000.

白井久也, 『明治国家と日清戦争』, 東京: 社会評論社, 1997.

谷藤康弘・井上芳保, 「国民創出装置としての日清戦争」, 『社会情報』 Vol.8 No.2, 1999.

丸山真男・加藤周一, 『翻訳と日本の近代』, 東京: 岩波書店, 1998.

山之内靖・コシュマン ヴィクタ・成田龍一編, 『総力戦と現代化』, 東京: 柏書房, 1995.

Benedict Anderson, *Imagined Communities*, Verso, 1983.

Ernest Gellner, *Nations and Nationalism*, Cornell University Press, 1983.

Eric Stokes, *The English Utilitarians and India*, Oxford: Clarendon Press, 1959.

▌일본의 대미협조외교와 자주외교의 단면 / 김남은

김남은, 「강화와 안보를 둘러싼 미일교섭과 일본의 전략: 요시다 시게루를 중심으로」, 『일본근대학연구』 56, 2017, 359-360쪽, 363-366쪽.

남기정, 「요시다 시게루의 전후 구상과 리더십: "군대없는 메이지국가"구상과 "기지국가"의 현실」, 『일본 부활의 리더십: 전후 일본의 위기와 재건축』, 동아시아연구원, 2013, 29-32쪽.

더글라스 맥아더, 반광식 역, 『맥아더 회고록』, 一信書籍出版社, 1993, 33쪽.

마고사키 우케루, 양기호 역, 『미국은 동아시아를 어떻게 지배했나』, 메디치미디어, 2013, 32쪽, 63쪽, 70쪽, 43-45쪽.

이시카와 마스미, 박정진 역, 『일본 전후 정치사』, 후마니타스, 2006, 149쪽, 150-151쪽, 158쪽.

이원덕, 「일본의 동아시아지역 형성정책의 전개와 특징」, 『일본연구논총』 22, 2005,

66쪽.

이오키베 마코토, 조양욱 역, 『일본 외교 어제와 오늘』, 다락원, 2002, 45-46쪽.

존 다우어, 최은석 역, 『패배를 껴안고』, 민음사, 2009, 524쪽.

현진덕, 「요시다 노선과 하토야마 노선: 전후 일본외교정책의 2개의 이념형」, 『일본
　　　문화연구』 45, 2013, 615쪽.

大嶽秀夫, 『戦後日本防衛問題資料集: 非軍事化から再軍備へ』 1, 三一書房, 1991,
　　　427쪽, 443-444쪽.

_____, 『戦後日本防衛問題資料集: 講和と再軍備の本格化』 2, 三一書房, 1992,
　　　449쪽.

_____, 『再軍備とナショナリズム』, 講談社, 2005, 81-82쪽, 93-95쪽.

大野勝巳, 『霞が関外交: その伝統と人々』, 日本経済新聞社, 1978, 33쪽.

片岡鉄哉, 『さらば吉田茂: 虚構なき戦後政治史』, 文藝春秋, 1992, 43쪽.

鏑木清一, 『日本政治家100選』, 秋田書店, 1972, 170쪽.

外務省(編), 『日本外交文書: 平和条約の締結に関する調書』 Ⅲ, 外務省, 2002a, 560
　　　-561쪽, 573쪽.

_____, 『日本外交文書: 平和条約の締結に関する調書』 Ⅳ, 外務省, 2002b, 53-
　　　54쪽.

高坂正尭, 「現実主義者の平和論」, 『中央公論』 78(1), 1963, 38-49쪽.

_____, 「宰相吉田茂論」, 『中央公論』 79(2), 1964, 76-111쪽.

_____, 『宰相吉田茂』, 中央公論新社, 1968, 33쪽.

重光葵, 『(続) 重光葵手記』, 中央公論社, 1988, 252-253쪽, 266-267쪽, 270쪽.
　　　359쪽.

田中明彦, 『安全保障』, 読売新聞社, 1997, 221-230쪽.

渡辺昭夫, 「戦後日本の形成者としての吉田茂」, 北岡伸一, 五百旗頭真(編), 『占領
　　　と講和: 戦後日本の出発』, 情報文化研究所, 1999, 166-178쪽.

渡部昇一・工藤美代子, 「今こそ「吉田茂」待望論」, 『Will』 6, 2010, 62-73쪽.

吉田茂, 『回想十年』 2, 新潮社, 1958, 142-143쪽, 160-161쪽.

_____, 『回想十年』 1, 中央公論社, 1993, 22-35쪽.

▌일본의 안보정책에 관한 규범의 변화 / 김준섭

김준섭, 「신안보법제 성립의 의미에 관한 고찰 : 집단적 자위권 행사 문제를 중심으
　　　로」, 『日本學報』, 제109집, 2016, 225쪽.

_____, 「일본에 있어서의 집단적 자위권 문제에 관한 연구 : 일본정부의 논리를
　　　중심으로」, 『日本學報』, 한국일본학회, 2008, 332쪽.

『參議院予算委員会会議録』, 1959.3.16. 27쪽.

西川吉光, 『日本の安全保障政策』, 晃洋書房, 2007, 29쪽.

高見勝利, 「集団的自衛権行使容認論の非理非道 : 従来の政府見解との関連で」, 『世
　　　界』 12월호, 2014, 179-180쪽.

読売新聞政治部 編著, 『安全保障関連法 : 変わる安保体制』, 信山社, 2015, 165쪽.

田村重信 編著, 『日本の防衛政策』, 内外出版, 2016, 255-256쪽.

山本健太郎, 「戦後日本の安全保障法制の展開と世論」, 『レファレンス』 783호, 国立
　　　国会図書館 調査及び立法調査局, 2016, 78-79쪽.

Katzenstein, Peter J., *Cultural Norms and National Security : Police and
　　　Military in Postwar Japan*, New York : Cornell University Press, 1996.

▌제4차 한일회담 재개과정에 대한 재검토 / 윤석정

[1차 자료]

국사편찬위원회, 『한일회담 관계 미 국무부 문서 3(1956~1958): 주한미국대사관
　　　문서철』, 국사편찬위원회, 2008a.

_____, 『한일회담 관계 미 국무부 문서 4(1956~1958): 주일미국대사관
　　　문서철』, 국사편찬위원회, 2008b.

Rhee Papers, 우남B39.

_____, 우남B40.

[2차 자료]

강노향, 『주일한국대표부』, 동아PR연구소 출판부, 1966.

유의상, 『대일외교의 명분과 실리: 대일청구권 교섭과정의 복원』, 역사공간, 2016.

이원덕, 『한일 과거사 처리의 원점: 일본의 전후처리 외교와 한일회담』, 서울대학교
　　　출판부, 1996.

장박진, 『미완의 청산: 한일회담 청구권 교섭의 세부과정』, 역사공간, 2014.

李東俊, 「日韓請求権交渉と『米国解釈』─会談『空白期』を中心にして」, 李鐘元·木宮
　　正史·浅野豊美編, 『歴史としての日韓国交正常化Ⅰ─東アジア冷戦編』, 法政
　　大学出版局, 2011.

金恩貞, 「日韓会談中断期、対韓請求権主張撤回をめぐる日本政府の政策決定過程─
　　初期対韓政策の変容と連続、1953~1957年」, 『神戸法学雑誌』, 第64巻 3·4号,
　　2015.

金東祚 著, 林建彦 訳, 『韓日の和解─日韓交渉14年間の記録』, サイマル出版会, 1993.

高崎宗治, 『検証日韓会談』, 岩波書店, 1996.

矢次一夫, 『わが浪人外交を語る』, 東洋経済新聞, 1973.

吉澤文寿, 『戦後日韓関係─国交正常化をめぐって』, クレイン, 2015.

[신문자료]

『조선일보』.

▌한일회담 중단기의 문화재 반환 교섭 / 엄태봉

『제1차 한일회담(1952.2.15.-4.21) 청구권분화위원회회의록, 제1-8차, 1952.2.20.
　　-4.1』.

『제3차 한일회담(1953.10.9.-21) 청구권위원회회의록, 제1-2차, 1953.10.9.-15』.

『제3차 한일회담(1953.10.9.-21) 청구권위원회회의록, 제1-2차, 1953.10.9.-15』.
　　프레임 번호 : 1391.

『제4차 한일회담 예비교섭, 1956-58 (V.2 1957)』, 프레임 번호 : 1730.

『제4차 한일회담 예비교섭, 1956-58 (V.3 1958.1-4)』, 프레임 번호 : 1977.

「金公使との会談要旨」, 記入なし, 1952年 1月9日, 文書番号 : 396.

「金公使と会談の件」, 外務省, 1957年 2月12日, 文書番号 : 680.

「金公使と会談の件」, 外務省, 1957年 2月20日, 文書番号 : 680.

「金公使と会談の件」, 外務省, 1957年 2月21日, 文書番号 : 680.

「日韓会談第一回財産請求権問題委員会議事録」, 記入なし, 文書番号 : 1174.

「日韓会談第三回請求権委員会議事録」, 記入なし, 文書番号 : 1178.

「日韓会談問題別経緯(6) (文化財問題)」, 北東アジア課, 1962年 7月1日, 文章番号

：535.

「日韓交渉会議議事要録(二二) 第三回請求権関係部会」, アジア局第二課, 1953年 6
月15日, 文書番号 ： 693.

「金公使と会談の件」, 外務省, 1956年 10月30日, 文書番号 ： 1431.

「日韓会談問題別経緯－文化財問題」, 北東アジア課, 1962年 10月1日, 文章番号 ：
535.

「金公使と会談の件」, 外務省, 1957年 2月23日, 文書番号 ： 680.

「六月十三日, 大野次官, 金韓国大使会談要領 (その二)」, 外務省, 1957年 6月13日,
文書番号 ： 686.

「三宅参事官, 崔参事官会談要領」, 記入なし, 1957年 6月15日, 文書番号 ： 111.

「六月十六日 大野次官と金韓国大使との会談要領等」, 記入なし, 1957年 6月17日,
文書番号 ： 686.

「総理訪米後の日韓交渉の経緯」, 記入なし, 1957年 9月4日, 文章番号 ： 1522.

「板垣アジア局長,三宅参事官と柳公使, 崔参事官会議要領」, 記入なし, 1957年 7月
31日, 文章番号 ： 108.

「十一月二七日の藤山外務大臣と金大使との会談要領」, 記入なし, 1957年 11月29日,
文書番号 ： 115.

「韓国関係文化財参考資料」, 文化財保護委員会, 1958年 2月6日, 文書番号 ： 567.

題目なし, 1958年 4月15日, 文書番号 ： 1118.

金東祚 著・林建彦 訳,『韓日の和解－日韓交渉14年の記録』, サイマル出版社, 1993.

국성하, 「한일회담 문화재 반환협상 연구」, 『한국독립운동사연구』 Vol.25, 독립기념
관 한국독립운동연구소, 2005.

김용식, 『새벽의 약속－김용식 외교 33년』, 김영사, 1993.

박훈, 「한일회담 문화재 '반환'교섭의 전개과정과 쟁점」, 『외교문서 공개와 한일회담
의 재조명 2-의제로 본 한일회담』, 선인, 2010.

류미나, 「한일회담 외교문서로 본 문화재 반환 교섭」, 『일본역사연구』 제30집, 일본
사학회, 2009.

조윤수, 「한일회담과 문화재 반환 교섭」, 『동북아역사논총』 No.51, 동북아역사재단,
2016.

엄태봉, 「제6차 한일회담 시기의 문화재 반환 교섭 연구」, 『동북아역사논총』 No.60,
동북아역사재단, 2018.

長澤裕子, 「日韓会談と韓国文化財の返還問題再考-請求権問題からの分離と『文化
　　　財協定』」, 『歴史としての日韓国交正常化Ⅱ-脱植民地化編』, 法政大学出版
　　　局, 2011.
吉澤文寿, 『戦後日韓関係-国交正常化交渉をめぐって』, クレイン, 2005.

『경향신문』, 『동아일보』, 『조선일보』
『第28回国会参議院外務委員会会議録』

▌일본의 태평양 도서국 외교 / 이기태

[한국어 문헌 및 주요 참고 자료]

기타오카 신이치 지음(조진구 옮김), 『유엔과 일본외교』, 전략과 문화, 2009.
박영준, 「동아시아 국가들의 태평양 쟁탈전: 한국, 일본, 중국의 남태평양 도서국가
　　　외교」, 『Ocean and Polar Research』 제35권 4호, 한국해양과학기술원, 2013,
　　　373-381쪽.
이기태, 「아세안 및 APEC 회의의 주요내용과 시사점」, 『안보현안분석』149호,
　　　2018.11.30., 5-8쪽.
현대송, 「일본의 해양 정책: 태평양 도서국과의 관계를 중심으로」, 『Ocean and
　　　Polar Research』제35권 4호, 한국해양과학기술원, 2013, 355-371쪽.

[일본어 문헌 및 주요 참고 자료]

浅利秀樹, 「対豪政策, 三つの柱: 包括的な戦略的関係の構築に向けて」, 『外交フォー
　　　ラム』(2006年6月号), 2016, 35-37쪽.
外務省戦後外交史研究会編, 『日本外交30年: 戦後の軌跡と展望』, 世界の動き社,
　　　1982.
黒崎岳大, 「太平洋島嶼国に対するドナー国の外交戦略:『太平洋・島サミット』に見る
　　　日本の太平洋島嶼国外交を中心に」塩田光喜編, 『グローバル化とマネーの太平
　　　洋』, アジア経済研究所, 2012.
中曽根康弘, 『中曽根康弘が語る 戦後日本外交』, 新潮社, 2012.
平和・安全保障研究所編, 『再起する日本 緊張高まる東, 南シナ海』, 朝雲新聞社,
　　　2014.

平和・安全保障研究所編,『激変する朝鮮半島情勢 厳しさ増す米中競合』, 朝雲新聞
　　社, 2018.

渡辺昭夫,『アジア・太平洋の国際関係と日本』, 東京大学出版会, 1992.

外務省,『わが外交の近況』, 外務省, 1957.

外務省,「太平洋島嶼国国別評価報告書」2009年3月(第3章) https://www.mofa.go.
　　jp/mofaj/gaiko/oda/shiryo/hyouka/kunibetu/gai/pacific/kn08_01_inde
　　x.html (2019年1月5日検索).

外務省,「TICAD VI開会に当たって・安倍晋三日本国総理大臣基調演説」, 2016, htt
　　ps://www.mofa.go.jp/mofaj/afr/af2/page4_002268.html (2019年1月5日
　　検索).

外務省,「日本と太平洋の島国」, 2018, https://www.mofa.go.jp/mofaj/files/000
　　068954.pdf(2019年1月5日検索).

日本国際問題研究所,「『インド太平洋』地域外交に向けた日本の外交政策への提言」,
　　2015, http://www2.jiia.or.jp/pdf/resarch/H26_Indo-Pacific/10-recom
　　mendations.pdf (2019年1月5日検索).

櫻田淳,「『太平洋・島サミット』を成功させよ」,『産経新聞』2000.3.25.

北野隆一,「天皇, 皇后両陛下の外国訪問とおことば」,『朝日新聞』2018.10.3.

[영어 문헌 및 주요 참고 자료]

Rix, A., "Japan's Foreign Aid Policy: A Capacity for Leadership?", *Pacific
　　Affairs*, Vol. 62, No.4, Winter, 1989~1990, pp.461-475.

Shinzo Abe, "Asia's Democratic Security Diamond", *Project Syndicate*,
　　December 27, 2012, https://www.project-syndicate.org/commentary/
　　a-strategic-alliance-for-japan-and-india-by-shinzo-abe?barrier=a
　　ccesspaylog (2019년 1월 5일 검색).

Tarte, S., *Japan's Aid Diplomacy and the Pacific Islands*, National Centre for
　　Development Studies, Research School of Pacific and Asian Studies,
　　Australian National University, 1998.

▌한일 관계에서 영토교육의 현재적 의미 / 박창건

경상북도, 『독도총서』, 경상북도, 2008.

경상북도 교육청 교육정책과 편, 「우리 땅 독도 사랑 여기에 있어요」, 2009년 독도 교육 직무연수, 2009.

경상북도 교육청, 「초등학교 교육과정 편성·운영 지침」, 고시, 제 2008-14호, 2008.

교육인적자원부, 『독도는 우리땅』, 변화하는 사회, 2002.

──────, 『해돋는 섬 독도』, 한국교육과정평가원, 2003.

──────, 「초등학교 정보 통신 기술 활용지도 자료」, 대한교과서주식회사, 2005.

──────, 「초중등학교 교육과정」, 교육부고시, 제2007-79호(별책1), 2007(a).

──────, 「중학교 교육과정 해설2(국어, 도덕, 사회)」, 대한교과서주식회사, 2008.

곽진오, 「독도와 한일관계: 일본의 독도인식을 중심으로」, 『일본문화학보』 제26호, 2010.

권오현, 「일본 정부의 독도 관련 교과서 검정 개입의 실태와 배경」, 『한국지리환경교육학회지』 제13권 3호, 2006.

김영수, 「한일회담과 독도 영유권: 샌프란시스코 강화조약과 한일회담 '기본관계조약'을 중심으로」, 『한국정치학회보』 제42집 4호, 2008.

──────, 「한국과 일본 중학교 역사분야 교육과정과 역사 교과서의 독도 관련 내용 비교: 2014년 전후 한일 교육과정과 교과서를 중심으로」, 『독도연구』 제19호, 2015.

김형동, 「초등학교 독도 교육의 방향」, 『독도연구저널』 제6권, 2009.

김호동, 「우리나라 독도교육 정책의 현황과 과제」, 『독도연구』 제17호, 2014.

남상구, 「일본 교과서 독도기술과 시마네현 독도교육 비교 검토」, 『독도연구』 제20호, 2016.

남호엽, 「한국 사회과에서 민족정체성과 지역정체성의 관계」, 한국교원대 박사학위논문, 2001.

박선미·손승호·이호상·안종철·유진상·이효선·전유신, 『독도학습을 위한 교육과정 개발연구』, 서울: 동북아역사재단, 2009.

박창건, 「영유권 문제를 둘러싼 한일갈등의 규범 확산: '다케시마의 날'과 '대마도의 날' 조례 제정을 중심으로」, 『국제정치논총』 제48집 4호, 2008.

서태열, 「영토교육의 개념화와 영토교육모형에 대한 접근」, 『한국지리환경교육학회지』 제17권 3호, 2009.

서태열·김혜숙·윤옥경, 『독도 및 울릉도 관련 영토교육의 방향 모색』, 한국해양수산개발원, 2007.

손용택, 「일본 교과서에 나타난 독도 표기 실태와 대응」, 『교과서 연구』, 한국학술정보, 2010.

송휘영, 「일본 시네마현 독도정책의 동향과 방향」, 『한국정치외교사논총』 제36권 (2), 2015.

신주백, 「교과서와 독도문제」, 『독도논총』 제2호, 2006.

심정보, 「일본의 사회과에서 독도에 관한 영토교육의 현황」, 『한국지리환경교육학회지』 제16권 3호, 2008.

_____, 「한국의 사회과 교육과정에 기술된 독도관련 영토 교육」, 배진수·유하영·홍성근·오강원·정영미·김영수 편, 『독도문제의 학제적 연구』, 동북아역사재단, 2009.

_____, 「일본 시마네현의 초중등학교 사회과에서의 독도에 대한 지역학습의 경향」, 『한국지역지리학회지』 제17권 5호, 2011.

유미림, 「한·일 양국의 독도 교육 현황과 향후 과제」, 『독도연구저널』 제6권, 2009.

이범관, 「독도의 지적재조사가 국익에 미치는 영향 연구」, 『한국지적학회지』 제23권 (2), 2007.

이범실·김종남·김홍택, 「독도교육의 평가와 발전방향 연구: 경일대학교를 중심으로」, 『한국지적학회지』 제12권 2호, 2009.

이우진, 「'죽도문제연구회'의 독도교육에 대한 비판적 검토: 학습지도안을 중심으로」. 『일본사상』 32호, 2017.

임덕순, 「지리교육에 있어서의 영토교육의 중요성」, 한국지리환경교육학회 2006년 학술대회 요약집, 2006.

진시원, 「동북아 영토분쟁, 중등교육에서 어떻게 가르칠 것인가?: 간도분쟁 사례를 중심으로」, 『한국정치학회보』 제42집 2호, 2008.

최장근, 「한일 양국의 영토인식 형성과 교과서 연구」, 『동북아문화연구』 제15집, 2008.

홍성근, 「일본 교과서의 독도관련 기술 실태의 문제점 분석」, 배진수·유하영·홍성근·오강원·정영미·김영수 편, 『독도문제의 학제적 연구』, 동북아역사재단,

2009.

竹島問題研究会, 『竹島問題に関する調査研究: 中間報告書』, 竹島問題研究会, 2006.
_____, 『竹島問題に関する調査研究: 最終報告書』, 竹島問題研究会, 2007.
本宮武憲, 「領土問題」, 『社会科教育』 第44輯 9号, 2007.

Duffy, T. M., & Cunningham, D., "Constructivism: Implications for the design and delivery of instruction", A draft for the chapter in Jonassen(Ed.), *Handbook of Research on Educational Communication and Technology*, New York: Scholastic, 1995.
Russett, B., Grasping the Democratic Peace: Principle for Post-Cold War, Princeton, NJ: Princeton University Press, 1993.
Sack, R. D., *Human Territoriality: Its Theory and History*, Cambridge University Press, 1986.

▌일본 공립학교 민족학급을 둘러싼 새로운 국면과 대응 / 김웅기

오사카한국교육원, 「2016 오사카한국교육원 운영계획서」, 2016.
재외동포정책실무위원회, 「제24차 재외동포정책실무위원회 회의자료」, 2015.6.17.
김대성, 「재일한국인의 민족교육에 대한 연구」, 건국대학교 일반대학원 박사학위논문, 1996.
도쿄학예대학 Korea연구실, 「재일동포 민족교육 실태 심화조사 및 정책방향 제시」, 2015년도 재외동포재단 용역사업, 2017.2..
송기찬, 「민족교육과 재일동포 젊은 세대의 아이덴티티 : 일본 오사카의 공립초등학교 민족학급의 사례를 중심으로」, 한양대학교대학원 석사논문, 1998.
이진원, 「전후 일본의 외국인 정책의 흐름」, 일본학보 제94집, 2013.2..
정희선, 「재일조선인의 민족교육운동 연구」, 강원대학교 박사학위논문, 2006.
홍리나, 「문화적 저항으로서의 재일동포 민족학급 : 히가시오사카시 공립소학교의 사례를 중심으로」, 한국학중앙연구원 한국학대학원 석사논문, 2015.

곽정의에 대한 인터뷰, 오사카, 2016년 7월 13일.

김광민에 대한 인터뷰, 오사카, 2016년 7월 16일.

김평송(가명)에 대한 인터뷰, 오사카, 2016년 7월 11일.

재일코리안 청년(익명)에 대한 인터뷰, 오사카, 2014년 7월 2일.

신홍균(가명)에 대한 인터뷰, 오사카, 2016년 7월 9일.

홍명근(가명)에 대한 인터뷰, 오사카, 2016년 7월 12일.

UNESCO, 「Recommendation concerning Education for International Under-
        standing, Co-operation and Peace and Education relating to Human
        Rights and Fundamental Freedoms」, General Conference, 18th Session,
        Paris, 1977.11.19.

_____, 'Citizenship Education for the 21st Century,' http://www.unesco.
        org/education/tlsf/mods/theme_b/interact/mod07task03/appendix.htm
        #text (2019년 1월 20일 검색)

『京都市地域・多文化交流ネットワークサロン通信』

『むくげ』

『読売新聞』

大阪市教育委員会,「平成28年度大阪市民族学級状況」, 2016.

大阪府教育委員会,「府内民族学級・朝文研などの状況」, 2015.

▌'대통령 탄핵 사태'를 보는 일본 언론의 시각 / 박선영

안민석, 『끝나지 않은 전쟁』, 위즈덤하우스, 2017.

이병주, 『박근혜 사태와 기독교의 문제』, 대장간, 2017.

한홍구, 『광장, 민주주의를 외치다』, 창비, 2017.

井沢元彦,「韓国人はなぜ日本人を憎むのか」, 『月刊Hanadaセレクション絶望の韓
        国、悲劇の朴槿恵』, 飛鳥新社, 2017.

大沢文護,「朴大統領罷免で韓国は'人治'から'法治'へ変われるか」, 『毎日新聞「経済
        〈プレミア〉」, 2017年3月14日.

呉善花,「朴正熙・朴槿恵 呪われた父と娘」, 『月刊Hanadaセレクション絶望の韓国、
        悲劇の朴槿恵』, 飛鳥新社, 2017.

呉善花，「崔父娘が甦らせた‘盧武鉉の亡霊’」，『月刊Hanada』2月号，ワック出版，2017．

加藤達也・門田隆将，「あな恐ろしや‘クネビーム’」，『月刊WiLL』2月号，ワック出版，2017．

金美齢，「朴槿恵最大の過ちは‘反日’です」，『月刊Hanada』2月号，ワック出版，2017．

黒田勝弘，「朴・崔ゲートの核心 韓国的人間関係論」，『月刊Hanada』1月号，ワック出版，2017．

────，「韓国人はどうしてああなのか？」，『月刊Hanada』2月号，ワック出版，2017．

黄文雄，「嘘で塗り固めた韓国近・現代史」，『月刊Hanadaセレクション絶望の韓国、悲劇の朴槿恵』，飛鳥新社，2017．

桜井よしこ・西岡力，「北の策謀でソウルは今や革命前夜」，『月刊Hanada』2月号，ワック出版，2017．

───────，「緊急対談朝鮮半島最悪のシナリオ」，『月刊Hanada』5月号，ワック出版，2017．

重村智計，「デモの資金を誰が出したのか」，『月刊Hanada』2月号，ワック出版，2017．

────，「嫌われる女 朴槿恵とヒラリー」，『月刊Hanada』1月号，ワック出版，2017．

高山正之・加藤清隆，「‘助けず・教えず・関わらず’ 韓国には‘非韓三原則’でいけ」，『月刊WiLL』2月号，ワック出版，2017．

鄭大均，「韓国人は自分と戦うことを忘れていないか」，『月刊Hanadaセレクション 絶望の韓国、悲劇の朴槿恵』，飛鳥新社，2017．

西尾幹二，「世界の‘韓国化’とトランプの逆襲」，『月刊Hanada』2月号，ワック出版，2017．

古谷経衡，「まずはジャパンファーストでいい」，『月刊WiLL』2月号，ワック出版，2017．

丸山和也，「韓国には一銭も払う必要なし！」，『月刊Hanadaセレクション絶望の韓国、悲劇の朴槿恵』，飛鳥新社，2017．

沢田克己，『文在寅とは何者か』，祥伝社，2017．

シンシアリー，『朴槿恵と亡国の民』，扶桑社，2017．

浅羽祐樹・木村幹，『だまされないための‘韓国’』，講談社ビーシー，2017．

牧野愛博，『ルポ絶望の韓国』，文春新書，2017．

峰岸博，『韓国の憂鬱』，日経プレミアシリーズ，2017．

室谷克実，『崩韓論』，飛鳥新社，2017．

「박 대통령 – 국회보다 수준 높은 230만의 '촛불혁명'」, 『동아일보』 사설, 2016년
　　12월 5일.
　　http://news.donga.com/View?gid=81664131&date=20161204 (검색일자2017.9.3)
「사설 박 대통령 탄핵안 가결, 이제 국회가 답을 내놓을 때다」, 『동아일보』, 2016년
　　12월 10일.
　　http://news.donga.com/View?gid=81768010&date=20161209 (검색일자2017.9.3)
「초유의 대통령 파면… 대한민국 새 출발선에 섰다」, 『동아일보』 사설, 2017년 3월
　　11일.
　　http://news.donga.com/View?gid=83273634&date=20170310 (검색일자2017.9.3)
「사설 압도적 '탄핵안 가결'이 국민의 명령이다」, 『한겨레신문』, 2016년 12월 8일.
　　http://www.hani.co.kr/arti/PRINT/773894.htm (검색일자 2017.9.3)
「사설 민주주의 이정표 새로 세운 시민혁명의 승리」, 『한겨레신문』, 2017년 3월
　　10일.
　　http://www.hani.co.kr/arti/PRINT/786026.html (검색일자 2017.9.3)
「社説 朴槿恵大統領 政治の閉鎖性 脱却を」, 『朝日新聞』, 2016年 11月 01日.
　　http://digital.asahi.com/articles/DA3S12636096.html (검색일자 2017.9.5)
「社説 朴大統領弾劾 正常化急ぐ道筋論議を」, 『朝日新聞』, 2016年 12月 10日.
　　http://digital.asahi.com/articles/DA3S12699545.html (검색일자 2017.9.5)
「社説 朴大統領罷免 国政の安定化が急務だ」, 『朝日新聞』, 2017年 3月 12日.
　　http://digital.asahi.com/articles/DA3S12837584.html (검색일자 2017.9.5)
「社説 朴槿恵氏逮捕 韓国の悪弊断つ契機に」, 『朝日新聞』, 2017年 4月 1日.
　　http://digital.asahi.com/articles/DA3S12870903.htm (검색일자 2017.9.5)
金子秀敏, 「朴大統領醜聞に火をつけたのは中国か米CIAか」, 『毎日新聞〈経済プレミ
　　ア〉』, 2016年 12月 10日.
　　https://mainichi.jp/premier/business/articles/20161207/biz/00m/010/013000
　　c?mode=prin (검색일자 2017.9.5)
金子秀敏, 「韓国"政治空白"で忍び寄る'朝鮮半島核戦争'の悪夢」, 『毎日新聞〈経済プ
　　レミア〉』, 2017年 3月 24日.
　　https://mainichi.jp/premier/business/articles/20170323/biz/00m/010/022000
　　c?mode=print (검색일자 2017.9.5.)
「主張 朴大統領の窮地 日米韓連携に支障来すな」, 『産経新聞』, 2016年 11月 2日.
　　http://www.sankei.com/column/news/161102/clm1611020002-n1.html (검색일

자 2017.9.9.)

「主張 朴大統領弾劾 保守勢力は立て直し急げ」, 『産経新聞』, 2016年 12月 10日.
http://www.sankei.com/column/news/161210/clm1612100004-n1.html (검색일
　　자 2017.9.9.)

「主張 朴大統領罷免 危機回避へ冷静さ回復を」, 『産経新聞』, 2017年 3月 12日.
http://www.sankei.com/column/news/170312/clm1703120003-n1.html　(검색
　　일자 2017.9.9.)

「主張 朴前大統領逮捕 世論が全てを決めるのか」, 『産経新聞』, 2017年 4月 1日.
http://www.sankei.com/column/news/170401/clm1704010002-n1.html　(검색
　　일자 2017.9.9.)

「元SEALDsメンバーが見た韓国デモ '抗議の声で政治変わる'」, 『東京新聞』, 2016年
　　11月 30日. 夕刊
http://www.tokyo-np.co.jp/article/national/list/201611/CK201611300200023
　　3.html (검색일자 2017.9.7.)

「韓国・朴大統領を罷免 民主政治を立て直す時」, 『東京新聞』, 2017年 3月 12日.
http://www.tokyo-np.co.jp/article/column/editorial/CK2017031202000181.ht
　　ml (검색일자 2017.9.7.)

「社説 朴氏の弾劾案可決 正常化へ早期の辞任を」, 『毎日新聞』, 2016年 12月 10日.
　　東京朝刊
https://mainichi.jp/articles/20161210/ddm/005/070/071000c?mode=prin (검색
　　일자 2017.9.7.)

「韓国 朴大統領罷免 主張曲げず支持失う 朴氏の4年間」, 『毎日新聞』, 2017年 3月
　　11日, 東京朝刊.
https://mainichi.jp/articles/20170311/ddm/007/030/033000c?mode=print　(검
　　색일자 2017.9.7)

「社説 朴大統領罷免 挫折乗り越え安定望む」, 『毎日新聞』, 2017年 3月 11日, 東京
　　朝刊.
https://mainichi.jp/articles/20170311/ddm/005/070/055000c?mode=print　(검
　　색일자 2017.9.7)

「韓国大統領罷免 朴氏の職権乱用、認定 隠蔽姿勢を問題視」, 『毎日新聞』, 2017年
　　3月 11日, 東京朝刊.
https://mainichi.jp/articles/20170311/ddm/008/030/166000c?mode=print　(검

색일자 2017.9.7)
「社説 朴大統領弾劾 韓国政治の混乱を最小限に」, 『読売新聞』, 2016年 12月 10日.
http://editorial.x-winz.net/ed-35610 (검색일자 2017.9.9.)
「社説 朴大統領罷免 司法の行き過ぎた政治決定か」, 『読売新聞』, 2017年 3月 12日.
http://editorial.x-winz.net/ed-44929 (검색일자 2017.9.9.)

▌한일 소외계층 아동복지 정책의 현황과 과제 / 임현정

강순원. 영국과 프랑스의 교육복지사업 비교연구를 통해서 본 우리나라 교복투사업
　　의 정치사회학적 성격. 비교육연구. 22(4). 2012, 1-24쪽.
교육부, 「경제·사회 양극화에 대응한 교육복지 정책의 방향과 과제」, 교육부 보도자
　　료(2017.03.08.).
국정기획자문위원회, 「문재인정부 국정운영 5개년 계획」, 국정기획자문위원회
　　2017년 7월.
김인희, 「교육복지의 개념에 관한 고찰: 교육소외 해소를 위한 교육복지의 이론적
　　기초 정립에 관하여」, 『교육행정학연구』, 24(3), 2006, 289-314쪽.
대통령비서실 삶의 질 향상기획단, 『생산적 복지, 복지패러다임의 대전환』, 서울:
　　대통령비서실, 2002.
박주호, 『교육복지의 논의: 쟁점, 과제 및 전망』, 박영story, 2014.
성기선·박철희·양길석·류방란, 「농산어촌 교육 실태 분석 및 교육복지방안 연구」,
　　한국교육개발원, 연구자료 RR 2009-11, 2009.
송지훈·유기웅·임현정, 「교육복지우선지원사업 성과 분석 및 사업 발전 방향 연구」,
　　서울: 교육복지정책중점연구소, 2018.
안병영·김인희, 『교육복지정책론』, 서울: 다산출판사, 2009.
중앙교육복지연구지원센터, 「2017년 교육복지우선지원사업 시도교육청 현황 분석」,
　　중앙교육복지연구지원센터 시도협의회 자료, 2017.
内閣府, 『子供の貧困対策』, 2016, http://www8.cao.go.jp/kodomonohinkon/in
　　dex.html (2018年 6月 7日 検索).
京都府, 『子どもの貧困対策の推進について』, 2015.
熊本県, 『くまもと子ども, 子育てプランの策定について』, 2015, http://www.pref.
　　kumamoto.jp/kiji_10297.html (2018年 6月 7日 検索).

子どもの貧困白書編集委員会，『子どもの貧困白書』，明石書店，2009.

厚生労働省，『貧困率の状況』，2009，http://www.mhlw.go.jp/toukei/saikin/hw/
k-tyosa/k-tyosa10/2-7.html (2018年 6月 7日 検索).

国立教育政策研究所，『平成25年度全国学力学習状況調査の結果について』，2013,
http://www.nier.go.jp/13chousakekkahoukoku/ (2018年 6月 7日 検索).

湯沢直美，「子どもの貧困対策の推進に関する法律の制定経緯と今後の課題」，『貧困
研究』Vol.11，2013.

▌혁신주체 측면에서 본 일본의 마을만들기 / 김혜숙

経済産業省中小企業庁，『2006年版中小企業白書』，2006，http://www.chusho.
meti.go.jp/pamflet/hakusyo/060428hakusyo.html (2019年 1月 7日 検索)

篠山市，「ミシュランガイド2016兵庫特別版に篠山市の店舗が掲載」，2015，http://
www.city.sasayama.hyogo.jp/pc/mayor/diary/2016.html (2016年 8月 2日
検索)

山陽新聞(2015.4.10.)，「「真庭バイオマス発電所」が完成 出力1万キロワット、国内最
大級」，http://www.sanyonews.jp/article/159013 (2016年 12月 19日 検索).

総務省，「高松市高齢化社会に対応した持続可能な新しいスタイルの都市形成をめざし
て」，2008，http://www.soumu.go.jp/main_content/000063246.pdf (2018年
3月 20日 検索)

総務省，「地域力創造に関する有識者会議最終取りまとめ」，2010，http://www.sou
mu.go.jp/menu_seisaku/chiho/c-sinko/ (2019年 1月 7日 検索)

中小機構，『中小機構調査研究報告書』第5券第3号(通号22号)，2013，http://www.
smrj.go.jp/doc/research_case/h24chiikileader.pdf (2018年 2月 27日 検索)

内閣府，「地域の人材形成と地域再生に関する調査研究報告書」，2007，http://www.
esri.go.jp/jp/prj/hou/hou026/hou026.html (2019年 1月 7日 検索)

毎日新聞(2016.1.18.)，「21世紀の真庭塾・岡山」，http://mainichi.jp/articles/2016
0118/ddl/k33/070/283000c?ck=1 (2016年 10月 12日 検索)

HOME PRESS(2015.7.1.)，「超高齢化時代の街づくりのヒント「医食住」の住まい方を
探る」，http://www.homes.co.jp/cont/press/buy/buy_00374/ (2019年 1月 7
日 検索)

NPO法人集落丸山＋一般社団法人ノオト, 「LLP丸山プロジェクトの概要」, 2009, http: //www4.fctv.ne.jp/~hope/2010tanba/3llp.pdf (2018年 2月 1日 檢索)

김종걸·전영수, 「지역발전」, 『경쟁과 협력의 한일관계』, 서울: 논형, 2016, 166 -167쪽.

오다기리 도쿠미 저, 부혜진·정유경 옮김, 『농촌은 사라지지 않는다』, 서울: 한울, 2018, 149-158쪽.

전영수, 「과소지역의 지속가능성 탐색-지역재생으로서 마니와(真庭) 모델-」, 『일 본학보』 제109집, 2016, 303쪽.

齊藤義明, 『日本の革新者たち』, 東京: ビー・エヌ・エヌ新社, 2016, 127-129쪽.

篠山市政策部創造都市課, 「空き家活用と定住促進の取り組み」, 2016, 1-21쪽.

高松丸亀町商店街振興組合, 「高松丸亀まちづくり戦略」, 2016, 3-258쪽.

田代洋一編, 『日本農村の主体形成』, 東京: 筑波書房, 2004, 3-4쪽.

田中滋夫, 「組合事業からみたまちづくり市民事業への展望」, 『まちづくり市民事業』, 京都: 学芸出版社, 2011, 257쪽.

街元気, 「高松丸亀町商店街再開発」, 2016, 1쪽.

真庭市, 「里山資本主義真庭の挑戦一日本の農産村のモデルを目指して一」, 2016, 1쪽.

_____, 「真庭バイオマス産業杜市構想」, 2016, 1-7쪽.

藻谷浩介·NHK広島取材班, 『里山資本主義』, 東京: 角川書店, 2013, 38-45쪽.

NIRA, 『内発的産業形成に関する調査研究』, 東京: 総合研究開発機構, 1990, 20- 30쪽.

NPO勝山·町並み委員会編, 『のれん越しに笑顔がのぞく勝山』, 岡山: 吉備人出版, 2010, 102-103쪽.

▋김대중-오부치 공동선언 이후의 한일 관계(1998~2017) / 최은미

[국내문헌]

니시노 준야, 「한일공동선언의 역사적 의의」, 아시아연구기금 지음, 『韓日關係 50年 의 省察』, 서울: 도서출판 오래, 2017, 181-194쪽.

류상영, 「김대중의 일본에 대한 인식과 전략 - 주요 저작과 어록을 통해 본 인식의 진화와 정치적 선택」, 『한국정치외교사논총』 33집 1호, 2011, 131-169쪽.

박영준, 「한국외교와 한일안보 관계의 변용, 1965~2015.」, 『일본비평』 12호, 2015, 134-167쪽.

박철희, 「새 정부에 바라는 대일 외교정책 방향」, 『외교』 제85호, 2008a, 29-38쪽.

_____, 「한일갈등의 반응적 촉발과 원론적 대응의 구조」, 『한국정치외교사논총』 제29집 2호, 2008b, 323-348쪽.

양기호, 「한일관계 50년의 성찰-1998년 한일파트너십 공동선언의 합의와 경과」, 아시아연구기금 지음, 『韓日關係50年의 省察』, 서울: 도서출판 오래, 2017, 146-180쪽.

외교부, 『외교백서』 1998~2017, 각년도, http://mcms.mofa.go.kr/trade/data/whitepaper/year/index.jsp?menu=m_30_210_40.

_____, 『2015 일본개황』, 서울: 휴먼컬쳐아리랑, 2015.

_____, 월간외교일지, http://www.mofa.go.kr/www/brd/m_4086/list.do.

윤태룡, 「다자안보협력과 한일관계: 포괄적 한일협력을 위한 합목적성의 관점에서.」, 『韓日軍事文化研究』 第8輯, 1997, 101-134.

이원덕 외, 『한일관계에서 '의원외교'의 중요성: 한일의원연맹의 역할을 중심으로』, 국회사무처 연구용역 보고서, (재)한국의회발전연구회, 2013.

조아라 외, 『일본 관광시장 분석』, 한국문화관광연구원, 2015.

최은미, 『김대중-오부치 공동선언 20주년의 의의와 한일관계-21세기 새로운 한일 파트너십』, IFANS 주요국제문제분석 2018-33, 국립외교원 외교안보연구소, 2018.

최장집, 「동아시아 평화공동체: 냉전후기시대 한일관계의 '의미지평'」, 최장집 · 하마시타 타케시 공편, 『동아시아와 한일교류』, 서울: 아연출판부, 2008, 13-58쪽.

최희식, 「전후 한일 정책커뮤니티의 생성과 변화」, 『한국과 국제정치』 제31권 제1호(봄) 통권 88호, 2015, 53-82쪽.

_____, 「고노담화와 무라야마담화는 한국사회에 수용된 것일까?」, 아시아연구기금, 『韓日關係50年의 省察』, 서울: 도서출판 오래, 2017a, 121-145쪽.

_____, 『전후 한일관계 70년: 우리는 어떻게 갈등을 극복해 왔나?』, 서울: 도서출판 선인, 2017b.

[국외문헌]

Berger, Thomas, "Power and Purpose in Pacific East Asia: A Constructivist Interpretation." G. John Ikenberry and Michael Mastanduno, eds.

International Relations Theory and the Asia-Pacific, 387-420. New York: Columbia University Press, 2003.

_____, "The Politics of Memory in Japanese Foreign Relations" Thomas U. Berger, Mike M. Mochizuki, and Jitsuo Tsuchiyama, eds. *Japan in International Politics: The Foreign Policies of an Adaptive State*, 179-212. London: Lynne Rienner Publisher, 2007.

Cha, Victor D., *Alignment Despite Antagonism: The US-Korea-Japan Security Triangle*. CA: Stanford University Press, 1999.

Gloud, Stephen Jay, *Time's Arrow/Time's Cycle: Myth and Metaphor in the Discovery of Geological Time*. Cambridge, Massachusetts and London, England: Harvard University, 1987.

Jervis, Robert, "Realism, Game Theory, and Cooperation." *World Politics* 40, No.3 (April), 1988, pp.317-349.

Keohane, Robert O and Nye, Joseph S. Jr., *Power and Interdependence (4th edition)*. Boston: Pearson, 2011.

Park, Cheol Hee, "Cooperation Coupled with Conflicts: Korea-Japan Relations in the Post-Cold War Era." *Asia-Pacific Review* 15, No.2, 2008, pp.13-35.

_____, "The Future of the Korea-Japan Strategic Relationship: A Case for Cautious Optimism." Joint U.S.-Korea Academic Studies. *Shifting Strategic & Diplomatic Relations with the Koreas*, 2009a, pp.101-118.

_____, "The Pattern of Cooperation and Conflict between Korea and Japan: Theoretical Expectations and Empirical Relations." *Japanese Journal of Political Science* 10, No.3. 2009b, pp.247-265.

Russet, Bruce, *Grasping the Democratic Peace*. Princeton: NJ: Princeton University Press, 1993.

Yoon, Tae Ryong, "Searching for a New Paradigm for Korea-Japan Relationship." *IRI Review* 12, No. 2(Fall), 2007, pp.169-205.

[기타]

대통령기록관, http://pa.go.kr/index.jsp

일본정부관광국, https://www.welcometojapan.or.kr/
한국관광공사, http://kto.visitkorea.or.kr/kor.kto
한국은행경제통계시스템, https://ecos.bok.or.kr/

찾아보기

초출알림 (게재순)

한일 간 리스크 관리의 정치 | 김영근
김영근(2017), 「한·일 '화해학'을 시작하자」, 『한일협력』 및 김영근(2014), 「한일 간 위기관리의 정치경제학」, 『일본학보』 게재한 논문을 대폭 수정, 보완한 것임.

명칭의 국제정치 | 김숭배
『한국정치학회보』 51집 2호(2017)에 게재된 논문을 단행본 양식에 따라 압축, 재구성한 것임.

문명의 외연화와 지배의 정당성 | 송석원
「문명의 외연화와 지배의 정당성」, 『한국동북아논총』 16권 3호(2011)에 실린 것을 수정, 보완한 것임.

일본의 대미협조외교와 자주외교의 단면 | 김남은
김남은(2018), 「미국의 대일압력과 요시다 노선의 대미협조외교에 대한 재고찰」, 『일본문화학보』 제79집에 게재한 논문을 수정, 가필한 것임.

일본의 안보정책에 관한 규범의 변화 | 김준섭
『일본학보』(2018) 제116집에 게재된 「일본의 안보정책에 관한 규범의 변화」을 일부 수정한 것임.

제4차 한일회담 재개과정에 대한 재검토 | 윤석정
『한국정치외교사논총』 제39집 2호에 게재한 것을 가필, 수정한 것임.

한일회담 중단기의 문화재 반환 교섭 | 엄태봉
『일본공간』 제21호(2017)에 게재된 논문을 단행본에 양식에 맞춰 수정한 것임.

일본의 태평양 도서국 외교 | 이기태
이기태(2019), 「일본의 태평양 도서국 외교: '태평양·섬 정상회의(PALM)'를 중심으로」, 『일본학보』 제118집, 361-378쪽에 게재한 논문을 대폭 수정, 보완한 것임.

한일 관계에서 영토교육의 현재적 의미 | 박창건
2016년 대한민국 교육부와 한국연구재단의 지원을 받아 수행된 연구(NRF-2016S1A5B8A02929224)이며 『독도연구』 2018년 24호에 게재된 논문을 단행본 체제에 따라 재구성한 것임.

일본 공립학교 민족학급을 둘러싼 새로운 국면과 대응 | 김웅기

2017년도 정부(교육부)의 재원으로 한국연구재단의 지원을 받아 한림대학교 일본학연구
소가 수행하는 인문한국플러스지원사업의 일환으로 이루어진 연구임(2017S1A6A3A010
79517). 김웅기(2017), 「변혁을 맞이하고 있는 일본 공립학교 민족학급: 재일코리안 민족
교육의 새로운 방안」, 『일본학보』 제110집, 325-348쪽이며, 2018년 말 시점까지의 상황
변화를 반영하며 내용을 가필, 수정하였음.

'대통령 탄핵 사태'를 보는 일본 언론의 시각 | 박선영

「'박근혜 사태'를 보는 일본 언론의 시각 −논단의 분석을 중심으로−」, 『일본학』(2017) 제45집
동국대학교 문화학술원 일본학연구소, 1-52쪽 논문을 크게 수정, 보완한 것임.

한일 소외계층 아동복지 정책의 현황과 과제 | 임현정

『일본학보』 제116집(2018)에 게재된 「한국과 일본의 취약계층 아동 지원을 위한 교육복
지정책 비교」를 수정, 보완하였음.

혁신주체 측면에서 본 일본의 마을만들기 | 김혜숙

김혜숙(2018), 「일본의 주민주도형 마을만들기 성공조건−혁신주체의 역할−」, 『일본학보』
제115집 논문을 수정, 보완한 것임.

김대중−오부치 공동선언 이후의 한일 관계(1998~2017) | 최은미

「평화연구」 제26권 2호(2018)에 「갈등과 협력의 한일관계: 20년의 변화와 성찰(1998~2017)」
란 제목으로 실린 필자의 논문을 가필, 재구성하였음.

집필자 소개 (게재순)

김영근

도쿄대학 대학원 총합문화연구과에서 박사학위(국제관계학 전공)를 받았으며, 현재 고려대학교 글로벌일본연구원 교수로 있으며, 사회재난안전연구센터 소장을 맡고 있다. '재해 후의 일본경제정책 변용' 등의 논문을 썼으며, 『일본, 야스쿠니』(공저), 『일본 재해학과 지방부흥』(공편), 『한일관계사 1965–2015 경제』(공저), 『동일본대지진과 일본의 진로』(공저), 『재해 리질리언스』(공편) 등의 저서와 『일본의 재난·안전과 지방자치론』(공역), 『검증 3.11 동일본대지진』(공역), 『일본 원자력 정책의 실패』 등의 역서가 있다.

주된 관심분야는 글로벌 위기관리 및 재해 안전학, 일본의 정치경제, 동아시아 국제관계, 국제기구 등이다. 미국 예일대학 국제지역연구센터(YCIAS) 파견연구원, 일본 아오야마가쿠인대학 국제정치경제학부 협력연구원, 현대경제연구원 동북아연구센터 연구위원, 무역투자연구원(ITI) 무역정책실 연구실장, 계명대학교 국제대학 일본학과 조교수를 역임했다.

김숭배

연세대학교 대학원 정치학과에서 박사학위(국제정치학 전공)를 받았으며, 현재 충남대학교 일어일문학과 조교수로 있다.

「베르사유평화체제의 보편적 표준과 한국과 일본의 이몽(異夢): 민족자결원칙과 국제연맹규약을 중심으로」, 「중일전쟁의 연속·확장성: 태평양전쟁과 평화조약에 대한 상관관계」, 「협동적 공공외교로서의 한일관계: 조선통신사의 공유와 가시화」(공저), 「주권국가체제 시대와 중국의 동북공정, 그리고 일본」 등의 논문이 있다.

주된 관심분야는 한일관계, 동아시아 국제관계, 국제정치사 등이다. 게이오(慶應)대학 방문연구원, 연세대학교 통일연구원 전문연구원을 역임했다.

송석원

교토대학 대학원 법학연구과에서 법학박사(정치학 전공)를 받았으며, 현재 경희대학교 정치외교학과 교수로 있으며, 일본학연구소 소장을 맡고 있다.

「사쿠마 쇼잔(佐久間象山)의 해방론(海防論)과 대 서양관 : 막말에 있어서의 '양이를 위한 개국'의 정치사상」 등의 논문을 썼으며, 『21세기 한국의 정치』(공저), 『제국일본의 문화권력』(공저), 『동아시아 근대 한국인론의 지형』(공저) 등의 저서와 『폭력의 예감』(공역), 『논단의 전후사』, 『일본문화론의 계보』, 『일본 내셔널리즘 해독』, 『민족과 네이션』 등의 역서가 있다.

주된 관심분야는 일본 근대 정치사상, 문화권력, 현대일본정치, 동아시아 국제관계, 디아스포라정치론 등이다. 한림대학교 일본학연구소 운영위원이다.

김남은

고려대학교에서 "일본 외교와 전후 아시아주의: 요시다 노선과 반요시다 노선을 중심으로"라는 주제로 박사학위를 취득했으며, 현재 고려대학교 BK21플러스 중일언어문화교육연구사업단 연구교수로 재직 중이다. 논문으로는 「근대 일본과 아시아주의: 탈아(脫亞)와 입아(入亞)를 중심으로」(2016), 「일본의 국제질서관과 중국: 탈아시아의 인지적 관성을 중심으로」(2017), 「미국의 대일압력과 요시다 노선의 대미협조외교에 대한 재고찰」(2018) 등이 있으며, 저서(공저)로는 『중국은 우리에게 무엇인가』(2017)가 있다.

주요 연구 분야는 근현대일본정치, 일본외교사이며 특히 일본의 외교이념의 역사적 전개와 정책과의 상관관계에 대해 관심을 가지고 있다. 일한문화교류기금 방일펠로 자격으로 일본 리쓰메이칸대학 인문과학연구소 객원연구원으로 재직하면서 일본 학자들과 동아시아공동체 관련 연구 활동을 수행한 바 있다.

김준섭

히로시마대학 대학원 사회과학연구과에서 박사학위(정치학전공)를 받았다. 현재 국방대학교 안전보장대학원 교수로 있으며, 국가안전보장문제연구소장을 맡고 있다. 「일본의 안보정책에 관한 규범의 변화: 신안보법제를 중심으로」, 「신안보법제 성립의 의미에 관한 고찰: 집단적 자위권 행사 문제를 중심으로」 등의 논문을 썼으며, 『일본정치론』(공저), 『일본 민주당 정권의 탄생과 붕괴』(공저), 『전환기 한국의 국가안보전략』(공저) 등의 저서와 『안전보장학 입문』(공역) 등의 역서가 있다.

주된 관심분야는 일본의 외교안보정책, 한일관계 등이다. 숭실대학교 일본학과 강의전임강사, 일본정경사회학회장, 국제정치학회 일본분과위원장 등을 역임했다.

윤석정

게이오 대학 대학원 법학연구과에서 박사학위(정치학 전공)를 받았으며, 현재 국민대학교 일본학연구소 연구원으로 있다. 주요 연구업적으로는 「이승만 정권과 일본의 재군비(1953~1955)」, 「이승만−기시 정권기 한일회담 재개교섭: 청구권 문제와 비공식 접촉을 중심으로」 등의 논문이 있다.

주된 관심분야는 한일관계, 전후 일본의 외교 및 안보 정책, 동아시아 국제정치 등이다. 게이오 대학 현대한국연구센터 연구원을 역임했다.

엄태봉

도호쿠 대학 대학원 법학연구과에서 법학 박사(정치학 전공) 학위를 받았으며, 현재 대진대학교 국제지역학부(일본학 전공) 강의교수를 맡고 있다. 주요 연구업적으로는 「한일회담 중단기의 문화재 문제에 관한 연구」, 「제6차 한일회담 시기의 문화재 반환 교섭 연구−교섭 과정과 그 의미를 중심으로」 등의 논문이 있다.

주된 관심분야는 한일관계, 한국정치외교사, 동아시아 국제관계 등이며, 국민대학교 일본학연구소 연구 교수를 역임했다.

이기태

게이오대학 대학원 법학연구과에서 법학 박사(정치학 전공) 학위를 받았으며, 현재 통일연구원 평화연구실 부연구위원이다. 주요 연구업적으로는 「인도태평양 규칙기반 질서 형성과 쿼드협력의 전망」, 「아베 정부의 군사연구와 아카데미즘」 등 다수의 논문을 썼으며, 『한일관계 50년의 성찰』(공저), 『아베 시대 일본의 국가전략』(공저) 등이 있다.
주된 관심분야는 일본 외교안보, 일본의 동남아시아 정책, 한일관계 등이며 민주평화통일자문회의 자문위원(18기)이다.

박창건

영국 셰필드대학(University of Sheffiled) 사회과학대의 동아시아학과에서 박사학위(국제정치경제학)를 받고, 현재 국민대학교 일본학과 조교수로 재직하고 있다. 국민대학교 일본학연구소 상임연구위원, 일본 시마네현립대학교 북동아연구소 객원연구위원, 경남대학교 극동문제연구소 객원연구위원을 겸하고 있다.
최근 「동북아플러스책임공동체: 제도화된 협동을 위한 조건과 노력」(2018), 「GHQ 점령기 일본의 재일조선인 정책」(2018), 「일본의 공공외교」(2017), 「동북아 근해협력으로서의 한일대륙붕협정: 공동개발 협력 레짐의 구축을 향하여」(2016) 등의 논문과 『전후 일본 패러다임의 연속과 단절』(공저, 2017), 『위안부합의와 한일관계』(공저, 2017), 『GHQ시대 한일관계의 재조명』(공저, 2016) 등의 학술서가 있다. 주된 관심분야는 일본정치경제, 국제정치경제, 동아시아 국제관계, 지역협력 및 통합 등이다.

김웅기

일본 주오(中央)대학 법학부 졸업 후, 미국 Monterey Institute of International Studies에서 석사학위(국제정책학), 한국학중앙연구원에서 박사학위(정치학)를 받았다. 현재 홍익대학교 상경대학 글로벌경영전공 조교수로 재직 중이다.
「조선적자의 다양성과 문재인 정부의 입국 허용정책을 둘러싼 쟁점」, 「변혁을 맞이하고 있는 일본 공립학교 민족학급: 재일코리안 민족교육의 새로운 방안」, 「'1965년 체제'와 재일코리안: 강한 정치성이 낳은 정치적 취약성」, 「혐한(嫌韓)과 재일코리안: 재특회(在特會)의 논리에 내포된 폭력성을 중심으로」 등의 논문과 『경쟁과 협력의 한일관계』(공저), 『誠心交隣に生きる: 負の歴史を超えて』(공저) 등의 저서가 있다.
주된 관심분야는 정책 대상으로서의 재일코리안 문제이며 재외동포정책실무위원회 민간위원, 오사카경제법과대학 아시아태평양센터 객원연구원 등을 맡고 있다.

박선영

도쿄대학 대학원 인문사회계연구과에서 박사학위(사회정보학)를 받았으며, 현재 국민대학교 일본학과 부교수로 재직중이다. 「상징천황제와 한국언론」, 「지브리 영화 〈바람이 분다〉 다시 읽기」 등의 논문과 『일본대중문화사』(공저), 『한일공문서를 통해 본 독도』(공저) 등의 저서가 있다.
주된 관심분야는 한일비교문화론, 일본 대중문화/저널리즘, 한일 근현대 언론사/사회사

등이며, 고려대학교 일본연구센터 연구교수를 역임했다.

임현정

리츠메이칸 대학 대학원 정책과학연구과에서 정책학 박사학위(복지행정 전공)를 받았으며, 현재 한양대학교 교육복지정책중점연구소 연구교수로 재직 중에 있다. 주요 연구업적으로는 「일본의 지방분권개혁 이후 중앙-지방정부 간의 관계-시가현의 복지정책 영역을 중심으로」, 「한국과 일본의 초등보육정책 비교 연구」 등의 다수의 논문을 썼으며, 『일본의 사회보장제도』(공저), 『경쟁과 협력의 한일관계』(공저) 등이 있다.
주된 관심분야는 일본의 지역복지정책, 지방자치, 한일복지정책 비교 등이며, 리츠메이칸 대학 지역정보연구소 객원연구원을 역임했다.

김혜숙

한양대학교에서 「일본의 주민주도형 마을만들기 성공조건에 관한 연구: 혁신주체·기반이용·민관협치」라는 주제로 박사학위(국제학·일본학 전공)를 받았으며, 현재 한국방송통신대학교 일본학과 강사이다. 「일본의 주민주도형 마을만들기 성공조건: 혁신주체의 역할」, 「마을만들기 기반이용에 관한 연구: 마루야마지구, 마니와시, 마루가메정 상점가 사례를 중심으로」 등의 논문을 썼으며, 『일본의 민주주의』(공저), 『일본의 평화주의를 묻는다』(공역저) 등이 있다.
주된 관심분야는 일본의 마을만들기와 지역경제, 지방자치, 지역정책, 지역사회 운동, NPO 등이다.

최은미

고려대학교 대학원에서 박사학위(정치외교학 전공)을 받았으며, 현재 국립외교원 일본연구센터 연구교수이다. 「일본의 대아시아 전략과 한중일 3국관계-일본의 대한·대중인식 및 대아시아정책을 중심으로」, 「국가정체성을 통해 본 한일갈등의 인식차이 연구」, 「갈등과 협력의 한일관계: 20년의 변화와 성찰(1998-2017)」, 「양면게임이론으로 분석해 본 한일과거사 문제: 2005년 역사교과서 파동을 중심으로」, 「한일간 역사교과서 문제에 대한 한국 시민사회의 대응 분석」 등의 논문을 썼으며, 『아베시대 일본의 국가전략(공저)』, 『Memory Politics in East Asis: A case of South Korea and Japan』 등의 저서가 있다.
주된 관심분야는 한일관계, 일본외교, 동북아지역협력 등이다. 미시간대학교 방문연구원, 와세다대학교 방문연구원, 대한민국 외교부 연구원, 세종연구소 객원연구위원 등을 역임했다.

한국일본학회 기획총서3-일본학편

한일 관계의 긴장과 화해

2019년 4월 16일 초판 1쇄 펴냄

펴낸이 한림대 일본학연구소·한국일본학회
지은이 김영근 외
발행인 김흥국
발행처 보고사

책임편집 이경민
표지디자인 손정자

등록 1990년 12월 13일 제6-0429호
주소 경기도 파주시 회동길 337-15 보고사 2층
전화 031-955-9797(대표)
    02-922-5120~1(편집), 02-922-2246(영업)
팩스 02-922-6990
메일 kanapub3@naver.com / bogosabooks@naver.com
http://www.bogosabooks.co.kr

ISBN 979-11-5516-889-9 93300
ⓒ 한림대 일본학연구소·한국일본학회, 2019

정가 25,000원

이 도서는 2017년도 정부(교육부)의 재원으로 한국연구재단의 지원
을 받아 한림대학교 일본학연구소가 수행하는 인문한국플러스지원
사업의 일환으로 이루어진 연구임 (2017S1A6A3A01079517)